Constituição, Sistemas Sociais e Hermenêutica

ANUÁRIO
do Programa de Pós-Graduação
em Direito da UNISINOS

MESTRADO E DOUTORADO

n. 6

Anuário do Programa de Pós-Graduação em Direito

UNIVERSIDADE DO VALE DO RIO DOS SINOS

Reitor: Pe. Marcelo Fernandes de Aquino, S.J.
Vice-Reitor: Pe. José Ivo Follmann, S.J.

Diretor da Unidade Acadêmica de Pesquisa e Pós-Graduação
Alsones Balestrin

Coordenador do Programa de Pós-Graduação em Direito
Jose Luis Bolzan de Morais

Corpo Docente PPGDIREITO
Alfredo Santiago Culleton, Álvaro Filipe Oxley da Rocha,
André Luís Callegari, Angela Araujo da Silveira Espindola,
Bibiana Graeff Chagas Pinto, Darci Guimarães Ribeiro,
Délton Winter de Carvalho, Jânia Maria Lopes Saldanha,
José Carlos Moreira da Silva Filho, Jose Luis Bolzan de Morais,
Lenio Luiz Streck, Leonel Severo Rocha, Sandra Regina Martini Vial,
Têmis Limberger, Vicente de Paulo Barretto,
Wilson Engelmann e Wladimir Barreto Lisboa.

C758   Constituição, sistemas sociais e hermenêutica: anuário do programa de
Pós-Graduação em Direito da UNISINOS: mestrado e doutorado /
orgs. Lenio Luiz Streck, Jose Luis Bolzan de Morais. Porto Alegre:
Livraria do Advogado Editora; São Leopoldo: UNISINOS, 2010.
275 p.; 23 cm.

ISBN 978-85-7348-689-6

1. Direito. 2. Teoria do Direito. I. Streck, Lenio Luiz, org II. Morais,
Jose Luis Bolzan, org.

CDU 34

Índices para o catálogo sistemático
Direito
Teoria do Direito

Constituição, Sistemas Sociais e Hermenêutica

ANUÁRIO
do Programa de Pós-Graduação
em Direito da UNISINOS

MESTRADO E DOUTORADO

n. 6

Lenio Luiz Streck

Jose Luis Bolzan de Morais

Organizadores

Porto Alegre, 2010

© dos autores, 2010

Capa, projeto gráfico e diagramação
Livraria do Advogado Editora

Revisão
Rosane Marques Borba

Direitos desta edição reservados por
Livraria do Advogado Editora Ltda.
Rua Riachuelo, 1338
90010-273 Porto Alegre RS
Fone/fax: 0800-51-7522
editora@livrariadoadvogado.com.br
www.doadvogado.com.br

Programa de Pós-Graduação em Direito
Universidade do Vale do Rio dos Sinos
Av. Unisinos, 950
93022-000 São Leopoldo RS
Fone/fax (51) 3590-8148
ppgdireito@unisinos.br
(www.unisinos.br/ppg/direito)

Impresso no Brasil / Printed in Brazil

Sumário

Apresentação
Lenio Luiz Streck e *Jose Luis Bolzan de Morais* 7

I – Pena e Dignidade Humana no *Cur Deus Homo*:
Anselmo de Canterbury (1033-1109)
Alfredo Culleton 9

II – O Judiciário e a concretização dos Direitos Fundamentais Sociais:
jurisdição e políticas públicas
Álvaro Filipe Oxley da Rocha 17

III – A política criminal de exceção como política criminal no estado de direito
André Luis Callegari 31

IV – A contribuição da tópica jurídica para a crise do normativismo abstrato
Antonio Carlos Nedel 47

V – A concretização da garantia constitucional do contraditório e as presunções
contidas no § 6° do art. 273 do CPC
Darci Guimarães Ribeiro 55

VI – A jurisdição partida ao meio. A (in)visível tensão entre eficiência e efetividade
Jânia Maria Lopes Saldanha 75

VII – A atualidade dos direitos sociais e a sua realização estatal em um contexto
complexo e em transformação
Jose Luis Bolzan de Morais 101

VIII – A Memória e as Fontes Morais: horizontes incontornáveis na
repersonalização do Direito Privado
José Carlos Moreira da Silva Filho 121

IX – Nota crítica sobre a interpretação constitucional e o mau uso do direito
comparado no caso da progressividade tributária: nova chance ao
Supremo Tribunal Federal afirmar sua legitimidade política
José Guilherme Giacomuzzi 133

X – Patogênese do protagonismo judicial em *Terrae Brasilis* ou de como
"sentença não vem de *sentire*"
Lenio Luiz Streck 145

XI – A produção sistêmica do sentido do direito: da semiótica à autopoiese
Leonel Severo Rocha 165

XII – Democracia, direito e saúde: do direito ao direito à saúde
Sandra Regina Martini Vial 187

XIII – Burocratização, políticas públicas e democracia, o caminho a ser trilhado em busca dos critérios para efetividade do direito à saúde
Têmis Limberger 217

XIV – Bioética, liberdade e a heurística do medo
Vicente de Paulo Barretto 233

XV – A nanotecnociência como uma revolução científica: os Direitos Humanos e uma (nova) filosofia na ciência
Wilson Engelmann 249

XVI – A nova sofística de Chaïm Perelman
Wladimir Barreto Lisboa 267

Apresentação

O Programa de Pós-Graduação em Direito da Universidade do Vale do Rio dos Sinos – PPGD/UNISINOS –, nesta frutífera parceria com a Livraria do Advogado Editora, traz a lume mais um volume do seu Anuário.

Esta é uma publicação que tem por principal objetivo o de dar publicidade àquilo que vem sendo feito em termos de pesquisa pelos membros do corpo docente da Instituição, contribuindo para o desenvolvimento do conhecimento jurídico.

A reflexão posta pelos autores dos trabalhos, resultado da pesquisa institucionalizada, demonstra a permanente preocupação do PPGD – Unisinos com seu projeto político-pedagógico, ancorado em uma proposta de análise crítica e sofisticada do Direito Público em suas interfaces com a Filosofia, a Teoria Social, a Teoria do Estado e os diversos ramos do conhecimento jurídico desde um olhar que privilegia a transversalidade da cultura jurídica e do pensamento jus-filosófico.

Da leitura dos trabalhos aqui reunidos pode-se ter a dimensão das preocupações que pautam os trabalhos acadêmicos da UNISINOS na área do Direito, em permanente compromisso com a interrogação dos problemas político-jurídico-institucionais contemporâneos, veiculando contribuições significativas para a reconstrução do saber jurídico e para a construção de respostas comprometidas com o projeto constitucional veiculado pelo neoconstitucionalismo expresso no modelo brasileiro pós-88.

Com isso, o corpo docente do PPGD/UNISINOS apresenta-se, novamente, a todos aqueles que compartilham este ideal de transformação social amalgamado no contexto da Carta Política de 1988 e, assim, com o seu trabalho acadêmico buscam contribuir para a construção de uma sociedade livre, justa e solidária.

Os Organizadores

— I —

Pena e Dignidade Humana no *Cur Deus Homo*: Anselmo de Canterbury (1033-1109)

ALFREDO CULLETON

> *"Um Deus justo não pode passar por alto os pecados do homem.*
> *Todo pecado deve ser castigado".*
> Anselmo de Canterbury

Sumário: Status quaestiones; Cur Deus Homo; Comecemos pela sua Antropologia; Hamartiologia ou teoria do pecado; Sotereologia (ou doutrina da salvação); A necessidade da Satisfação; Conclusão; Bibliografia.

Status quaestiones

Contemporaneamente, a pena é entendida como fenômeno da política, sem sustentação no direito, pelo contrário, simbolizando a própria negação do sistema jurídico, constituindo-se através da exacerbação da violência e da imposição incontrolada de dor e sofrimento. O caráter incontrolável, desmesurado, desproporcional e desregulado da política punitiva que vemos nos nossos países no sistema prisional reivindica, no âmbito das sociedades democráticas, limites.

O direito penal se coloca, então, como necessário, uma alternativa à política, justificando-se como técnica de minimização da violência e do arbítrio, e como alternativa às punições informais e excessivas que seriam infligidas na sua ausência. É esta a perspectiva assumida pela chamada teoria garantista. Não há, no interior da teoria garantista, legitimação da pena. Legitima-se, ao contrário, o direito, entendido como regulador e inibidor da violência política da sanção. O expoente mais próximo desta vertente é o jurista argentino, juiz da Suprema Corte, o Dr. Zaffaroni, que entende que o direito penal é o ramo do conhecimento jurídico que, através da interpretação da lei penal, propõe um sistema de juízes orientadores, que contenha decisão e reduza o poder punitivo, a fim de promover o avanço do Estado de direito constitucional contra o poder político.

Ele considera que a PENA é um mero instrumento de poder, que infringe uma dor ou uma privação de diretos, sem função reparadora nem restitutiva nem tampouco é uma coação administrativa direta com objetivos claros e explícitos. Neste sentido, a aplicação de uma pena por parte do estado sempre será irracional e obedecerá a um simples ato de poder e de força.

Desde outra perspectiva, poderíamos colocar a teoria desenvolvida por Beccaria no século XVIII, no seu *Dos delitos e das penas,* que defende que o delinquente não só comete um atentado contra um indivíduo ou bem, mas, simultaneamente, contra a sociedade como um todo e por isso deve ser punido; esta teoria acabou desembocando no sistema prisional que teria como missão afastar o condenado da sociedade ao mesmo tempo que o prepararia para a sua reinserção. Esta teoria fundamenta o direito penal moderno e se mostra extremamente frágil e de difícil aplicação.

Ao não poder encontrar uma função para a pena que seja demonstrável com dados ônticos, e considerando que as teorias positivas constituem discursos cuja falsidade sim é demonstrável ao contrastá-los com a realidade, é incapaz de encontrar um papel para o qual a pena é comprovadamente necessária em termos racionais, nenhuma alternativa senão a de atribuir uma qualidade negativa ou agnóstica à teoria da pena.

A tensão que se coloca é a seguinte:

a) O senso comum e o Estado, enquanto força e poder, almejam maiores e mais severas punições, com requintes de vingança e crueldade sem medida;

b) A tradução moderna que não se preocupa com o aspecto moral do criminoso, mas apenas com a sua socialização, como se fosse possível separar o pessoal do social;

c) As novas tendências da filosofia do Direito, chamadas garantistas, que entendem o direito penal como aquele capaz de colocar limites ao Estado e cuja finalidade seja a de proteger o cidadão do poder do Estado.

Por tudo isso está na pauta da filosofia prática e do direito o tema da Pena. Enquanto historiador da filosofia, dedicado à Filosofia política medieval, proponho-me buscar no *Cur Deus Homo,* de Santo Anselmo, elementos que nos ajudem a pensar este problema, não porque um pensador do século XI possa nos dar a solução a problemas contemporâneos, mas porque o rigor acadêmico e especulativo do bispo de Canterbury pode contribuir com perspectivas que enriqueçam o nosso debate. Buscaremos identificar neste autor e nesta obra elementos originais, analisá-los e compará-los.

Cur Deus Homo

Muitos historiadores consideram o *Cur Deus Homo* a obra teológica mais importante e básica para entender a redenção do homem.[1] R. W. Southern, na sua biografia sobre Anselmo,[2] compara este com Agostinho de Hipona:

> Quando Agostinho escreve é como o mar: tempestuoso, com ondas e com correntes formadas pelas agonias do mundo em convulsão pela queda do Império Romano. Anselmo é como um canal de água. Flui profundo, escreve com fluidez, exatidão e sem introduzir matéria estranha. Expressa seus mais íntimos sentimentos com grande talento artístico... Ser preciso e exato é o seu dom e objetivo. (...) e mais, até onde eu sei, a primeira referencia explícita a Aristóteles em uma obra teológica esta no *Cur Deus Homo* de Anselmo (...).[3]

Comecemos pela sua Antropologia

Anselmo fez importantes contribuições para a compreensão da igreja medieval da antropologia cristã, através de obras como *De conordia praescientiae* e *Monologium*. Mas no *Cur Deus Homo*, Anselmo restringe sua discussão acerca da antropologia para a discussão sobre a finalidade da existência do homem, e o papel que finalmente o homem deve jogar no plano divino.

O autor demonstra que o homem foi criado para que tanto o seu corpo como a sua alma gozassem um dia da felicidade eterna, e que é *necessário* que assim seja porque para isso foi feito o homem.

Anselmo vê o propósito divino no fato de que Deus privilegiou o homem com a faculdade da razão. Esta razão ou natureza racional foi "criada por Deus, para que ele possa ser abençoado no gozo Dele" (II.1). A finalidade da razão é capacitar o homem para distinguir entre o justo e o injusto, entre o bem e o mal. Mas esta natureza racional não deve ser vista como uma faculdade neutra através da qual o bem ou o mal pode ser escolhido. Em vez disso, o motivo foi inicialmente destacado para o bem, ou como Anselmo coloca, "a natureza racional foi criada para amar e escolher o bem supremo, acima de todas as coisas" (Ibid.). Anselmo cita a perfeição de todos os desígnios de Deus, como prova de que a recepção de tal faculdade aponta para o fato de que o homem foi destinado a atingir o que ele buscava, a saber, o bem supremo que é Deus. Em outras palavras, Deus concedeu a Adão natureza racional com a intenção de que, na plenitude dos tempos, Adão seria abençoado com um gozo eterno de Deus.

De acordo com Anselmo, a realização deste gozo eterno consistia em jogar um papel de destaque no projeto geral de Deus.

---

[1] R. S. Franks, James Denny, in John R. W. Stott. *The Cross of Christ.* Inter Varsity Press, Downers Grove, Illinois, 2006. p. 88.

[2] Saint Anselm, Cambridge University Press, 1992.

[3] P. 50.

> Quando o homem foi criado no paraíso sem pecado, ele foi criado, por assim dizer, por Deus, entre Deus e o diabo, a fim de superar o diabo não consentindo com a sua persuasão para o pecado. Isso teria justificado e honrado a Deus e confundidos o diabo, desde que o homem, embora mais fraco, teria recusado o pecado do mundo, diferentemente do diabo que, embora mais forte, pecou no céu, sem persuasão. (II.22)

O homem seria o meio através do qual Deus demonstrou a fraqueza do diabo e superior capacidade do homem de ser fiel. Mas este não foi realizado, no Éden, devido à queda de Adão, um ato de liberdade. Mas teria sido esta a frustração do plano de Deus? Anselmo não acredita nisso. Uma vez que Deus assim determinou, como um destino para o homem desde o início, como um destino deve continuar a existir. De alguma forma, o homem deve alcançar tanto a perfeita obediência a Deus, como demonstrar a sua superioridade a respeito do diabo. A resposta de como isso pode ser alcançado deve ser adiada até que a cristologia de Anselmo seja discutida.

Uma breve menção deve ser feita quanto à epistemologia de Anselmo. Anselmo vê as individualidades e os fenômenos como universais fundamentados na mente de Deus. Um exemplo disto é visto acima, o fato de que Anselmo se baseia em que os homens têm uma natureza racional que responde a um propósito divino que consiste em desfrutar eternamente a presença de Deus. Além disso, esta finalidade, sendo fundamentada na perfeita vontade de Deus, é imutável, permitindo a Anselmo afirmar com confiança que os homens devem necessariamente alcançar este fim, mesmo que isso signifique que o próprio Deus deve realizá-lo para o homem através da obra de um Homem-Deus. Esta epistemologia (referência a um "realismo", embora diferenciada da dos debates modernos) fornece a espinha dorsal estrutural ao raciocínio de Anselmo. Até aqui foi feita o primeiro passo: a antropologia. Vamos para o segundo.

Hamartiologia ou teoria do pecado

É central no argumento de Anselmo entender a natureza do pecado. Se o anjo ou o homem sempre dessem a Deus o que lhe é devido, nunca pecariam, pois nada mais é pecar do que não dar a Deus o que lhe é devido, isto é, toda a vontade da criatura racional deve ser sujeita à vontade de Deus. Quem não dá a Deus isto que lhe é devido, tira de Deus o que lhe é devido e o desonra, e isso é pecar. Enquanto não devolver o que é devido, permanece em culpa. (I. 11) E a culpa consiste em não dar a Deus a honra que lhe é devida. Dirá ele que "é a justiça ou retidão da vontade que faz os justos e retos de coração, isto é, de reta vontade; é esta a única e toda a honra que devemos a Deus e que nos é exigida por Ele". Equipara a *justiça* com a *boa vontade* não no sentido abstrato mas concreto de orientação a um fim conhecido. O problema agora é como restituir a dívida contraída.

Sotereologia
(ou doutrina da salvação)

Kurt Flasch sustenta que Anselmo, no *Cur Deus homo,* quis demonstrar racionalmente porque Deus se fez homem. Para isso, dirá ele,

> (...) atacou a concepção agostiniana segundo a qual a redenção é um resgate pago pelos direitos bem ganhos (ou merecidos) pelo demônio sobre a humanidade. A velha teoria da redenção nunca se recuperou deste golpe anselmiano. Para responder a este velho problema do cristianismo, Anselmo introduziu como padrão de medida uma racionalidade que a posteridade de Anselmo já não pode deixar de lado (...).[4]

Nesta passagem deste importante comentador destacamos duas ideias que podem nos ajudar a valorizar a originalidade de Anselmo. Em primeiro lugar, o querer mostrar *racionalmente* porque Deus se fez homem, não mais entendido como um ato de puro amor, mas como uma necessidade sem a qual fica ameaçada a própria ordem da criação.

Em segundo lugar, a ideia de *direitos merecidos, ou bens ganhos, da parte do demônio sobre a humanidade.* Isto remete à teoria do resgate não só de Agostinho, mas desenvolvida por Orígenes e Gregório de Nisa. A teoria do resgate propõe que, antes da redenção, o diabo teria o "direito de posse" sobre os homens, por conta da queda. A morte de Cristo teria servido como uma recompensa para o nosso resgate, com o diabo acreditando que ele havia trocado a humanidade pela segunda Pessoa da Santíssima Trindade crucificada.

Anselmo critica a concepção tradicional de Redenção, onde os cristãos, durante quase mil anos, entenderam a crucificação como pago ou resgate pelos direitos do demônio sobre a humanidade. Essa concepção de inspiração dualista não se deixava construir racionalmente, não admitia uma explicação rigorosamente racional. Ainda que ela tivesse como base a autoridade de Agostinho e outros padres, Anselmo a ataca e substitui por outra segundo a qual, dirá Flasch, depois que *a honra infinita* de Deus foi ferida por um homem, essa só pode ser satisfeita mediante uma *satisfação infinita* (reconciliação), isto é, mediante a participação do mesmo Deus, mas ao mesmo tempo só com a participação também do homem, em consequência, só mediante o Deus-homem.[5]

No capítulo sete do primeiro livro, Anselmo refuta a afirmação dos teóricos do resgate, dizendo que Deus nada devia ao diabo. Diz ele: "Eu não posso ver a força desse argumento. Entendemos que o demônio não pode contrair nenhum direito sobre o homem; assim como no anjo bom não há injustiça alguma, assim no mau não pode haver justiça. Portanto não havia nenhum direito no demônio que impedisse Deus de usar a sua força contra ele e libertasse o homem".[6] Pensar

---

[4] Flasch, Kurt. *Geschichte der Philosophie in Text und Darstellung.* Mittelalter, Reclam, Stuttgart, 1985. p. 208.

[5] Flasch, Kurt. *Das philosophische Denken im Mittelalter. Von Augustin zu Machiavelli.* Relam, Stuttgart, 1986. p. 193.

[6] P. 759.

num resgate é pensar numa situação de igualdade entre Deus e o demônio, o que resultaria de um pensamento mágico.

Emo vez da teoria de resgate, Anselmo propõe o que veio a ser conhecida como a Teoria da Satisfação. Como afirmado anteriormente, a soteriologia de Anselmo repousa sobre o seu entendimento de pecado, ou seja, que o pecado é uma violação da honra de Deus. O que é então que deve ser feito para reparar tal violação? Anselmo afirma que Deus tem duas opções: ou o castigo ou a satisfação. Punir seria restaurar a honra de Deus, através da supressão da liberdade ou da capacidade do indivíduo de decidir, através da demonstração de soberania de Deus. Satisfação seria restaurar a honra de Deus, através de um pagamento a Deus da parte do indivíduo, em primeiro lugar, na íntegra, e em seguida, para além da dívida contraída. Se pecar é não dar o que se deve, reparar é devolver o que se tirou, dirá ele: "e enquanto não se devolve o que se deve, permanece a culpa, nem basta que se pague só o que se tirou, mas que, a causa da injúria inferida, deve devolver mais do que tirou".[7] No capítulo 12 do mesmo livro, primeiro Anselmo dirá: "perdoar o pecado não é outra coisa mais que não castigar, e como o castigo consiste em ordenar o referente ao pecado, pelo qual não se tem dado satisfação, há desordem quando se descuida o castigo".[8] Nem a liberdade, nem a vontade, nem a bondade de Deus devem ser confrontadas com a Sua dignidade. Pelo qual, dirá ele, se não convém que Deus faça algo injusto ou desordenadamente, não pode sua liberdade, ou benignidade, ou vontade perdoar o pecador que não dá a Deus o que dele tirou o homem.

A necessidade da Satisfação

A satisfação é necessária para remediar a perturbação da reta ordem causada pela malícia humana, que afeta o próprio universo, cujo ordenamento está nas mãos de Deus, sofrendo certa deformidade causada pela violação da beleza da ordem e pareceria, dirá ele, que Deus teria falhado na sua providência. "Ambas coisas são inconvenientes e impossíveis; por conseguinte, é necessário que a todo pecado lhe siga a satisfação ou a pena".[9] *Tem pois por seguro que sem satisfação,* dirá Anselmo, *isto é, sem espontânea paga da divida, nem Deus pode deixar o pecado impune nem o pecador chegar à bem-aventurança, nem sequer àquela que tinha antes de pecar.*[10]

O argumento que se segue diz respeito àquele que não pode reparar o dano por falta de condições. Neste caso, Anselmo não recua e vai até o fim. Dirá que o homem que se obrigou espontaneamente a uma dívida que não pode pagar, foi ele

---

[7] I, 11. p. 775.
[8] P. 777.
[9] Livro I, 15 p. 785.
[10] I, 19. p. 805.

mesmo quem criou esta impotência, de maneira que já não pode fazer o que devia antes de contrair a dívida que era não pecar nem o que deve por ter pecado, sendo por isso incapaz de ser perdoado. Desta maneira, a própria impotência é culpável, porque assim como é culpável o homem por não ter o que devia ter, também o é ter o que não deve ter. E assim como é culpável o homem por não ter o poder que recebeu de evitar o pecado, assim também o é ter a impotência que perdeu voluntariamente. Dirá ele: *o efeito do pecado não desculpa o pecado.*[11]

Se Deus perdoasse o pecado daquele que não pode pagar essa misericórdia, seria contrária à sua justiça. De tal maneira que se é impossível que Deus se contradiga, é impossível que seja misericordioso dessa maneira. Dirá ele, que há duas possibilidades para não pagar o que deve: ou não quer pagar, e isto é injustiça, ou não pode, e isto é impotência. Tanto no caso do injusto como no do impotente é impossível para o sujeito ser feliz. Enquanto não fizer a reparação, ou satisfação, não há condições de ser feliz. Por isso a Sabedoria de Deus colocou um substituto que só podia ser um homem. Devia ser um homem perfeito. Teve que ser o Deus mesmo. Somente assim podia ser o homem redimido e Deus propiciado.

Conclusão

A pena então é condição de felicidade daquele que comete a falta. A satisfação é restituição da honra e da dignidade não só daquele que foi ofendido, mas do próprio transgressor. É a condição sem a qual o criminoso não tem condições de alcançar o fim para o qual foi feito.

No *Cur Deus Homo*, Anselmo comprometeu-se a explicar a necessidade racional do mistério cristão da expiação. Sua filosofia se baseia em três posições: em primeiro lugar, que a satisfação é necessária em razão de honra e justiça de Deus; em segundo lugar, que tal satisfação só pode ser dada pela peculiar personalidade do Deus-Homem Jesus e, em terceiro, que essa satisfação é realmente dada pela morte voluntária do Deus-homem.

Vemos aqui o esforço de Anselmo por uma nova fundamentação. Assim Romano Guardini vê Anselmo se distanciando do tradicionalismo, em outras palavras do fideísmo.[12] Quando Anselmo propõe no *Cur Deus Homo* provar a necessária fundamentação da encarnação de Cristo, sem recorrer às Escrituras, Guardini conclui que isso coloca um peso especial em argumentos racionais e mostra o seu limite desde o ponto de vista da fé.

A discussão que Guardini desenvolve na aula inaugural proferida em janeiro de 1922 na Universidade de Bonn sobre "Anselmo de Canterbury e a Natureza

---

[11] I, 24. p. 819.

[12] GAAL, Father Emery de. *St. Anselm of Canterbury and Romano Guardini.* The Saint Anselm Journal 2.1 (Fall 2004) p. 30-41.

da Teologia",[13] é acerca de qual foi a razão decisiva para a encarnação de Deus? Se foi para redimir o homem caído ou para tornar ainda mais perfeita a criação? Agostinho tinha defendido que o Filho tinha vindo exclusivamente para a redenção do homem.[14] Por outro lado, Alexandre de Hales, na sua *Summa Theologica*, se refere a uma "convenientia ad incarnationem" (conveniência da encarnação) mesmo sem a queda.[15] Guardini compara Boaventura e Anselmo precisamente no *Cur Deus homo*. Destacará a ideia de que não é justo para Deus deixar algo desordenado no seu Reino, onde o pecado é uma desordem que impede o homem de fazer o que deve, isto é, honrar a Deus.

Para Anselmo, Deus deve restabelecer a ordem na condição humana e isto só pode ser alcançado castigando a humanidade ou por voluntária satisfação ou reparação. Qualquer outra possibilidade não teria restabelecido a ordem divina da criação de tal maneira que estaria fora dos limites da liberdade divina. Assim, pena e satisfação são as únicas alternativas possíveis. Aqui desemboca a teoria da satisfação de Anselmo, teoria esta que Boaventura discute[16] ao investigar o entendimento acerca de Deus que está por trás desta teoria. Ele se pergunta se é possível um limite na liberdade num ser infinito. Em ambos casos, justiça ou piedade resultam em uma multiplicidade de possibilidades que a pura especulação não teriam como resolver definitivamente. No primeiro caso, é ponderado o que seja mais adequado a Deus. No segundo, o que é mais favorável à criatura. No argumento de Anselmo, a chave é o pecado que só pode ser absolvido pelo castigo ou a satisfação, no caso de Boaventura, é o amor que é despertado no crente se Deus age com misericórdia e não apenas em vistas da perfeição da criação.

Bibliografia

BRIANCESCO, E. Le portrait du Christ dans le "Cur Deus homo": Herméneutique et Démythologisation. *Les mutations Socio-culturelles au tournant des XV-XIII Siècles*. Études Anselmiennes (IV Session). Paris. Éditions du CNRS. 1984. p. 631-646.

ERICKSON, Millard J. *Christian Theology*. Grand Rapids: Baker Book House; 1985

FERRAJOLI, Luigi. *Diritto e ragione: teoria del garantismo penale*. 5. ed. Roma: Laterza, 1998.

GAAL, Father Emery de. St. Anselm of Canterbury and Romano Guardini. *The Saint Anselm Journal* 2.1. 2004 p. 30-41. http://www.anselm.edu/library/saj/pdf/21deGaal.pdf

HORNE, Charles M. *The Doctrine of Salvation*. Chicago: Moody Press; 1984

SAN ANSELMO. *Cur Deus homo*. Obras completas. Trad. Julian Alameda, OSB. Madrid, BAC, 1952.

VAUGHN, Sally. "St Anselm of Canterbury: the philosopher-saint as politician". *Journal of Medieval History*. 1 (1975), 279-306: 296-7.

ZAFFARONI, Eugenio Raúl; ALAGIA, Alejandro; SLOKAR, Alejandro, "Derecho Penal – Parte General", Editorial Ediar, 2000, Pág. 4 punto 3.

---

[13] Este artigo, "Anselm von Canterbury und das Wesen der Theologie," foi publicado na coleção de ensaios: Romano Guardini, *Auf dem Wege, Versuche* (Mainz: Matthias Grünewald, 1923), p. 33-65.

[14] Cf. Sermo 174 c. 2n. 2.

[15] Cf. *Summa Theologica*, p. 3 q. 2 m. 13.

[16] Cf. II Sent. D. 20.

— II —

O Judiciário e a concretização dos Direitos Fundamentais Sociais: jurisdição e políticas públicas[1]

ÁLVARO FILIPE OXLEY DA ROCHA[2]

Sumário: Introdução; 1. A influência do Judiciário sobre as Políticas Públicas; 2. Como o Judiciário atua sobre as Políticas Públicas?; Conclusão.

Introdução

O cenário jurídico-político do Brasil vem apresentando, nos últimos anos, uma clara transição entre as ações decorrentes das posturas derivadas da influência do Estado Liberal tradicional, e a busca da implementação de um Estado Democrático de Direito. Pode-se, a partir dessa premissa, afirmar que a Constituição Federal de 1988 saiu de uma postura indiferente aos anseios da maioria da população, para refletir uma nova postura, de maior intervenção no domínio econômico e social, que se traduz pelo aumento das ações dos administradores públicos no sentido de implementar os "direitos fundamentais-sociais positivos" ou de cidadania,[3] que a mesma estabelece. Esse contexto, entretanto, ao destacar as ações de governo, ou "políticas públicas",[4] implica seu controle, não apenas na esfera burocrático-administrativa, mas também, e, fundamentalmente, na esfera judicial, dado ser função não apenas política, mas também social,[5] do mesmo, a realização dos princípios constitucionais, cuja efetivação

---

[1] Este artigo é publicado como parte integrante dos resultados do projeto de pesquisa que vem sendo conduzido pelo autor, junto ao Programa de Pós-graduação de Direito – Mestrado e Doutorado da UNISINOS, com o patrocínio da FAPERGS.

[2] Doutor em Direito do Estado, Mestre em Ciência Política, Professor e Pesquisador no PPG – Direito da UNISINOS.

[3] MARSHALL, T.H. *Cidadania, Classe Social e "Status"*. Rio de Janeiro: Zahar, 1969, p. 64.

[4] Ver MELO, Marcus André. "Estado, governo e políticas públicas", In Sérgio Miceli (org.) *O que ler em Ciência Social Brasileira (1970-1995): Ciência Política*. São Paulo/Brasília, Ed.Sumaré/CAPES, 1999.

[5] Ver ROCHA, A.F.O. "A realização da Cidadania como função social do Judiciário; efeitos da EC n°45". In *Inclusão Social* – IBICT / OIT. Brasília – DF, v.2, n°2, p. 148/155, abr./set. 2008.

implica notável transferência de poder político, das esferas do Executivo e do Legislativo para o Judiciário.[6]

O propósito do presente artigo é propor uma reflexão sobre o papel do Judiciário dentro do sistema político brasileiro, destacando-se a sua influência sobre a formulação de políticas públicas.[7] Muitos trabalhos têm sido publicados, nos últimos anos, sobre o Judiciário e a "judicialização" da política no Brasil,[8] enfocando os modos pelos quais se dá essa influência, quanto ao Legislativo e ao Executivo. É preciso destacar, entretanto, que não há trabalhos em número suficiente, sobre o tema, pelo prisma de uma *sociologia política do Judiciário* brasileiro. Em parte, esse efeito pode ser creditado como decorrência de uma atitude tradicional nas Ciências Sociais brasileiras, que menosprezam o Judiciário como objeto de análise na dinâmica das decisões governamentais, inserido no sistema político como um todo.[9] Poucos cientistas sociais brasileiros o fazem, embora não seja nova a preocupação com o tema.[10] Entretanto, em contrário, o trabalho científico nas Ciências Sociais, fora do país, há décadas[11] já incorpora o Judiciário às suas análises do processo democrático, incluindo o Brasil,[12] e, portanto, o seu papel na definição de viabilidade, formulação e implementação de políticas públicas.

Para tanto, o presente trabalho está organizado em duas partes: na primeira, busca–se fazer um breve levantamento da literatura em Sociologia Política e Ciência Política, sobre a influência do Judiciário na dinâmica política. Na segunda parte, procura-se apontar as principais possibilidades e abordagens possíveis sobre essa influência, diretamente nas políticas públicas, estabelecendo, na medida do possível, as direções de pesquisas futuras.

---

[6] Destacamos: ROCHA, A.F.O. *Judiciário, mídia e cidadania*, in MORAIS, J.L. e STRECK, L. *Constituição, Sistemas Sociais e Hermenêutica* – Anuário do PPG – Direito da UNISINOS. Porto Alegre: Livraria do Advogado, 2007.

[7] Ver TAYLOR, Matthew M. "O Judiciário e as Políticas Públicas no Brasil". In *Dados* – IUPERJ. Vol. 50, n°2: Rio de janeiro, 2007. Esse artigo utiliza, como marco, o excelente trabalho referido.

[8] Por exemplo, ver trabalhos como os de ARANTES (nota 7), FAVETTI, Rafael T., *Controle de Constitucionalidade e Política Fiscal*. Porto Alegre: Sergio Antonio Fabris Editor, 2003; SADEK, Maria T., "A Crise do Judiciário Vista pelos Juízes: Resultados da Pesquisa Quantitativa", *in* M. T. Sadek (org.), *Uma Introdução ao Estudo da Justiça*. São Paulo: Sumaré,1995; WERNECK VIANNA, Luiz, CARVALHO, Maria Alice R. de, MELO, Manuel P. C. e BURGOS, Marcelo B., *Corpo e Alma da Magistratura Brasileira* (2ª ed.). Rio de Janeiro: Revan,1997; CUNHA, Luciana Gross. "Juizado Especial: Ampliação do Acesso à Justiça?", *in* M. T. Sadek (org.), *Acesso à Justiça*. São Paulo: Fundação Konrad Adenauer, 2001; FARO DE CASTRO, Marcus. "The Courts, Law, and Democracy in Brazil". *International Social Science Journal*, vol. 49, n° 152, p. 241-252,1997; KOERNER, Andrei. Direito e Modernização Periférica: Por uma Análise Sócio-Política do Pensamento Jurídico Constitucional Brasileiro Pós-1988. Trabalho apresentado no XXIX Encontro Anual da Anpocs, Caxambu, 25-29 de outubro, 2005, e OLIVEIRA, Vanessa E., "Judiciário e Privatizações no Brasil: Existe uma Judicialização da Política?". *Dados*, vol. 48, n° 3, p. 559-587, 2005.

[9] Ver ARANTES, Rogério,B. *Judiciário e Política no Brasil*, São Paulo: Idesp, 1997.

[10] Por exemplo, VIANNA, Luiz Werneck. *A Judicialização da Política e das relações sociais no Brasil*. Rio de janeiro: Revan, 1999, e SADEK, Maria Tereza & ARANTES, Rogério Bastos. "A Crise do Judiciário e A visão dos Juízes", in Revista USP – Dossiê Judiciário n° 21, março/abril/maio 1994, pp 35-45.

[11] Ver SCHATTSCHNEIDER, Elmer E. *The Semisovereign People: A Realist's View of Democracy*. In America. New York, Holt, Rinehart and Winston, 1960.

[12] Ver STEPAN, Alfred. Brazil's Decentralized Federalism: Bringing Government Closer to the Citizens? In *Daedalus*, vol. 129, n°2, 2000. p.145-169.

É preciso observar ainda, preliminarmente, que em termos de sistema político, pode-se abordar a ação do Judiciário em três perspectivas: a dimensão smithiana, a hobbesiana e, em especial, pela sua dimensão dita madisoniana,[13] a primeira, relativa às regras de funcionamento da economia, a segunda relativa ao monopólio da violência pelo Estado, e a terceira, pelo equilíbrio das dimensões de controle econômico e social, com ênfase na via comunicativa,[14] do desenvolvimento das relações do Judiciário com o Legislativo e o Executivo, no que se refere às políticas públicas. Essa última dimensão[15] será aqui central. Para esse objetivo, buscamos colaborar para uma melhor compreensão do papel dos atores sociais envolvidos, no sentido do aperfeiçoamento dessas relações, cujas consequências não se restringem ao plano político institucional, mas se expandem, com evidentes consequências para o coletivo.[16]

Os resultados da dinâmica entre atores sociais, aqui referida, para a realização da cidadania em sentido amplo no Brasil, são evidentes, visto que do sucesso ou fracasso das políticas públicas, em especial na subárea das políticas sociais, depende o desenvolvimento da dinâmica social entre nós, em sentido positivo. A redução das desigualdades pelo equilíbrio de condições materiais e culturais é condição fundamental para a inclusão dos indivíduos como cidadãos na vida social, e a partir desta, a inclusão dos cidadãos na participação política, de modo a influir na condução do seu futuro.

1. A influência do Judiciário sobre as Políticas Públicas

Preliminarmente, exporemos, para fins de trabalho, alguns conceitos de políticas públicas e de cidadania. Nesse sentido, pode-se conceituar políticas públicas como sendo o conjunto de atos e não atos que uma autoridade pública decide pôr em prática para intervir (ou não intervir) em um domínio específico, por exemplo, políticas econômicas, financeiras, sociais, de educação, tecnológicas, etc.. A problemática do trabalho governamental se encontra ligada, assim, a um melhor conhecimento da mudança social, e do desenvolvimento econômico. O caminho foi aberto por autores como Lerner e Lasswell,[17] que, na década de 50 do século XX, prescrevem a profissionalização das Ciências Sociais na esfera de governo. Surge, a partir desse trabalho, o ramo das "policy sciences", advo-

---

[13] MAGALONI, Beatriz. Authoritarianism, Democracy, and the Supreme Court: Horizontal Exchange and the Rule of law in Mexico., in S. Mainwaring e C. Welna (orgs.) *Democratic Accountability in Latin America.* Oxford, Oxford University Press, 2003.

[14] Ver HABERMAS, Jürgen. *Direito e Democracia: entre faticidade e validade.* Rio de Janeiro: Tempo Brasileiro, 1997.

[15] Ver nota 5.

[16] BAUMAN, Zygmunt. *Comunidade.* Rio de janeiro: Zahar, 2003.

[17] Lerner, Daniel, & Lasswell, Harold. *The Policy Sciences. Recent Developments in Scope and Methods.* Stanford, Stanfor University Press, 1951.

gando a noção do "gerenciamento público", inicialmente nos Estados Unidos e a seguir na Europa Ocidental. Estabelecem-se relações de causalidade entre as ações (políticas) públicas, e os efeitos destas sobre o tecido social; a partir disso, a avaliação de políticas públicas torna-se tema de alto relevo nos estudos de administração pública.[18]

Já o conceito de cidadania, do ponto de vista jurídico tradicional, está ligado, em primeiro lugar, à condição de morador da cidade, e por extensão, do país, demonstrando a efetividade de residência. Desse modo, possui *cidadania natural* o indivíduo nascido em território nacional, que pode participar da vida política do país, em oposição ao indivíduo estrangeiro, em situação especial no território, mas também detentor de direitos, embora mais limitados, inclusive o de obter a cidadania brasileira, denominada então *cidadania legal*, embora muitos cargos e direitos permaneçam reservados aos chamados cidadãos natos. Esse sentido da palavra cidadania está, pois, ligado ao exercício de direitos políticos, como votar e ser votado.[19] Nesse sentido, bastante limitado, costuma-se citar o caso dos analfabetos, que se tornariam cidadãos ativos quando inscritos como eleitores, mas não podendo se tornar cidadãos passivos por não possuírem elegibilidade, quer dizer, por não poderem os mesmos se candidatar a mandatos políticos eletivos. Muitas abordagens jurídicas encerram nesse ponto o debate, deixando a desejar uma discussão mais ampla do conceito, dado que à condição de cidadão também correspondem direitos e deveres, o que parece exigir uma conceituação mais completa.

Não é simples, entretanto, chegar a um conceito amplo de cidadania. Hoje é voz corrente o uso dessa expressão, quando se fala da participação nos processos de tomada de decisões que se refletem na coletividade, em especial diante das grandes mobilizações populares. Parece estar se difundindo, especialmente via mídia,[20] a noção de que a cidadania é uma espécie de direito de imunidade contra as ações autoritárias. Ao mesmo tempo, esse conceito remete ao problema da distribuição de renda, estabelecendo por critério meramente econômico uma ideia de "classes" sociais hierarquizadas, na verdade apenas duas, uma detentora da renda, do poder político, e da vida boa, ligada a essas condições, e outra "classe", alienada de não apenas a esses dois fatores, mas também tudo o que está afeto à posse de recursos financeiros, como moradia, saúde, etc., mas fundamentalmente, sem acesso a uma educação adequada e, pois, sem acesso às vidas social e política, como cidadão.[21] Guardadas as devidas proporções, a discussão desse conceito está presente desde a formação das raízes do pensamento ociden-

---

[18] Para uma conceituação mais ampla, ver FREY, Klaus. Políticas públicas: um debate conceitual e reflexões referentes à prática da análise de políticas públicas no Brasil, In *Planejamento e Políticas Públicas*, 21: 211-259, 2000.

[19] Cfe. FERREIRA FILHO, Manoel Gonçalves. *Curso de Direito Constitucional*. 22 ed. Atual. São Paulo: Saraiva, 1995, p. 99.

[20] A ação social e política da mídia é, entretanto, questionável. Ver ROCHA, Álvaro F. O. Direito e Mídia: uma convivência difícil. In: *Revista da AJURIS* – Associação dos Juízes do Rio Grande do Sul. Nº93, março de 2004, p.25.

[21] BENEVIDES, Maria Victória M. *Reforma Política e Cidadania*. São Paulo: Ed. Perseu Abramo, 2003, p. 91.

tal. Lembrando que o sentido da democracia grega não era da mesma natureza do que hoje atribuímos a essa palavra,[22] podemos citar a obra de Aristóteles, na qual o mesmo questiona quem vem a ser o cidadão, afirmando que "cidadão é aquele que tem uma parte legal na autoridade deliberativa e na autoridade judiciária da cidade", visto que a Assembleia da qual o cidadão participava tinha poderes tanto para decidir, como para legislar e julgar.[23] Participar da assembleia significava ser visto pelos demais como um entre iguais, podendo o participante fazer uso da palavra para criticar, propor, opinar, externando por todos os meios o seu interesse pelo presente e pelo futuro da cidade. Poderia também, nesse sentido,[24] assumir cargos na administração pública, como parte de sua condição de participante, não significando, na verdade, que o mesmo dispusesse de direitos que limitassem o poder da Assembleia, mas apenas que, ao aceitar participar, também aceitaria o dever de submissão às decisões, em qualquer sentido, que viessem a ser tomadas pela coletividade.

O conceito de cidadania (*civitas*) entre os romanos será bastante ampliado, partindo do reconhecimento pelos pares para todos os demais direitos da vida civil, incluindo, na esfera privada, os direitos de propriedade, família, contratos e, na esfera pública, o direito de participação política.[25] A partir do século XVIII, entretanto, a definição de uma cidadania passa novamente a se tornar importante, pois como frutos do Iluminismo, a Revolução Francesa e a Declaração de Independência dos Estados Unidos da América reconhecem a igualdade de direitos a todos os homens, estabelecendo o ideal de liberdade como o conceito básico sobre o qual se estabelecem os demais direitos, como mais tarde Kant[26] vem a expressar objetivamente em sua obra. Esse autor procura fundamentar o direito sobre a liberdade, propondo o problema da harmonização entre a liberdade individual e os direitos dos demais, que, no entanto, continua em discussão. Habermas[27] retoma a discussão, ao afirmar que não é possível realizar *direitos de cidadania*[28] sem uma esfera de liberdade, objetando, porém, que esta só se pode objetivar a partir da existência de uma comunidade que detenha mecanismos de participação política.

O conceito amplo de cidadania só vem a adquirir os contornos que hoje conhecemos a partir do estabelecimento de um novo paradigma: a ideia de que há um elemento social[29] inserido nesse conceito, que se origina da transição do modelo de Estado liberal para o Estado Social, ocorrida na Europa do século

---

[22] FINLEY, Moses I. *Democracia antiga e moderna*. Rio de Janeiro: Graal, 1988.

[23] ARISTÓTELES. *A Política*. [Trad. Roberto Leal Ferreira]. São Paulo: Martins Fontes, 1991.

[24] Cfe. HABERMAS, Jürgen. *A Inclusão do Outro*. São Paulo, Edições Loyola, 2002, p. 272.

[25] Ver GILISSEN, John. *Introdução Histórica ao Direito*. Lisboa: Calouste Gulbenkian, 1995, p. 82.

[26] Kant, Immanuel. *Fundamentação da Metafísica dos Costumes*. Lisboa: edições 70, 1995.

[27] HABERMAS, Jürgen. *Direito e Democracia: entre faticidade e validade*. Rio de Janeiro: Tempo Brasileiro, 1997. p. 124.

[28] Aqui designados como direitos fundamantais-sociais, ou de cidadania.

[29] MARSHALL, T.H. *Cidadania, Classe Social e "Status"*. Rio de janeiro, Zahar, 1969, p. 64.

XIX e início do século XX. Esse elemento inclui desde o bem-estar econômico mínimo até a participação na herança social, e especialmente a ter a vida de um ser civilizado, em acordo com os padrões da sociedade atual; e aponta as instituições mais ligadas a esse elemento como sendo o sistema de ensino e o serviço social. O efeito dessa noção sobre o pensamento social foi tornar evidente que não há cidadania em sentido amplo sem que exista um conjunto de mecanismos democráticos, amparados num sólido ordenamento jurídico, que permita ao indivíduo, ou sujeito, ser incluído em todas as esferas da vida social. Isso remete à existência, e podemos observar, mais diretamente, à concretização de políticas públicas sociais.

É preciso destacar, porém, que o direito brasileiro mantém formalmente sua tradicional conceituação estrita e, embora muitos juristas reconheçam uma maior amplitude na interpretação dos direitos de cidadania,[30] fica evidente que a discussão do conceito amplo não modificou até aqui a letra da lei, que segue associando o termo *cidadania* principalmente à participação política. Essa limitação de natureza terminológica, entretanto, não tem o poder de encerrar a discussão. Ao contrário, uma abordagem sociológica[31] permite observar que, generalizando-se o conceito amplo, é muito provável que os texto de lei, e até mesmo a norma constitucional, venham a se adaptar no futuro, já que a resistência é muito mais devida às particularidades dinâmicas do campo jurídico,[32] que até para fins de manutenção de sua legitimidade, encontrará formas de se adaptar, apropriando-se dos resultados dessa dinâmica social em seu discurso,[33] passando assim a impô-los, "normalizando-os" e fazendo-os compreender implicitamente como seus, desde sempre.[34]

A partir da conceituação de políticas públicas e de cidadania, até aqui expostas, iniciamos pode-se iniciar a relação entre os mesmos e a ação do judiciário. Observa-se, em primeiro plano, que a que a relação entre os conceitos de cidadania e de políticas públicas estão ligados pelo "elemento social" citado por Marshall, do qual decorre, para o Estado, a premissa do dever de efetivação de determinadas condições, de natureza material e cultural, para a realização da cidadania em sentido amplo, o que equivale a dizer que a mera existência de direitos fundamantais-sociais no ordenamento jurídico, mesmo na norma constitucional, *não faz sentido* sem a efetivação desses direitos por meio de políticas públicas, mormente as políticas sociais, que se tornam parte integrante da noção de Estado Democrático de Direito. A realização desses direitos, então, torna-se, com muita

---

[30] Ver, por exemplo, VIEIRA, Oscar Vilhena. *Direitos Fundamentais:* uma leitura da jurisprudência do STF. São Paulo: Malheiros, 2006, p.628.

[31] Ver ROCHA, Álvaro F. O. O Direito na obra de Pierre Bourdieu: os campos jurídico e político. In: *Revista Estudos Jurídicos* – UNISINOS. V. 38, n° 1, janeiro-abril 2005, p.46.

[32] Ver ROCHA, Álvaro F. O. A linguagem jurídica. In: *Sociologia do Direito: a magistratura no espelho.* São Leopoldo, Ed. UNISINOS, 2002, p. 42.

[33] BOURDIEU, Pierre. O que falar quer dizer. In: *A Economia das Trocas Lingüísticas.* São Paulo: Edusp, 1998.

[34] BOURDIEU, Pierre. A força do Direito. In: *O Poder Simbólico.* Lisboa: DIFEL, 1983, p. 209.

frequência, moeda de troca eleitoral, pois é definida na luta política, nos embates entre o Executivo e o Legislativo, e internamente a este, numa dinâmica permeada por ações da sociedade civil, dos movimentos sociais, e de diversos outros fatores de pressão, relacionados de maneira sofisticada e exaustiva pelos estudos sobre o funcionamento do sistema político e institucional brasileiros, os quais ignoram, entretanto, a força de um ator social de enorme relevo, o Judiciário, descrito como um ator social com *poder de veto*, *poder de decisão*, que se apresenta como *árbitro imparcial* e frequentemente como *representante da sociedade*, nas disputas envolvendo políticas públicas.[35] É significativo que a maior parte dos estudos brasileiros em Ciências Sociais não incorpore o Judiciário, como antes mencionado. O argumento clássico é o de que o Judiciário é, por definição, um ator social passivo, devendo ser acionado a partir de atores externos para que venha a agir. Nesse sentido, o modo como se dará a ação judicial dependerá do desenvolvimento e do nível, mais ou menos sofisticado, da luta política. Ignorar o Judiciário não é, entretanto, um dado comportamental entre nós, já que, a partir de sua formação histórica, na periferia da dinâmica de desenvolvimento do Estado ocidental,[36] o Brasil, em termos de política, não apresenta o desprezo persistente dos Tribunais,[37] sedimentado nos países centrais pela Revolução Francesa, tanto que, entre nós, como já mencionado, muitos trabalhos têm sido publicados, sobre a ação política do Judiciário.[38] Entretanto, a falta de uma abordagem em sociologia política, mais definida metodologicamente, resulta no surgimento de problemas imprevistos, decorrentes de dados relevantes do Judiciário, que não têm recebido a devida atenção.

Destaque-se que o campo político[39] brasileiro requer, e já tem recebido, muita atenção, devido à sua complexidade. Podemos destacar duas principais abordagens, na Ciência Política nacional. A primeira, mais pessimista, vê o sistema político como um jogo de extrema busca de acordos, no qual atua um número muito alto de atores sociais com poder de veto, o que faz dessa dinâmica algo extremamente imprevisível e pouco capaz de permitir, o andamento do processo decisório em nível aceitável. Essa corrente é oposta por uma segunda, que afirma que o sistema político brasileiro seria mais majoritário do que afirma o outro grupo, de modo que o processo decisório, embora trabalho e complexo, é possível, e ocorre. Embora existam defensores exaltados de cada postura, o que indica momentos em que cada lado esteve certo, hoje observa-se que, na contradição entre o sistema eleitoral descentralizado, e a centralização do processo decisório,

---

[35] Ver SOUSA, Mariana. "Judicial Reforms, the PMP and Public Policy". Washington DC, BID, 2005, In *A Política das Políticas Públicas: progresso social e econômico na América Latina: Relatório 2008*. (...) Rio de Janeiro, Elsevier, Washington DC: BID, 2007.

[36] Ver BADIE, Bertrand e HERMET, Guy. *Política Comparada*, México: Fondo de Cultura Economica, 1993.

[37] EPSTEIN, Lee, KNIGHT, Jack e SHVETSOVA, Olga, "The Role of Constitutional Courts in the Establishment and Maintenance of Democratic Systems of Government". *Law and Society Review*, vol. 35, n⁰ 1, 2001, p.117-164.

[38] Ver nota n° 6.

[39] Ver nota 40.

O Judiciário e a concretização dos Direitos Fundamentais Sociais: jurisdição e políticas públicas

controlado com segurança pelas regras internas do Congresso, o equilíbrio se dá pela atribuição legislativa e orçamentária de poderes ao Executivo, resultando num equilíbrio muito frágil, e dependente de fatores imprevisíveis, como o "carisma" presidencial, campanhas eleitorais, etc. Essa dinâmica, como até aqui se viu, parece excluir inteiramente o Judiciário da dinâmica do sistema político brasileiro. A análise política da influência judicial não é inteiramente ignorada, mas está restrita a poucos campos, como o da segurança pública,[40] ou da sustentação aos contratos,[41] na economia de mercado moderna.

Entretanto, observou-se a atuação política indireta do Judiciário, no período pós-constituinte, que não agiu contramajoritariamente, deixando de usar seu poder de veto quanto às reformas políticas constitucionais, nem causando incerteza ou risco á governabilidade. O resultado das ações do Judiciário sobre as políticas públicas federais é significativo, tendo o mesmo sido acionado com muita frequência para atuar sobre políticas públicas em litígio. Sua atuação, nesse sentido, tem sido de extrema cautela, de modo a preservar-se de embates com o Executivo.[42] Mas nem por isso é menos ativo. Segundo Matthew Taylor:

> Nos 15 anos entre 1988 e 2002, o STF – somente através do instrumento da Ação Direta de Inconstitucionalidade – Adin – concedeu decisões liminares ou de mérito invalidando parcialmente mais de 200 leis federais. Em comparação, entre 1994 e 2002, a Suprema Corte mexicana julgou a constitucionalidade de um pouco mais de 600 leis naquele país usando dois instrumentos parecidos com a Adin, mas invalidou somente 21 leis federais; em toda sua história, a Suprema Corte americana invalidou em torno de 135 leis federais apenas (Taylor, no prelo). Mesmo no governo de Fernando Henrique Cardoso – um presidente apoiado (pelo menos inicialmente) por uma ampla coalizão reformista –, o Judiciário federal como um todo foi convocado por atores externos para julgar todas as principais políticas públicas adotadas pelo Executivo e seus aliados no Congresso. O governo Fernando Henrique barganhou duramente para produzir maiorias legislativas que o permitissem superar as rígidas regras para a aprovação de emendas constitucionais ou leis complementares no Senado e na Câmara. Mas ao final desse imenso esforço político, a contestação judicial da reforma foi um acontecimento crônico (...).[43]

A referência do autor ao governo Fernando Henrique Cardoso é muito importante, dado que, além de destacar a forte atuação do Judiciário brasileiro, em comparação, também assinala o momento preciso da vida política nacional em que o Judiciário parece estar sendo "descoberto", não só pelos atores políticos tradicionais, mas todos os demais grupos legitimados pela Constituição Federal para interpor Ação Direta de Inconstitucionalidade (ADIn).[44] Nesse sentido, as

---

[40] Ver PEREIRA, Anthony W., "An Ugly Democracy: State Violence and the Rule of Law in Postauthoritarian Brazil", *in* P. Kingstone e T. Power (orgs.), *Democratic Brazil: Actors, Institutions and Processes*. Pittsburgh: University of Pittsburgh Press, 2000.

[41] CASTELAR PINHEIRO, Armando (org.), *Judiciário e Economia no Brasil*. São Paulo: Sumaré, 2000.

[42] Ver KOERNER, Andrei. "Decisão Judicial, Instituições e Estrutura Socioeconômica: Por uma Análise Política do Pensamento Jurídico Brasileiro", *in* A. Koerner (org.), *História da Justiça Penal no Brasil: Pesquisas e Análises*. São Paulo, IBCCRIM, 2006. p. 259-281.

[43] Para mais detalhes, ver TAYLOR, Matthew M. "O Judiciário e as Políticas Públicas no Brasil". In *Dados* – IUPERJ. Vol. 50, n°2: Rio de janeiro, 2007.

[44] Ver ROCHA, Álvaro F. O. *Sociologia do Direito: a magistratura no espelho*. São Leopoldo: Ed. UNISINOS, 2002, p. 42.

políticas públicas federais podem ser, e muito provavelmente serão, contestadas judicialmente, especialmente pelos atores sociais que normalmente não são levados em conta na análise política, quer dizer: os derrotados ou ignorados nas negociações internas do Congresso, ou em sua dinâmica relacionada ao Executivo, serão os grupos que recorrerão ao Judiciário, e com chances muito altas de obter efeitos favoráveis, de alteração das referidas políticas.

2. Como o Judiciário atua sobre as Políticas Públicas?

Uma primeira forma de atuação do Judiciário é a administração do momento, ou *timing*, nas ações a seu cargo. Esses recursos podem ser a aceleração de decisões, através da concessão de liminares, ou o adiamento de decisões, que pode ser realizado por constantes pedidos de vistas do processo. Desse modo, os agentes do Judiciário podem dar apoio a políticas que considerem relevantes, ou adiando as consequências objetivas que a estas poderiam advir, em razão do indeferimento de recursos interpostos. O Judiciário, desse modo, se constitui em ator político quase equiparável aos tradicionais; e no que concerne às políticas públicas, nada muda quanto às possibilidades e força de sua atuação.

A luta política dispõe de regras, assim como a atuação judicial. Essa última, entretanto, cria a expectativa de que a mesma só se dará *a posteriori*, a partir do momento em que um projeto de lei, ou Medida provisória, ou outro veículo legal de implementação de políticas públicas, já tiver findado o processo legislativo, entrando em vigor. Uma observação mais atenta da dinâmica política brasileira, entretanto, revela o contrário: é comum aos agentes do Judiciário influenciar a dinâmica de aprovação das políticas, ou mesmo interrompê-las, antes de sua aprovação. Pode-se citar, por exemplo, a proposição de suspensão do Código de Defesa do Consumidor quanto aos prejuízos provocados pelo corte generalizado do fornecimento de energia elétrica (a chamada "medida provisória do apagão), que não chegou a ser proposta, devido ao resultado de uma reunião informal entre um representante do Executivo, com os Ministros do STF (Supremo Tribunal Federal), o que evidencia, com clareza que a ação política do Judiciário se dá muitas vezes sem que os mecanismos legais disponíveis sejam utilizados. Nesse sentido, o efeito é o de eliminação de alternativas aos atores políticos, e, pois, de constrangimento de sua liberdade de ação.[45]

Outro dado determinante da forma de atuação política do Judiciário se relaciona às *motivações* dos juízes. Diversos autores se ocupam de desenvolver o que se poderia chamar de "cultura legal" dos magistrados.[46] Assim, pode-se afirmar que a formação dos juízes brasileiros, para integrar o seu campo social cria uma

---

[45] Ver nota nº 40.

[46] Ver nota nº 6.

O Judiciário e a concretização dos Direitos Fundamentais Sociais:
jurisdição e políticas públicas

disposição mais formalista,[47] apegada aos textos dos códigos, geralmente enfatizando mais a forma (ou processo) do que os resultados, ou direitos individuais em detrimento dos interesses coletivos. Embora o discurso oficial do grupo, que destaca a neutralidade dos juízes, seja muito criticado, o consenso entre os juristas ainda afirma que o reconhecimento do juiz depende de seu apego ao texto legal, o que é sustentado pelo dever legal de fundamentar as decisões na lei. Entretanto, no que se refere às políticas públicas, essa postura muda, tendo em vista a extrema flexibilidade na atuação dos juízes, acima mencionada. Destaque-se que não é apenas pelas decisões que os juízes agem politicamente, utilizando-se às vezes de estratégias de pressão, recursos à mídia, ou rebelando-se quanto a decisões sob as quais se sintam prejudicados, como tem ocorrido frequentemente no que se refere às atuações do CNJ (Conselho Nacional de Justiça). A sociologia e a ciência política produziram, a respeito dos magistrados, três orientações relevantes, a chamada institucional, a estratégica e a atitudinal.

Nesse sentido, somente a abordagem institucional,[48] ou aquela que pretende encontrar no conhecimento aprofundado das instituições os fatores determinantes das ações de seus agentes, parece dar resultados entre nós. A análise atitudinal[49] não dá resultados, em razão do sistema político complexo, que impede a redução de todas as atitudes dos magistrados a um sistema de oposições. A abordagem estratégica[50] se relaciona à ideia da luta do Judiciário para sustentar o seu poder político, na disputa com os demais poderes, que se legitimam pelo voto. Não se aplica entre nós, em razão de que o Judiciário brasileiro não precisou abrir espaço entre os poderes, tendo recebido os mesmos formalmente, sem luta, em grade medida, apenas precisando acautelar-se para, no seu exercício, não melindrar os poderes legitimados nas urnas.

Há muitos fatores externos ou atores sociais, que podem influenciar ou tentar se valer da força do Judiciário para tentar atingir seus objetivos, esquivando-se à arena política. A origem desses atores pode estar no próprio campo político, ou na sociedade civil. O Judiciário, por definição, não se pode furtar a receber e ter de processar pontos de vista de grupos minoritários, que muitas vezes contestam as orientações de consenso formadas no embate entre Legislativo e Executivo. O conhecimento do aparato legal e a habilidade de aguns agentes pode permitir o uso do Judiciário, e seu poder de veto como instrumento de retomada e muitas vezes da inversão dos resultados que o jogo político determinou. É de conhecimento da pesquisa a identidade dos atores sociais, relacionada ao uso de determinados instrumentos jurídicos. Quanto às ADIns, destacam-se a OAB e o Ministério

---

[47] Ver nota nº40.

[48] Ver CLAYTON, Cornell W. e GILLMAN, Howard (orgs.). (1999), *Supreme Court Decision-Making: New Institutional Approaches*. Chicago: University of Chicago Press.

[49] Ver SEGAL, Jeffrey A. e SPAETH, Harold J. (1993), *The Supreme Court and the Attitudinal Model*. New York: Cambridge University Press.

[50] Ver FINKEL, Jodi. (2007), *Judicial Reform as Political Insurance: Latin America in the 1990s*. Notre Dame, University of Notre Dame Press.

Público;[51] nas Ações Civis Públicas,[52] o Ministério Público é o mais significativo autor; e nas Ações populares, os mais representativos autores são políticos e advogados. Em poucas palavras, é possível afirmar que quanto maior a abrangência e capacidade de vinculação do instrumento jurídico, maior a possibilidade de se obter o efeito de veto do Judiciário. É de se destacar, entretanto, que a falta de acesso a esse mecanismo conduz os demais atores políticos a improvisar, com base na interpretação da formalidade processual dos prazos, fazendo do recurso ao Judiciário em si, independentemente do resultado, um instrumento de luta política. Grupos de oposição podem facilmente, na esfera federal, utilizar-se de recursos liminares para barrar ações do governo federal, mesmo sabendo que a decisão não se sustentará, aqui surge o recurso à mídia, à "opinião pública",[53] por cuja força se procura pressionar ou "desgastar" o ocupante do Executivo, ou seu partido, ou a ambos. Destaca-se a pesquisa que aponta a tendência dos partidos políticos a recorrer ao Judiciário apenas para marcar posição de contraste com a maioria e demonstrar a seus aderentes e ao público em geral a sua disposição de esgotar, no terreno institucional, todas as possibilidades abertas à sua intervenção.[54]

Na falta de dados objetivos, de uma pesquisa ainda por realizar, pode-se apenas especular quanto às reais consequências da ação do Judiciário sobre as políticas públicas. Supondo que esse efeito tenha sido pequeno, essa constatação não afasta o potencial de força detido pelo Judiciário. Nesse sentido, a sua ação no sentido da manutenção das políticas estabelecidas, legitima a ação do Executivo e do Legislativo, ou que pode ocorrer também em contrário, dada a sua legitimidade, já solidamente estabelecida. Entretanto, se a hipótese contrária se estabelece, surge um mistério, que seria estabelecer a ou as razões pelas quais o Judiciário tem sido obedecido pelo Executivo brasileiro, mesmo quando o contraria, muitas vezes a um grande custo financeiro ou de investimento em negociações e planejamento.[55] Nesse sentido, Taylor[56] resgata várias explicações possíveis: A primeira decorreria da alternância no poder, que levaria o Executivo de hoje a obedecer ao Judiciário, resguardando a possibilidade de uso da força do mesmo quando não estiver exercendo o poder político.[57] Seria também possível que, segundo

---

[51] Ver ARANTES, Rogério B., *Judiciário e Política no Brasil*. São Paulo: Idesp, 1997.

[52] Ver WERNECK VIANNA, Luiz e BURGOS, Marcelo B., "Revolução Processual do Direito e Democracia Progressiva", *in* L. Werneck Vianna (org.), *A Democracia e os Três Poderes no Brasil*. Belo Horizonte: Editora UFMG, 2002.

[53] Ver THOMPSON, J. B. *O escândalo político: poder e visibilidade na era da mídia*. Petrópolis, Vozes, 2002, e BOURDIEU, Pierre. "A opinião pública não existe". In *Questões de sociologia*. Rio de Janeiro: Marco Zero, 1983, p. 173.

[54] Ver WERNECK VIANNA, Luiz, CARVALHO, Maria Alice R. de, MELO, Manuel P. C. e BURGOS, Marcelo B., *A Judicialização da Política e das Relações Sociais no Brasil*. Rio de Janeiro: Revan, 1999.

[55] Ver nota n°34.

[56] Ver nota n°40.

[57] Ver GINSBURG, Tom, *Judicial Review in New Democracies: Constitutional Courts in* Asian Cases. New York: Cambridge University Press, 2003.

Whittington,[58] sempre haja benefícios na ação de um Judiciário independente, pois, em primeiro lugar, o mesmo pode rever a legislação de governos anteriores, e com isso, melhorar as condições de implementação das políticas públicas do governo atual; e em segundo, o fato de ser um governo contrariado setorialmente pelo Judiciário, legitima todas as demais atuações desse mesmo governo. Essa linha de considerações, segundo esse autor, pode levar a se estabelecer um sistema de autorregulação, que permitiria ao Executivo, assim como o Legislativo, a ver vantagens na obediência ao Judiciário. Essas considerações, entretanto, são especulativas, e dependem de pesquisas, que serão futuramente realizadas.

Conclusão

A força do Judiciário é reconhecida no jogo político brasileiro, mesmo que este não possua acesso ao orçamento, ou os poderes de condução do Executivo. O papel do Judiciário na manutenção da crença na legitimidade da Estado e da democracia é fundamental. O fato de reconhecer que regras são ou não legítimas do ponto de vista constitucional determina ao Judiciário uma linha de ação política idealizada, porém voltada para os objetivos do Estado, o que leva, naturalmente à ação sobre as políticas públicas implementadas tanto a partir do Executivo, como do Legislativo. Nesse sentido, o Judiciário assume o papel de decisor democrático final, quanto às questões controvertidas, nas quais o Executivo e o Legislativo não conseguem chegar a uma decisão. Mesmo que o Judiciário muitas vezes seja visto e utilizado pelas partes interessadas em alterações de políticas públicas como apenas mais uma instância de luta política, isso permite que muitas vezes critérios de maior razoabilidade intervenham no processo decisório, fugindo da imposição, muitas vezes tirânica da maioria legislativa, ou mesmo dos limites do texto legal, legal, conservando, entretanto, os parâmetros constitucionais. A ação do Judiciário quanto às políticas públicas, no entanto, não deixa de ser salutar e importante do ponto de vista democrático, mas deve-se observar que essa atuação não substitui as devidas correções nas políticas públicas, que a ação judicial não pretende nem irá substituir. Além disso, como destacam Werneck Vianna e Burgos,[59] o papel democratizante – ou "civilizatório", a nosso ver – do Judiciário produz um efeito tanto de "muro de lamentações" quanto o de "uma efetiva arena para o exercício da democracia", partindo da premissa da existência de uma democracia na qual a relação entre o Executivo e o Legislativo estão muito aquém do ideal. A possibilidade de o Judiciário contrariar os interesses governamentais pode resultar em apefeiçoamentos nas políticas públicas, tanto em termos econô-

---

[58] Ver WHITTINGTON, Keith E. (2005), "'Interpose Your Friendly Hand': Political Supports for the Exercise of Judicial Review by the United States Supreme Court". *American Political Science Review*, vol. 99, n⁰ 4, p. 583-596.

[59] Ver WERNECK VIANNA, Luiz, e BURGOS, Marcelo B. (2005), "Entre Princípios e Regras: Cinco Estudos de Caso de Ação Civil Pública". *DADOS*, vol. 48, n⁰ 4, p. 777-843.

micos quanto em termos da durabilidade dessas políticas. Nesse sentido, a ação do Judiciário é fundamental para o equilíbrio de forças democrático, pois a ausência dessa instância pode permitir, em especial ao Executivo, por exemplo, a implementação de políticas públicas financeiras desastrosas, como no caso do governo Collor. A atuação judicial ou "controle" das políticas públicas pelo Judiciário é, então necessária e, parece mais benéfica que prejudicial à democracia. Desse modo, a parte que incumbe ao Judiciário na realização da cidadania em sentido amplo, no Brasil, resulta ser a efetivação dos direitos fundamentais-sociais, dentro do contexto da luta política, e da manutenção do seu papel constitucional de mantenedor das regras do jogo democrático.

— III —

A política criminal de exceção como política criminal no estado de direito

ANDRÉ LUIS CALLEGARI

Sumário: 1. Considerações introdutórias; 2. O Direito Penal simbólico como instrumento de comunicação diante dos "novos riscos" da sociedade contemporânea; 3. A retomada do punitivismo/eficientismo penal: equiparações conceituais equivocadas sob a influência do discurso da "lei e ordem"; 4. A simbiose entre simbolismo e punitivismo/eficientismo penal; 5. Fundamentos da racionalidade da lei penal: princípios e efetividade; 6. Normalização das normas excepcionais ou de emergência; 7. Considerações finais; Referências.

1. Considerações introdutórias

O objetivo do presente artigo é demonstrar que, como fruto do processo de expansão verificado pelo Direito Penal na contemporaneidade, tem-se a "normalização" de leis penais criadas para o enfrentamento de determinadas formas assumidas pela criminalidade, em que pese ditas normas irem frontalmente de encontro a um modelo racional de Direito Penal, consentâneo com a tutela dos direitos e garantias fundamentais do ser humano.

Para a consecução deste objetivo, primeiramente são analisados os principais motivos ensejadores do processo expansivo vivenciado pelo Direito Penal, bem como a utilização simbólica deste ramo do Direito para a consecução de fins que não lhe são próprios (tópico 2).

Após (tópico 3), busca-se demonstrar que, aliado ao caráter simbólico, também permeia o processo de expansão do Direito Penal a retomada do discurso repressivista, ou seja, de revalorização do componente aflitivo da pena.

No tópico 4, esclarece-se que a conjugação do simbolismo com o repressivismo conduz à implementação de um modelo de Direito Penal máximo, que pode ser facilmente identificado com as teses do Direito Penal do Inimigo, o qual afronta os fundamentos de racionalidade exigidos para a elaboração legislativa em sede penal (tópico 5).

Por fim (tópico 6), procura-se demonstrar, a partir da análise do caso da Lei dos Crimes Hediondos, que a culminância de todo esse processo é o estabelecimento de uma política criminal de exceção no bojo do Estado Democrático de Direito.

2. O Direito Penal simbólico como instrumento de comunicação diante dos "novos riscos" da sociedade contemporânea

A sociedade globalizada propiciou o aparecimento de novos riscos e sentimentos de insegurança, decorrentes, dentre outros tantos fatores, do desenvolvimento acelerado das grandes cidades, da migração de pessoas, dos avanços tecnológicos, da ausência de fronteiras e da versatilidade do fluxo de capitais circulantes no mundo. Estas transformações operadas na realidade social contemporânea trazem em seu bojo a preocupação cada vez mais crescente com novas formas de criminalidade, ínsitas à sociedade de risco[1] que se configura.

Em face deste contexto, tornou-se "senso comum" no discurso jurídico-penal contemporâneo a afirmação de que a intervenção penal pautada na teoria "clássica" do delito mostra-se obsoleta e, portanto, incapaz de fazer frente às novas formas assumidas pela criminalidade, dado que cada vez mais, nas sociedades modernas, surgem interesses difusos, muitos deles intangíveis, a reclamar proteção do Estado. Assim, em contrapartida, estabelecem-se rapidamente, em nome da "segurança", políticas claramente repressivas vinculadas aos temas do terrorismo, do crime organizado, do tráfico de drogas, etc., que fazem com que o Direito Penal passe a ser alvo de frequentes reformas que derivam, segundo Díez Ripollés (2007a), do entendimento de que a sua contundência e capacidade socializadora são mais eficazes na prevenção aos novos tipos delitivos do que medidas de política social ou econômica, ou, ainda, de medidas decorrentes da intervenção do Direito Civil ou Administrativo.

Para Díez Ripollés (2007a, p. 83-84), é possível afirmar que o debate sobre o Direito Penal na sociedade de risco assenta-se sobre algumas constatações acerca da nova realidade social, as quais são por ele sintetizadas em três blocos. O primeiro bloco de constatações diz respeito à generalização, na sociedade moderna, dos já referidos "novos riscos", "afectantes a amplios colectivos, y que podrían ser calificados como artificiales en cuanto producto de nuevas actividades humanas, en concreto, serían consecuencias colaterales de la puesta em práctica de

---

[1] Segundo Beck (1998), o conceito de sociedade de risco designa um estágio da modernidade em que começam a tomar corpo as ameaças produzidas até então no caminho da sociedade industrial, impondo-se a necessidade de considerar a questão da autolimitação do desenvolvimento que desencadeou essa sociedade. A potenciação dos riscos da modernização caracteriza, assim, a atual sociedade de risco, que está marcada por ameaças e debilidades que projetam um futuro incerto.

nuevas tecnologias en muy diversos ámbitos sociales". O segundo bloco é composto pela constatação de que é cada vez mais difícil atribuir a responsabilidade por tais riscos a pessoas individuais ou coletivas,[2] ou seja, "se hacen ineludibles criterios de distribución de riesgos que no satisfacen plenamente las exigencias de imputación de responsabilidad". Por fim, no terceiro bloco de constatações, encontra-se o grande sentimento de insegurança que os dois blocos de constatações anteriores geram na população em geral, sentimento este que

> (...) no parece guardar exclusiva correspondencia con tales riesgos, sino que se ve potenciado por la intensa cobertura mediática de los sucesos peligrosos o lesivos, por las dificultades con que tropieza el ciudadano medio para comprender el acelerado cambio tecnológico y acompasar su vida cotidiana a el, y por la extendida percepción social de que la moderna sociedad tecnológica conlleva una notable transformación de las relaciones y valores sociales y una significativa reducción de la solidaridad colectiva. (DÍEZ RIPOLLÉS, 2007a, p. 84).

Estas considerações tornam possível a afirmação de que o conceito de "risco" passa a ocupar o centro do processo de "modernização" do Direito Penal, expressando a ideia de que a atenção à nova realidade delitiva perpassa pela ampliação do seu campo de atuação (Díez Ripollés, 2007a). Com efeito, a política criminal que se apresenta para dar resposta aos novos "riscos" sociais da contemporaneidade é marcada por uma notável ampliação do âmbito da intervenção penal e pela proeminência que é dada ao Direito Penal em detrimento de outros instrumentos de controle social, ainda que à custa da implementação de normas penais que cumprem com um papel meramente simbólico.

Meliá (2005a, p. 56), atento ao processo de expansão do Direito Penal contemporâneo, refere que, na evolução atual das legislações penais do mundo ocidental, o fenômeno mais destacado é o "surgimento de múltiplas figuras novas, inclusive, às vezes, do surgimento de setores inteiros de regulação, acompanhada de uma atividade de reforma de tipos penais já existentes, realizada a um ritmo muito superior ao de épocas anteriores". Com efeito, nunca se viu uma abertura tão grande nos tipos penais, fazendo com que o princípio da taxatividade – que outrora norteava o Direito Penal – fosse absolutamente olvidado.

No Brasil, uma análise mais detida de tais "reformas" do Direito Penal revela que elas são tributárias, em grande parte, da influência cada vez maior dos meios de comunicação de massa na formação da opinião pública acerca do crime e da criminalidade, por meio do processo de "importação"[3] de discursos repressivistas gestados para atender a outros tipos de realidade social, mas que encontram alta receptividade na população brasileira, a exemplo do discurso "lei e ordem". Desta forma, utilizam-se os meios de comunicação de massa como mecanismos de promoção de medidas emergenciais ao elevar a função simbólica do sistema

---

[2] Um exemplo de tal dificuldade é o debate travado no Brasil sobre a (im)possibilidade de responsabilização das pessoas jurídicas pela prática de crimes ambientais, após o advento da Lei n. 9.605/98.

[3] Meliá (2005b, p. 105) salienta, nesse sentido, que o processo de globalização, por meio de vias formais e informais, faz com que os ordenamentos penais nacionais se tornem cada vez "mais porosos à incorporação de elementos jurídico-penais provenientes de tradições distintas".

penal eminentemente repressivo, além de fomentar crenças, culturas e valores de forma a sustentar os interesses que representam.

De fato, como refere Rosa (2003), a mídia exerce dois papéis fundamentais no mundo moderno, que são: a) a definição da pauta do cotidiano; b) a exposição dos personagens que a encarnam. Para o referido autor, a mídia é um espelho seletivo da realidade, que se concentra apenas sobre os fatos que são mais surpreendentes, razão pela qual afirma que qualquer mídia, em qualquer lugar do mundo, possui em seu âmago um certo grau de distorção, dado que não reflete a realidade como um todo.

Nesta mesma linha, ao tratar da relação mídia *versus* criminalidade, Albrecht (2000, p. 480) salienta que, na contemporaneidade, "se comercia con la criminalidad y su persecución como mercancía de la industria cultural. Consecuentemente, la imagen pública de esa mercancía es trazada de forma espetacular y omnipresente, superando incluso la frontera de lo empíricamente contrastable".

Com isso, os meios de comunicação de massa promovem, em decorrência de interesses meramente mercadológicos, um falseamento dos dados da realidade social, gerando enorme alarde ao vender o "crime" como um rentável produto,[4] o que redunda no aumento do clamor popular pelo recrudescimento da intervenção punitiva e na consequente pressão sobre os poderes públicos para que as reformas penais para tanto necessárias sejam efetivamente levadas a cabo. E os poderes públicos, por sua vez, "conocedores de los significativos efectos socializadores y, sobre todo, sociopolíticos que la admisión de tales demandas conlleva, no sólo se muestran proclives a atenderlas sino que con frecuencia las fomentan". (Díez Ripollés, 2008, p. 66).

O problema, segundo Díez Ripollés (2007b, p. 80), não é o fato de que a experiência e as percepções cotidianas do povo condicionem a criação e aplicação do Direito, o que é absolutamente legítimo em um ambiente democrático. A grande questão a ser enfrentada reside no fato de que essas experiências e percepções são atendidas pelo legislador, na maioria das vezes, sem intermediários especializados, ou seja, "sin la interposición de núcleos expertos de reflexón que valoren las complejas consecuencias que toda decisión penal conlleva".

O Direito Penal vê-se, assim, transformado em um instrumento que passa a ser utilizado politicamente para a busca de fins que não lhe são próprios em um Estado Democrático de Direito. Quando manejado no sentido de dar respostas "eficazes" às novas formas de criminalidade, assume um caráter meramente simbólico, dado que proporciona resultados político-eleitorais imediatos a partir da criação, no imaginário popular, da "impressão tranqüilizadora de um legisla-

---

[4] Christie (1998, p.1) alerta para o crescimento da indústria do controle do crime, a qual, no seu entender, ocupa uma posição privilegiada, haja vista "que não há falta de matéria-prima: a oferta de crimes parece ser inesgotável. Também não tem limite a demanda pelo serviço, bem como a disposição de pagar pelo que é entendido como segurança. E não existem os habituais problemas de poluição industrial. Pelo contrário, o papel atribuído a esta industria é limpar, remover os elementos indesejáveis do sistema social".

dor atento e decidido" (Silva Sánchez apud Meliá, 2005a, p. 59). Como ressalta Albrecht (2000, p. 479),

(...) el *uso político* del Derecho penal se presenta como un *instrumento de comunicación.* El Derecho penal permite trasladar los problemas y conflictos sociales a un tipo de análisis específico. Ese empleo político del Derecho penal no requiere necesariamente la sanción o la separación simbólica como medio instrumental de disciplina; ni siquiera la ampliación o el endurecimiento efectivo de la ley están unidos forzosamente a la utilización del Derecho penal como medio de comunicación política. La lógica de la utilización política se apoya en la función analítica y categorial característica del discurso penal, puesto que el cumplimiento de esta función no requiere más que la demostración ejemplar de la actividad de la práxis legislativa y de la justicia penal.

Como salienta Cepeda (2007), a utilização política do Direito Penal simbólico se deve ao fato de que, com ela, o legislador adquire uma "boa imagem" em face da sociedade, na medida em que, a partir de decisões político-criminais irracionais, atende às demandas sociais, obtendo, assim, reflexamente, um grande número de votos. Não obstante isso, a utilização do Direito Penal simbólico representa a alternativa mais "barata" na hora de articular soluções para problemas sociais, visto que as medidas e programas sociais sempre são mais custosos do ponto de vista financeiro.

Assim, afirmar que o Direito Penal é simbólico, segundo Andrade (1997, p. 293), não significa afirmar

(...) que ele não produza efeitos e que não cumpra funções reais, mas que as funções latentes predominam sobre as declaradas não obstante a confirmação simbólica (e não empírica) destas. A função simbólica é assim inseparável da instrumental à qual serve de complemento e sua eficácia reside na aptidão para produzir um certo número de representações individuais ou coletivas, valorizantes ou desvalorizantes, com função de 'engano'.

Para a referida autora (1997, p. 293), ao se falar em Direito Penal simbólico se está a falar

(...) precisamente de uma oposição entre o 'manifesto' (declarado) e o 'latente'; entre o verdadeiramente desejado e o diversamente acontecido; e se trata sempre dos efeitos e conseqüências reais do Direito Penal. Simbólico no sentido crítico é por conseguinte um Direito Penal no qual se pode esperar que realize através da norma e sua aplicação outras funções instrumentais diversas das declaradas, associando-se neste sentido com engano.

Do cotejo entre o atual panorama legislativo infraconstitucional brasileiro e a caracterização das funções meramente simbólicas assumidas pelo Direito Penal, torna-se possível afirmar que, no Brasil, assiste-se, no que diz respeito à legislação produzida para responder à "nova" criminalidade ínsita à sociedade de risco, ao processo de consolidação de uma legislação conveniente tão somente aos interesses políticos de curto prazo.

Com isso, não se questiona a *efetividade* da norma, uma vez que se busca demonstrar que sua mera existência no ordenamento jurídico basta para a solução de um determinado problema social, encobrindo, assim, a incapacidade do Estado nesse sentido. Daí afirmar Cepeda (2007, p. 337) que:

Frente a los riesgos globales al Derecho penal se le está asignado tareas que no puede cumplir, pervirtiendo su función y engañando a la opinión pública, al ofrecer unas perspectivas de solución a los problemas que luego no se corresponden con la realidad. A esta ineficacia se une generalmente la existencia de un déficit de aplicación por los tribunales, ya que cuando esos tipos penales se aplican en sentencias ejemplificantes, que contrastan abiertamente com la realidad, puesto que se persiguen y castigan casos que tienen una escasa incidência lesiva, pero permanecen inermes respecto a los casos más graves para los cuales estaba previsto. La aplicación no efectiva de la ley, como afirma CARBONELL, conlleva una nueva y mayor deslegitimación del sistema penal y un 'contraefecto simbólico (negativo)', puesto que las expectativas de seguridad que se suscitaron quedan frustradas.

Diante deste contexto, este novo modelo de Direito Penal, isto é, Direito Penal que confere maior segurança à sociedade,[5] mostrou uma habilidade para integrar suas análises e propostas de intervenção num debate previamente existente sobre a política criminal e a conveniência de estender as intervenções penais aos âmbitos sociais até o momento fora do raio de sua ação.

3. A retomada do punitivismo/eficientismo penal: equiparações conceituais equivocadas sob a influência do discurso da "lei e ordem"

Também permeia o processo de expansão do Direito Penal, a par do simbolismo, a retomada do *punitivismo/eficientismo*, o que se verifica a partir da introdução de novas normas penais aos ordenamentos jurídicos no intuito de promover, efetivamente, a sua aplicação com toda firmeza, bem como a partir do endurecimento das penas cominadas às normas já existentes para a persecução da criminalidade "tradicional" (Meliá, 2005a). A tendência do legislador, aqui, sob a influência do discurso da "lei e ordem", é reagir com "firmeza" no marco da "luta" contra a criminalidade, chegando-se, em alguns casos, a medidas repressivas tão drásticas que se configuram em mecanismos de inocuização do delinquente (Meliá, 2005a).

Como observa Díez Ripollés (2007a, p. 92), passa-se a afirmar que:

La criminalidad de los socialmente excluidos constituye la *dimensión no tecnológica de la sociedade del riesgo*, de forma que, por ejemplo, la anticipación de la tutela penal se justifica tanto por la necesidad de reaccionar con estructuras de peligro a las nuevas formas de criminalidad como por la urgencia de actuar contra la desintegración social y la delincuencia callejera que originam los marginados sociales.

E prossegue:

---

[5] Nesse sentido, Garland (2005, p. 34) assinala que os últimos desenvolvimentos em matéria de controle do delito e justiça penal produzem perplexidade porque parecem compreender uma repentina e surpreendente reversão do padrão histórico preestabelecido. Apresentam uma marcada descontinuidade que deve ser explicada. Os processos de modernização que até pouco tempo pareciam bem consolidados neste âmbito, principalmente as tendências de longo prazo à "racionalização" e à "civilização", parecem agora começar a sofrer um revés. A reaparição na política oficial de sentimentos punitivos e gestos expressivos que parecem extraordinariamente arcaicos e francamente anti-modernos tende a confundir as teorias atuais sobre o castigo e seu desenvolvimento histórico.

el auge de los mecanismos de inocuización selectiva, directamente encaminados a sacar de la vida social e recluir por largos periodos de tiempo a los delincuentes habituales de la criminalidad clásica, es considerado igualmente como una eficiente variante más de la *gestión administrativa de riesgos*, inevitable en las complejas sociedades actuales dada sua alta sensibilidad al riesgo, y que sirve de técnicas probabilísticas similares a las de los seguros, en este caso para concentrar la persecución penal sobre ciertos tipos de delincuentes. (2007a, p. 93).

Desenvolvem-se e legitimam-se, assim, campanhas político-normativas de Lei e Ordem, recorrentes nos Estados Unidos desde a década de 80, que se fundamentam na hipersensibilidade de alarmes sociais específicos. A política criminal se "rearma": o Direito Penal e as penas se expandem. O Direito Processual Penal vai paulatinamente adaptando-se às elevadas exigências que resultam disso. A execução da pena favorece cada dia mais a mera custódia e a "custódia de segurança", que havia quase sido esquecida, experimenta agora um inesperado renascimento. Repressão e punitivismo são os nomes das ideias diretrizes da nova política criminal (Prittwitz, 2007).

O sentimento geral de insegurança característico das sociedades contemporâneas faz com que o "medo" de se tornar vítima de um delito "tradicional" – crimes contra a vida, a integridade física, o patrimônio, etc. – aumente consideravelmente. Isso, segundo Díez Ripollés, (2007b, p. 75), pode ser atribuído a dois fatores:

Por una parte, la extendida sensación en la sociedad de que las cosas van cada vez peor en temas de prevención de la delincuencia, sensación que se proyecta en una escassa confianza en la capacidad de los poderes públicos para afrontar el problema. Por otra, há desaparecido la actitud de comprensión hacia la criminalidad tradicional, en especial hacia la pequeña delincuencia, actitude muy difundida en los años setenta y ochenta, que se fundaba en una comprensión del delincuente como un ser socialmente desfavorecido y marginado al que la sociedad estaba obligada a prestar ayuda; ahora los delincuentes son vistos, sin que procedan distinciones según la gravedad o frecuencia de su comportamiento delictivo, como seres que persiguen sin escrúpulos y en pleno uso de su libre arbitrio intereses egoístas e inmorales, a costa de los legítimos intereses de los demás. Se han puesto de moda calificaciones como las de 'predador sexual', 'criminal incoregible', 'asesino en serie', 'jóvenes desalmados', que reflejan acertadamente el nuevo estatus social, deshumanizado, del delincuente.

Neste rumo, destaca Dornelles (2008, p. 35) que "a política criminal neoliberal, segundo um modelo ultraconservador de controle social, elabora um discurso de 'combate à delinqüência' que torna menos humanos os delinqüentes". Para o referido autor (2008, p. 36), o processo de desumanização dos delinquentes os torna "incapazes de recuperação, pois são inadaptados e imprestáveis para um modelo socioeconômico de alta competitividade, onde não há lugar para os excluídos, inadaptados, 'perdedores', 'incapazes'".

Esse processo de desumanização do delinquente decorre do sentimento geral de insegurança, que nasce a partir da divulgação dos "novos riscos" da sociedade contemporânea e que, a partir de equiparações conceituais,[6] acabam por atingir

---

[6] Para Díez Ripollés (2007a, p. 92), "se da lugar a que el discurso de ley y orden parasite conceptos elaborados en otro contexto".

A política criminal de exceção como política criminal no estado de direito

também os "velhos" riscos representados pela criminalidade "tradicional". Tudo isso conduz a uma revalorização do componente aflitivo da pena, ensejando "una serie de modificaciones sustanciales en el sistema de penas y su ejecución que, en buena parte, se inspira simplemente en el deseo de hacer más gravosas para el delincuente las consecuencias de la comisión de un delito". (Díez Ripollés, 2007b, p. 85). Isso fica claro a partir do aumento do tempo de prisão cominado para determinados crimes, do endurecimento do regime penitenciário, do estabelecimento de condições mais estritas para a progressão de regime, da criação do regime disciplinar diferenciado de cumprimento de pena, etc.

Ou seja, a partir do modelo punitivista/eficientista, "a política criminal é inflada, ocupando os espaços normalmente destinados às outras políticas disciplinares de controle social. Há uma substituição das políticas disciplinares inclusivas e integradoras por práticas de exclusão e segregação baseadas quase unicamente nas medidas penais". (Dornelles, 2008, p. 42).

Assim, torna-se possível afirmar, de acordo com Dornelles (2008, p. 46), que o direito penal punitivista/eficientista constitui uma espécie de "fundamentalismo penal criminalizador dos conflitos sociais, que substitui a mediação política nas relações sociais por um direito penal de emergência, com caráter contra-insurgente". Para o referido autor (2008, p. 47-48),

> (...) o eficientismo penal intervém criminalizando os conflitos sociais em um cenário de crise social resultante dos problemas surgidos com a globalização e o modelo neoliberal, além da crise política dos sistemas representativos. Isto significa que os conflitos não encontram canais institucionais que os absorvam, e a sua potencialidade aumenta com o agravamento dos problemas sociais decorrentes do modelo de desenvolvimento adotado. Os conflitos, portanto, não encontram espaço de mediação em um sistema político em crise de representação. E é justamente nesse contexto de crise que os princípios constitucionais de garantia dos direitos fundamentais são substituídos pelo discurso da 'lei e ordem', onde a falta de mediação político-institucional dá lugar ao direito penal de emergência no tratamento dos conflitos sociais. O sistema penal se alastra e ocupa os espaços de controle social não penal.

O punitivismo/eficientismo penal, assim, transforma questões sociais em "questões de polícia" e, em nome da celeridade da resposta aos conflitos sociais, passa-se a renunciar às garantias legais processuais ínsitas ao Direito Penal liberal e presentes na maioria das Constituições modernas e nos Tratados Internacionais de Direitos Humanos, sendo um claro exemplo disso, no ordenamento penal infraconstitucional brasileiro, a Lei n. 10.792/2003, que alterou a Lei de Execução Penal (Lei n. 7.210/1984) instituindo o Regime Disciplinar Diferenciado na execução da pena de prisão, permitindo o isolamento do preso provisório ou do condenado por até um ano, buscando, assim, atingir os integrantes de organizações criminosas e prevendo, na prática, uma modalidade de pena cruel com fins notadamente inocuizadores.[7]

---

[7] O que chama a atenção no caso do Regime Disciplinar Diferenciado, segundo Callegari e Motta (2007, p. 9), "é que dito regime se aplica ao preso provisório ou ao condenado sob o qual recaíam fundadas suspeitas de envolvimento ou participação, a qualquer título, em organizações criminosas, quadrilha ou bando". Ocorre, no entanto, que, conforme salientam os referidos autores (2007, p. 9), "não há previsão legal do que seja uma

4. A simbiose entre simbolismo e punitivismo/eficientismo penal

Não obstante tratarem-se o simbolismo e o punitivismo/eficientismo de fenômenos diversos, conforme salienta Meliá (2005b, p. 93), deve ficar claro que tanto um quanto o outro constituem "aproximações fenotípicas parciais de uma evolução que mistura ambos os aspectos, que não aparecem de maneira clinicamente 'limpa' na realidade legislativa". Com efeito, a promulgação de uma lei "punitivista" gera imediato impacto nas estatísticas criminais e, paralelamente, sua mera promulgação gera efeitos "simbólicos" sobre a população em geral. Da mesma forma, uma lei que nasce para cumprir com um papel meramente simbólico pode efetivamente vir a desencadear um processo penal "real" (Meliá, 2005 a; 2005b).

Assim, ao contrário do que parece a partir de uma análise perfunctória, o Direito Penal simbólico e o punitivista/eficientista não se excluem mutuamente. Eles se integram. Meliá (2005a, p. 65) explica como se dá a intersecção:

O Direito penal simbólico não só identifica um determinado "fato", mas também (ou: sobretudo) um específico tipo de autor, que é definido não como igual, mas como outro. Isto é, a existência da norma penal – deixando de lado as estratégias técnico-mercantilistas, a curto prazo, dos agentes políticos – persegue a construção de uma determinada imagem da identidade social, mediante a definição dos autores como "outros", não integrados nessa identidade, mediante a exclusão do "outro". E parece claro, por outro lado, que para isso também são necessários os traços vigorosos de um punitivismo exacerbado, em escala, especialmente, quando a conduta em questão já está apenada. Portanto, o Direito penal simbólico e o punitivismo mantêm uma relação fraternal.

E é justamente dessa simbiose entre o simbolismo e o punitivismo/eficientismo penal que exsurge o modelo de política de prevenção criminal que tem ocupado lugar de destaque no discurso jurídico-penal brasileiro contemporâneo, a enveredar para a implementação de um modelo de Direito Penal máximo que pode ser facilmente identificado com as teses do Direito Penal do Inimigo defendido por Günther Jakobs (2005).

O processo de expansão do Direito Penal, tanto pela via do simbolismo quanto do punitivismo/eficientismo, "implica reconsiderar o flexibilizar el sistema de imputación de responsabilidad y de garantías individuales vigentes, lo que se ha de hacer en función de la necesidad políticocriminal de mejorar la efectividad en la persecución y encausiamiento penales". (Díez Ripollés, 2007a, p. 85). Tal fenômeno expansivo representa, assim, segundo Prittwitz (2004), um aumento do poder do Estado, paralelamente à redução das liberdades civis, tornando-se, muitas vezes, difícil distinguir o Direito Penal da guerra civil e da própria guerra em si.

E a metáfora da "guerra contra a criminalidade" é justamente o ponto de partida da construção teórica do Direito Penal do Inimigo, categoria criada pelo

---

organização criminosa, ou seja, embora exista o *nomen júris* da figura típica não existe a definição da conduta incriminada, portanto, incabível sua aplicação".

penalista alemão Günther Jakobs (2005) para, em contraposição ao Direito Penal do Cidadão, designar as concepções de autor das quais deve partir o Direito Penal no enfrentamento da criminalidade contemporânea, diante da compreensão de que, na sociedade de risco, existem indivíduos que devem ser diferenciados como inimigos em relação aos demais cidadãos. Ou seja, "a 'metáfora da guerra' institui um sistema penal 'paralelo', onde a justiça criminal e as forças da ordem assumem uma forma bélica". (Dornelles, 2008, p. 47).

Nesse contexto, um dos fenômenos que merece destaque é o debate acerca da construção dos tipos penais para a incriminação de novas condutas (criminalidade organizada, tráfico de drogas, delitos econômicos, etc.) em decorrência da crescente preocupação da sociedade a respeito deste tipo de delinquência, sobretudo pela violência e pelos sofisticados meios utilizados na comissão de diferentes delitos, fato este que se refletiu em novos tipos penais como medidas de prevenção e repressão para estes crimes, os quais afrontam os fundamentos de racionalidade das leis penais, como se demonstrará a seguir, a partir da análise da realidade legislativa penal infraconstitucional brasileira.

5. Fundamentos da racionalidade da lei penal: princípios e efetividade

O fenômeno expansivo experimentado pelo Direito Penal contemporâneo, em especial no que diz respeito à realidade brasileira, demonstra que ao legislador em matéria penal ainda lhe custa assimilar que as normas penais devem estar construídas sob forte base de garantias, o que significa que os preceitos incriminadores devem respeitar os direitos e garantias fundamentais preconizados pela Carta Política. Assim, os fundamentos na construção das leis penais devem ser racionais, o que significa que a lei penal deve seguir os princípios e garantias e ser efetiva, e não meramente simbólica.

É importante destacar que dois fundamentos de racionalidade da lei penal devem estar presentes: os *princípios* e a *efetividade*. Isso significa que são necessários princípios normativos pré-ordenados à regulação penal, e critérios instrumentais orientados à realidade social, ou seja, voltados à questão da efetividade da intervenção penal. Os primeiros são praticamente um lugar comum, pois existe consenso em considerar que a Constituição contém os direitos, princípios e valores que dotam de legitimidade toda a regulação jurídica e, em especial, a intervenção penal, toda vez que ela estabelece os limites negativos (mandatos e proibições) do pluralismo ideológico (Zuñiga Rodríquez, 2009).

Assim, a reflexão sobre a fundamentação ética ou filosófica do Direito Penal é do tipo preeminentemente constitucional, pois a Constituição faz uma ponte entre este ponto de vista externo ou de crítica do Direito positivo e o ponto de vista interno sobre a validade do mesmo. Nesse rumo, o constitucionalismo atual pode ser visto como a positivação de princípios sobre os direitos e a justiça, que formam parte de uma tradição de pensamento sobre os limites do Estado e a defesa da dignidade e igualdade dos homens (conteúdo material do Estado Social e Democrático de Direito e direitos fundamentais) (Zuñiga Rodríquez, 2009).

A Norma Fundamental não oferece soluções categóricas sobre os limites, nem sobre os objetivos da sanção punitiva estatal, mas cria um marco de valores para a decisão político-criminal. Dentro deste marco de valores o princípio da proporcionalidade, a regra de ponderação de interesses como fundamento legitimador da decisão de sacrificar direitos fundamentais no lugar de objetivos sociais é uma regra fundamental. O princípio da proporcionalidade no âmbito penal supõe desenvolver os subprincípios de adequação, necessidade e proporcionalidade estrita da intervenção. Como princípio geral de todo o ordenamento jurídico, o princípio da proporcionalidade implica o princípio de subsidiariedade da intervenção penal, a utilização da pena como última razão e, portanto, a utilização privilegiada de outros instrumentos de prevenção menos lesivos aos direitos fundamentais do que a pena. Ou seja, a utilização de sanção penal somente se justifica quando se trata de proteção de bens jurídicos importantes e da prevenção de danos sociais (adequação e necessidade da intervenção), na quantificação necessária para dita prevenção (ZUÑIGA Rodríquez, 2009).

Ocorre que o marco de valores que a Norma Fundamental indica nem sempre vem sendo observado na construção de uma Política Criminal que preserva os direitos e as garantias fundamentais. Isso resulta claro na elaboração dos tipos penais incriminadores na legislação penal infraconstitucional do Brasil pós-Constituição de 1988, que denotam a passagem de uma política de intervenção mínima a uma política de intervenção máxima, tendo como fundamento a insegurança em que vive a sociedade. A pena em muitos casos já não é mais a última razão nos modelos de construção de um Direito Penal que deveria ser subsidiário e o mesmo vale para os bens jurídicos protegidos, pois, como se verifica, a nova tendência incriminadora é a de proteção de bens jurídicos que antes estavam destinados a outras áreas do Direito.

De outro lado, a quantificação das penas destinadas a determinados delitos não guarda a devida proporção com a lesão do bem jurídico que se pretendeu proteger, ocorrendo casos em que o legislador quantifica com penas desproporcionais condutas que não atingem bens jurídicos importantes.

No que se refere à racionalidade instrumental, é importante destacar a necessidade de que os conhecimentos que pretendem um rigor cumpram um fim social, resolvam problemas, sejam efetivos, posto que a orientação de seus fins e o cumprimento dos mesmos é que lhe conferem legitimidade. Atualmente, a técnica e o intercâmbio de informação passam para o primeiro plano no âmbito do saber, com a consequente derrocada dos dogmas, onde não há tempo para as reflexões de legitimação, mas somente para as estratégias. O caldo de cultivo das sociedades atuais já não é a "ideologia", mas a efetividade. A busca do saber já não se faz em função da verdade, mas do aumento de poder, de capacidades. O saber, desde a perspectiva do poder, deixa de ser considerado em termos de conhecimento para sê-lo em termos de efetividade (Zuñiga Rodríquez, 2009).

O problema que se apresenta nesse tópico é que podem ocorrer duas concepções sobre efetividade. A primeira trata da busca do fim por qualquer meio: para lograr um determinado fim vale inclusive a construção de imagens, ideologias, enfim, qualquer estratégia, e o especialista é um tecnocrata a serviço do fim desenhado pelos poderes reais, dentro do que pode ser chamado de *eficientismo*. A segunda concepção de efetividade é no sentido de contrastar os fins perseguidos com os objetivos cumpridos, de controle da racionalidade por meio do cumprimento de metas, onde o especialista determina os problemas e desenha as estratégias (Zuñiga Rodríguez, 2009).

Este segundo sentido de efetividade é o que deve ser buscado. Não se deve confundir efetividade da lei penal com eficientismo, isto é, com o pragmatismo utilitarista que se impôs na legislação penal, nas quais se aproveitam as demandas de lei e ordem, construídas por meios dos meios de comunicação, para dar respostas simbólicas de maior intervenção penal. Estas medidas não só não correspondem aos princípios básicos da consideração do Estado de Direito (proporcionalidade), como também não são efetivas, posto que não logram nenhum fim preventivo real (Zuñiga Rodríquez, 2009).

Como se nota na elaboração da legislação penal dos últimos anos, a primazia é a do eficientismo utilitarista, com fins políticos e de promoção de determinadas campanhas pela segurança do cidadão. Essa Política Criminal tem imperado na hora da elaboração legislativa em matéria penal, principalmente quando se verifica um aumento na comissão de determinados delitos ou de insegurança do cidadão, fato este promovido pelos meios de comunicação em campanhas massivas no sentido de que o Direito Penal deve intervir. Nestes casos, a proposta sempre é a de aumento das penas e a de criminalização de novas condutas, embora o que se note na prática é que os delitos tradicionais são os que sofrem esse aumento nas penas.

As respostas propostas pela Política Criminal eficientista não estão preocupadas com a efetividade da lei penal, mas em passar uma falsa mensagem (simbólica) de segurança e controle sobre a criminalidade, fato este que não se verifica na prática.

A Política Penal expansiva necessita de crédito na disfunção social existente para que se possa intervir através do Direito Penal, ainda que dita intervenção seja meramente simbólica. A característica dessa disfunção social é a falta de relação entre uma determinada situação social ou econômica e a resposta ou falta de resposta que a ela dá o subsistema jurídico, nesse caso o Direito Penal (Díez Ripollés, 2005). Este fato é sempre explorado ao máximo quando se pretende incluir na pauta as reformas penais expansivas, isto é, procura-se demonstrar que o Direito Penal tradicional já não responde aos anseios de segurança social, portanto, devem-se buscar dentro deste mesmo ramo duas medidas: recrudescimento do modelo existente ou elaboração de novas formas de incriminação, política esta que é eficientista, porém, não efetiva.

De tudo o que foi dito é importante que se observe que o debate sobre a intervenção penal não se centra na norma, mas, no momento prévio: na orientação político-criminal, na seleção dos instrumentos para prevenir a criminalidade, na criação da norma penal e, consequentemente, na determinação de um programa integral de Política Criminal frente a um fenômeno criminal (Zuñiga Rodríguez, 2009).

O problema que é não há, de fato, um programa integral de política criminal e, portanto, não se pode falar em acordos ou políticas legislativas nesse tema, pois, como se sabe, há divergências de fins, valores, orientações ou modelos penais, o que nos leva à legislação de emergência como resposta simbólica em determinados casos concretos.

Como destaca Zuñiga Rodríguez (2009), a Política Criminal é que permite a conexão do sistema penal aos princípios básicos do Estado Democrático de Direito, aos valores constitucionais, ou seja, ao primeiro fundamento de racionalidade que se demanda em uma elaboração legislativa em sede penal. A Política Criminal no âmbito de seleção dos instrumentos para enfrentar a criminalidade, coloca como princípio fundamental o da subsidiariedade, como expressão do princípio geral do Estado Democrático de Direito. Assim, trata-se de fazer uma seleção de instrumentos de acordo com os subprincípios de oportunidade, lesividade e necessidade, para enfrentar a nova criminalidade que se apresenta.

O problema é que a Política Criminal, enquanto expressão da política geral do Estado, responde aos fins e às metas dos governantes. E o que ocorre quando os governantes não têm fins e metas claramente propostos? A resposta só pode ser uma: legislação de emergência para determinados delitos que abalam a sociedade. No entanto, referido abalo também é impulsionado pelos meios de comunicação, criando-se um círculo de insegurança onde todos clamam pela intervenção do Estado. Nesse ponto é interessante ressaltar que aparecem "políticas" de prevenção da esquerda e da direita, propondo a solução para os conflitos sociais existentes através do já conhecido binômio: aumento de penas e incriminação de novas condutas.

A tendência moderna dos Estados, inclusive os que não possuem qualquer programa de Política Criminal, é no sentido da segurança do cidadão, tolerância zero, lei e ordem, isto é, maximalista na parte punitiva e minimalista na parte social. Estados mínimos no social e máximos no controle social, onde se mostra que as políticas duras são objeto de desejo da sociedade de consumo (Wacquant, 2001).

Neste contexto, as reformas penais prescindem da doutrina penal, já não se faz mais necessário a discussão das reformas antes de aprová-las, o importante é a repercussão midiática que elas terão. Aqui aparece com toda a força o caráter simbólico do Direito Penal e dos interessados nas repercussões e ganhos políticos que isso pode trazer. Voltamos ao eficientismo e deixamos de lado a efetividade. Na maioria das vezes, essas reformas de cunho simbólico deixarão uma falsa impressão de segurança, porém, sem qualquer comprovação efetiva de que de fato isso ocorreu, como se demonstrará a seguir, em relação à Lei dos Crimes Hediondos.

6. Normalização das normas excepcionais ou de emergência

O paradoxo que se apresenta na contemporaneidade é que as normas que eram excepcionais ou de emergência, pensadas para determinados contextos de criminalidade, estão perfeitamente integradas no modelo penal, aliás, com muito mais força quando se trata de um modelo de segurança do cidadão.

No caso brasileiro, a excepcionalidade de determinadas regras penais foi apresentada, como sua própria denominação indica, como solução de caráter extraordinário e restrito, pensada exclusivamente para o fenômeno dos crimes hediondos (Lei n. 8.072/1990). Ao mesmo tempo, sua excepcionalidade se projetava também sobre o plano temporal, já que aparecia como uma solução com prazo de validade, desenhada até o desaparecimento do fenômeno criminal frente ao qual surgia (sequestros, tráfico de entorpecentes, etc.).

No entanto, o que se verifica com o passar dos anos é que o fenômeno criminal (crimes hediondos) não comportou a própria validade da normativa penal de exceção ou de emergência. A etapa vivida desde então evidencia uma normalização da exceção, à qual parece haver contribuído certa assunção, institucional e social, da compatibilidade daquela normativa com o Estado de Direito e com o marco constitucional.

É verdade que alguns tribunais não aplicaram a Lei dos Crimes Hediondos de forma integral ou a rejeitaram parcialmente, porém, este fato não impediu que ela integrasse normalmente o ordenamento jurídico e, o que foi pensado para uma situação de emergência, passou para a normalidade. Ademais, a própria discussão sobre a constitucionalidade da norma perdeu força com o tempo, o que a tornou compatível com o Estado de Direito e o marco constitucional pátrio.

Assim, pode-se afirmar que houve a normalização da exceção, pelo menos em dois sentidos. Em primeiro lugar, na medida em que as emergências criminais tendem a multiplicar-se (imigração irregular, narcotráfico, etc.) e tornarem-se cada vez mais frequentes, com independência da maior ou menor entidade quantitativa, ou inclusive, qualitativa (emergência penal em torno da problemática da pedofilia, violência doméstica, etc.). Normalização, em segundo lugar, na medida em que após a cessação ou contração dessas ameaças criminais específicas, a concreta regulação de exceção prevista para elas permanece em vigor, legitimando os efeitos de limitação de liberdades que derivam de suas disposições (Brandariz García, 2007).

O que mais aparece em nosso sistema penal é a normalização das normas de exceção quando cessam as aparentes ameaças criminais que as originaram, sem qualquer preocupação se houve uma resposta efetiva ou se a ameaça ainda existe. Assim, fica patente a legitimação da supressão de garantias e de liberdades pelo sistema jurídico, sem qualquer preocupação com efetividade das normas editadas. Esse fato parece agradar o legislador, pois, em matéria penal é de fácil aceitação a normalização das regras de exceção, ainda que tenham sido criadas para fatos ou situações específicas, o que por si só já contraria uma Política Criminal séria.

Todos esses fatos nos levam à conclusão de que se mesclam conceitos em nome de uma suposta segurança do cidadão, onde o importante é mais o caráter simbólico de uma política simplista do que a sua real efetividade. Assim, justifica-se a edição de normas supressivas de direitos e garantias fundamentais, tudo em nome de um controle social absoluto, onde imperam as normas recrudescedoras do Direito Penal.

7. Considerações finais

No decorrer do presente artigo, buscou-se demonstrar que na contemporaneidade, em decorrências dos novos "riscos" que a sociedade globalizada apresenta, vivencia-se a implementação de um modelo de Direito Penal simbólico que persegue tão somente fins político-eleitorais de curto prazo ao buscar encobrir as lacunas deixadas pela retirada do Estado dos âmbitos econômico e social.

A par da utilização simbólica do Direito Penal, apresenta-se também a retomada do punitivismo que, por meio da utilização de equiparações conceituais equivocadas bem como de estereótipos construídos pela intervenção principalmente dos meios de comunicação de massa, passa a pugnar pelo recrudescimento punitivo e pela consequente flexibilização de garantias penais e processuais, em nome da "segurança cidadã".

É justamente da simbiose entre o simbolismo e o punitivismo/eficientismo penal que exsurge o modelo de política de prevenção criminal que tem ocupado lugar de destaque no discurso jurídico-penal contemporâneo, a enveredar para a implementação de um modelo de Direito Penal máximo que pode ser facilmente identificado com as teses do Direito Penal do Inimigo defendido por Günther Jakobs.

Referido modelo de Direito Penal vai de encontro aos dois principais fundamentos de racionalidade da lei penal, quais sejam, os *princípios* e a *efetividade*. Com efeito, no que diz respeito aos princípios, cada vez mais se verifica a violação à proporcionalidade, o qual supõe desenvolver os subprincípios de adequação, necessidade e proporcionalidade estrita da intervenção. No que afeta à questão da efetividade, demonstrou-se que essa noção vem sendo suplantada pela noção de eficiência.

Com isso, institui-se, no bojo do Estado Democrático de Direito, um modelo de política criminal de exceção, que por meio de um processo de "normalização", passa a ser regra, em detrimento de um modelo integral de Política Criminal, preocupada também com a vigência de uma política de desenvolvimento social e proteção integral dos direitos humanos, de forma a conter a violência estrutural e a desigualdade, possibilitando o desenvolvimento humano.

Referências

ALBRECHT, Peter-Alexis. El derecho penal en la intervencíon de la política populista. In. *La insostenible situación del Derecho Penal*. Granada: Instituto de Ciencias Criminales de Frankfurt. Área de Derecho Penal de la Universidad Pompeu Fabra, 2000, p. 471-487.

ANDRADE, Vera Regina Pereira de. *A ilusão de segurança jurídica:* do controle da violência à violência do controle penal. Porto Alegre: Livraria do Advogado, 1997.

BECK, Ulrich. *La sociedad del riesgo:* hacia una nova modernidad. Trad. Jorge Navarro, Dabiel Jiménez e Maria Rosa Borrás. Barcelona: Paidós, 1998.

BRANDARIZ GARCÍA. José Angél. Política criminal de la exclusión. Granada: Comares, 2007.

CALLEGARI, André Luís; MOTTA, Cristina Reindolff. Estado e política criminal: a expansão do Direito Penal como forma simbólica de controle social. In. CALLEGARI, André Luís (org). *Política Criminal, Estado e Democracia*. Rio de Janeiro: Lumen Juris, 2007, p. 1-22.

CEPEDA, Ana Isabel Pérez. *La seguridad como fundamento de la deriva del derecho penal postmoderno*. Madrid: Iustel, 2007.

CHRISTIE, Nils. *A indústria do controle do crime:* a caminho dos GULAGs em estilo ocidental. Trad. Luís Leiria. Rio de Janeiro: Forense, 1998.

DÍEZ RIPOLLÉS, José Luis. A Racionalidade das Leis Penais. São Paulo: RT, 2005.

————. De la sociedad del riesgo a la seguridad ciudadana: un debate desenfocado. In. CALLEGARI, André Luís (org). *Política Criminal, Estado e Democracia*. Rio de Janeiro: Lumen Juris, 2007a, p. 81-128.

————. *La política criminal en la encrucijada*. Buenos Aires: B de F, 2007b.

————. *El Derecho Penal simbólico y los efectos de la pena*. Disponível em <http://www.juridicas.unam.mx/publica/librev/rev/boletin/cont/103/art/art3.pdf>. Acesso em: 23 abr. 2008.

DORNELLES, João Ricardo W. *Conflito e segurança:* entre pombos e falcões. 2. ed. Rio de Janeiro: Lumen Juris, 2008.

GARLAND, David. *La cultura del control:* crimen y orden social en la sociedad contemporánea. Trad. Máximo Sozzo. Barcelona: Gedisa Editorial, 2005.

JAKOBS, Günther. Direito penal do cidadão e direito penal do inimigo. In. CALLEGARI, André Luís; GIACOMOLLI, Nereu José (org. e trad.). *Direito penal do inimigo:* noções e críticas. Porto Alegre: Livraria do Advogado, 2005, p. 19-50.

MELIÁ, Manuel Cancio. "Direito Penal" do Inimigo? In. CALLEGARI, André Luís; GIACOMOLLI, Nereu José (org. e trad.). *Direito Penal do Inimigo:* noções e críticas. Porto Alegre: Livraria do Advogado, 2005a, p. 51-81.

————. O estado atual da política criminal e a ciência do Direito Penal. Trad. Lúcia Kalil. In. CALLEGARI, André Luís; GIACOMOLLI, Nereu José (coord.). *Direito Penal e funcionalismo*. Porto Alegre: Livraria do Advogado, 2005b, p. 89-115.

PRITTWITZ, Cornelius. O Direito Penal entre Direito Penal do Risco e Direito Penal do Inimigo: tendências atuais em direito penal e política criminal. In. *Revista Brasileira de Ciências Criminais*. São Paulo: RT, n. 47, 2004, p. 31-45.

————. La desigual competencia entre seguridad y libertad. *Política Criminal, Estado e Democracia*. Rio de Janeiro: Lúmen Juris, 2007.

ROSA, Mario. *A Era do Escândalo:* lições, relatos e bastidores. São Paulo: Geração Editorial, 2003.

WACQUANT, Loïc. *As prisões da miséria*. Trad. André Telles. Rio de Janeiro: Jorge Zahar, 2001.

ZUÑIGA RODRÍGUEZ, Laura. Criminalidad organizada y sistema de Derecho penal. Granada: Comares, 2009.

— IV —

A contribuição da tópica jurídica para a crise do normativismo abstrato

ANTONIO CARLOS NEDEL[1]

Sumário: Introdução; I – A concepção sistêmico-normativa da juridicidade e a abstrata desproblematização do direito; II – A tópica jurídica e a recuperação do sentido problemático do direito.

Introdução

O problema da desproblematização do direito é o grande equívoco legado pelo pensamento jurídico da modernidade, e que ainda persiste no imaginário normativista dos juristas do nosso tempo.

Ele é o resultado objetivo da compreensão do fenômeno jurídico identificado com o paradigma cientifico instaurado no século XIX, que através de uma radical positivação, passou a ver o direito reduzido ao plano dogmático da compreensão epistemológica do direito positivo. E assim, neutralmente imunizado o direito na redoma do sistema jurídico, criou-se a possibilidade de uma metódica de aplicação rigorosamente formal, orientada lógico-dedutivamente nos termos de uma operação silogística, que visa a subsumir o caso concreto ao sentido já a priori definido na norma pressuposta do sistema jurídico.

A consequência desta lógica abstração metodológica é a separação do direito do mundo prático da vida. Contradição inaceitável, que a nosso ver, depõe contra o sentido histórico do dever-ser jurídico que o revela essencialmente como um fenômeno prático-normativo eticamente fundamentado.

Diante do exposto, esta reflexão tem por finalidade desconstruir criticamente a concepção sistêmico-normativa que desproblematizou dogmaticamente a aplicação do direito, para num segundo momento, propor uma recuperação do

---

[1] Doutor em Direito (UNISINOS); Mestre em Ciências Jurídico-Filosóficas pela Faculdade de Direito da Universidade de Coimbra; Professor da Graduação e Pós-Graduação da Universidade do Vale do Rio dos Sinos (UNISINOS).

sentido prático-material da realização judicativa do direito, valendo-se dos aportes culturais oferecidos pelo pensamento tópico-jurídico, buscar-se-á realçar o caráter humanista da racionalidade prático-jurídica, bem como sua índole argumentativo-deliberadora, por termos consciência, de que a realização do direito tem um sentido prático-problemático e não lógico-sistemático, isto é, exige uma prospecção heurística e crítica-dialética.

I – A concepção sistêmico-normativa da juridicidade e a abstrata desproblematização do direito

O pensamento jurídico moderno-iluminista concebeu uma ideia de direito logicamente estruturada no âmbito de um prescrito sistema de normas, reduzindo a juridicidade aos termos conceituais da normatividade positiva.

Desta forma, sintonizado com a crença da razão iluminista na perspectiva do liberalismo, o conceitualismo jurídico derivou para um logicismo radical, desvinculando o direito do continuum normativo de base ético-metafísica da tradição jusnaturalista, onde sua ideia não se confundia com o direito positivo, pois buscava a legitimidade num sistema ético-normativo que translegalmente o transcendia, isto é, fundava-se na teleologia ontoaxiológica de uma ordem de validade pressuposta que, vinculada à filosofia prática, ia identificada com uma razão material e prudencial que num sistema político de índole jurisdicional concebia o jurídico na perspectiva de uma intenção prática-judicativa, onde o direito se cumpria nos termos de um juízo normativo concreto-casuístico.

Na verdade, embora com variações circunstanciais que se evidenciaram ao longo da historia, desde o séc. V a.C. na *polis* grega, passando pela *Civitas* Romana e pela República Cristiana, como assinala Castanheira Neves, três notas essenciais caracterizaram a concepção jurídica ocidental pré-moderna, bem como o poder político que a sustentava: "Justificava-se numa legitimidade, a sua índole intencional era a de prudência e institucionalizava-se como iurisdictio".[2]

Neste contexto, portanto, a fonte da normatividade jurídica não era o poder político, nem tampouco a ideia de direito se identificava com a positividade legal, mas a ambos transcendia o seu sentido, cujo fundamento era uma ordem material pressuposta que em termos ahistóricos, eternos e imutáveis, expressava na sua normatividade os princípios do bem e do justo.

Somente a partir do séc. XIV, com a distinção entre o direito natural e direito positivo, o legislador começou a adquirir maior autonomia, muito embora as primeiras codificações da modernidade emergente, ainda mantinham vinculação com os pressupostos axiológicas da ordem ético-metafísica, sendo a função jurí-

---

[2] CASTANHEIRA NEVES Antônio. *O Instituto dos "Asssentos" e a Função Jurídica dos Supremos Tribunais.* Coimbra, 1983, p. 508.

dica das leis determinada por um sentido translegal que materialmente as transcendia.

No entanto, a crescente autonomia humana reivindicada pelo racionalismo moderno, não tardaria a romper com os pressupostos metafísicos de uma validade transcendente, para afirmar a validade jurídica no âmbito principiológico da razão pura, logicamente autofundamentada nos seus próprios axiomas e assim, reafirmando uma tradição normativista iniciada com as *leges* medievais, o itinerário da razão jurídica moderna, a partir dos postulados lógico-racionais de Grotius e, desdobrada nas preposições sistemáticas de Leibruitz e Wolff, culminaria num entendimento do direito enquanto lógico-abstrato sistema de normas, que a legislação codificada consubstanciou num todo dogmático-sistemático, reduzindo a ideia de direito às prescrições normativas impostas pelo legislador político.

A partir de então, pensar juridicamente passou a significar pensar apenas o direito positivo legal, pois a lei jurídico-política, a partir da ideia do contrato social, instituiu-a como a própria afirmação da sociedade civil emancipada, única fonte da ideia de direito que nela se resumia, como afirmou Rousseau: "Pelo pacto social demos existência ao corpo político; trata-se agora de lhe dar o movimento e a vontade por meio da legislação".[3]

Consequência natural desta nova concepção do direito, no que concerne ao plano concreto da resolução dos problemas jurídicos, foi uma transformação metodológica que impôs uma práxis judicativa alheia ao sentido *inveniendi* que hermeneuticamente embasava a pretensão material de teor prático-argumentativo presente na tradição jurisprudencial pré-moderna, pois, perante um direito *a priori* fixado na lei, que em si mesma encarnava a justiça, nada restaria ao julgador senão a sua dogmática e lógica aplicação ao caso concreto, conforme justificou Montesquieu "se os tribunais não devem ser fixos, os julgamentos deverão sê-lo a um ponto tal, que não representem nunca senão um texto fixo da lei".[4]

Assim, na perspectiva do Estado de Direito de legalidade, impôs-se uma total submissão do Judiciário ao Legislativo, a ponto de Montesquieu afirmar que, perante os outros dois poderes do Estado "o judiciário é de algum modo nulo",[5] logo, a tarefa criadora do direito passa a ser uma exclusividade do legislador, cabendo à função judicativa, em termos de rigorosa submissão dogmático-formal, apenas reproduzir sua vontade através de operações lógicas, de caráter silogístico-subsuntivo, tendentes a adequar o caso concreto aos pressupostos normativos a priori delimitados pela lei.

Desta forma, a aplicação do direito no âmbito metódico do positivismo jurídico, em sintonia com o cientificismo do idealismo formal, acalentou a transcen-

---

[3] ROUSSEAU, Jean-Jacques. *O Contrato Social*. Traduzido por Rolando Roque da Silva. São Paulo: Cultrix, 1995, p. 47.

[4] MONTESQUIEU, Charles. *Do Espírito das Leis*. Traduzido por Gabriela de Andrada Dias Barbosa. São Paulo: Brasil, 1960, p. 182.

[5] Idem, p. 184.

dente ilusão de que uma justeza lógico-abstrata, poderia propiciar em consonância com a coerência global do sistema, uma também justeza material, pois, de sua plenitude conceitual poder-se-ia sempre, de forma derivada, promover conexões lógicas através de deduções intersistemáticas que permitiriam, inclusive, o preenchimento de eventuais lacunas da lei positiva, de modo a se manter inalterada a plenitude fechada do todo sistemático. Assim, como salientou Wieacker, todo esforço hermenêutico-judicativo para encontrar a justa-solução do caso decidendo, mais não fará do que "desvelar a solução já latentemente contida no sistema",[6] ou seja, um proceder metódico que na verdade é uma técnica instrumental, na qual a interpretação, de caráter dedutivo-formal, não vai além da gramatical explicitação do direito positivo, de modo a reafirmar acrítico-textualmente, a sua dogmática imperatividade lógico-sistemática.

Tal atitude epistemológica, ao prescrever previamente o modelo de processo jurídico a ser cumprido pela função judicial, em termos formalmente fixados pela legislação positiva, dogmatizou neutralmente a aplicação do direito, priorizando consagrar o ideal de certeza e segurança jurídica, em consonância com a visão de mundo causal e mecanicista da emergente civilização tecnológico-científica.

O paradoxo desta concepção rigorosamente formal do direito que suprimiu a autonomia judicativa e desproblematizou a sua aplicação prática, trouxe graves consequências, pois, como observou Cassirer, "o que o direito pode ganhar num plano puramente ideal, parece estar fadado a perdê-lo do ponto de vista da "realidade", da aplicação empírica".[7]

Na verdade, muito embora a aspiração epistemológica do positivismo normativista, buscou autonomizar o direito de inferências políticas, sociais e econômicas, no plano teórico-abstrato de um sistema autossuficiente na sua normatividade, acabou na prática, separado da realidade concreta da vida, transformando o direito num instrumento normativo, que a vontade política dominante, utiliza para o desiderato ideológico dos seus fins e promovendo na prática, uma descaracterização teleológica do verdadeiro e histórico sentido do dever-ser jurídico.

No entanto, ainda no decurso do século XIX, a separação do direito do mundo prático da vida, começou a ser denunciada por um pensamento jurídico crítico que evidenciou o profundo equívoco metódico de reduzir a decisão jurídica aos termos lógicos de uma dedução abstrata.

Ao longo da primeira metade do século XX, movimentos como a "Escola do Direito Livre", a "Jurisprudência dos Interesses", a "Jurisprudência Teleológica" e a "Jurisprudência da Valorização", além de apontarem para a condição irremediavelmente lacunosa do direito enquanto legalidade *stricto sensu,* puseram em evidência a inequívoca necessidade da inserção de ponderações práticas na realização concreta do direito.

---

[6] WIECKER, Franz. *Historia do Direito Privado Moderno.* Traduzido por A. M. Botelho Espanha. Lisboa: Fundação Calouste Gulbenkian, 1993, p. 498.

[7] CASSIRER, Ernst. *A Filosofia do Iluminismo.* Traduzido por Álvaro Cabral. Campinas, Unicamp. 1992 p. 319.

Refletindo sobre o conjunto destes movimentos, Larenz ponderou que "A passagem a uma jurisprudência de valoração, a crítica ao modelo de subsunção e, por ultimo, a preponderância da justiça do caso, bem como do procedimento argumentativo",[8] levaram a um questionamento da ciência jurídica dogmaticamente reduzida a um epistemológico conhecimento do sistema legal. Neste sentido, Capograssi[9] observou que a incumbência da ciência do direito, é demonstrar que o direito como lei, não expressa o direito como direito, nem é capaz de dar uma razão coerente no que se refere ao âmbito global da esfera da experiência jurídica, isto quer dizer que o direito é coisa distinta da lei e também não se confunde com o sistema jurídico.

II – A tópica jurídica e a recuperação do sentido problemático do direito

A exaustão teórica do paradigma normativista, já prefigurada na crítica que amadureceu ao longo do século XIX e se robusteceu no século XX, ganha hoje contornos radicais com a crise dos referenciais metafísicos que lhe serviram de fundamento e projetam seu sentido no vazio de uma orfandade conceitual, decorrente do abandono da pretensão metafísico-universalista que, lógico-normativamente, a partir do jusracionalismo, nos termos de um abstrato subjetivismo, axiomatizou o direito em categorias sistemáticas.

E assim, no âmbito conjuntural da crise pós-moderna, uma crescente complexidade envolve o fenômeno jurídico, e o pluralismo dela resultante, em sintonia com o relativismo fragmentário que implodiu as certezas metafísicas, não mais reconhece na universalidade normativo-jurídica, imposta pelo poder político estatal, a plenitude do direito, ou seja, a desestruturação da simplicidade da lógica moderna que pressuponha um universo social ordenadamente programado, segundo os critérios dogmático-racionais de um lógico determinismo, evidencia-se a superação do monismo legalista. Logo, o direito não está na subsistência formal das normas positivas, e também não se dá a conhecer numa investigação epistemológica da estrutura do seu sistema. Isto quer dizer que ainda não temos direito pelo fato de termos um sistema jurídico, temos ai apenas uma possibilidade ideal e abstrata do direito que ainda não se manifestou, ou seja o direito não existe antes da sua realização prática.

Entendido o sentido do direito pela ótica da sua realização prática, o ponto de partida metódico deixa de ser a norma abstrata e volve-se para o caso concreto, contextualizado na unidade material da sua relevância, onde o direito ganha vida e consistência empírica na prática resolução dos concretos problemas jurídicos,

---

[8] LARENZ, Karl. *Metodologia da Ciência do Direito*. Trad. José Lamego. Lisboa, Fundação Cabouste Gulbenkian. 1997, p.171.

[9] CAPOGRASSI, Giuseppe. *Il Prblema Della Scienza Del Diritto*. Milano, Giuffrè, 1962, p.8.

isto é, na dialética da sua práxis é que pode manifestar-se materialmente a teleologia do seu dever-ser, logo, a aplicação do direito não pode reduzir-se a uma operação lógica que determine no *a priori* da norma, dedutivamente, o ulterior resultado, mas deve problematicamente constituir-se num *a posteriori*, evidenciando que a realização do direito não é um processo lógico-sistemático, mas tópico-problemático.

Neste sentido, Recaséns Siches[10] ponderou que ao longo de toda a sua historia, com exceção de apenas dois séculos, o pensamento jurídico e a prática da jurisprudência, nunca foram sistemáticas, mas antes, pautaram-se por uma orientação aporético-problemática e argumentativamente deliberadora, tendo sempre presente a distinção entre *ius* e *lex*. Assim, a tópica jurídica, com o apoio de um pensamento retórico-dialético, propõe, para além da lógica formal, a busca inventiva do justo material, no enfrentamento problemático, que circustancializa cada concreta decisão jurídica.

Em concomitância com a reabilitação da filosofia prática ao longo das primeiras décadas do século XX, o pensamento tópico ganhou força após a Segunda Guerra Mundial, manifestando-se na teoria literária, na política, na filosofia e na sociologia. Com a publicação de Tópica e Jurisprudência em 1953,[11] Theodor Viehweg trouxe a reflexão tópica para o âmbito do direito. A alusão feita a Vico, no início da obra simboliza dois momentos distintos da reflexão tópica no contexto da modernidade, pois, ao assimilá-la em Nápoles, em meados do século XVIII, no momento da afirmação triunfal do cartesianismo, Vico tinha consciência de que estava assumindo a contramão da *ratio studiorum*[12] do seu tempo, o que lhe valeu o *opróbrio* e o completo esquecimento. Já Viehweg reassume a tópica jurídica, num momento histórico em que a lógica subjetiva da metafísica cartesiana conhece o seu ocaso abalada pelo emergente relativismo da cultura pós-moderna, que também desestrutura a crença da segurança e certeza jurídica idealizada pelo pensamento metodológico-jurídico do positivismo normativista.

Se as raízes do raciocínio tópico-retórico já estavam presentes na antiguidade clássica pré-aristotélica, como um repositório mnemônico de técnicas utilizadas para efeito de oratória, que os sofistas transformaram em clichês de argumentação, foi o estagirita que lhe deu aprofundamento filosófico e rigor teórico-sistemático. Por essa razão, Garcia Amado lhe fez justiça ao observar que "cualquier intento de reactualización de la tópica há de comenzar por dar cuenta del significado que tuvo en el pensamiento de Aristóteles",[13] no qual, o sentido da tópica, embora centrado nos tópicos ou lugares comuns, não se enclausura dogmaticamente na fixidez da veracidade das suas proposições, que necessitam,

---

[10] RECASÉNS SICHES, Luis. *Nueva Filosofia de La Interpretación Del Derecho*. México: Porrúa, 1973, p. 159, 160.

[11] VIEHWEG, Theodor. *Tópica e Jurisprudência*. Traduzido por Tércio Sampaio Ferraz Junior. Brasília: Departamento de Imprensa Nacional, 1979.

[12] VICO, Giambattista. *A Ciência Nova*. Traduzido por Marco Luccesi. Rio de Janeiro: Record, 2000, p. 14.

[13] GARCIA AMADO, Juan Antonio. *Teorias De La Tópica Jurídica*. Madri: Civitas, 1988, p. 43.

em razão da sua essência plausível, dos desdobramentos crítico-metodológicos da argumentação dialógica-construtiva para a resolução dos problemas concretos em sintonia com as exigências que configuram as verdades práticas. Assim, como se pode ver na Retórica,[14] a motivação teleológica da enteléquia aristotélica evolui para o fim visado, pressupondo um inevitável enfrentamento discursivo, que a força criativa da argumentação, na circunstancialidade de cada caso, deverá utilizar para o triunfo da tese.

Fiel aos pressupostos da filosofia prática, Viehweg desenvolveu a sua tópica jurídica, evidenciando o caráter inveniendi presente na *techne* da dialética aristotélica. Assim contrariando o determinismo teleológico que impõe dogmático-metodologicamente a verdade já contida no todo sistemático, o modo de pensar tópico no contexto da resolução dos concretos problemas jurídicos, pressupõe a indeterminação de uma ordem jurídico-social em contínua construção.

Portanto, o pensamento tópico-jurídico, ao visualizar a realidade social a partir de panoramas fragmentários, busca sintonizar o direito com o ritmo existencial da vida humana, também marcada pela contingencialidade aleatória, logo, no enfrentamento com a realidade problemática da vida, não existe um método seguro para a resolução das aporias que os problemas representam.

De nossa parte, resta claro que a importância da tópica jurídica não está nos *topoi* e no fundamento metafísico que eles suscitam, mas no caráter dialético das possibilidades crítico-criativas que a sua índole retórico-argumentativa propicia, enquanto resolução inveniendi dos concretos problemas jurídicos, elevando, como o valor mais relevante do direito a prospecção dialógica que pode conduzir, no âmbito das controvérsias, sua elucidação racional-consensual.

A vinculação problemática ao problema, como prioridade fundamental, lembra Garcia Amado,[15] é a particularidade que distingue a tópica de outras orientações criticas, que, buscando legitimar-se em ponderações práticas propõem-se em como alternativas metódicas ao positivismo jurídico, razão pela qual, ela se constitui em valioso instrumento que auxilia o modo de pensar que se volve com um olhar prático para os problemas concretos em perspectiva aporética, isto é, em direção contraria aos pressupostos da lógica axiomática.

Posta em relevo por Viehweg, a antinomia de que a essência do direito é tópico-problemática, e não lógico-sistemática, ganha tons mais radicais no discurso de Recaséns Siches, quando afirma que "El pensamiento jurídico debe ser siempre um pensamiento sobre problemas y no aspirar nunca a um sistematismo, El cual es inposible em El muno Del derecho".[16] A veemência do citado autor encontra justificação se entendermos que o direito, enquanto realidade prática, somente encontra o seu sentido quando satisfaz a exigência ética de materializar

---

[14] ARISTÓTELES. *Retórica, 1, 2, 1358 a 15*. Traduzido por Antonio Tovas. Madri: Centro de Estúdios Constitucionalis, 1990, p.17.

[15] GARCIA AMADO, Juan Antonio. *Teoria de la Tópica Jurídica*, op. cit. p. 109.

[16] RECASÉNS SICHES, Luis. *Nueva Filosofia de la Interpretatición del Derecho*, op. Cit. p. 291

o justo em cada caso. Por conta dessa aporia fundamental, o direito se distingue de outras ciências que se justificam a partir de princípios lógico-objetivos; sua racionalidade é de índole prático-material e reivindica uma autonomia no constitutivo processo decisório, que deve se desenvolver argumentativamente na direção de um consenso persuasivo a posteriori.

Por entendermos que a crise contemporânea do direito e do pensamento jurídico funda suas raízes na ruína do sistematismo moderno, a consciência crítica nos desvela que a sua fonte objetiva foi a separação do direito do mundo prático da vida, levado a efeito pela episteme da metódica positivista. Em sintonia com esses critérios metódicos, a aplicação do direito se reduz a uma operação silogística que procura subsumir o caso concreto ao sentido *a priori* definido na norma, com a finalidade de garantir a sua concretização, através de procedimentos lógico-dedutivos. Desta abstração lógico-metodológica resulta um alheamento da realidade material que caracteriza o concreto problema jurídico.

Portanto, se a realização concreta do direito não se confunde com a simples aplicação das normas do sistema jurídico e, pelo contrário, convoca necessariamente uma mediação judicativo-criativa, pensamos que o pensamento tópico-jurídico tem grandes contribuições a oferecer na construção de uma consciência metódica pós-positivista.

— V —

A concretização da garantia constitucional do contraditório e as presunções contidas no § 6º do art. 273 do CPC

DARCI GUIMARÃES RIBEIRO[1]

Sumário: Introdução; 1. Os princípios constitucionais da efetividade e do contraditório; 2. O surgimento do § 6º do art. 273 do CPC; 3. As presunções no direito brasileiro; 4. Das formas de incontrovérsia contidas no pedido incontroverso; 5. Pedido incontroverso e presunções relativas; 6. Pedido incontroverso e presunções absolutas; 7. Conclusões; 8. Referências bibliográficas.

Introdução

O presente ensaio visa a analisar a antecipação do pedido incontroverso contido no § 6º do art. 273 do CPC, na perspectiva da concretização do princípio constitucional do contraditório, que em face das várias modalidades processuais ensejadoras da incontrovérsia pode gerar diversos tipos de presunções e, de acordo com sua natureza, possibilitar ao juiz antecipar o pedido incontroverso a título de decisão interlocutória ou sentença parcial de mérito.

1. Os princípios constitucionais da efetividade e do contraditório

A questão de fundo que se apresenta para o debate reside na natureza da decisão que possibilita a antecipação do pedido incontroverso. Inicialmente, cumpre destacar que esta questão está inegavelmente ligada à ideia de tempo do processo, que por razões metodológicas não poderei aprofundar.[2] O tempo sempre foi con-

---

[1] Doutor em Direito pela Universitat de Barcelona. Especialista e Mestre pela PUC/RS. Professor Titular de Direito Processo Civil da PUC/RS e do Programa de Pós-Graduação em Direito da Unisinos. Advogado.

[2] Nesta ordem de ideias, é conveniente destacar as palavras de DENTI, para quem "la durata del processo rappresenta de per si se stessa un fatto che può arrecare pregiudizio alla parte che ha ragione, poiché la sentenza che definisce il diudizio può operare su uma situazione che nel frattempo si è modificata parte (...)", *La giustizia*

siderado um ônus que as partes devem suportar, porém o grande desafio está em distribuir este ônus entre as partes. Sabiamente, Carnelutti afirmou que *"el valor que el tiempo tiene en el proceso es inmenso y, en gran parte desconocido"*, pois "el hecho, en último análisis, no es otra cosa que tiempo, precisamente porque el tiempo, a su vez, en último análisis, no es sino cambio. Por tanto, que el juez opere sobre el hecho, quiere decir que opera sobre el tiempo".[3] Cumpre ainda destacar as proféticas palavras de Nicolò Trocker, para quem: "a justiça realizada morosamente é sobretudo um grave mal social; provoca danos econômicos (imobilizando bens e capitais), favorece a especulação e a insolvência, acentua a discriminação entre os que têm a possibilidade de esperar e aqueles que, esperando, tudo têm a perder. Um processo que perdura por longo tempo transforma-se também num cômodo instrumento de ameaça e pressão, uma arma formidável nas mãos dos mais fortes para ditar ao adversário as condições da rendição".[4]

Não se pode negar que modernamente o juiz é considerado um administrador, um gestor do tempo mais do que um conhecedor do direito, pois sua função precípua no processo é retirar o ônus do tempo de quem não pode suportar e transferi-lo para aquele que pode arcar.

Para complicar ainda mais esta árdua tarefa para a doutrina, a Emenda Constitucional nº 45/2004 criou o direito fundamental à razoável duração do processo e aos meios que garantam a sua celeridade, acrescentando o inc. LXXVIII, ao art. 5º da CF.[5] Reza o citado inciso que "a todos, no âmbito judicial e administrativo, são assegurados a razoável duração do processo e os meios que garantam a celeridade de sua tramitação".[6] Não obstante a atual previsão constitucional da 'razoável duração do processo', já era permitido sustentar, com anterioridade,

---

civile. Lezioni introduttive. Bologna: Il Mulino, 1989, p. 128 e 129. A este respeito merece aprovação as diversas relações havidas entre tempo e processo muito bem expostas por CRUZ E TUCCI, em seu livro *Tempo e processo*. São Paulo: RT, 1997.

[3] *Derecho y proceso*. Trad. Santiago Santis Melendo. Buenos Aires: Ejea, 1971, nº 232, p. 411 e 412. De aí concluir o autor que as exigências que se colocam ao juiz em ordem de tempo são três: "detenerlo, retroceder, acelerar su curso", ob. cit. p. 412.

[4] *Processo Civile e Costituzione*. Milano: Giuffrè, 1974, p. 276 e 277

[5] A doutrina sobre o tema é bastante profícua, cabendo destacar no Brasil, entre outros, BARBOSA MOREIRA, O futuro da justiça: alguns mitos. In: *Temas de Direito Processual Civil*, São Paulo: Saraiva, 8ª série, 2004, p. 1 a 13; Efetividade do processo e técnica processual. In: *Temas de Direito Processual Civil*, ob. cit., 6ª série, 1997, p. 17 a 29; Notas sobre o problema da 'efetividade' do processo. In: *Temas de Direito Processual Civil*, ob. cit., 3ª série, 1984, p. 27 a 41; PAULO HOFFMAN, *Razoável duração do processo*. São Paulo: Quartier Latin, 2006; ANDRÉ NICOLITT, *A duração razoável do processo*. Rio de Janeiro: Lúmen júris, 2006; AURY LOPES JÚNIOR, et alii. *Direito ao processo penal no prazo razoável*. Rio de Janeiro: Lúmen júris, 2006. No direito espanhol, vide por todos, CHAMORRO BERNAL, La tutela judicial efectiva. Barcelona: Bosch, 1994; MORENO CATENA, Sobre el contenido del derecho fundamental a la tutela efectiva. *Revista Poder Judicial*, nº 10, 1984, p. 41 a 46. No direito alemão, entre outros, GRUNSKY, W. Reflexiones sobre la eficacia del derecho procesal civil en alemania. Trad. por Úrsula Vestweber. In: *Para um Processo Civil Eficaz*. Barcelona: UAB, 1982, p. 143 a 154. No direito francês, consultar especialmente, ROGER PERROT, La eficacia del proceso civil en Francia. Traduzido por Manuel J. Cachón Cadenas. In: *Para um Processo Civil Eficaz*, ob. cit., p. 181 a 202 e, mais recente, JEAN-CLAUDE MAGENDIE, *Célérité et qualité de la justice. La gestion du temps dans le procès*. Paris: La documentation Française, 2004.

[6] Sobre este princípio consultar o que escrevi em "A garantia constitucional do postulado da efetividade desde o prisma das sentenças mandamentais". In: *Constituição, Sistemas Sociais e Hermenêutica*. Coord. por André Copetti, Lenio L. Streck e Leonel S. Rocha. Porto Alegre: Livraria do Advogado, 2006, p. 59 a 61. Também pu-

esta possibilidade, por meio do § 2º do art. 5º da Constituição Federal, que possibilitava a parte alegar em seu benefício à Convenção Americana sobre Direitos Humanos, em que o Brasil é signatário, através do art. 8.1 que prevê o direito da parte ser ouvida dentro de um prazo razoável.[7]

Não se pode negar que este princípio constitucional tem sido forçosamente imposto pela realidade que urge por uma maior efetividade na prestação jurisdicional,[8] já que o Estado, ao monopolizar a jurisdição, não se comprometeu a prestar qualquer tipo de tutela jurisdicional, senão uma tutela jurisdicional efetiva, adequada ao direito material postulado em juízo.[9]

Em contrapartida, o princípio constitucional do contraditório tem insistentemente cedido lugar a esta nova exigência legal.[10] Cumpre aqui estabelecer certos limites entre estes dois princípios constitucionais. Para tanto, devemos esboçar algumas noções básicas sobre este princípio[11] para posteriormente confrontá-lo com a efetividade.

Este princípio também é conhecido como princípio da *bilateralidade da audiência*[12] ou, como dizem os alemães, *Waffengleichheit*,[13] ou simplesmente *igualdad*,[14]

---

blicado no livro *Direito Processual Civil: As reformas e questões atuais do direito processual civil*. Coord. por Araken de Assis e Luís Gustavo Andrade Madeira. Porto Alegre: Livraria do Advogado, 2008, p. 139 a 141.

[7] Dispõe o art. 8.1 desta Convenção que: "Toda pessoa tem direito a ser ouvida, com as devidas garantias e dentro de um prazo razoável, por um juiz ou tribunal competente, independente e imparcial, estabelecido anteriormente por lei, na apuração de qualquer acusação penal formulada contra ela, ou para que se determinem seus direitos ou obrigações de natureza civil, trabalhista, fiscal ou de qualquer outra natureza". Esta possibilidade já foi por mim defendida quando escrevi, na década de noventa, "A instrumentalidade do processo e o princípio da verossimilhança como decorrência do *Due Process of Law*". In: *Revista de Jurisprudência Brasileira*, nº 173, p. 31 e 32; também publicado na *Revista Ajuris*, nº 60, p. 273 e 274. Sobre o tema, consultar, CRUZ E TUCCI, *Devido processo legal e tutela jurisdicional*, São Paulo: RT, 1993, p. 99 a 126.

[8] Isso fica evidente quando nos deparamos com as obras dos processualistas mais renomados do país, entre os quais cabe citar, JOSÉ ROBERTO DOS SANTOS BEDAQUE, em sua tese de titularidade na USP, *Efetividade do processo e técnica processual: tentativa de compatibilização*. São Paulo: Malheiros, 2006; LUIZ GUILHERME MARINONI, *Técnica processual e tutela dos direitos*. São Paulo: RT, 2004, especialmente, p. 165 a 247; CARLOS ALBERTO ALVARO DE OLIVEIRA, *El derecho a la tutela jurisdiccional efectiva desde la perspectiva de los derechos fundamentales*, palestra proferida no Congresso Iberoamericano, em 2008, no prelo, gentilmente cedida pelo autor. E, em certo sentido, CARLOS ALBERTO ALVARO DE OLIVEIRA, *Do formalismo no processo civil*. São Paulo: Saraiva, 3ª ed., 2009.

[9] Sobre o monopólio da jurisdição e a prestação da tutela judicial efetiva, consultar o que escrevi em *La pretensión procesal y la tutela judicial efectiva. Hacia una teoria procesal del derecho*. Barcelona: Bosch, 2004, especialmente, nº 7.1, p. 75 a 81.

[10] A desvalorização do contraditório começa a partir do final do século XIX, segundo o valioso estudo de NICOLA PICARDI, realizado em "*Audiatur et altera* pars. As matrizes histórico-culturais do contraditório". In: *Jurisdição e processo*. Coord. por Carlos Alberto Álvaro de Oliveira. Trad. por Luís Alberto Reichelt. Rio de Janeiro: Forense, 2008, p. 137 a 140.

[11] Para aprofundar o tema do contraditório, consultar o que escrevi em *Provas Atípicas*. Porto Alegre: Livraria do Advogado, 1998, nº 1.2.3., p. 30 a 35.

[12] ROBERT WYNESS MILLAR, *Los principios formativos del procedimiento civil*. Trad. por Catalina Grossmann. Buenos Aires: Ediar, 1945, p. 47.

[13] *Apud* NELSON NERY JUNIOR, *Princípios do Processo Civil na Constituição Federal*, RT, 1992, nº 22, p. 136.

[14] COUTURE, *Fundamentos del derecho procesal civil*. Buenos Aires: Depalma, 1988, p. 183.

traduzido no brocardo latino por *audiatur et altera pars*.[15] Ele é uma garantia fundamental da justiça, erigido em dogma constitucional na maioria dos países, *e.g.,* na Itália, art. 24 da *Constituzione della Repubblica;*[16] na Espanha, art. 24 da *Constitución Española*; na Argentina, art. 18 da *Constitución Nacional*; no Brasil, encontra guarida no inc. LV do art. 5º da CF.[17]

O referido princípio caracteriza-se pelo fato de o juiz, tendo o dever de ser imparcial, não poder julgar a demanda sem que tenha ouvido autor e réu, ou seja, deverá conceder às partes a possibilidade de exporem suas razões, mediante a prova e conforme o seu direito, pois, doutrina Chiovenda: "Como quem reclama justiça, devem as partes colocar-se no processo em absoluta paridade de condições".[18] Isso traz como consequência necessária a igualdade de tratamento entre as partes, em todo o curso do processo, não se limitando somente à formação da *litis contestatio*.[19] É o que se depreende do *caput* do art. 5º da CF, bem como do inc. I do art. 125 do CPC. Mas essa igualdade entre as partes, no dizer de Couture, "no es una igualdad numérica, sino una razonable igualdad de posibilidades en el ejercicio de la acción y de la defensa".[20]

Apesar de certos princípios constitucionais processuais poderem, em certas circunstâncias, admitir exceções, o do contraditório é absoluto, não admite exceção, devendo sempre ser respeitado, sob pena de nulidade do processo. Por ser inseparável da administração da justiça, constitucionalmente organizada, Winess Millar considera esse princípio como "el más destacado de los principios cuestionados",[21] enquanto Calamandrei o define como "o mais precioso e típico do processo moderno".[22]

A partir da metade do século XX, o princípio do contraditório voltou a ser revalorizado, especialmente por meio de Carnelutti,[23] Satta[24] e Fazzalari,[25] na me-

---

[15] O contraditório é tão importante que os próprios gregos sobre ele se manifestaram, conforme esclarece NICOLA PICARDI, ob. cit., p. 130 e 131.

[16] O próprio *Codice di procedura civile Italiano,* no seu art. 101, define o princípio do contraditório, quando diz expressamente: "Il giudice, salvo che la legge disponga altrimenti (p. c. 633, 697, 700, 703, 712), non può statuire sopra alcuna domanda, se la parte contro la quale è proposta non è stata regolarmente citata (p. c. 164) e non è comparsa (p. c. 181, 291)". Esse princípio é tão influente na legislação italiana que, no processo de execução forçada, o juiz da execução, regra geral, não pode emanar nenhuma medida judicial sem ouvir as partes, *e.g.*, arts. 530, 552, 569, 590, 596, 600, 612 e 624.

[17] "aos litigantes, em processo judicial ou administrativo, e aos acusados em geral são assegurados o contraditório e a ampla defesa, com os meios e recursos a ela inerentes".

[18] *Instituições de direito processual civil*, Trad. por. J. Guimarães Menegale. São Paulo: Saraiva, 1969, 1º v., nº 29, p. 100.

[19] Nesse sentido, J. PEYRANO, *El proceso civil*. Buenos Aires: Ástrea, 1978, p. 146; EISNER, Principios Procesales. In: *Revista de Estudios Procesales*, Buenos Aires, nº 4, p. 53.

[20] Ob. cit., nº 116, p. 185.

[21] Ob. cit., p. 47.

[22] Processo e Democrazia. In: *Opere Giuridiche*, Napoli: Morano, 1965, v.I, p. 681.

[23] Torniamo al giudizio. In: *Rivista di Diritto Processuale Civile*, 1949, p. 168 e ss.

[24] Para quem o processo "não é outra coisa além de juízo e formação do juízo", escrito no artigo 'Il mistero del processo'. In: *Rivista di Diritto Processuale Civile*, 1949, 281.

[25] Diffusione del processo e compiti della dottrina. In: *Rivista Trimestrale di Diritto e Procedura Civile*, 1958, p. 861 e ss. É deste autor a ideia, hoje bastante difundida, de que o processo nada mais é do que o procedimento em contraditório.

dida em que ficou evidenciado, ainda mais, o caráter dialético, dialógico do processo, numa relação simbiótica entre partes e juiz. Desde esta perspectiva, pois, é oportuno destacar a acertada advertência realizada por Carlos Alberto Alvaro de Oliveira, segundo a qual o contraditório é "um poderoso fator de contenção do arbítrio do juiz".[26]

O núcleo inicial da garantia constitucional do contraditório reside no direito de defesa, previsto conjuntamente no inc. LV do art. 5º da CF. Este princípio, juntamente com o direito de defesa, é tão importante que o constituinte considerou este direito fundamental não só aos litigantes em processo judicial, mas também administrativo, amplificando, ainda mais, a qualquer acusado em geral. A amplitude desta garantia constitucional é inegável e inquestionável na ordem jurídica.

Por derradeiro, podemos concretamente afirmar que o juízo se constitui no momento fundamental do processo, enquanto o contraditório se constitui no momento fundamental do juízo.[27]

Com isso, as regras da Tutela Antecipada, contemplada no art. 273 do CPC, e, em especial a do § 6º, devem ser interpretadas tomando-se por base de um lado o direito fundamental ao processo dentro de um prazo razoável e de outro o direito fundamental ao contraditório e ao direito de defesa. Deste modo, qualquer interpretação autêntica e séria sobre a antecipação do pedido incontroverso da demanda deve ser analisada evidentemente com base nestes dois direitos fundamentais aparentemente antagônicos.

2. O surgimento do § 6º do art. 273 do CPC

Modernamente, ninguém mais pode negar o acertado da profética frase esculpida pelo gênio de Chiovenda, segundo a qual "el proceso debe dar en cuanto es posible practicamente a quien tiene un derecho todo aquello y precisamente aquello que él tiene derecho a conseguir".[28] Isto é, o processo não pode prejudicar o autor que tem razão.

A ideia de que o autor deve esperar ao final do processo para ver realizado seu direito está baseada na necessidade que ele tem de demonstrar ao juiz a veracidade das suas afirmações, posto que seu alegado direito encontre no direito

---

[26] *Do formalismo no processo civil*, ob. cit., p. 133.

[27] Neste sentido, NICOLA PICARDI, ob. cit., p. 141 e 143.

[28] De la acción nacida del contrato preliminar. In: *Ensayos de Derecho Procesal Civil*, Trad. Santiago Sentis Melendo. Buenos Aires: EJEA, 1949, v. I, p. 214. Este postulado também está descrito nas *Instituzioni di diritto processuale civile*. Napoli: Eugenio Jovene, 1960, v. I, nº 12, p. 40. Nesta mesma ordem de ideias DINA-MARCO, para quem "A força das tendências metodológicas do direito processual civil na atualidade dirige-se com grande intensidade para a efetividade do processo, a qual constitui expressão resumida da ideia de que o processo deve ser apto a cumprir integralmente toda a sua função sócio-político-jurídica, atingindo em toda a plenitude todos os seus escopos institucionais", A Instrumentalidade do processo. São Paulo: Malheiros, 2003, 11ª ed., p. 330 e 331.

de defesa do réu sua antítese, vale dizer, a tese sustentada pelo autor encontra resistência na defesa do réu, gerando assim, no juiz, a dúvida. Se, diante da inexistência de dúvida na cabeça do julgador, porque sobre as alegações do autor não há controvérsia face à ausência de oposição do réu, nada justifica *a priori* que diante da incontrovérsia de um pedido do autor, o mesmo deva aguardar até o final do processo para ver realizado seu direito.[29] Em resumo, se é possível antecipar a tutela para o autor com base na verossimilhança de sua alegação, em que pese a controvérsia, quanto mais nas hipóteses em que não há controvérsia sobre o direito alegado pelo autor.[30] Esta hipótese pode ser encontrada, também, no § 1º do art. 899 do CPC.[31]

Seguramente se pode afirmar, de um lado, que o excesso de tempo na realização da prestação jurisdicional se traduz em verdadeira sonegação de justiça, como muito bem destacou Rui Barbosa, ao dizer que "justiça atrasada não é justiça, senão injustiça qualificada e manifesta".[32] Mas também é verdade que a prestação jurisdicional apressada pode, em muitos casos, significar verdadeira injustiça, pois como bem adverte Miguel Reale, "não há nada pior que a injustiça célere, que é a pior forma de denegação de justiça".[33]

Estas são as razões pelas quais o legislador infraconstitucional resolveu insculpir no § 6º, do art. 273 do CPC, que "A tutela antecipada também poderá ser concedida quando um ou mais dos pedidos cumulados, ou parcela deles, mostrar-se incontroverso".

3. As presunções no direito brasileiro

As formas de raciocínio que o homem faz, e em especial o juiz, baseiam-se muito nas presunções, razão pela qual essa modalidade de prova indireta do conhecimento é, segundo Malatesta, "el triunfo de la inteligencia humana sobre la oscuridad que la circunda".[34]

---

[29] Em igual sentido MARINONI, quando assevera que "(...) o autor tem o direito de obter a tutela do direito material quando esse se torna incontroverso, ainda que o processo deva continuar (art. 273, §6º). Não há lógica em obrigar o autor a esperar para obter a tutela do direito que se tornou incontroverso no curso do processo apenas porque deve ser produzida prova para esclarecer a outra parcela da demanda". Abuso de defesa e parte incontroversa da demanda. São Paulo: Saraiva: RT, 2007, p. 37.

[30] Assim, entre outros, EDUARDO DA SILVA WINTER, *Medidas Cautelares e Antecipação de Tutela*. Porto Alegre: Sérgio Antonio Fabris, 2007, p. 27 e 28.

[31] Reza o citado parágrafo que: "Alegada a insuficiência do depósito, poderá o réu levantar, desde logo, a quantia ou a coisa depositada, com a consequente liberação parcial do autor, prosseguindo o processo quanto à parcela controvertida".

[32] *Oração aos moços*. Rio de Janeiro: Edições de Ouro, MCMLXVI, p. 105.

[33] Valores fundamentais da reforma do judiciário. In: *Revista do Advogado*, São Paulo, v. 24, nº 75, p. 78.

[34] *Lógica de las Pruebas en Materia Criminal*. Buenos Aires: Gen. Lavalle, 1945, p. 150. Sobre o tema consultar o que escrevi em *Provas Atípicas*, ob. cit., p. 99 a 104.

O art. 334, inc. IV, do CPC, informa que: "Não dependem de prova os fatos: (...) IV- em cujo favor milita presunção legal de existência ou de veracidade"; para saber se as presunções independem de prova ou não, é necessário saber primeiro quais são os elementos que compõem a presunção, para, então, saber se necessitam de prova ou não.

Segundo esclarece Couture, "una presunción supone el concurso de tres circunstancias: un hecho conocido, un hecho desconocido y una relación de causalidad. Lo que en realidad queda fuera del campo del objeto de la prueba son los dos últimos de esos elementos: el hecho desconocido y la relación de causalidad. Pero nada sustrae de la actividad probatoria la demostración del hecho en que la presunción debe apoyarse",[35] ou seja, nenhuma presunção está livre da prova do fato conhecido,[36] pois, para que a parte se beneficie da presunção invocada, necessário se faz demonstrar a base em cima da qual ela vigora. O que efetivamente fica fora do campo da prova é a relação de causalidade e o fato desconhecido, mas não o fato conhecido.[37] Por isso a redação contida no inc. IV do art. 334 do CPC está absolutamente correta, pois o que está dispensado da prova é exatamente o fato "em cujo favor milita presunção legal de existência ou de veracidade", e este fato é o fato desconhecido, posto que é em favor dele que a presunção legal de existência ou de veracidade milita, e não sobre o fato conhecido. Esta é a razão pela qual muitos doutrinadores entendem, equivocadamente, que a presunção não depende de prova.[38]

Por presunção entendemos "a dedução que identifica o fato desconhecido, a partir do fato conhecido".[39]

Nas *praesumptiones iuris,*[40] o raciocínio dedutivo é feito pelo legislador. Encontram-se estabelecidas na lei, e quem as tem em seu favor, segundo inc. IV do art. 334 do CPC, está dispensado do ônus da prova do fato desconhecido. Estas, por sua vez, se dividem em *iuris et de iure* (também chamadas *absolutas*

---

[35] *Fundamentos del derecho procesal civil*, ob. cit., n° 147, p. 228.

[36] A legislação argentina, no art. 163, 5° do *Código Procesal Civil y Comercial de la Nación*, prevê que "Las presunciones no establecidas por ley constituirán prueba cuando se funden en hechos reales y probados y cuando por su número, precisión, gravedad y concordancia, produjeren convicción según la naturaleza del juicio, de conformidad con las reglas de la sana crítica" (grifo nosso). Isso significa dizer, segundo o Direito argentino, que as presunções necessitam ser provadas.

[37] Assim se expressava, também, BONNIER, já no início do século passado, para quem o Código Civil Francês, no seu art. 1.352, era nesse sentido. Segundo ele, "no es exacto decir que el que invoca una presunción legal no tiene nada que probar, porque es preciso que acredite que se halla en posesión de invocar la presunción de la Ley", Tratatado de las Pruebas en el Derecho Civil. Madrid: Hijos de Reus, 1914, t. 2°, n° 840, p. 462.

[38] Entre tantos autores podemos citar NELSON DOWER, *Curso Básico de Direito Processual Civil*, São Paulo: NELPA, 1997, v.2, n° 48.4.2, p. 148 e ROGÉRIO LAURIA TUCCI, *Curso de Direito Processual Civil*, SARAIVA, 1989, v. 2., p. 356

[39] DARCI G. RIBEIRO, *Provas atípicas*, ob. cit., p. 101.

[40] Para identificar as razões pelas quais uma presunção é *iuris et de iure* ou *iuris tantum*, consultar o que escrevi em *Provas atípicas*, ob. cit., p. 101, nota 344.

ou *peremptórias*)[41] e *iuris tantum* (também chamadas de *relativas*), que se dividem em simples (*de contraprova livre*) e mistas (*de contraprova vinculada*).

As presunções *iuris et de iure* apresentam como características, mesmo sendo raras: a) não admitem provas em contrário;[42] b) não permitem ao juiz convencer-se em sentido contrário e c) limitam a liberdade do juiz na avaliação da prova;[43] são delas os exemplos dos arts. 163; 174[44] e parágrafo único, do art. 1.802,[45] todos do CC, entre outros.

As presunções *iuris tantum* apresentam como características: a) admitem prova em contrário para quebrar a presunção de verdade (*praesumptio cedit veritati*); b) invertem o ônus da prova,[46] não o eliminam, porque quem as têm em seu favor não precisa prová-la, mas quem quiser quebrá-la, deverá fazer prova em

---

[41] Sobre esse tipo de presunção consultar obrigatoriamente MALATESTA, ob. cit., 3ª Parte, Cap. IV, p. 222 e ss.

[42] Neste particular convém destacar que a não admissão de provas em sentido contrário refere-se unicamente a impossibilidade de se atacar o fato desconhecido, não sendo lícito afirmar que a parte contrária esteja impossibilitada de atacar o fato conhecido, pois em virtude do sagrado princípio do contraditório, a parte contrária poderá se valer de todo tipo de prova em direito admitido para desqualificar o fato conhecido em cima do qual se baseia a presunção. Exemplificando, o art. 163 do CC diz que: "Presumem-se fraudatórias dos direitos dos outros credores as garantias de dívidas que o devedor insolvente tiver dado a algum credor". Aqui temos como fato desconhecido, a fraude a credores, e, como fato conhecido, que necessita ser provado pelo credor, se da presunção ele quiser se beneficiar, *primeiro,* que o devedor é insolvente, porque se não for insolvente e o bem não estiver constrito, não há fraude; *segundo,* que tenha dado uma garantia de dívida a algum credor. Certamente o devedor, neste caso, poderá produzir prova em sentido contrário aos fatos conhecidos desta presunção, *e. g.*, que ele, devedor, não é insolvente, na medida em que possui outros bens para garantir o crédito ou então que ele não deu nenhuma garantia a outro credor. Agora, uma vez comprovada pelo credor que o devedor é insolvente e que efetivamente deu uma garantia a outro credor, nenhuma outra prova poderá ser feita pelo devedor para desconstituir o raciocínio presuntivo contido no fato desconhecido, qual seja, que ele, devedor, agiu em fraude a credores. Em sentido análogo, porém com argumentos distintos, ANTUNES VARELA, BEZERRA e NORA quando afirmam que: "Se a parte contrária impugna a realidade do fato que serve de base à presunção, não é a presunção que ela ataca, mas a prova testemunhal, documental, pericial, etc., que convenceu o juiz da realidade desse fato", Manual de Processo Civil. Coimbra: Coimbra, 1985, nº 165, p. 504.
A impossibilidade de não admitir prova em contrário ao fato desconhecido é tão forte que, segundo PONTES DE MIRANDA, "inclusive a notoriedade do fato não lhe pode ser oposta", *Comentários ao Código de Processo Civil*. Rio de Janeiro: Forense, 1979, t. 4, p. 355.

[43] Nesse sentido, LOPES DA COSTA, *Direito Processual Civil Brasileiro*. Rio de Janeiro: José Konfino, 1946, v. II, nº 411, p. 428.

[44] Reza este artigo: "É escusada a ratificação expressa, quando a obrigação já foi cumprida em parte pelo devedor, ciente do vício que a inquinava". Mesmo aqui há necessidade de prova do fato conhecido, conforme acertada opinião de MARIA HELENA DINIZ, ao comentar o antigo art. 150 do CC de 1916, para quem: "A prova da ratificação tácita competirá a quem o arguir", *Código Civil Anotado*, São Paulo: Saraiva, 1995, p. 147.

[45] Esclarece o parágrafo único deste artigo que: "Presumem-se pessoas interpostas os ascendentes, os descendentes, os irmãos e o cônjuge ou companheiro do não legitimado a suceder". Segundo MAURO ANTONINI, "A presunção de simulação é absoluta, não admitindo prova em contrário", *Código Civil Comentado*. Coord. por Cezar Peluzo. São Paulo: Manole, 2008, p. 1962.

[46] Assim, entre outros, MICHELLI, *La carga de la prueba*. Colombia: Temis, 1989, nº 30, p. 177; LOPES DA COSTA, ob. cit., v. 2, nº 411, p. 429; PONTES DE MIRANDA, *Comentários ao Código de Processo Civil*, t. IV, p. 357. Diverge dessa possibilidade LESSONA, *Teoria general de la prueba en el derecho civil*. Madrid: Reus, t. 1, 1957, nº 145, p. 182.

sentido contrário. São delas os exemplos dos arts. 8º;[47] 133;[48] parágrafo único do art. 1.201;[49] 1.203;[50] 1.231;[51] 324,[52] todos do CC, entre outros.

As presunções *relativas de contraprova vinculada* apresentam como característica: a) admitirem somente as provas previstas na lei; logo, se for apresentada a prova especial, a presunção estará quebrada; porém, se não for apresentada a prova especial, o juiz não poderá convencer-se em sentido contrário. Por conseguinte, limitar-se-á a liberdade do juiz na avaliação da prova. São delas os exemplos dos incs. I a V do arts. 1.597,[53] que têm como prova especial as hipóteses dos arts. 1.598[54] e 1.599, todos do CC.

Nas *praesumptiones hominis*,[55] também conhecidas por *simples, comuns* ou *de homem*, e que para os criminalistas, chamam-se *indícios* e, para os ingleses, denominam-se *circunstâncias*, o raciocínio dedutivo é feito pelo homem. Aqui, o legislador não quis legalmente presumir o fato desconhecido, deixando, em especial, ao juiz fazer o raciocínio necessário, a fim de chegar à descoberta do fato desconhecido, utilizando a experiência comum ou técnica, a fim de obter o convencimento necessário. Enquanto as presunções legais servem para dar segurança a certas situações de ordem social, política, familiar e patrimonial, as presunções feitas pelo homem-juiz cumprem uma função exclusivamente processual, porque estão diretamente ligadas ao princípio da persuasão racional da prova, contido no art. 131 do CPC. Tanto é verdade que, para Carlo Furno, "Il comportamento processuale delle parti si presenta così come fondamento di una "praesumptio hominis".[56] Os requisitos para sua aplicação são os mesmos

---

[47] Reza o artigo: "Se dois ou mais indivíduos falecerem na mesma ocasião, não se podendo averiguar se algum dos comorientes precedeu aos outros, presumir-se-ão simultaneamente mortos".

[48] Determina o artigo: "Nos testamentos, presume-se o prazo em favor do herdeiro, e, nos contratos, em proveito do devedor, salvo, quanto a esses, se do teor do instrumento, ou das circunstâncias, resultar que se estabeleceu a benefício do credor, ou de ambos os contratantes".

[49] Assim esclarece o parágrafo único do citado artigo: "O possuidor com justo título tem por si a presunção de boa-fé, salvo prova em contrário, ou quando a lei expressamente não admite esta presunção"

[50] Diz o artigo: "Salvo prova em contrário, entende-se manter a posse o mesmo caráter com que foi adquirida". Para FRANCISCO EDUARDO LOUREIRO, "A presunção, como se extrai do preceito, é relativa, comportando, portanto, prova em sentido contrário", *Código Civil Comentado*, ob. cit., p. 1097.

[51] Assim expressa o artigo: "A propriedade presume-se plena e exclusiva, até prova em contrário"

[52] Reza o artigo: "A entrega do título ao devedor firma a presunção do pagamento".

[53] Diz o artigo: "Presumem-se concebidos na constância do casamento os filhos: I – nascidos cento e oitenta dias, pelo menos, depois de estabelecida a convivência conjugal; II – nascidos nos trezentos dias subsequentes à dissolução da sociedade conjugal, por morte, separação judicial, nulidade ou anulação do casamento; III – havidos por fecundação artificial homóloga, mesmo que falecido o marido; IV – havidos, a qualquer tempo, quando se tratar de embriões excedentários, decorrentes de concepção artificial homóloga; V – havidos por inseminação artificial heteróloga, desde que tenha prévia autorização do marido".

[54] Sobre este artigo convém destacar o que diz MILTON DE CARVALHO FILHO: "Não se pode deixar de notar que o sistema de presunção não prevalecerá diante da prova técnica, que, nos tempos atuais, permite com segurança identificara paternidade", *Código Civil Comentado*, ob. cit., p. 1686.

[55] Para um melhor aprofundamento, consultar GORPHE, *La apreciación judicial de las pruebas*. Trad. por Delia Garcia Daireaux. Buenos Aires: La Ley, 1967, Cap. IV, da 2ª parte, p. 261 e ss.

[56] *Contributo alla teoria della prova legale*, Padova: Cedam, 1940, nº 18, p. 69.

da prova testemunhal.[57] Seu campo de atuação é vastíssimo, tanto no processo civil quanto no processo penal, máxime para apreender os conceitos de simulação, dolo, fraude, má-fé, boa-fé, intenção de doar, pessoa honesta, etc.

4. Das formas de incontrovérsia contidas no pedido incontroverso

Não irei analisar aqui o direito comparado, *e. g.*, art. 186-*bis* e art. 277, 2°, ambos do CPC Italiano, nem mesmo os arts. 771 e 809 do CPC francês.[58]

De acordo com o que está estabelecido no § 6° do art. 273 do CPC brasileiro: "A tutela antecipada também poderá ser concedida quando um ou mais dos pedidos cumulados, ou parcela deles, mostrar-se incontroverso". O que pretendeu o legislador foi possibilitar a antecipação de um pedido incontroverso, quer esteja cumulado ou simplesmente parcela dele.

A primeira consequência que se pode extrair deste texto é que o pedido incontroverso engloba a incontrovérsia tanto das questões de fato quanto das questões de direito.

É cediço na doutrina que a parte autora tem o ônus de convencer o juiz sobre a necessidade de antecipar os efeitos da tutela, e, para tanto, deve deixar bem claro a ele, juiz, que o grau de convencimento para sua concessão não pode ser confundido com o grau de convencimento exigido para a sentença. Parafraseando Calamandrei, quando o mesmo discorreu sobre a essência da tutela cautelar,[59] podemos dizer que a essência da tutela antecipatória é que elas representam uma conciliação entre as duas exigências, frequentemente opostas, de justiça: a celeridade e a segurança; entre fazer as coisas rápido, porém mal e, fazê-las bem, porém tarde, a antecipação de tutela tende, antes de todo, a fazê-las rápido, deixando que o problema do bem o do mal, isto é, da justiça intrínseca da decisão se resolva mais tarde com a necessária ponderação nas repousadas formas de sentença.

---

[57] Essa exigência surgiu no art. 188 do Reg. 737. O Código Civil atual prevê norma expressa a esse respeito, art. 230 (*As presunções, que não as legais, não se admitem nos casos em que a lei exclui a prova testemunhal*), da mesma forma que o Código Civil Português, art. 351.

[58] Neste particular remeto o leitor ao excelente estudo realizado por DANIEL MITIDIERO, Direito fundamental ao julgamento definitivo da parcela incontroversa: uma proposta de compreensão do art. 273, §6°, na perspectiva do direito fundamental a um processo sem dilações indevidas (art. LXXVIII, CRFB). In: *Processo Civil e Estado Constitucional*. Porto Alegre: Livraria do Advogado, 2007, p. 41 a 43, e MARINONI, *Abuso de defesa e parte incontroversa da demanda*, São Paulo: RT, 2007, p. 146 a 153.

[59] *Introducción al estudio sistemático de las providencias cautelares*. Trad. Santiago Santis Melendo. Buenos Aires: Bibliográfica Argentina, 1945, n° 7, p. 43. Também parafraseando Carnelutti quando o mesmo acentua o caráter do processo cautelar (*Derecho y proceso*, ob. cit., n° 241, p. 425), diante da tutela antecipada o juiz quase sempre está diante da seguinte situação: entre o decidir rápido e o decidir bem, a tutela antecipatória prefere o rápido, até porque provisória, enquanto a sentença prefere o bem; a sentença aspira, enquanto que a tutela antecipada renuncia a infalibilidade. O caminho da sentença se resume na investigação da 'verdade', que é uma fórmula bastante ambiciosa; a tutela antecipatória se contenta com a busca da 'probabilidade', que é uma fórmula muito mais modesta.

A redação não impõe nenhuma restrição ao objeto da tutela antecipatória, como diversamente existe no direito italiano (somente soma de dinheiro), contemplando não só os casos de soma e entrega de coisas fungíveis, mas também de obrigações de fazer e não fazer, entregar coisa infungível e coisa imóvel.

O pedido incontroverso pode decorrer de inúmeras situações contidas dentro do processo, entre as quais cabe destacar: a) ausência de contestação; b) contestação evasiva; c) contestação genérica; d) fato confessado; e) reconhecimento jurídico do pedido; f) transação; g) comparece e não contesta; e, finalmente, h) aplicação da pena de confesso.

Em todas estas situações a antecipação do pedido incontroverso não se dá de imediato, devendo o juiz, por conseguinte, analisar, também, a idoneidade dos fatos deduzidos pelo autor, isto é, se daquele fato constitutivo do seu direito decorre a necessária consequência jurídica por ele pretendida.[60]

Cumpre agora verificar, pormenorizadamente, cada uma das hipóteses que torna o pedido incontroverso.

5. Pedido incontroverso e presunções relativas

Diante de um fato afirmado pelo autor, o réu pode não admiti-lo de três formas distintas: negando, o que torna o fato discutido, declarando que não sabe, o que torna o fato controvertido, e silenciando. No que se refere ao silêncio, devemos averiguar se o réu que silenciou tinha ou não o ônus de manifestar em sentido contrário. Se ele tinha o ônus de se manifestar em sentido contrário e silencia, este fato se torna incontroverso, *v. g.*, *caput*, do art. 302 do CPC, razão pela qual definimos fato incontroverso como "o silêncio de quem tinha o ônus de não silenciar".[61] Do contrário, se ele não tinha o ônus de manifestar em sentido contrário, *e. g.*, nas hipóteses contidas nos incs. I a III, bem como do parágrafo único do art. 302 do CPC, o seu silêncio faz com que o fato continue controvertido.

O silêncio de quem tem o ônus de se manifestar na contestação gera a revelia, art. 319, reputando-se verdadeiros os fatos afirmados pelo autor. Daí resulta se presumirem verdadeiros somente os *fatos*, mas não o direito ou as consequências jurídicas que a parte extrai destes e, como ninguém quer a antecipação dos fatos – como qualidade fenomênica, mas sim das consequências jurídicas que a parte extrai dos fatos, de nada adiantaria para a parte o juiz antecipar o *fato* já que este é irrelevante. O que a parte realmente quer é a antecipação da consequência jurídica pretendida, *v. g.*, no acidente de trânsito o fato foi a batida ocorrida no dia tal, entre nas ruas 'X' e 'Y', etc, e a consequência jurídica pretendida é o

---

[60] Neste diapasão, PROTO PISANI, *Lezioni di diritto processuale civile*. Napoli: Jovene, 1994, p. 636; MARINONI, *Abuso de defesa e parte incontroversa da demanda*, ob. cit. p. 164 e 165.

[61] *Provas atípicas*, ob. cit., p. 88. Sobre fatos incontroversos consultar o que escrevi nas p. 87 a 89.

pagamento da soma em dinheiro decorrente da culpa. O que a parte efetivamente quer é a antecipação da soma em dinheiro decorrente da presunção de culpa pela não contestação.

Resta claro que quando o pedido ou um dos pedidos se torna incontroverso por ausência de contestação, quer tenha o réu comparecido ou não, de quem tem o ônus de se manifestar, é possível sobre ele a antecipação dos efeitos da tutela, na medida em que há uma presunção relativa de veracidade sobre as consequências jurídicas pretendidas pelo autor. Porém, esta presunção relativa, por certo, admite prova em sentido contrário, senão estaríamos diante de uma presunção absoluta. Em que pese o juiz poder antecipar os efeitos da tutela com base em fato incontroverso, o réu poderá e, se quiser ganhar a causa, deverá produzir prova em sentido contrário à presunção relativa estabelecida. Nenhum juiz, nesta hipótese, poderá obstar o réu de produzir prova em sentido contrário a esta presunção. Não sendo isto admitido, estaríamos transformando uma presunção sabidamente relativa em absoluta, o que é inviável pelo ordenamento jurídico. O que está dispensado do ônus da prova é o fato constitutivo do direito do autor em cima do qual a presunção se apoia, ele, autor, não terá mais o ônus de provar este fato constitutivo (art. 334, inc. III, do CPC), mas o réu sim terá o ônus de quebrar esta presunção, não podendo ser impedido pelo juiz, somente pela lei, *e. g.*, perda de prazo, etc.[62]

Cumpre destacar que o direito de defesa do réu, o seu direito ao contraditório, não se limita exclusivamente à fase inicial da resposta – contestação, devendo ser estendido a todo curso do processo, já que ele pode se defender utilizando todos os meios de prova em direito admitidos, inclusive trabalhar em cima da prova apresentada pelo autor.

Também gera presunção relativa baseada em fato incontroverso a contestação do réu realizada de forma evasiva ou genérica, já que esta contestação contraria literalmente o próprio art. 302 do CPC, que exige do réu uma manifestação "precisa sobre os fatos narrados na petição inicial". Agora, o fato de o juiz antecipar o pedido incontroverso ao autor, não significa que o réu esteja proibido de produzir prova em sentido contrário a presunção relativa estabelecida em favor do autor. Como analisamos anteriormente, o direito de defesa e a garantia constitucional do contraditório, aliado ao direito à prova, deve se estabelecer durante todo o curso do processo, permitindo ao réu se valer de todos os meios em direito admitido para provar o seu direito, seja requerendo perícia, prova testemunhal, ou outra prova qualquer inclusive, se valendo da prova produzida pelo autor. Também aqui o convencimento do juiz sempre estará associado a uma alegação do autor que se tornou verossímil e não cabalmente certa, posto que esta certeza somente advirá depois de encerrada a instrução.

---

[62] En sentido contrário, DANIEL MITIDIERO, para quem "as alegações incontroversas independem de prova (art. 334)", Direito fundamental ao julgamento definitivo da parcela incontroversa: uma proposta de compreensão do art. 273, §6º, na perspectiva do direito fundamental a um processo sem dilações indevidas (art. LXXVIII, CRFB), ob. cit., p. 44.

Outra hipótese que se revela no fato incontroverso é a aplicação da pena de confesso, estabelecida no § 1º do art. 343 do CPC. Tecnicamente, não poderíamos falar de uma pena de confissão, na medida em que a confissão exige, necessariamente, uma declaração por expresso do confitente, já que não se pode confessar através do silêncio, porque isso caracteriza um fato incontroverso. Portanto, a parte que não comparece ao depoimento pessoal ou comparecendo injustificadamente deixa de responder, ser-lhe-á aplicada a presunção relativa de veracidade dos fatos afirmados pela parte contrária, mas jamais os fatos podem ser tidos como *confessados*. Esta diferença existe na própria lei, entre os incs. II e III do art. 334 do CPC.

No que se refere aos fatos confessados, cumpre delinear o seguinte: "Somente é confissão o que se refere à afirmação da parte quanto ao que a outra tinha de afirmar e provar";[63] *a contrario sensu*, se a outra parte não tinha o ônus de afirmar e provar, não pode ser confissão; não obstante o "confitente" afirme um fato desfavorável ao adversário, tal fato será favorável a si mesmo. A confissão exige, segundo Moacyr A. Santos, "uma declaração, não mera admissão"[64] sobre fatos disponíveis; é um *plus* a admissão, isto é, exige uma exteriorização do pensamento que pode ser oral ou escrita, e tem como natureza jurídica ser uma declaração de ciência ou conhecimento, constituindo um meio de prova. Sua natureza é de um ato jurídico *stricto sensu,* e não um negócio jurídico, isto é, no momento em que à parte confessa é-lhe proibido preestabelecer efeitos, condições ou termo. Caso o réu confesse, certamente o juiz poderá antecipar o pedido que se torna incontroverso, mas esta antecipação não tem o condão de *a priori* dispensar os demais tipos de prova que eventualmente podem existir nos autos, até mesmo a prova pericial, haja vista a confissão ser um meio a mais de prova, inclusive o juiz "não está obrigado a julgar contra o confitente, segundo se depreende do art. 131 do CPC".[65] Em que pese o alto grau de convencimento produzido pela confissão no espírito do julgador, esta certeza jamais será absoluta a ponto de permitir um julgamento antecipado da lide, razão pela qual a presunção dela decorrente é relativa. Certamente que pode ser aplicado, aqui, a dispensa da prova testemunhal, segundo inc. I do art. 400 do CPC.

Neste sentido encontramos a jurisprudência maciça do *Superior Tribunal de Justiça*, ao afirmar que nas hipóteses da ausência de contestação, tenha ou não parte comparecido em juízo, apresente contestação evasiva ou genérica, ou lhe seja aplicada a pena de confesso, a presunção daí decorrente é sempre "*iuris tantum*, que admite prova em contrário",[66] razão pela qual esta presunção não "dispensa o juiz de bem instruir o feito, julgando necessário",[67] nem

---

[63] PONTES DE MIRANDA, *Comentários ao código de processo civil*, ob. cit. p. 424.

[64] *Comentários ao código de processo civil*, Rio de Janeiro: Forense, 1994, 7ª ed., p. 102.

[65] Nesse sentido, MONIS DE ARAGÃO, *Comentários ao código de processo civil*, Rio de Janeiro: Forense, 1987, nº 550, p. 563; em sentido contrário FREDERICO MARQUES, *Manual de direito processual civil*, São Paulo: Saraiva, 1990, v. II, § 69, nº 469.

[66] STJ – 3ª T. – REsp 723.083-SP, rel. Min. Nancy Andrighi, j. 09.08.2007, DJ 27.08.2007, p. 223.

[67] STJ – 4ª T. – REsp 94.193-SP, rel. Min. Cesar Asfor Rocha, j. 15.09.1998, DJ 03.11.1998, p. 140.

tampouco "conduz à presunção de veracidade das alegações do direito do autor".[68]

Dentro de uma visão mais acertada da prova, não é correto afirmar que o fato incontroverso não faça parte do objeto da prova, ele necessariamente faz parte do objeto da prova em que pese não necessitar de prova. Não se deve confundir, como muitos autores desavisados o fazem, *objeto da prova* com *necessidade da prova* ou *thema probandum*. Enquanto o objeto da prova abrange qualquer fato que seja capaz de produzir no juiz um convencimento, a necessidade da prova está circunscrita àqueles fatos que dependem de prova no caso concreto. O primeiro é o gênero que abrange fatos controvertidos e incontroversos em geral, enquanto o segundo é espécie, já que se limita somente aos fatos controvertidos. Por isso, "ao falar de necessidade ou tema da prova, estamos selecionando os fatos que devem ser provados e que interessam para cada processo, atribuindo a cada parte o ônus da prova. E, quando nos referirmos ao objeto da prova, estamos apontando uma vastíssima e quase ilimitada possibilidade do que pode ser seu objeto".[69]

Por tudo isso, não podemos concordar com a redação contida no §2º do art. 277 do CPC que permite ao juiz, diante da injustificada ausência do réu à audiência preliminar, proferir, desde logo, a sentença.

Por derradeiro, podemos concluir que nestas hipóteses a natureza da decisão que antecipa pedido incontroverso do autor tem natureza provisória sobre a causa, baseada em cognição sumária, desafiada pelo recurso de agravo.

Vejamos algumas hipóteses de cabimento. Como exemplo podemos citar a situação bastante comum de um acidente de trânsito: o autor propõe uma demanda onde cumula danos materiais e morais causados em virtude de acidente de veículos:

A) O réu contesta o dano material e se esquece de contestar o pedido de danos morais. Logo, cabe antecipação dos efeitos da tutela quanto aos danos morais, pela própria literalidade do § 6º do art. 273 do CPC. Agora, esta antecipação implica a dispensa da prova testemunhal apresentada na inicial pelo autor, art. 276 do CPC, para comprovação dos danos morais?. Entendo que não, pois em que pese o fato constitutivo do direito do autor estar provado pela existência de uma presunção relativa de veracidade, o réu terá o direito de poder realizar prova em sentido contrário ao da presunção estabelecida em favor do autor, utilizando para isso, inclusive, a prova testemunhal que agora pertence ao juízo e somente poderá ser dispensada com o seu consentimento. Ninguém pode duvidar que o réu possa quebrar a presunção de veracidade da existência dos danos morais exatamente em cima das testemunhas apresentadas pelo próprio autor. Isto é algo bastante comum no dia a dia forense. Quantas vezes nós nos beneficiamos da prova apresentada pela parte contrária. Ao se admitir uma sentença parcial de

---

[68] STJ – 4ª T. – REsp 55, rel. Min. Sálvio de Figueiredo Teixeira, j. 08.08.1989, DJ 06.11.1989, p. 16.689.

[69] DARCI G. RIBEIRO, *Provas atípicas*, ob. cit., nº 2.5, p. 75.

mérito, nesta hipótese, o réu jamais poderia quebrar a presunção que é relativa. O juiz estaria, com essa decisão, transformando uma presunção que é relativa em absoluta, o que é terminantemente proibido pela ordem jurídica.

B) O réu que não contestou os danos morais poderá requerer prova pericial? Acredito sinceramente que sim, pelos mesmos motivos anteriormente apresentados, isto é, o fato de o réu não ter contestado um dos pedidos do autor gera para esse uma presunção relativa de veracidade quanto a existência dos danos morais permitindo, assim, a antecipação dos efeitos da tutela. Mas os danos morais antecipados ao autor não o são de forma definitiva e sim provisória, e estão baseados em cognição sumária e não exauriente, razão pela qual o réu pode e deve quebrar a presunção relativa estabelecida em favor do autor por todos os meios de provas em direito admitido, seja ela pericial, testemunhal (se ainda possível), através do depoimento pessoal, inspeção judicial, etc, do contrário haveria presunção absoluta.

C) O fato de existir antecipação dos efeitos da tutela de pedido incontroverso ou de um dos pedidos incontroversos não significa que não haja necessidade de instrução probatória. Uma coisa não tem nada a ver com a outra. Mesmo quando ocorre antecipação dos efeitos da tutela de somente um dos pedidos, ambos necessitarão de instrução probatória com as seguintes peculiaridades: a instrução probatória existente no pedido incontroverso antecipado serve para que o réu possa quebrar a presunção relativa que milita em favor do autor e que por esta razão ele, autor, está com o bem da vida; enquanto que a instrução probatória decorrente do pedido controvertido serve tanto para o autor quanto para o réu convencer o juiz sobre a veracidade de suas alegações e assim poder ganhar a causa, mas aqui o bem da vida estará com o réu, posto que ainda existe dúvida quanto a veracidade das alegações do autor, mantendo-se, assim, o *status quo*.

Estas soluções propostas não irão alterar nem o direito fundamental do autor em ver assegurado o seu direito dentro de um prazo razoável, como quer o inc. LXXVIII do art. 5º da CF, já que ele, autor, obteve a antecipação dos efeitos da tutela sobre o bem da vida pretendido, nem o direito fundamental de defesa do réu, como exige o inc. LV do art. 5º da CF, que não obstante ter perdido o bem da vida para o autor poderá durante a instrução probatória desconstituir a presunção relativa que milita em favor do autor.

6. Pedido incontroverso e presunções absolutas

Quando o autor alega determinado fato constitutivo de seu direito, e o réu reconhece juridicamente o pedido do autor, não resta a menor dúvida de que a decisão do juiz é uma sentença definitiva e está baseada em cognição exauriente, conforme determina o art. 269 inc. II, do CPC.

Em havendo reconhecimento jurídico do pedido realizado por pessoa capaz, o juiz está inegavelmente vinculado a ele, não podendo julgar a lide de modo diverso.

Nesta ordem de ideias, é conveniente diferenciar o reconhecimento jurídico do pedido da confissão, pois "enquanto a confissão é ato jurídico *stricto sensu*, o reconhecimento é negócio jurídico processual, ou seja, a parte, além de aceitar os efeitos contidos na lei, pode escolher outros, desde que haja anuência do autor. A confissão pode emanar tanto do autor quanto do réu; já o reconhecimento é ato privativo do réu, segundo se depreende do inc. II, do art. 269 do CPC. A confissão versa exclusivamente sobre fatos, enquanto o reconhecimento versa sobre consequências jurídicas pretendidas pelo autor. Havendo confissão, o processo continua, enquanto que, havendo o reconhecimento total, o processo extingue-se com julgamento de mérito, art. 269, inc. II do CPC (sentença homologatória); e, se for parcial o reconhecimento, não há a extinção. Na confissão, o juiz não está obrigado a julgar contra o confitente, segundo se depreende do art. 131 do CPC, ao passo que, no reconhecimento, o juiz, de regra (tendo em vista que só cabe reconhecimento quando se tratar de direitos disponíveis), deve julgar procedente a ação. A confissão é meio de prova, enquanto o reconhecimento não o é".[70]

De acordo com exemplo anterior, se o réu na contestação reconhece juridicamente o pedido de danos morais, certamente não haverá instrução probatória, porque agora não mais estamos diante de uma presunção relativa e sim de uma certeza absoluta, devendo o juiz, como determina o art. 269, inc. II, do CPC, proferir uma sentença, neste caso, parcial de mérito, já que permanece controvertido o dano material.

Em igual sentido ocorre quando há transação sobre um ou mais dos pedidos cumulados, ou parcela deles. Aqui o juiz poderá antecipar de forma definitiva, em face da certeza absoluta existente, o pedido ou parcela dele que se tornou incontroverso. Esta antecipação também está baseada em cognição exauriente, e é antecipada na forma de sentença definitiva de mérito, que poderá ou não ser parcial, conforme art. 269, inc. III, do CPC.

7. Conclusões

A antecipação dos efeitos da tutela com base em fatos incontroversos como ocorre na ausência de contestação, tenha o réu comparecido ou não, nas contestações evasivas ou genéricas, na confissão e na aplicação da pena de confesso, se dará através de uma *decisão interlocutória* que certamente poderá ser modificada ou revogada, como prevê o § 4º do art. 273 do CPC, já que foi concedida com base em uma presunção relativa, baseada em cognição sumária, podendo futuramente

---

[70] DARCI G. RIBEIRO, *Provas atípicas*, ob. cit., nº 2.5, p. 75.

a parte dela recorrer. Ao passo que a antecipação da tutela (e não antecipação dos efeitos da tutela) com base no reconhecimento jurídico do pedido e na transação se dará através de uma *sentença*, podendo ser parcial de mérito quando o reconhecimento ou a transação também for parcial, isto é, reconhecer somente um dos pedidos cumulados ou parcela deles. Nesta hipótese, não existe a possibilidade desta decisão (*rectius*, sentença) ser revogada ou modificada, como quer o § 4º do art. 273 do CPC. Aqui cabe uma observação, pois se a antecipação da tutela se deu com base no reconhecimento jurídico do pedido do autor ou na transação, não cabe ao réu, neste particular, interpor recurso de apelação, por absoluta falta de interesse recursal, pois quem reconhece juridicamente o pedido do autor ou transaciona, produz uma causa impeditiva do direito de recorrer.

Para derradeiro, cumpre evidenciar que o reconhecimento jurídico do pedido e a transação geradora do julgamento antecipado do pedido cumulado podem ocorrer em qualquer tipo de pedido, seja ele declaratório, condenatório, constitutivo, executivo e mandamental; enquanto na hipótese anterior, antecipação dos efeitos da tutela com base em presunções relativas, esta antecipação só será permitida quando o pedido for condenatório, executivo ou mandamental.

8. Referências bibliográficas

ANTONINI, Mauro. *Código Civil Comentado*. Coord. por Cezar Peluzo. São Paulo: Manole, 2008.

ARAGÃO, Monis de. *Comentários ao código de processo civil*, Rio de Janeiro: Forense, 1987, nº 550.

BARBOSA, Rui. *Oração aos moços*. Rio de Janeiro: Edições de Ouro, MCMLXVI.

BEDAQUE, José Roberto dos Santos. *Efetividade do processo e técnica processual: tentativa de compatibilização*. São Paulo: Malheiros, 2006.

BONNIER, Eduardo. *Tratatado de las Pruebas en el Derecho Civil*. Madrid: Hijos de Reus, 1914, t. 2º, nº 840.

BRASIL. Superior Tribunal de Justiça. REsp nº 723.083-SP. Rel. Min. Nancy Andrighi, j. 09.08.2007, DJ 27.08.2007, p. 223.

BRASIL. Superior Tribunal de Justiça. REsp nº 94.193-SP. Rel. Min. Cesar Asfor Rocha, j. 15.09.1998, DJ 03.11.1998, p. 140.

BRASIL. Superior Tribunal de Justiça. REsp nº 55. Rel. Min. Sálvio de Figueiredo Teixeira, j. 08.08.1989, DJ 06.11.1989, p. 16.689.

CALAMANDREI. Processo e Democrazia. In: *Opere Giuridiche*, Napoli: Morano, 1965, v.I,.

––––––. *Introducción al estudio sistemático de las providencias cautelares*. Trad. Santiago Santis Melendo. Buenos Aires: Bibliográfica Argentina, 1945, nº 7.

CARNELUTTI, Francesco. *Derecho y proceso*. Trad. Santiago Santis Melendo. Buenos Aires: Ejea, 1971, nº 232.

––––––. Torniamo al "Giudizio". In: *Rivista di Diritto Processuale Civile*, 1949.

CHAMORRO BERNAL, Francisco. La tutela judicial efectiva. Barcelona: Bosch, 1994.

CHIOVENDA. *Instituições de direito processual civil*, Trad. por. J. Guimarães Menegale. São Paulo: Saraiva, 1969, 1º v., nº 29.

––––––. De la acción nacida del contrato preliminar. In: Ensayos de Derecho Procesal Civil, Trad. Santiago Sentis Melendo. Buenos Aires: EJEA, 1949, v. I.

––––––. *Istituzioni di diritto processuale civile*. Napoli: Eugenio Jovene, 1960, v. I, nº 12.

COUTURE, Eduardo J. *Fundamentos del derecho procesal civil*. Buenos Aires: Depalma, 1988.

CRUZ E TUCCI. *Tempo e processo*. São Paulo: RT, 1997.

––––––. *Devido processo legal e tutela jurisdicional*, São Paulo: RT, 1993.

DENTI, Vittorio. *La giustizia civile. Lezioni introduttive*. Bologna: Il Mulino, 1989.

DINAMARCO, Cândido Rangel. *A Instrumentalidade do processo*. São Paulo: Malheiros, 2003, 11ª ed.

DINIZ, Maria Helena. *Código Civil Anotado*, São Paulo: Saraiva, 1995.

DOWER, Nelson. *Curso Básico de Direito Processual Civil*, São Paulo: NELPA, 1997, v.2, nº 48.4.2.

EISNER, Isidoro. *Principios Procesales*. In: Revista de Estudios Procesales, Buenos Aires, nº 4.

FAZZALARI. Diffusione del processo e compiti della doctrina. In: *Rivista Trimestrale di Diritto e Procedura Civile*, 1958.

FURNO, Carlo. *Contributo alla teoria della prova legale*, Padova: Cedam, 1940, nº 18.

GORPHE. *La apreciación judicial de las pruebas*. Trad. por Delia Garcia Daireaux. Buenos Aires: La Ley, 1967, Cap. IV, da 2ª parte.

GRUNSKY, W. Reflexiones sobre la eficacia del derecho procesal civil en alemania. Trad. por Úrsula Vestweber. In: *Para um Processo Civil Eficaz*. Barcelona: UAB, 1982.

HOFFMAN, Paulo. *Razoável duração do processo*. São Paulo: Quartier Latin, 2006.

LESSONA. *Teoria general de la prueba en el derecho civil*. Madrid: Reus, t. 1, 1957, nº 145.

LOPES DA COSTA. *Direito Processual Civil Brasileiro*. Rio de Janeiro: José Konfino, 1946, v. II, nº 411.

LOPES JÚNIOR, Aury. *Direito ao processo penal no prazo razoável*. Rio de Janeiro: Lúmen júris, 2006.

LOUREIRO, Francisco Eduardo. *Código Civil Comentado*, ob. cit., p. 1097.

MAGENDIE, Jean-Claude. *Célérité et qualité de la justice. La gestion du temps dans le procès*. Paris: La documentation Française, 2004.

MALATESTA, Nicola Framarino. *Lógica de las Pruebas en Materia Criminal*. Buenos Aires: Gen. Lavalle, 1945.

MARINONI, Luiz Guilherme. *Abuso de defesa e parte incontroversa da demanda*. São Paulo: Saraiva: RT, 2007.

———. *Técnica processual e tutela dos direitos*. São Paulo: RT, 2004.

MARQUES, Frederico. *Manual de direito processual civil*, São Paulo: Saraiva, 1990, v. II, § 69, nº 469.

MILLAR, Robert Wyness. *Los principios formativos del procedimiento civil*. Trad. por Catalina Grossmann. Buenos Aires: Ediar, 1945.

MITIDIERO, Daniel. Direito fundamental ao julgamento definitivo da parcela incontroversa: uma proposta de compreensão do art. 273, §6º, na perspectiva do direito fundamental a um processo sem dilações indevidas (art. LXXVIII, CRFB). In: *Processo Civil e Estado Constitucional*. Porto Alegre: Livraria do Advogado, 2007.

MOREIRA, José Carlos Barbosa. *O futuro da justiça: alguns mitos*. In: Temas de Direito Processual Civil, São Paulo: Saraiva, 8ª série, 2004.

———. *Efetividade do processo e técnica processual*. In: Temas de Direito Processual Civil, São Paulo: Saraiva, 6ª série, 1997.

———. *Notas sobre o problema da 'efetividade' do processo*. In: Temas de Direito Processual Civil, São Paulo: Saraiva, 3ª série, 1984.

MORENO CATENA, V. Sobre el contenido del derecho fundamental a la tutela efectiva. *Revista Poder Judicial*, nº 10, 1984.

NERY JUNIOR, Nelson. *Princípios do Processo Civil na Constituição Federal*, RT, 1992, nº 22.

NICOLITT, André. *A duração razoável do processo*. Rio de Janeiro: Lúmen júris, 2006.

NICOLÒ TROCKER. *Processo Civile e Constituzione*. Milano: Giuffrè, 1974, p. 276 e 277.

OLIVEIRA, Carlos Alberto Alvaro de. *El derecho a la tutela jurisdiccional efectiva desde la perspectiva de los derechos fundamentales*, palestra proferida no Congresso Iberoamericano, em 2008.

———. *Do formalismo no processo civil*. São Paulo: Saraiva, 3ª ed., 2009.

PERROT, Roger. La eficacia del proceso civil en Francia. Traduzido por Manuel J. Cachón Cadenas. In: *Para um Processo Civil Eficaz*, Barcelona: UAB, 1982.

PEYRANO, Jorge Walter. *El proceso civil*. Buenos Aires: Ástrea, 1978.

PICARDI, Nicola. *Audiatur et altera* pars. As matrizes históricos-culturais do contraditório. In: *Jurisdição e processo*. Coord. por Carlos Alberto Álvaro de Oliveira. Trad. por Luís Alberto Reichelt. Rio de Janeiro: Forense, 2008.

PONTES DE MIRANDA. *Comentários ao Código de Processo Civil*. Rio de Janeiro: Forense, 1979, t. 4.

PROTO PISANI. *Lezioni di diritto processuale civile*. Napoli: Jovene, 1994.

REALE, Miguel. Valores fundamentais da reforma do judiciário. In: *Revista do Advogado*, São Paulo, v. 24, nº 75.

RIBEIRO, Darci Guimarães. *A garantia constitucional do postulado da efetividade desde o prisma das sentenças mandamentais*. In: *Constituição, Sistemas Sociais e Hermenêutica*. Coord. por André Copetti, Lenio L. Streck e Leonel S. Rocha. Porto Alegre: Livraria do Advogado, 2006.

————. *A instrumentalidade do processo e o princípio da verossimilhança como decorrência do Due Process of Law*. In: *Revista de Jurisprudência Brasileira*, nº 173.

————. *La pretensión procesal y la tutela judicial efectiva. Hacia uma teoria procesal del derecho*. Barcelona: Bosch, 2004, especialmente, nº 7.1.

————. *Provas Atípicas*. Porto Alegre: Livraria do Advogado, 1998, nº 1.2.3.

SALVATORE SATTA. 'Il mistero del processo'. In: *Rivista di Diritto Processuale Civile*, 1949.

TUCCI, Rogério Lauria. *Curso de Direito Processual Civil*. São Paulo: Saraiva, 1989, v. 2.

VARELA, Antunes; BEZERRA, J. Miguel; Sampaio e Nora, *Manual de Processo Civil*. Coimbra: Coimbra, 1985, nº 165.

WINTER, Eduardo da Silva. *Medidas Cautelares e Antecipação de Tutela*. Porto Alegre: Sérgio Antonio Fabris, 2007.

— VI —

A jurisdição partida ao meio. A (in)visível tensão entre eficiência e efetividade

JÂNIA MARIA LOPES SALDANHA[1]

> *"... E você há de querer que tudo seja partido ao meio e talhado segundo sua imagem, pois a beleza, sapiência e justiça existem só no que é composto de pedaços."*
> (Ítalo Calvino, O Visconde Partido ao Meio, p. 52)

Sumário: Introdução; 1. Da ineficácia processual à eficiência neoliberal; 1.1. Ineficácia: a "procura existencial" em descompasso com o modelo ordinarizado e barèmisado de Jurisdição; 1.2. Eficiência neoliberal: a jurisdição sob a mirada do Banco Mundial e as reformas processuais; 2. Da (in)eficiência neoliberal à efetividade democrática; 2.1. (In)Eficiência: em busca de um novo modelo de justiça?; 2.2. Efetividade: Necessidade de fomentar mecanismos de democratização e abertura do processo; 3. Considerações finais.

Introdução

Há mais de uma forma de analisar a crise pela qual passa o Estado e suas instituições nos dias de hoje. Uma dessas instituições e que se diz ser vítima de tal crise é o Poder Judiciário. Isso se reflete nas mudanças ocorridas nos últimos dez anos nos Códigos de Processo Civil e Penal, naquelas procedidas na Constituição Federal, sobretudo no Capítulo relativo à organização do Poder Judiciário por meio da Emenda Constitucional nº 45/2004 e no surgimento de um conjunto de leis especiais em matéria de direito processual.

Este ensaio pretende expor as entranhas de tal crise a partir de uma das tantas perspectivas de análise possíveis, particularmente no que diz respeito à tensão entre a busca da eficiência da Jurisdição e a sua efetividade em termos de valores e de aproximação da sociedade.

Porém, há aqui uma tensão (in)visível entre esses dois polos, sempre negada, em nome da necessidade de estandardização ditada pelos interesses neolibe-

---

[1] Doutora em Direito. Professora do Programa de Pós-Graduação em Direito da UNISINOS. Advogada.

rais. Se perguntassem sobre a unidade da Jurisdição, traço que a caracteriza desde as primeiras teorizações modernas que foram realizadas ao seu respeito, poderia ser dito que não passa de aparência. A crença na Jurisdição isenta e distante dos influxos das forças políticas e econômicas não passa de uma quimera. Caminha ao largo da vontade da sociedade. Erige-se comprometida com o perfil de Estado e com as forças hegemônicas do mercado. Dividir-se entre ser eficiente e ser efetiva é a sua marca contemporânea. Encontra-se partida ao meio. A pergunta que fica é se ainda é possível resgatar sua inteireza? Todavia, é certo opor eficiência e efetividade? Vício e virtude? Ora, em geral o óbvio é sempre o mais difícil de demonstrar.

A fonte literária[2] inspiradora deste trabalho é o *Visconde Partido ao Meio,* de Ítalo Calvino,[3] uma inteligente metáfora sobre a ambivalência humana. Poderia ser ela escolhida para representar as ambivalências das instituições jurídicas na tentativa de superá-las? Seria a Jurisdição o Visconde de Terralba, ora bom, ora mau? Não seria de todo precipitado e, quiçá, equivocado, tentar denunciar a crise da jurisdição e do processo, simplesmente apresentando ao leitor seus principais pontos de tensão? No fundo, com a constitucionalização dos direitos, com o sistema jurídico orientado por valores e princípios em tempos de neoconstitucinalismo, a Jurisdição não viveria um dilema moral entre quantificar e qualificar?

Pressionada por forças políticas e econômicas, responsáveis pela produção de reformas que visam apenas a otimizar o sistema sob a ótica do fluxo e da produtividade, não seria a Jurisdição o carpinteiro mestre Pedroprego de Ítalo Calvino que a pedido do Visconde de Terralba é o artesão de instrumentos de tortura e execução cada vez mais perfeitos, do ponto de vista dos recursos tecnológicos, mas que cerra os olhos para os resultados da utilização de tais inventos? Imperfeita e violenta analogia? Talvez.

O desafio que se impõe é a denúncia dos traços contemporâneos da Jurisdição e do processo para compreendê-los no vasto e profundo campo das transformações político-sociais e, desse modo, sugerir caminhos possíveis para aproximá-la da Justiça, valor perdido quando o Direito subsumiu-se na lei. E perguntar se o sistema judiciário premido pela pressa, sujeito passivo e ativo dessas transformações, está preocupado com suas respostas?

A resposta a essa indagação pode advir da consideração de que o Poder Judiciário, por meio do direito processual, é sim, a um só tempo, sujeito ativo e passivo dessas grandes transformações, o que pode ser constatado em diferentes campos de sua atuação, como por exemplo, no que diz respeito às barreiras de acesso nos tribunais de segundo grau, tipificadas na possibilidade de rejeição

---

[2] Neste trabalho, utiliza-se a literatura em evidente demonstração de sua relação dialética com o direito para mostrar que a fantasia da imaginação e o formalismo da lei podem conversar e praticar empréstimos recíprocos, como diz François Ost. O objetivo é estabelecer a composição entre a generalidade do princípio e a singularidade de um destino. Entre a rigidez do prescritivo e a fluidez do descrito. Ver: OST, François Ost. *Contar a lei. As fonte do imaginário jurídico.* São Leopoldo: Editora Unisinos., 2004. GARAPON, Antoine. SALAS, Denis. *Imaginer la loi. Le droit dans la littérature.* Paris: Michalon, 2008.

[3] CALVINO, Ítalo. *O visconde partido ao meio.* São Paulo: Companhia das Letras, 1996.

liminar dos recursos de apelação e nos óbices de acesso aos tribunais superiores com a adoção da súmula vinculante e da exigência de repercussão geral do recursos especial e extraordinário.[4]

Longe de serem marginais, essas inovações estabelecem uma nova arquitetura do modelo de Jurisdição que se afasta dos seus postulados clássicos e que visa a atender, muito mais, ao postulado da eficiência do que ao da efetividade em termos de qualidade. Jurisdição essa que cada vez mais se virtualiza. Portanto, que se afasta dos sentidos humanos, em nome da eficiência. Não seria vítima de uma cegueira consentida para os resultados daquilo que faz no mundo dos homens reais? Mostra-se, talvez, em sua melhor e em sua pior forma.

Esse texto está dividido em duas partes. Na primeira procura analisar a jurisdição e o direito processual civil no contexto da propalada ineficácia processual que, ao fim, torna-se refém da eficiência ditada pelos interesses neoliberais, quando então serão analisadas as barreiras de acesso, o fenômeno da morosidade e a burocratização que corrói a necessária proximidade da jurisdição com a cidadania. Os Relatórios do Banco Mundial para o Poder Judiciário brasileiro, por outro lado, denunciarão toda a face da jurisdição de eficiência neoliberal. Na segunda parte, a face neoliberal da jurisdição e do processo é transcendida por sua perspectiva democrática que poderá ser implementada por meio de arrojados mecanismos processuais de democratização.

1. Da ineficácia processual à eficiência neoliberal

O modelo de Jurisdição e de processo herdado por países de tradição civil, como o do Brasil, é reconhecidamente o romano canônico: ordinarizado, comprometido com a certeza e a segurança, repressivo, ligado ao princípio dispositivo, individualista, burocratizado, moroso e voltado para o passado. Tantos adjetivos, negativos para o mundo atual, mostram o despreparo da Jurisdição e do processo para as demandas do século XXI. Perdido em seu formalismo e reduzido à instrumentalidade, o direito processual, dizem, envelheceu. Daí a sua reconhecida ineficácia (1.1).

Esse descompasso, como de resto o descompasso mais global das instituições estatais para com a complexidade que o mundo globalizado apresenta, facilitou a que o Direito, em geral, e a jurisdição – e o direito processual – em particular, fossem reduzidos a facilitadores do ideário dos interesses estratégicos do mercado. A jurisdição, na sua especificidade, vê-se reduzida a *barèmisation*,[5] à

---

[4] Tantas alterações a provocar uma enxurrada de decisões que podem desaguar na própria banalização da Jurisdição. Não seria de todo surpreendente, pois como pensou Hannah Arend, a ausência de pensar, traço característico da modernidade, pode levar à banalização do próprio mal. *Eischmann em Jerusalém*. São Paulo: Companhia das Letras, 2004.

[5] Tabela numérica que dá o resultado de certos cálculos. A expressão é utilizada por GARAPON, Antoine em *Um noveau modèle de justice: Efficacité, acteur stratégique, sécurité*. Disponível em: http://www.esprit.presse. fr/review/details.php?code=2008. Acesso em 02 de agosto de 2009

estratégia da quantificação e da solução rápida dos litígios. É a justiça neoliberal, que experimenta novos critérios de externalização de suas práticas, sendo o maior deles a eficiência e que a insere no grupo mais amplo de instituições reduzidas ao fluxo, ao movimento pendular do mercado, bem ao gosto dos defensores da teoria da análise econômica do direito. A atividade paranormativa do Banco Mundial exerce crucial influência para a permanência desse *status quo* (1.2.).

1.1. Ineficácia: A "procura existencial" em descompasso com o modelo ordinarizado e barèmisado de Jurisdição

Por que começar essa reflexão por uma palavra com sentido negativo? Não seria melhor começar por aquilo que a jurisdição tem de positivo?

É porque, cabe lembrar, há uma diversidade de lugares onde ocorre o discurso jurídico. A instância judiciária é apenas um desses lugares, como seus tribunais e juízes, ao lado do Legislativo e da opinião pública: o auditório universal. De todas essas instâncias, a Jurisdição é a que está submetida às mais fortes reivindicações ao mesmo tempo em que pode criar um fosso entre o seu discurso e o discurso prático em geral. E se a queixa é de que tem sido ineficaz, cabe verificar à luz da sua estrutura e da sua função[6] quais são as causas dessa ineficácia e onde repousam as suas mais expressivas fragilidades.

Seguramente, qualquer crítica, para não parecer leviana, deve estar associada à própria necessidade de revisão metodológica da jurisdição e do direito processual, não como um acontecimento repentino e irreversível e sim como um processo de autorrenovação qualitativa. E assim a palavra ineficácia, cujo sinônimo é inutilidade, não deve ser entendida na pureza de seu sentido semântico e sim sob o ponto de vista sociológico,[7] pois embora o Poder Judiciário venha desenvolvendo esforços,[8] nos últimos anos, para a melhoria da sua atuação, é nítida a existência de barreiras de acesso e de perda de qualidade na prestação da Justiça. Obviamente, tal contingência deve ser compreendida no quadro do aumento crescente da reivindicação por Justiça produzida no cenário de desigual-

---

[6] Sobre o tema ver: BAPTISTA DA SILVA, Ovídio Araujo. Da função à estrutura. *Constituição, Sistemas Sociais e Hermenêutica. Anuário 2008.* Programa de Pós Graduação em Direito UNISINOS. Porto Alegre: Livraria do Advogado, 2008, p. 89-100. LOPES SALDANHA, Jânia Maria. Do funcionalismo processual da aurora das luzes às mudanças estruturais e metodológicas do crepúsculo das luzes: A revolução paradigmática do sistema processual e procedimental de controle concentrado de constitucionalidade no STF. *Constituição, Sistemas Sociais e Hermenêutica. Anuário 2008.* Programa de Pós Graduação em Direito UNISINOS. Porto Alegre: Livraria do Advogado, 2008, p. 113-134.

[7] Nesse sentido veja-se: SANTOS, Boaventura de Sousa quando afirma que "a ineficácia é um fenômeno simultaneamente jurídico e extra-jurídico. Refere-se àquilo que o direito transforma ou deixa de transformar no mundo exterior". *A crítica da razão indolente. Contra o desperdício da experiência.* São Paulo: Cortez, 2000, p. 162.

[8] Veja-se simplesmente as várias reformas a que foi submetido o Código de Processo Civil que tiveram início no ano de 1992 e culminaram com o Pacto de Estado em Favor de um Poder Judiciário Republicano do ano de 2004, representado pela Emenda Constitucional nº 45. No ano de 2009 foi lançado o Segundo Pacto Republicano do Estado brasileiro com proposição de significativa mudança quanto ao acesso à Justiça.

dade e de exclusão que caracteriza sociedades de países em desenvolvimento, como o Brasil.[9]

Por outro lado, a constitucionalização dos direitos fundamentais nascida no pós Segunda Guerra Mundial em vários ordenamentos jurídicos, produziu a necessidade de que o Direito, para ser exercido democraticamente, deve advir de uma cultura fortemente democrática. Obviamente em países de modernidade tardia e de baixa constitucionalidade essa conquista tem sido lenta e penosa.[10]

Primeiro porque há um fosso entre os direitos garantidos nas Constituições e o que se realiza na prática social, sobretudo em termos de políticas públicas. Segundo, porque os cidadãos, destinatários dessas políticas e ao mesmo tempo vítimas por sua ausência, ao invés de manterem-se na inércia, cada vez mais buscam o juiz.

E o processo judicial, se na sua origem, significava deslindar e interromper a incerteza, consistindo na fase terminal de um drama, amiúde individual,[11] com vários personagens, muda de horizonte. Destina-se a promover a concretização dos valores constitucionais. Da finalidade de curto prazo – então a solução do caso individual – passa-se à finalidade de longo prazo – consolidação dos valores democráticos e a paz pública. Essa última, como diz Ricouer, deixa transparecer algo mais profundo, que é a necessidade de reconhecimento social das decisões dos juízes. Essas decisões transformam-se em algo que representa valores compartilhados e comunitariamente aceitos.[12] Há aqui uma transferência do que Garcya-Pelayo[13] denomina de "espaço vital dominado" para o "espaço vital efetivo". O primeiro, da economia individual, pertencente à estrutura da existência, mas que os indivíduos vêm paulatinamente perdendo. O segundo diz respeito ao poder de ordenação e disposição que cabe ao Estado e que gera, indiscutivelmente, uma "procura existencial" (*Deseinvorsorge)* do cidadão. Nesse sentido, deve-se notar que o homem desenvolve sua existência no âmbito de um conjunto de situações, de bens e serviços materiais e imateriais, sobretudo prometidos pelas

---

[9] O relatório mundial sobre os ODM (Objetivos de Desenvolvimento do Milênio), informa que o mundo regrediu no combate à fome. O documento afirma que nos países em desenvolvimento a proporção de subnutridos, que havia caído cerca de 4% desde os anos 90, teve aumento de 1% em 2008. Segundo o texto o ritmo de cumprimento das metas tem sido muito lento e a crise econômica mundial aumenta o risco de insucesso dos países. Só na América Latina, a proporção de pessoas que passam fome deve aumentar até 13% entre 2008 e 2009. Disponível em http://www.pnud.org.br/pobreza_desigualdade/reportagens/index.php?id01=3252&lay=pde. Acesso em 29/07/2009.

[10] Análise sobre o tema pode ser encontrada em: STRECK, Lenio. Verdade e Consenso. Da possibilidade à necessidade de respostas corretas em Direito. Rio de Janeiro: Lumen Juris, 2007.

[11] Essa visão parcial do que seja o processo pode ser vista em FAZZALARI, Elio quando afirma existir processo quando em uma ou mais fases do *iter* formação de um ato é contemplada a participação não só do autor, como também dos destinatários de seu efeito. É o que denomina de participação em contraditório. *Instituições de direito processual.* Campinas: Bookseller, 2006. p. 120. Não deixa, assim, de ser a alusão ao processo como algo destinado a pôr fim à insegurança.

[12] Assim o ato de julgar, como afirma RICOEUR, Paul, tem um equilíbrio frágil entre os dois componentes da partilha: "o que aparta a minha parte da sua e o que, por outro lado, faz com que cada um de nós tome parte na sociedade". *O Justo 1.* São Paulo: Martins Fontes, 2008, p. 181.

[13] *As transformações do Estado contemporâneo.* Rio de Janeiro: Forense, 2009, p. 14.

Cartas Políticas, que se constitui em certas possibilidades de existência reconhecidas como espaço vital.

No plano de fundo exsurge a consciência dos direitos individuais e coletivos, uma consciência complexa uma vez que envolve o direito à igualdade e à diferença. Surgem demandas por políticas públicas e pela emancipação social. As coisas não tardam a se acelerar. O protagonismo judicial não cessou de aumentar no Século XX. Já no presente Século, o que impressiona é justamente que as estruturas processuais não dão conta dessa necessidade, que é política, de dar acesso ao direito e à justiça aos cidadãos. Enfim, como denunciou Dworkin, de levar os direitos a sério.

A ineficácia, portanto, pode em parte ser associada a um modelo de processo pensado para atender litígios individuais e de natureza privada no Século XIX. Nesse registro, foi um processo criado para resolver litígios entre devedores e credores, cujo resultado final não poderia deixar de ser apenas uma condenação. De certo modo, esse tipo de processo continua compatível com as demandas individualistas da época atual. Porém, sensíveis são as diferenças relativamente às demandas condenatórias da época romana ou até mesmo da nascente sociedade industrial do Século XIX. O Século XX soube produzir relações jurídicas massificadas de toda ordem, sobretudo aquelas produzidas pelas relações de consumo em que a figura do devedor-consumidor pode muito bem ser associada ao de um escravo dos tempos hipermodernos. A pertença a um grupo ou categoria da chamada sociedade da *decepção inflacionada*[14] e a submissão ao mercado de consumo de produtos, elevado à condição de soberano peculiar e bizarro,[15] é o seu destino mais inevitável e mais próximo.

Daquele contexto foi apenas um passo para a privatização da jurisdição, uma vez que todas as relações foram reduzidas àquelas de débito-crédito, como incansavelmente denunciou Ovídio Baptista da Silva.[16] Daí serem as pretensões apenas interpartes, afinadas, portanto, ao processo de cariz individualista e repressivo, necessário à sociedade liberal. Nesse caldo de cultura jamais seria admitida uma pretensão *erga omnes* que seria compatível com as demandas coletivas que têm por base a preventividade, com vistas a evitar o dano. A inexplicável "virtude" do processo para transformar todas as pretensões em expressões de relações de crédito, não tardaria a ser colocada à prova com a reivindicação em juízo dos direitos humanos transindividuais e evidentemente não se compatibiliza com o modelo constitucional de processo.[17]

---

[14] LIPOVETSKY, Gilles. *A sociedade da decepção*. Barueri: Manole, 2007, p. 6

[15] BAUMAN, Zygmunt. *Vida para o consumo*. Rio de Janeiro: Zahar Editor, 2008, p. 86. E todos aqueles que não forem potencialmente consumidores, nessa lógica do mercado, são tratados como "consumidores falhos", plenamente descartáveis.

[16] *Processo e Ideologia*. Rio de Janeiro: Forense, 2004, p. 133. O autor diz que para enfrentar as dificuldades da vida, as sociedades tradicionais tinham à sua disposição instrumentos de consolação religiosa. Porém as sociedades hipermodernas, numa espécie de contrafluxo, valorizam o consumo, a fruição e buscam soluções paliativas e desreguladas.

[17] Que parte de uma base principiológica e que se funda: a) no princípio do contraditório; b) da ampla argumentação; c) da fundamentação e; d) da participação do terceiro imparcial. BARROS, Flaviane de Magalhães.

Ainda que importante, não se pretende aqui aprofundar a análise sobre a ordinariedade[18] do processo, outro elem*ento responsável pela ineficácia processual. Sua característica mais expressiva é a imposição da cognição exauriente, o fechamento aos terceiros que não aos tradicionais modelos de intervenção, a repressividade que desenha um processo ainda fechado às tutelas preventivas.*

Esse desenho processual é pintado com as cores do individualismo[19] que, por si só, também é refratário às tutelas coletivas – e a toda forma de coletivismo[20] –, capazes de darem guarida aqueles direitos de natureza transindividual e coletiva que surgem, acentuadamente, na sociedade de relações massificadas e pasteurizadas da contemporaneidade, sobretudo as que nascem nos grandes centros urbanos.

Trata-se de reconhecer que o sujeito contemporâneo, ainda que com mudanças de perfil, não se afastou do *homo economicus* do Século XVIII, um sujeito de opções individuais irredutíveis e intrasmissíveis, conduzido pela "mão invisível" de que falava Adam Smith.[21] Certamente essa foi a marca definitiva do chamado "processo civilizador" que inaugura a modernidade, pois teve como foco os indivíduos, quando os controles comunais foram substituídos pela capacidade de autocontrole daqueles sob a batuta do pensamento racional, única manifestação de civilização.[22] Insiste-se, portanto, em manter os instrumentos processuais a serviço desse individualismo, embora a sufocante e áspera realidade dos conflitos sociais aponte na direção inversa, isso é, na necessidade de que o processo saiba tratar coletiva e democraticamente as demandas da cidadania.

O modelo constitucional de processo e o processo penal: A necessidade de uma interpretação das reformas do processo penal a partir da Constituição. In: MACHADO, Felipe. CATTONI DE OLIVEIRA, Marcelo. *Constituição e Processo no constitucionalismo democrático brasileiro.* Belo Horizonte: Del Rey – IHJ, 2009, p. 334. Evidente que essas são as garantias afinadas com o processo constitucional e que não foram pensadas ao tempo das teorizações engendradas na primeira metade do Século XX, quando sequer se punha em prática a teoria da força normativa da Constituição de Konrad Hesse.

[18] Contundente denúncia à ordinariedade pode ser vista em BAPTISTA DA SILVA, Ovídio Araújo. *Jurisdição e execução na tradição romano-canônica,* São Paulo: RT, 2002. Também em *Processo e Ideologia.* Rio de Janeiro: Forense, 2004.

[19] DUMONT, Louis demarca o início do individualismo junto aos primeiros cristãos. Contudo, lembra que esse não é o individualismo familiar aos modernos, uma vez que em dezessete séculos, sofreu profunda transformação. Embora a religião tenha sido o fermento principal, essa transformação poderá ser vista sob o aspecto social: em uma o aspecto supremo é o indivíduo, o que deu origem ao individualismo. Noutras, o valor reside na sociedade como um todo. In: *Ensayos sobre el individualismo.* Madrid: Alianza Editorial, s/d, p. p. 6. Com efeito, a modernidade, sobretudo a partir do Século XVIII, com o surgimento do liberalismo necessitava da concepção de sociedade cuja estrela guia fosse o indivíduo, o que se fez notar especialmente nas estruturas jurídicas. No caso do direito processual a teoria do processo como relação jurídica e a teoria dos pressupostos processuais criadas por Oskar Von Büllow inauguram esse perfil individualista do processo, o que se mantém ata os dias atuais.

[20] BAUMAN, Zygmunt afirma que a ausência de uma "comunidade bem tecida"justifica-se pela falta de vidas compartilhadas, de um interação frequente e intensa. Isso é que causou o "eclipse" da comunidade. *Comunidade.* Rio de Janeiro: Zahar, 2003, p. 48. Por consequência, esse *status quo* eliminou o coletivismo como um valor social.

[21] *A riqueza das Nações.* Vol. I. São Paulo: Martins Fontes, 2003, p. 567.

[22] BAUMAN, Zygmunt. *Vida para consumo,* op. cit., p. 95. ELIAS, Norbert. *O processo civilizador. Formação do Estado e Civilização.* V. 2. Rio de Janeiro: Zahar, 1993, p. 241. Para Elias, a individualização consistiu num aspecto significativo de transformação social e era, efetivamente, vista como expressão do processo civilizador. Veja-se do mesmo autor: *A sociedade dos indivíduos.* Rio de Janeiro: Zahar, 1994, p. 103.

Entretanto, a ineficácia, que deve ser associada ao fenômeno da morosidade, da burocratização[23]e do solipsismo[24] decisório não pode ser compreendida isoladamente, somente sob o ponto de vista da estrutura e da função da Jurisdição e do processo internamente considerados. É fato que o repertório de decisões aumenta na mesma proporção em que os sistemas políticos das sociedades complexas e plurais delegam ao Poder Judiciário a função de dirimir não só controvérsias, como também para resolver problemas que outros órgãos públicos não percebem a gravidade ou não são capazes de tratar de modo satisfatório. O juiz assume, assim, o papel de um *factótum institucional.*[25]

Com mais razão e por conta dessas desigualdades, é que a experiências jurisdicionais são distintas entre os países periféricos e os países centrais. Ora, a influência dos processos históricos e políticos que levaram à conformação e consolidação dos Estados, bem como o peso da cultura jurídica, sem dúvida desenharam arquiteturas jurisdicionais distintas. Desse modo, o ritmo das condições em que o Estado se formou e o ambiente em que suas instituições consolidaram-se podem entrar em descompasso com mudanças político-jurídicas posteriores, muitas vezes resultado de mimetismos ou da própria herança colonial, como ocorreu em inúmeros países da América Latina.

Assim sendo, não há de se desconhecer que o protagonismo judiciário, em muitos países, decorreu da falência/enfraquecimento do Estado intervencionista, que o Brasil tampouco conheceu. Ocorre que o protagonismo judiciário emerge dessa transformação política por duas vias: a) precarização da vida social e constitucionalização dos direitos humanos; b) modelo econômico neoliberal, pautado pela estratégia e pelas regras do mercado, cujo ícone é o contrato de natureza privada e maior valor é o da maximização da riqueza. Associada ao Visconde Partido ao Meio, é justamente nesse desafio – então partida ao meio – que se encontra a jurisdição: assumir seu compromisso com os valores constitucionais e aproximar-se do que é essencialmente humano por meio da ética[26] ou, apenas cumprir tarefas ditadas pelos interesses do mercado.

---

[23] A burocratização do Poder Judiciário, segundo FISS, Owen cria sérios obstáculos à sua legitimidade. Afirma, entretanto, que a burocratização do Judiciário e de outros poderes do Estado dela não escapam. O problema reside é na sua patologia que na visão de Max Weber pode ser o excesso de rigidez, ou melhor, excessiva rigidez à norma legal ou, por outro lado, na visão de Hannah Arend, para quem a burocracia não é tanto a norma pela norma como pretendeu Weber e sim a norma por ninguém, o que pode decorrer da fragmentação e compartimentalização das tarefas, ambas potencialmente capazes de isolar o julgador das experiências intelectuais que devem informar o seu julgamento. *Um novo processo civil. Estudos norte-americanos sobre jurisdição, constituição e sociedade.* São Paulo: RT, 2004, p.163-203.

[24] A crítica ao solipsismo pode ser vista em DWORKIN, Ronald com sua negação à discricionariedade judicial. Enquanto que STRECK, Lenio, também crítico feroz do solipsismo e da discricionariedade, entende que todo ato interpretativo é constitucional, daí a necessidade da "proibição de excesso" quanto o contrário "a proibição deficiente".

[25] A expressão é de PORTINARO, Pier Paolo. Para além do Estado de Direito. Tirania dos juízes ou anarquia dos advogados? In: COSTA, Pietro. ZOLO, Danilo. *O Estado de Direito. História, teoria, crítica.* São Paulo: Martins Fontes, 2006, p. 476.

[26] Segundo CASTANHEIRA NEVES, A. o que dá sentido à verdadeira autonomia do Direito são os princípios por constituírem-se em intenções ético-político-sociais dominantes na comunidade; o Eu pessoal – eu social – que atribui a dimensão ética do direito, ou seja, dá ao direito sentido de direito e confere sua autonomia. Por

Desse modo, o aumento da procura pela Jurisdição, então seu maior triunfo – apenas aparente – que é o de colocá-la ao centro do sistema jurídico é também sua derrota mais certa: a sua ineficácia.

Contudo, há de ser perguntado: se o Brasil não conheceu esse modelo de Estado, o que provoca a exacerbação da procura pelo juiz? O chamado *curto circuito histórico* pode se constituir numa explicação aceitável. Boaventura de Sousa Santos[27] referencia que nos países periféricos as Constituições consagraram direitos que nos países centrais foram conquista de demorados processos de transformação político-social. Para o autor, essa constitucionalização não foi acompanhada de políticas sociais consolidadas, razão pela qual abriu-se espaço a cada vez maior intervenção judicial e um maior controle da constitucionalidade.

Nesse momento, o que se quer demonstrar é que se há de ser reconhecida a ineficácia da jurisdição e do processo, por conta das motivações acima expostas, não é menos verdade que as reformas processuais têm um destino certo: traçar um novo perfil de Jurisdição, que é o da *barèmisation* e do fluxo, então, da quantificação transformada em um metavalor e a jurisdição transformada em neoliberal. Os Relatórios do Banco Mundial para o Poder Judiciário brasileiro demonstram essa perspectiva, tão logo materializada por meio das inúmeras reformas processuais e constitucionais que elevam a quantidade em detrimento da qualidade e da Justiça. É o que segue:

1.2. Eficiência neoliberal: A jurisdição sob a mirada do Banco Mundial e as reformas processuais

A análise que será desenvolvida a partir de agora não recairá sobre o perfil jurisdicional marcado pelo atendimento aos direitos fundamentais, no marco da precarização dos direitos sociais em face inoperância dos demais poderes. Recairá, tão somente, sobre os comprometimentos da Jurisdição com o modelo neoliberal das relações econômicas que se estende para todos os setores da vida social em nome de um metavalor: a eficiência.

Pretende-se demonstrar, à partida, a estreita relação entre as reformas processuais ocorridas no sistema processual brasileiro nos últimos anos e a atividade paranormativa de agências transnacionais de fomento junto aos países periféricos, como o Banco Mundial. Tal atividade está retratada em dois documentos técnicos do Banco Mundial para o Poder Judiciário do Brasil que serão brevemente analisados na sequência.

Nesse ponto, o objetivo será tentar demonstrar o íntimo vínculo entre as exigências de otimização dos serviços do Poder Judiciário, em termos de fluxo com o coração do processo de globalização: logo, com o neoliberalismo. Essa as-

---

isso, três são as condições de emergência do direito: a)- condição mundano-social; b)- condição humana-existencial; c)- condição ética. In: *O direito hoje e em que sentido?* Lisboa: Piaget, 2002, p. 71.

[27] *Para uma revolução democrática da Justiça.* São Paulo: Cortez, 2007, p. 20.

similação é sustentada pelo consenso econômico neoliberal. Percebe-se bem que a subordinação dos Estados nacionais às agências multilaterais como o Banco Mundial, FMI e a Organização Mundial do Comércio consiste numa das três importantes inovações institucionais[28] que a receita neoliberal provoca.

O Banco Mundial,[29] ao contrário de outras organizações internacionais busca padronizar as concepções de Judiciário e de justiça de forma meramente indicativa. A adesão dos Estados não se dá pela via de normas, e sim, pela adesão a ideias. O que nem por isso significa não ter impacto em nível interno. Um dos instrumentos da atividade paranormativa do Banco são as publicações e documentos a respeito do Judiciário. O domínio de sua influência sobre o Poder Judiciário dos Estados ocorre basicamente em dois níveis: a) institucional – o Poder Judiciário deve ser enquadrado num processo de modernização e; b) individual – os juízes são construtores de consenso.

A confecção dos Documentos Técnicos e Relatórios sobre o Judiciário, assim, pretende expor essas feridas apontadas pelo Banco. Com isso, orientar os governos aos interesses particulares dessa agência de fomento financeiro, disfarçados sob a retórica da necessidade de dar mais qualidade à prestação jurisdicional, nada mais significa do que o discurso deliberado para condicionar o jurídico.

Colhe-se, genericamente, do Documento Técnico 319S – O setor Judiciário na América Latina e no Caribe – do ano de 1996, que o Banco Mundial, sob um discurso aparentemente neutro, recomenda como valores para o "aprimoramento" da prestação jurisdicional os seguintes: a) previsibilidade nas decisões; b) independência; c) eficiência; d) transparência; e) credibilidade; f) combate à corrupção; g) proteção à propriedade privada; h) acessibilidade e; i) respeito aos contratos; j) mudança no ensino jurídico. No Brasil, a Emenda Constitucional 45 de 2004, que implementou a chamada "Reforma do Judiciário", recepcionou significativamente tais recomendações.

No que diz com a previsibilidade (a) das decisões o Banco entende que o Poder Judiciário deve atuar com o valor certeza, porquanto, sob o ponto de vista dos interesses econômicos, se um Estado – e suas instituições – mudam as regras do jogo no percurso da partida, as empresas não poderão saber o que será lucro ou não no futuro.

A previsibilidade sistêmica, para o Banco Mundial, deve ser um valor a ser desenvolvido e preservado. Essa foi uma nada sutil ocasião para a justificação da

---

[28] As outras duas são: a) restrições drásticas à regulação estatal da economia; b) novos direitos de propriedade internacional para investidores estrangeiros. Consulte-se: SANTOS, Boaventura de Sousa. Os processos de globalização. In: SANTOS, Boaventura de Sousa (Org.). *A globalização e as ciências sociais*. São Paulo: Cortez Editora, 2002, p. 31.

[29] Em 1997 o Banco Mundial promove a discussão sobre o novo papel do Estado. Em 2000 realiza a Primeira Conferencia Mundial sobre o judiciário, em cujo âmbito se debate o sucesso do judiciário. Em 2002 realiza-se nova Conferência em se analisam instituições que promovem mercados para melhorar a renda e reduzir a pobreza.

criação da súmula vinculante, da repercussão dos recursos extraordinário e especial e da súmula impeditiva de recursos e, para arrefecer as exigências em favor da previsibilidade.[30] Um dos resultados mais claros dessa adoção é, com efeito, a fragilização do ato decisório como o momento magno da compreensão e do encontro do sentido do caso, uma vez que o juiz deverá obedecer a súmula, encontrando apenas nela os elementos para assegurar a legitimação de sua decisão. Prestigia-se o pré-dado e a normatização. Decreta-se a morte da interpretação.[31]

Quanto à independência (b), o Banco Mundial a divide em três espécies. A decisória ou funcional (1), ou seja, entende que as decisões devem ser proferidas de acordo com a lei e não de acordo com fatores políticos. A independência interna (2) relaciona-se àquela ao próprio Poder Judiciário no que diz com suas divisões internas e seus diferentes graus hierárquicos e; independência pessoal (3), do homem juiz em relação aos inúmeros fatores que podem macular sua imparcialidade.

No que pertine à eficiência (c), a agência internacional interessa-se pela ação do Estado em relação ao mercado, uma vez ser ele, na atualidade, o leito do rio neoliberal, o lugar revelador de algo como que a verdade, logo de veridição, conforme afirmou Foucault.[32] Nesse sentido, para o Banco Mundial, o Judiciário deve maximizar sua capacidade para resolver demandas.[33] Em outras palavras, deve ser rápido, reduzir custos e aplicar a equidade. Essas expectativas devem ser harmonizadas com a exigência de imparcialidade. O Poder Judiciário, como se vê das reformas trazidas pela Emenda Constitucional 45/2004, tem-se aberto à eficiência. A Constituição Federal, no artigo 5º, LVXXVIII, prevê a duração razoável do processo e a penalização aos juízes que excederem os prazos legais tal como prevê o art. 93, II, e; a promoção dos juízes a partir da produtividade conforme prevê o art. 93, II, c e o sistema como um todo prestigia a simplificação de ritos; a justiça itinerante; estudos sobre agilização processual; iniciativas legislativas e visibilidade através dos meios de comunicação. Segundo essa lógica, as deliberações dos juízes no que diz respeito ao cumprimento de seus deveres funcionais e da administração da Justiça ficam sob o olhar panóptico do Conselho

---

[30] Na época da elaboração da EC 45/2004 os juízes de primeiro grau foram refratários à adoção da súmula vinculante.

[31] Notícia publicada no sítio do STJ em 11 de agosto de 2009 demonstra que a atenção à previsibilidade e quantidade toma o lugar da preocupação com a qualidade. Diz a notícia que: "Ministro Luis Felipe Salomão nega 90% dos agravos analisados em mutirão.O mutirão realizado no último sábado (8) pelo ministro Luis Felipe Salomão superou as expectativas do gabinete. A meta era analisar 250 agravos de instrumento no dia, mas a equipe de dezesseis servidores atingiu a marca de 300 processos. Aproximadamente 90% dos casos foram negados por descumprir exigências formais ou esbarrar nas súmulas que impedem a análise do recurso pelo STJ..." Disponível em: http://www.stj.gov.br/portal_stj/publicacao/engine.wsp. Acesso em 11.08.2009.

[32] FOUCAULT, Michel. *Nascimento da biopolítica*. São Paulo: Martins Fontes, 2008 p. 45.

[33] Essa perspectiva circunscreve-se no âmbito da Teoria da Análise Econômica do Direito em que, fundamentalmente, a Economia passa a ser entendida como um método aplicável aos mais diversos campos do conhecimento desde Bentham e Adam Smith. Tal método consiste na escolha racional em um mundo em que os recursos são limitados. Nesse sentido, o Poder Judiciário seria um ator importante para a maximização da riqueza, daí a preocupação com quantificação, com a redução de demandas e de custos. POSNER, Richard. *Economic Analisys of Law*. New York: Aspen, 2003.

Nacional de Justiça, órgão do Poder Judiciário a quem cabe fazer o controle da atividade jurisdicional.[34]

A transparência (d), como se pode notar, é uma decorrência das exigências de eficiência. Ligada à responsabilidade dos juízes e à prestação de contas à população, incrementa-se por meio da informatização generalizada dos processos, da comunicação dos atos processuais pela internet, pela atividade da TV Justiça e pela exigência de que anualmente os tribunais superiores forneçam relatórios sobre sua atividade administrativa e jurisdicional. Para o Banco Mundial, esse seria um fator de aumento da confiança dos cidadãos no Judiciário como também repercutiria na reputação dos juízes.

Associada a outros valores – previsibilidade, transparência e constância da instituição – a busca da credibilidade (e) do Poder Judiciário não é um anseio da época moderna. Tucídedes e Platão[35] demonstraram a desconfiança do povo com a Justiça que pode sempre ser vítima dos desvios da democracia. Os séculos se passaram e a credibilidade é vista como fator de estabilidade política e confiabilidade nas instituições do Estado. Entretando, para o Banco Mundial, um Judiciário fiável é aquele que não aplica arbitrariamente as regras, não é imprevisível e nem corrupto.

O combate à corrupção (f) como valor, altera o perfil do Poder Judicário e o insere no âmbito da chamada judicialização da política, uma vez que a Jurisdição passa a "julgar para cima", isto é, deixa de julgar apenas as classes populares, cujo contato com o Poder Judiciário, especialmente no campo penal, deu-se, amiúde, de forma repressiva, para incriminar e julgar grandes empresários ou membros da classe política. Como refere Boaventura de Sousa Santos,[36] é nesse ponto que o cenário muda. Esse "julgar para cima", segundo o autor, por um lado, produz a judicialização da política, uma vez que o combate à corrupção leva a que muitos conflitos sejam julgados pelo Judiciário e, por outro, conduz à politização do Judiciário, tornando-o mais visível e suscetível às intempéries da política.

A proteção à propriedade privada e aos contratos (g) são duas exigências significativas do Banco Mundial. Para esse, os contratos podem ser revistos apenas "eventualmente" para corrigir distorções do mercado. Facilmente compreensível, uma vez que o mercado é o melhor "ambiente" para a satisfação das necessidades individuais, o que deriva seguramente da concepção da liberdade individual como valor supremo da vida em sociedade. Daí o juiz ter de respeitar os contratos e a propriedade privada, valores fundantes da modernidade, lapidados nas teorizações de Hayek[37] e Milton Friedman.[38] Já no que diz respeito à propriedade privada, mantém-se intocável e são evidentes as regras protetivas

---

[34] É o órgão administrativo permanente de que fala o Documento 319S.

[35] OST, François. *Contar a lei*. São Leopoldo: Editora UNISINOS, 2004, p. 170.

[36] *Para uma revolução democrática da Justiça*. Op. cit. p. 23

[37] FRIEDRICH, Hayek. *Direito, legislação e liberdade: Uma nova formulação dos princípios liberais de justiça e economia política*. São Paulo: Visão, 1985.

[38] FRIEDMAN, Milton. *Capitalismo e liberdade*. São Paulo: Abril, 1984

contra o roubo e atos predatórios. As penas impostas à prática desses delitos correspondem ao valor social atribuído a esses bens.

Dar acessibilidade (h), para o Banco Mundial, não implica acesso da população à justiça porque se diz que a dificuldade pode ser mitigada por outras instâncias que competem com o Poder Judiciário, como as de mediação e arbitragem. Evidente aqui, de certo modo, a defesa da privatização das instâncias de solução de demandas. Para o Banco Mundial, o acesso pode ser avaliado por vários fatores: 1) tempo para sentenciar; 2) custos diretos e indiretos sofridos pelas partes; 3) conhecimento, compreensão e utilização dos procedimentos.

Finalmente, o Banco toca em ponto crucial: o ensino jurídico (i). Afirma que o aprimoramento do ensino jurídico é crucial para a reforma do Poder Judiciário. Nesse sentido, recomenda que não só sejam elevados os níveis de exigência para ingresso e graduação, mas que também estágios para estudantes, cursos continuados para advogados e treinamento para os magistrados são áreas fundamentais da reforma. No campo específico da magistratura brasileira, o art. 93, IV, na redação dada pela Emenda Constitucional nº 45/2004 estabelece como critério de promoção na carreira a frequência a cursos de preparação e aperfeiçoamento na carreira.

Passados oito anos do Documento Técnico nº 319S, o Banco Mundial, quase concomitantemente à entrada em vigor da Emenda Constitucional nº 45/2004, apresenta o Relatório 32789-BR[39] intitulado "Fazendo com que a Justiça conte", de 30 de dezembro de 2004. Nesse Relatório, o Banco Mundial muda o rumo de suas recomendações para dizer que talvez o aumento dos valores orçamentários não seja suficiente para debelar a crise do Judiciário. Com base nessa perspectiva de análise, apresenta três alternativas: a) aumentar a eficiência do judiciário; b) reduzir a ineficiência de certos órgãos extrajudiciários que condicionam as respostas dos juízes; c) empreender esforço para reduzir a própria demanda.

Para o Banco Mundial, obviamente, somente a primeira alternativa caberia ao Poder Judiciário, sendo que as demais dependem de ações de outros ramos do governo. Refere que essa alternativa é a mais amplamente aceita e se fará sentir nas instâncias do Judiciário que tiverem mais baixa produtividade, por um lado e naquelas que tenham maior demanda, por outro. No que se refere à segunda alternativa, o desafio é imenso, pois para o Banco Mundial tocará em importantes interesses de classe. A terceira, de igual forma, é desafiadora e controvertida, pois implica interferir em interesses nucleares daqueles que se beneficiam com a justiça morosa.

Três outras recomendações são especificamente importantes: a) aprimoramento da coleta e da análise de dados; b) solução de obstáculos imediatos adicionais ao desempenho; c) as inevitáveis decisões políticas.

Talvez o percurso deva ser mudado para que se reconheça a fragilidade das propostas de cariz neoliberal para a jurisdição quando uma possível saída

---

[39] Disponível em: http://web.worldbank.org/wbsite/external/homeportuguese/extpaises/extlacinpor/brazilin porextn/0,menupk:3817263~pagepk:141159~pipk:51068153~thesitepk:3817167,00.html. Acesso em 30 de julho de 2009.

pode estar na sua democratização, o que não se relaciona à função, e sim, à sua estrutura.

2. Da (in)eficiência neoliberal à efetividade democrática

Como acima demonstrado, as reformas constitucionais-processuais devem ser compreendidas no quadro mais amplo da influência do neoliberalismo[40] na sociedade como um todo. A intenção, desde logo, não é defender a tese de que essas reformas sejam de todo condenáveis, uma vez que podem trazer melhoria em termos de gestão judiciária. O que se pretende pensar, entretanto, é justamente se a jurisdição do fluxo e da *barèmisation* não tem se afastado daquilo que lhe é mais caro, que é a Justiça e a proximidade com o caso concreto? E, a ser assim, não estaria a manter déficit não só de legitimidade sobre o que o Poder Judiciário faz, como também a precarizar as decisões naquilo que devem ter de substancial sob o manto da neutralidade processual que é a refinada expressão do dogmatismo? (2.1)

As reformas a conta-gotas empreendidas no sistema judiciário brasileiro consistem em um processo pronto e acabado ou são um processo em curso e em construção? Nesse sentido, é preciso perquirir se ao lado das mudanças em prestígio à celeridade e descongestionamento dos tribunais superiores, outras, sob o ponto de vista de uma reforma estrutural, estão em curso ou estão na agenda do legislador? Afinal, a rapidez da Justiça, em nome da eficiência, deve ser um fim em si mesmo? Ou antes dela, a preocupação deverá ser com a efetividade em termos substanciais? (2.2)

2.1. (In)Eficiência: Em busca de um novo modelo de justiça?[41]

Provocar mudanças funcionais na jurisdição e no processo como foi visto acima, não decorreu apenas da necessidade de contemporanizá-los à natureza e ao volume das demandas por Justiça.

Em verdade, a presente reflexão considera a extensão do paradigma econômico a todos os setores da sociedade e da vida individual, o que resulta, no campo específico da solução dos litígios, em perda da autonomia da Jurisdição e do Direito – no campo processual. Essa perda de autonomia, provocada pelo

---

[40] FOUCAULT, Michel na obra *Nascimento da biopolítica* pergunta: "O que é o neoliberalismo?" Responde dizendo que o problema do neoliberalismo é saber como se pode regular o exercício global do poder político com base nos princípios de uma economia de mercado. Ele, ao contrário do liberalismo, não vai se assentar sob o signo do *laissez-faire* e sim sob o signo da vigilância de uma atividade, de uma intervenção permanente. Op. cit. p. 181-182.

[41] Essa referência é inspirada em GARAPON, Antoine. *Um noveau modèle de justice: Efficacité, acteur stratégique, sécurit*, op. cit.

que Ulrich Beck[42] denomina de "utopia neoliberal", não deixa de consistir numa forma de analfabetismo democrático. Para ele o mercado como tal não é portador de sua própria justificação. O sistema econômico é só viável em alternativa com a segurança material, os direitos assistenciais e a democracia, ou seja, com "a" e "na" existência de um Estado democrático.

Entretanto, a Reforma do Poder Judiciário produzida pela Emenda Constitucional nº 45/2004, como visto acima, provocou mudanças funcionais significativas. O critério de promoção dos juízes a partir da produtividade e a atividade de controle dos seus deveres funcionais, sendo um deles a produção de decisões em tempo razoável, de acordo com as súmulas dos Tribunais Superiores, realizada pelo Conselho Nacional de Justiça, demonstram um cenário comprometido com a quantificação, com a produtividade e com o fluxo das demandas e, talvez, distante da virtude da Justiça. Esse distanciamento comprova o servilismo a que foi submetido o Direito, e que a tradição das virtudes é, de fato, incompatível com características fundamentais da ordem econômica moderna e, em última análise, com seu "individualismo, sua ganância e sua elevação dos valores do mercado a um lugar social de destaque", como observa Alasdayr MacIntire.[43]

Com efeito, essa busca pela produtividade visa a atender o ideário neoliberal da máxima produção em tempo real, do que a informatização do processo[44] é o maior exemplo e que não deixa de suscitar a imagem de uma jurisdição pós-humana num futuro pós-humano. Aqui, visível é a aproximação do Direito com os interesses econômicos em prol da máxima eficiência entendida como produtividade. E o conjunto de leis por meio das quais as reformas do processo foram empreendidas demonstra a sua "neomaterialização".[45] As leis, outrora livres das influências de distintas teleologias materiais e condição jurídica para a ação, passaram a ser expressão de forças políticas e econômicas para realizar programas de estratégia de interesses bem definidos. Assim, de estatutos jurídicos passaram a ser meros instrumentos, destituídos de uma índole axiológica-normativa e constituídos de uma índole político-social-econômica. Instrumentalização essa que reduz o Direito e a jurisdição ao mais puro funcionalismo, em outras palavras, redução da Justiça à lei, refinado produto das concepções positivistas do Século XIX que perpassaram o Século XX e aportaram ao Século XXI com toda a força de sua expressão.[46]

Traça-se desde aqui um novo modelo de Justiça. Não decorrente de simples escolha do legislador, pressionado pela ânsia de reformas. É mesmo como

---

[42] *Um nuevo mundo feliz. La precariedad del trabao em la era de laglobalización*, Barcelona: Paidós, 2000, p. 13

[43] *Depois da virtude*. EDUSC: Bauru, 2001, p. 427.

[44] Veja-se a Lei do Processo Eletrônico de nº 11.419/2007.

[45] A expressão e a ideia é de NEVES, Castanheira. O direito interrogado pelo tempo presente. *Boletim da Faculdade de Direito de Coimbra:* Almedina, 2007, p. 16-21.

[46] Contudo, o modelo de Estado constitucional clama pela superação dessa redução, pois o conteúdo das leis deve estar vinculado estritamente aos princípios e estes não são pré-jurídicos e sim resultado das construções e escolhas da sociedade. Portanto, a lei reflete como direito que espelha os pontos de vista dos sujeitos políticos. Veja-se: Zagrebelsky, Gustavo. *El derecho dúctil. Ley, derechos, justicia*. Madrid: Editorial Trotta, 2007, p. 96-97.

afirmou Garapon,[47] uma "revolução diante da qual os juristas clássicos seriam verdadeiramente conservadores". Como visto, o modelo neoliberal tem forçado a que os Poderes Judiciários dos países em desenvolvimento procedam a ajustes estruturais – mas que aqui se reconhece e se denomina como funcionais – a fim de reduzir a tensão entre a massificação das demandas individuais e a lentidão que caracteriza a Justiça pelas razões acima apontadas.

Esse quadro de ajustes consiste no consenso neoliberal sobre o primado do Direito e da Justiça. Seguramente, consagra a exigência, posta pelos interesses neoliberais a partir do Consenso de Washington, de que se constitua um novo quadro legal, adequado à liberalização dos mercados e dos investimentos do sistema financeiro. Foucault,[48] soube identificar com sabedoria esse fenômeno ao referir que o *homo economicus* do liberalismo do Século XVIII – então o homem da troca, do parceiro – foi substituído no modelo econômico neoliberal por um novo *homo economicus* – o homem empresário, um empresário de si mesmo. Logo, um produtor consumidor. Segundo Foucault, nenhuma análise sociológica teria validade se desvinculada dessa percepção de consumo baseada nos termos liberais da atividade de produção. De um modo mais amplo, na sociedade neoliberal não é o homem da troca o verdadeiro sujeito econômico e sim a empresa, não sendo essa simplesmente uma certa instituição, antes, consiste numa maneira de comportar-se sob o primado não mais da troca, mas da concorrência. Trata-se de uma sociedade não mais indexada na mercadoria e na uniformidade, mas na diferenciação das empresas.[49]

Nessa ampla constelação, o serviço público que mais emerge, segundo Foucault[50] é a instituição judiciária. Sociedade empresarial e sociedade judiciária são duas faces de um mesmo fenômeno, segundo o filósofo.

Desse modo, esse *homo economicus* empresário está inserido no modelo político-social-econômico que se estabelece nas privatizações, na iniciativa privada e na primazia dos princípios do mercado. Esse pressuposto ideológico faz com que a previsibilidade, a segurança jurídica e a independência sejam muito mais esperadas – e exigidas – do Poder Judiciário, em particular, do que do Estado como um todo. Por que razão isso se dá? Porque o primado do Direito advém do sistema judicial, constituído de instituições independentes e universais que, segundo Boaventura de Sousa Santos,[51] criam expectativas normativamente fundadas. Certamente essa é uma forte justificativa para o centralismo e a onipresença da Jurisdição no campo da resolução dos conflitos. O convite de

---

[47] Op. cit. p. 99.

[48] FOUCAULT, Michel. *Nascimento da biopolítica, op. cit.,* p. 311.

[49] GALBRAITH, John Kenneth denuncia que uma das espécies de fraudes, nada inocentes, mais difundidas, é a de que numa economia de mercado o soberano seja o consumidor quando, esse lugar é ocupado pelas empresas e pelos administradores. In: *A economia das fraudes inocentes. Verdades para nosso tempo.* São Paulo: Cia das Letras, 2004, p. 30.

[50] Ibid., p. 204.

[51] Os processos de globalização. In: SANTOS, Boaventura de Sousa (Org.). *A globalização e as ciências sociais.* São Paulo: Cortez Editora, 2002, p. 43..

Röpke,[52] membro da escola alemã ordoliberal, de fazer dos tribunais órgãos da economia e confiar à sua decisão missões que eram das autoridades administrativas, ainda permanece atual. Como tal, transforma-se gradativamente numa grande empresa que deve reger-se pelos princípios de gestão das empresas em geral.

O que se vê, portanto, é uma lenta e profunda transformação que desenha um novo modelo de Justiça, sendo um dos valores mais expressivos a eficiência. As reformas processuais ocorridas no quadro das recomendações do Banco Mundial, se servem à otimização dos serviços judiciários, como acima afirmado, evidentemente estão fortemente comprometidas com esse novo modelo, baldadas as críticas que partem do próprio interior do Poder Judiciário.

Ao lado da supervalorização do Poder Judiciário há hoje um forte movimento em favor da universalização de práticas, em nome dessa eficiência. Por exemplo, quando os tribunais superiores adotam a repercussão do recurso especial e extraordinário e com isso estabelecem procedimentos uniformes para a instâncias inferiores de jurisdição, não escapam da lógica da *barèmisation* ou melhor dito, da instauração de protocolos que administram os circuitos institucionais do Poder Judiciário. A adoção paulatina do processo eletrônico em todas as instâncias de jurisdição e, particularmente, nos tribunais superiores, é um bom exemplo disso. Na medida em que o modelo neoliberal pauta-se pela concorrência reguladora da eficiência das atividades humanas e o melhor mediador da coexistência, a reforma da Justiça com a adoção do processo eletrônico integral pode bem servir para mostrar qual Justiça julga mais rápido.

Como disse Garapon,[53] a questão não é mais se a Justiça decide bem e sim se ela, de forma eficiente, reduz o número de processos. Enquanto que em tempo anterior a Jurisdição não se preocupava tanto com o impacto social de sua lentidão, atualmente vê-se compelida a atuar quase que em tempo real, por meio da tutela de urgência, para acompanhar as exigências contemporâneas da eficiência.[54] Por tal razão a Jurisdição é chamada a inscrever-se numa cadeia de compreensão em que a utilidade e eficiência de seu trabalho seja visível aos olhos do público. Daí ser a transparência e a divulgação de suas estatísticas de produção, segundo recomendação do Banco Mundial valores que, a um só tempo, demarcam a Judiciário do Século XXI. Desse ponto de vista a eficiência redefine o ato jurisdicional que se tornou mais um produto na imensa panóplia de serviços prestados pelo Estado. Por isso pode padecer dos mesmos males de que padece outro qualquer produto ou serviço. Por outro lado, não menos verdadeiro é que uma valorização apenas quantitativa da Jurisdição, reduzida às cifras, pode produzir um efeito nocivo e,

---

[52] FOUCAULT, M. *Nascimento da biopolítica,* op. cit., p. 241. Ver especialmente nota 38.

[53] Op. cit., p. 100.

[54] O STJ criou o projeto "Justiça na era virtual" que pretende informatizar todos os processos de sua competência. Vários tribunais brasileiros seguiram essa senda. A justificativa, consistente, é dar celeridade, economia e qualidade aos serviços do Poder Judiciário, facilitar o exercício da advocacia e o acesso à justiça. Não se pode ignorar, porém, o quanto tal justificativa fortalece o ideário liberal e o risco que corre a Jurisdição, preocupada com a celeridade e economia, de perder em qualidade. Informações disponíveis em http://www.stj.gov.br/portal_stj/publicacao/engine.wsp?tmp.area=398&tmp.texto=92988. Acesso em 03 de agosto de 2009.

por isso, criticável, que é limitar toda a sua avaliação ao que pode ser medido e quantificado, como por exemplo, sobre saber acerca do número de sentenças com resolução do mérito, sem resolução do mérito, número de antecipações de tutela, número de prisões preventivas, número de escutas telefônicas, etc.

Assim, o que não estiver no domínio do mensurável torna-se secundário e sem valor. E a adoção das chamadas "boas práticas" acabam definindo *standards* de comportamento e de procedimentalização. No caso do direito processual brasileiro, mecanismos de controle de acesso aos tribunais como a rejeição liminar da apelação constante no artigo 518, § 1º, do CPC, os poderes monocráticos dos relatores para indeferir recursos e a sua vinculação às súmulas, com base no artigo 557 do mesmo Código, são um bom exemplo do funcionalismo que prestigia a uniformidade, pressuposto do neoliberalismo.

Enfim, tratamento processual em tempo real – por meio da antecipação da tutela, processo eletrônico, depoimento virtual – tabelamento de dados, permissão ao acusado – tratado como um ator racional – a escolha do resultado da demanda como ocorre nos Juizados Especiais Criminais previstos na Lei 9.099/95, guias de gestão judiciária, então de boas práticas voltadas ao fluxo, tudo tem em comum pertencer menos às regras elas mesmas, como expressão do Direito e mais à maneira como elas são aplicadas e o fim visado. Irrupção do neoliberalismo no Poder Judiciário, rompendo com as três condições que dão sentido ao direito, segundo Castanheira Neves:[55] a) mundano social; b) mundano-existencial e; c) ética.

A orientação neoliberal veio reforçar o que não era desconhecido à Jurisdição, ou seja, normalizar de maneira prática a aplicação das regras existentes, ou seja, verdadeiro *enforcement que*, na visão de Michel Foucault, não passaram de instrumentos reais impostos para aplicar a lei. E o faz com o auxílio de sofisticada tecnologia. Nesse sentido, para o Conselho Nacional de Justiça[56] a Tecnologia de Informação é o principal meio de modernização da Justiça do Século XXI.

Embora, como afirma Boaventura de Sousa Santos,[57] a celeridade seja um componente essencial da qualidade, sob o ponto de vista da democratização do acesso ao Poder Judiciário e quiçá, de mudanças estruturais e não só funcionais, não basta a rapidez. É preciso que a Jurisdição, em um País de profundas desigualdades, aprenda a dialogar com a sociedade, seja uma Justiça cidadã e preocupe-se com fornecer as respostas qualificadas e corretas à luz da Constituição. Para isso, é preciso tentar superar dois quinhões deixados pelo dogmatismo: a) a cegueira às causas reais da crise da Jurisdição e; b) a neutralidade processual.

Qualquer tentativa de suplantar esse viés hegemônico da cultura neoliberal que abateu a Jurisdição e o direito processual pressupõe que a transformação seja

---

[55] *O direito hoje e com que sentido? O problema actual da autonomia do direito.* Lisboa: Piaget, 2002, p. 70-73.

[56] Informação extraída do Relatório Anual 2008. Disponível em http://www.cnj.jus.br/images/conteudo2008/relatorios_anuais/relatorio_anual_cnj_2008.pdf. Acesso em 27 de julho de 2009.

[57] *Para uma revolução democrática da Justiça,* op. cit. p. 24.

de ordem política. Para que isso ocorra há de ser reconhecido o estreito vínculo entre democracia e neoliberalismo que desenhou o perfil individualista e intolerante de sociedade. A par da neoliberalização, existem no sistema jurisdicional brasileiro experiências em franca expansão que podem ser canais para que essa expansão democrática se consolide, cujo ponto de partida seja uma aproximação com a perspectiva social comunitária. A jurisdição e o processo, ainda que *barèmizados*, reinventam-se na perspectiva democrático-substancial. A quantificação, embora importante, deixa de ser um metavalor para constituir-se em apenas mais uma das exigências a ser atendida no vasto campo de uma jurisdição cidadã. É do que tratará o próximo item.

2.2. Efetividade: Necessidade de fomentar mecanismos de democratização e abertura do processo

Como visto, não se pretende negar simplesmente pelo prazer da crítica a importância das reformas processuais em busca de rapidez e economia. Afinal, nas democracias contemporâneas, eficiência, transparência, publicidade e *accountability* são valores prezados.

Entretanto, não se pode perder de vista que chega a ser caricatural o modo como a Jurisdição tem sido demandada e essas reformas apenas reforçam a sua funcionalização e confirmam o quanto o Direito se amoldou à normalização própria dos padrões da "ciência". Mudar de perspectiva, diante disso, pode ser um chamado para quem pretender aproximar a jurisdição da democracia. Tomar aqueles valores na perspectiva contra-hegemônica, ou seja, na necessidade de que a Jurisdição sofra uma revolução mas agora, democrática, pode ser uma alternativa possível. Melhor não seria reconhecer que às ondas pela modernização da Justiça, devem ser somadas preocupações em torno de sua democratização em termos de abertura, participação popular e qualidade das decisões?

Não seria um equívoco buscar compreender as microrreformas por elas mesmas sem, antes, perquirir o papel do dogma racionalista[58] na conformação da Jurisdição que se tem e que tem sido deixado quieto em seu leito. Por que tantas reformas? Teriam resultado efetivo ante o silêncio em se perguntar acerca das origens das instituições processuais e a sua total discrepância com as demandas da sociedade complexa em que se vive? Segundo, baldadas as reformas, a insistência em "naturalizar" e em "eternizar" os institutos processuais não seria pressuposto para se manter a aura de neutralidade do direito processual e assim, continuar a fomentar as uniformidades que solapam as singularidades concretas dos casos levados a julgamento, únicos a reivindicar justiça substancial?

A superação, difícil, do perfil individualista de sociedade é pressuposto para a democratização da jurisdição. Em verdade, como preconiza Ulrich Beck,[59] o

---

[58] BAPTISTA DA SILVA, Ovídio Araújo. *Processo e Ideologia,* op. cit. op. 301.

[59] *Los hijos de la libertad.* Buenos Aires: Fondo de Cultura Econômica, s/d, p. 11

grande desafio é superar a tensão entre o individualismo, a busca de autonomia e comunitarismo, uma vez que o processo de individualização é, segundo Zygmunt Bauman,[60] um processo inacabado, de marchas e contramarchas. Nesse sentido, a própria concepção liberal de igualdade, convertida de forma conformista em uniformidade,[61] deve ser revista, porque parte da ilusão de que todos os homens sejam efetivamente iguais, quando são tão diferentes, enquanto realidades vivas com experiências distintas. A igualdade é uma abstração que despe o homem concreto daquilo que ele tem de concreto. Mas os sistemas jurídicos normalizados e hoje *standardizados* servem-se desse mito da igualdade para manter a uniformidade de comportamentos e, no campo específico da Jurisdição e do direto processual permite uniformidade de rito, fechamento do processo, porque todos os casos concretos são tratados como idênticos.

Com efeito, uma radical democratização da jurisdição, impõe-se como uma resposta possível à despolitização diante do pouco valor que se atribui à perspectiva coletiva de processo, o que somente poderá resultar da superação do individualismo para que se reconheça valor ao comunitário, perdido no tempo da modernidade. É que tudo se passa ao nível individual, do indivíduo solitário, cuja marca é a redução do homem à utilização fria da razão instrumental que desenha um indivíduo esquecido do homem, isto é, uma liberdade individual que esquece do outro e sobre uma política que olvida a importância da deliberação.

Outro efeito da despolitização é aquele produzido pela ânsia da quantificação da redução das demandas em julgamentos proferidos quase que em tempo real, em cujo cenário as questões ligadas ao conteúdo das decisões em termos de efetivação substancial dos direitos ficam em segundo plano. Se como afirmado, essa é uma marca neoliberal, é preciso lembrar que o neoliberalismo é o signo do desaparecimento de toda transcendência. Por isso, tal como a marcha triunfal da técnica na modernidade impôs-se como um poder existencial autônomo,[62] o neoliberalismo impôs absolutos como: eficiência, segurança, utilidade, tudo a justificar-se por si mesmo. Seguramente, a despolitização tem início quando um valor pretende ser justo sem ter de se justificar. A despolitização, curiosamente, passa a consistir no fermento para a radicalização da democracia no âmbito do Poder Judiciário.

Contudo, para que tal ocorra todas as instituições do Estado contemporâneo deverão passar por essa reforma paradigmática, que está associada à necessidade de pensar o modelo econômico, que reforça o individualismo.

A superação do individualismo que pauta os mecanismos de atuação da Jurisdição brasileira, está a depender de uma reforma social mais profunda. É que se o individualismo está enraizado na própria vida em sociedade, são os valores dessa que devem transformar-se. Pensar as relações sociais em termos de aten-

---

[60] *A sociedade individualizada. Vidas contadas e histórias vividas.* Rio de Janeiro: Zahar, 2008, p. 63.

[61] BECK, Ulrich. *Los hijos de la libertad,* op. cit., p. 317.

[62] GADAMER, Hans-Georg. *Acotaciones hermenêuticas.* Madrid: Editorial Trotta, 2000, p. 44.

dimento dos interesses e necessidades da comunidade pode ser o primeiro passo para a revolução democrática da própria Jurisdição.

Embora se possa perquirir da importância e da necessidade de que a sociedades contemporâneas, a partir da consciência de comunidade e bem comum criem suas próprias alternativas para debelar seus conflitos, a preservação da Jurisdição do Estado na condição de um instrumento comprometidamente democrático exige que se reflita sobre os fundamentos do sistema para assim tentar modificá-los.

Desse modo, é preciso refletir sobre uma versão "possível" de democratização da jurisdição e do processo, pois, se é exato defender a otimização da prática jurisdicional, seja para fortalecer a segurança, a acessibilidade,a independência, a transparência, o tempo razoável do processo, a redução das taxas de congestionamento nos tribunais, a redução das demandas, entre outros, não significa que isso deve ocorrer a qualquer preço, com o sacrifício do valores do processo constitucional, como o devido processo legal, contraditório e a oralidade. Sendo necessário reconhecer-se que há sempre cálculos e custos, é preciso também identificar que sua repercussão não se dá apenas na esfera individual, antes, é da ordem do coletivo.

Na "cultura neoliberal", lembra Garapon,[63] são menos os instrumentos ligados à Jurisdição que estão em causa – eficiência, segurança, tratamento e tempo real – e mais a sua "canonização", o que põe em causa uma radicalização, e não propriamente uma contestação à democracia. Por isso, mais perigoso.

Nesse contexto, o surgimento dos chamados novos direitos, cuja compreensão está associada à própria evolução dos direitos humanos, que de individuais passaram a transindividuais e coletivos e que ademais disso adquiriram *status* constitucional, produziu diferentes conflitos para os quais a solução processual não é encontrada nos institutos e instrumentos processuais feitos para a sociedade do Século XIX. Se a preocupação com a eficiência, como foi demonstrado, está na ordem do dia, uma maior efetividade das decisões jurisdicionais pode advir de uma mudança estrutural mais profunda. Por isso, a aposta da Jurisdição da contemporaneidade pode ocorrer no sentido inverso das orientações neoliberais. Romper com a fluidificação, eliminar a standartização, a normalização e o automatismo. Fazer uma pausa. Recompor-se como um momento de deliberação social.

Ao contrário das reformas do sistema processual de outros países, que seguem caminho inverso, ou seja, eliminar a oralidade, em nome da velocidade, símbolo da "desdemocratização"[64] da Justiça promovida pelo modelo neoliberal, o sistema judiciário brasileiro, embora as reformas processuais aqui ocorridas, apresenta importante experiência de preservação da oralidade e da deliberação. Trata-se da audiência pública junto ao Supremo Tribunal Federal, prevista no

---

[63] Op. Cit., p. 121.

[64] Idem., p. 118-119.

A jurisdição partida ao meio. A (in)visível tensão entre eficiência e efetividade

artigo 9º, § 1º, da Lei 9.868/99[65] permite, pioneiramente, que o Poder Judiciário decida após ter ouvido segmentos representativos da sociedade e que decida a partir dos elementos e informações colhidos. Se não se trata de verdadeira democracia participativa, uma vez que a sociedade não está presente na totalidade na demanda em discussão, ao menos permite-se exercício alargado de democracia representativa, porquanto amplia-se o número de atores do processo, rompendo-se com o fechamento aos clássicos "terceiros" que só excepcionalmente poderiam ter ingresso à demanda após à propositura da ação, autorização essa com origem no processo romano de natureza privada.

Contudo, se a experiência da audiência pública tem sido reconhecidamente positiva no cenário da competência do Supremo Tribunal Federal, então para os casos de controle da constitucionalidade, cujas decisões produzem efeitos *erga omnes,* é preciso afastar a razão metonímica[66] que reconhece a importância dessa experiência somente junto a esse Tribunal. Se há algo de comum entre as ações de controle concentrado da constitucionalidade e outras demandas de caráter coletivo em sentido lado, como a ação civil pública e a ação popular,[67] é seguramente o trato de questões da coletividade, com ampla repercussão na esfera jurídica global dos indivíduos.

Desse modo, a adoção da audiência pública no primeiro grau de jurisdição no âmbito das ações coletivas as quais, amiúde, tratam de questões locais, senão regionais, viabilizaria abertura do processo à sociedade, então alargamento dos sujeitos do processo, com isso, maior democratização para a participação e para a construção da decisão. A aceitação dessa tese implica o reconhecimento de devolver-se aos juízos de primeiro grau a sua legitimidade – e importância – política no regime federativo, como o brasileiro, de modo a que ocorra uma descentralização da oralidade, o que, em muito, fortaleceria as comunidades locais, suas demandas, colhendo-se sabedoria na diferenciação.[68] Apenas uma desestrutura, uma inversão de papéis no cenário da homogeneização neoliberal. Uma radicalização da democracia.

---

[65] Estudos iniciais sobre audiência pública podem ser vistos em: SALDANHA, Jânia Maria Lopes Saldanha. ESPINDOLA, Angela Araújo da Silveira. A jurisdição constitucional e o caso da ADI 3510: Do modelo individualista – e liberal – ao modelo coletivo – e democrático – de processo. In: *Repro.* 154, ano 32, dez. 2007, p. 265-283.

[66] Sobre a necessidade de superação da razão metonímica e da razão proléptica em processo veja-se: SALDANHA, Jânia Maria Lopes. *Da teoria geral do processo à teoria da tradução. Um aporte da sociologia das ausências e das emergências. In:* DIDIER JR, Fredie. *Teoria do Processo Panorama doutrinário mundial.* Salvador: Podium, 2007, p. 389-428.

[67] As ações de natureza coletiva *lato sensu* como a ação civil pública e a ação popular ainda são de uso tímido no Brasil, embora, no que diga respeito à primeira se perceba após a promulgação da Constituição Federal de 1988 uma expressiva atuação do Ministério Público no exercício de sua atribuição constitucional prevista no art. 129 do texto constitucional, prerrogativa agora alargada a Defensoria Pública. No que se refere à ação popular, recentes dados fornecidos pelo STJ indicam números acanhados em relação ao volume de recursos de sua competência, ou seja, indica o tribunal que dos 3.000.000 de processos apenas 500 referem-se a ações populares e, em geral, para tratar de questões de natureza processual e não de natureza substancial. Disponível em: http://www.stj.gov.br/portal_stj/publicacao/engine.wsp?tmp.area=398&tmp.texto=93098. Acesso em 12.08.2009.

[68] Crítica à homogeneização pode ser vista em: GADAMER, Hans-Georg. *Acotaciones hermenêuticas,* op. cit. p. 158-159.

Que a Jurisdição seja rápida, mote principal das reformas processuais orientadas pela busca da eficiência, é importante, à condição de que não cesse jamais de ser o lugar da reafirmação da palavra e da oralidade, reafirmação de sua superioridade em relação à automaticidade e ao cálculo. Lugar do encontro do julgador com os problemas cruciais da sociedade. Por isso, a adoção da audiência pública no primeiro grau de jurisdição andaria de par com a sociologia das emergências que justamente rompe com a razão metonímica e com um tipo de saber restrito à normalização. Inaugurar a audiência pública nas ações de natureza coletiva no primeiro grau de jurisdição deveria decorrer da aplicação analógica do artigo 9º, § 1º, da Lei 9.868/99 em reconhecimento da efetividade das decisões da Jurisdição, uma das condições de sua legitimidade.

A figura do *amicus curiae,* de intervenção permitida e limitada nos processos de controle da constitucionalidade, como prevê o artigo art. 7º, § 2º, da Lei 9.868/99 e o art. 482, § 3º, do CPC, trata-se de igual modo, de uma inovação no sistema processual caracteristicamente fechado à participação de terceiros. Consiste na possibilidade concreta de enriquecimento do debate judicial acerca das mais diversas questões jurídicas e dos valores sociais, o que seguramente contribui para o incremento da legitimidade e pluralização das decisões proferidas pelo Poder Judiciário, aliás, reivindicadas pelo neoconstitucionalismo, principiológico.

O que se está a defender, com vistas a aumentar a democratização e efetividade das decisões, é justamente a possibilidade de intervenção do *amicus curiae* ser estendida ao primeiro grau de jurisdição nas demandas de natureza coletiva ou transindividual que são naturalmente de interesse de toda a sociedade. Por ser assim, os efeitos da decisão, invariavelmente, destinam-se a ela como um todo, como por exemplo, quando o foco da demanda for algum tipo de direito social.

Ambas as situações – audiência pública e *amicus curiae* – caso adotadas nas instâncias inferiores de jurisdição, quebram a estrutura vertical da Jurisdição e afinam-se com a reivindicação de que a Justiça seja praticada horizontalmente, uma vez que a participação de diferentes grupos ou categorias atende o anseio de integração tão necessária para a evolução do Direito. Em verdade, significa exercício político da solidariedade que expressaria a visão comunitária do Direito e que acaba por reforçar a teoria que se sustenta no mundo prático e que tem na consciência histórica[69] a razão para aferir seus prejuízos autênticos ou não como condição de possibilidade da própria transformação/evolução do Direito.

Peter Haberle[70] defende que os mecanismos de informação dos juízes constitucionais sejam ampliados, sobretudo no que se refere às audiências públicas e a participação de terceiros interessados. Transforma-se o processo de individual para coletivo e, desse modo, permite a participação de *potências públicas plu-*

---

[69] GADAMER, Hans-Georg. *O problema da consciência histórica.* Rio de Janeiro: FGV, 2003

[70] HABERLE, Peter. *Hermenêutica constitucional. A sociedade aberta dos intérpretes da Constituição: Contribuição para a interpretação pluralista e procedimental da Constituição.*Porto Alegre: Safe, 1997, p. 20- 22.

ralistas enquanto intérpretes da Constituição. Pode-se dizer que a possibilidade de ampliação dos sujeitos do processo, com vistas a colaborar para a construção da decisão cuja destinatária é a sociedade, contribui de forma acentuada para a construção do que Pablo Lucas Verdú[71] denomina de "sentimento constitucional" que promova a participação popular, como também a resistência a iniciativas antidemocráticas.

Para além da existência da ação civil pública e da ação popular, como se sabe, tramita no Congresso Nacional Projeto de Lei para criação do Código Brasileiro de Processo Coletivo.[72] Não se verifica nesse projeto previsão de audiência pública ou de intervenção do *amicus curiae*. Entretanto, se o objetivo é aproximar o processo e a Jurisdição das demandas complexas da sociedade atual, trata-se também de romper com o processo individualista e ordinarizado, o que implicaria democratizar inclusive a participação dos terceiros e as bases para a construção da decisão. Se não há regra expressa no projeto, o conjunto de princípios desse novo modelo de processo permite essa abertura democrática.

Assim, da ineficácia à efetividade, é preciso combater uma eficiência que, embora se coloque no caminho do meio – entre o passado e o futuro – não é virtuosa, sobretudo no registro em que vem sendo utilizada em nome da quantificação.

3. Considerações finais

Como no Visconde Partido ao Meio de Calvino, o ponto de partida deste texto foi a ambiguidade. Pretendeu-se analisar as tensões que compõem o coração do sistema judiciário, sempre tentando escapar de qualquer abstração. As tensões que permeiam a crise do Poder Judiciário e, por via de consequência, o próprio direito processual, obviamente não consistem em uma fábula, como a de Calvino e tampouco pode ser traduzida como um romance, como sugere Dworkin. Se se pretendeu fosse simples o enredo, o que se buscou, de modo instigante e necessário, foi superar o pensamento binário. Reunir eficiência e efetividade talvez seja mesmo o destino da Jurisdição do Século XXI, tal qual foram reunidas as duas metades do Visconde de Medrado de Terralba. Nem bom nem mau. Talvez resultado da diferença e da experiência. Por isso mais sábio.

Com a análise da ineficácia processual em direção à chamada eficiência neoliberal (Parte 1), objetivou-se, primeiro, demonstrar que as acusações – plau-

---

[71] VERDÚ, Pablo Lucas. *Teoria de la constitución como ciencia cultural*. Madrid: Dikinson, 1998.

[72] Análise do estado da questão encontra-se na seguinte obra: GRINOVER, Ada Pelegrini. CASTRO MENDES, Aloísio Gonçalves. WATANABE, Kazuo. *Direito processual coletivo e o anteprojeto de Código Brasileiro de Processos Coletivos*. São Paulo: RT, 2007. Versão do Anteprojeto encontra-se no sítio do IBDP: http://www.direitoprocessual.org.br/dados/File/enciclopedia/CBPC%202007%2001%2031%20-%20Entregue%20ao%20governo.doc. Acesso em 06 de agosto de 2009.

síveis – de ineficácia da Jurisdição e do processo estão associadas ao paradigma racionalista que modelou o sistema de solução de conflitos, no campo específico do direito processual civil, ordinarizado, individualista, repressivo e burocratizado. Nesse sentido, destacou-se que as reformas processuais empreendidas nesse campo preocuparam-se muito mais com questões funcionais do que propriamente estruturais e que, enquanto os juristas mantiverem-se distantes do perguntar pelas causas dessa ineficácia, o que está profundamente associado às origens do sistema jurisdicional e ao tempo em que os principais institutos de direito processual foram concebidos, as reformas poderão mesmo não passar de mecanismos hábeis a aprofundar o funcionalismo a que está rendido o Direito e a própria jurisdição.

Daí que, em segundo lugar, a eficiência neoliberal é uma resposta a essa ausência de perguntar pelas "causas". Pretendendo-se debelar a intensidade crescente o número de demandas e as taxas de congestionamento dos processos, em todos os âmbitos da Jurisdição brasileira, visível é que o conjunto de reformas processuais procedidas ns últimos cinco anos no Brasil correspondem aos padrões neoliberais de exigência de instituições transnacionais produtoras de consenso, como o Banco Mundial. Nesse aspecto, a intenção foi demonstrar a relação entre os valores que essa agência internacional sugeriu para o Poder Judiciário brasileiro e as reformas processuais.

O trato da (in)eficiência neoliberal à efetividade democrática da jurisdição, (Parte 2) obviamente, foi uma resposta à primeira parte. Falar da (in)eficiência encontrou supedâneo na necessidade inadiável de atender a uma ansiedade pessoal que era a de demonstrar o quanto a Jurisdição tem sido vítima do não tão silencioso modelo neoliberal de produção da existência e o quão tal influência alimenta a – patológica – burocratização do Poder Judiciário, uma vez que afasta o julgador daquilo que é essencialmente do seu *mètier*: decidir com vista à luz singular de cada caso, trabalho constante de descoberta e de compreensão norteada pela concepção pós-positivista do sistema jurídico. Esse afastamento é uma decorrência desse modelo jurisdicional recortado pela rapidez e que impõe uma nova fonte de pressão: aquela das cifras, uma vez que a necessidade de extinguir o maior número de processos é a questão de ordem. Ao gosto neoliberal fluidifica-se, para lembrar Bauman, uma instituição tradicionalmente rígida por meio da informatização e da redução à *barèmisation*.

Buscar saídas na chamada efetividade democrática para suplantar o que se pode chamar de Justiça invertida, encontrou guarida em dois aspectos fundamentais. Primeiro, porque se demonstrou que se o neoliberalismo rompeu com qualquer transcendência, a perspectiva comunitária da jurisdição e a superação do individualismo podem consistir em uma radicalização da democracia no processo, a fim de que debelar a desdemocratização que os valores neoliberais – absolutizados – provocam. Segundo, a abertura do processo à sociedade, por meio de novos atores, em verdadeiro exercício alargado de democracia representativa, cujo eficiente veículo na atualidade são as audiências públicas e a figura do *amicus curiae,* é não só uma exigência do processo constitucional, quanto um fator de legitimidade do Poder Judiciário. Por isso, defende-se a sua adoção no primeiro grau de jurisdição no âmbito das demandas coletivas que, por sua natureza, são de interesse de toda sociedade.

De modo que, no fim da história, assim como não bastaria um visconde completo para que o mundo inteiro se torne completo, como disse Calvino,[73] também seria ousadia esperar que a Jurisdição, uma das tantas instituições do Estado que atuam no cenário complexo da vida em sociedade, por si só e se melhorada, resolva os intrincados conflitos que a sociedade da indiferença, da pressa e do consumo produz sem cessar. Porém, se preservar a Jurisdição estatal ainda é um valor para a consolidação do regime democrático, ao jurista cabe refletir sobre as grandes questões que permeiam o seu agir.

---

[73] CALVINO, Ítalo. *O visconde partido ao meio,* op. cit. p. 99.

— VII —

A atualidade dos direitos sociais e a sua realização estatal em um contexto complexo e em transformação

JOSE LUIS BOLZAN DE MORAIS[1]

> *Eu nada entendo da questão social.*
> *Eu faço parte dela, simplesmente....*
> *E sei apenas do meu próprio mal,*
> *Que não é bem o mal de toda gente,...*
> (Mario Quintana, A Rua dos Cataventos....)

Sumário: I – Premissas da inquietação; II – Desenvolvimentos reflexivos; Referências.

I – Premissas da inquietação

A institucionalização dos direitos sociais próprios ao Estado do Bem-Estar Social, oriunda de meados do século XIX e agigantada durante o século XX – sobretudo diante do apelo dos movimentos sociais de trabalhadores, sobretudo, e também das disputas inauguradas e mantidas ao longo do mesmo conectadas com os 40 anos da nomeada Guerra Fria (ladeada por outras tantas guerras nem tão "frias" assim)[2] –, significou a incorporação pelo Direito de conteúdos novos e, com isto, de regras constituídas para expressá-los incorporando pretensões diversas daquelas tradicionalmente identificadas com a ordem jurídica liberal-individualista, sob formato inédito e com estratégias e metodologias para sua realização diferenciadas.

---

[1] Pós-doutor em Direito Constitucional pela Universidade de Coimbra, Portugal. Doutor em Direito do Estado pela UFSC/Université de Montpellier I. Mestre em Direito pela PUC/RJ. Coordenador e professor do PPGD/UNISINOS. Procurador do Estado do Rio Grande do Sul. Consultor da Escola Doutoral Túlio Ascareli – UniRoma Tre. Pesquisador do CNPq, FAPERGS. Consultor *ad hoc* do MEC/SESu/INEP, CAPES e CNPq. Membro Conselheiro do Instituto de Hermenêutica Jurídica (IHJ).

[2] Por óbvio que estes não são os únicos fatores determinantes ou condicionantes deste processo, mas, para os limites deste trabalho são suficientes para aquilo que pretendemos discutir. Para maiores detalhes, ver: BOLZAN DE MORAIS, Jose Luis; STRECK, Lenio Luiz. *Ciência Política e Teoria do Estado*. 8ª ed. Porto Alegre: Livraria do Advogado Editora. 2009

Neste período, passou-se dos tradicionais interesses individuais – sem abandoná-los, por óbvio – para os interesses transindividuais em suas diversas expressões – individuais homogêneos, coletivos, difusos e outras formas distintas que com estes dialogam, e.g, o interesse público – assumidas ao longo dos anos.[3]

São os direitos próprios do homem trabalhador que promovem a regulação das relações de trabalho e suas implicações que embutem originariamente na ordem normativa pretensões transindividuais que necessitam tratamento jurídico-normativo, primeiro sob a atuação do legislador para lhe dar reconhecimento formal em sede legislativa – em particular no contexto de um novo constitucionalismo que se inaugura incorporando as pretensões dos trabalhadores, mas não só deles, incluídas sob o manto dos nomeados direitos econômicos, sociais e culturais (DESCs), como segunda dimensão/geração dos direitos humanos advindos da tradição revolucionária liberal dos finais do século XVIII –, depois a partir de práticas administrativas para sua implementação – na perspectiva da construção dos Estados Sociais ocidentais sob diversos formatos e estratégias – e, por fim, pela intervenção jurisdicional quando pendentes de definição e de concretização autônoma – como se tem observado nos períodos que vêm sucedendo aquilo que se reconhece como "crises" do Estado, sobretudo em sua perspectiva de crise estrutural e seus desdobramentos nas estratégias de reforma e revisão do papel e da atuação estatal, em particular no que diz com a realização dos conteúdos próprios dos direitos sociais em sentido ampliado.[4]

Na sequência, são novos fatos e circunstâncias, conhecimentos e dilemas adquiridos, produtos de uma sociedade em constante transformação, complexificação e degradação, que requerem tratamento pelo Direito e pelo Sistema de Justiça, até então centralizado no contexto da função jurisdicional do Estado, nos moldes definidos pelo constitucionalismo contemporâneo..

Tais situações produzem uma transformação radical no quotidiano dos operadores do direito, exigindo-lhes novos conhecimentos e requerendo um repensar da ordem jurídica – de suas fórmulas, seus atores, seus métodos e agires – para que a incorporação destas novidades não signifique apenas um mecanismo pretensamente eficiente e suficiente para a tentativa de neutralização de conflitos.

A partir da consolidação do nomeado Estado Social, em sua acepção genérica, pretendeu-se estarem consolidadas as conquistas que pouco a pouco foram transitando do espaço da disputa social para o ambiente da politica e, neste, para a sua formatação legislativa e posterior tratamento jurisdicional.

---

[3] Especificamente sobre o tem aver: BOLZAN DE MORAIS, Jose Luis. *Do Direito Social aos Interesses Transindividuais. O Estado e o Direito na ordem contemporânea.* Porto Alegre: Livraria do Advogado, 1996

[4] Sobre o tema das crisee, ver: BOLZAN DE MORIAS, Jose Luis. As crises do Estado e da Constituição e a transformação espacial dos direitos humanos. *Col. Estado e Constituição.* N. 1. Porto Alegre: Livraria do Advogado, 2002; BOLZAN DE MORAIS, Jose Luis (Org.). *O Estado e suas crises.* Porto Alegre: Livraria do Advogado, 2005. Há, neste tema uma vasta bibliografia, a qual vem amplamente referenciada nas obras acima indicadas.

Este último momento se agiganta com a crise das estruturas político-jurídicas da modernidade, ganhando cada vez maior espaço e centralidade a ação jurisdicional como ambiente propicio para o tratamento das suas promessas incumpridas, sobretudo em países em defasagem no tratamento da *questão social* e onde uma percepção liberal-individualista-egoística dos direitos sociais ainda parece predominar, muitas vezes em "perfeita" harmonia com estratégias políticas de "clientelização fidelizada" da cidadania, oriundos de uma tradição patrimonialista e autoritária, onde a "concessão" de direitos vai de encontro a um projeto de construção de cidadania, muito em voga na história política latino-americana, na qual um "falso" Estado Social – na prática um Estado Assistencial – foram "doados" pelos "donos" do poder político-econômico a indivíduos "bestializados", acostumados a "assistirem" transições conservadoras.[5]

A "(re)constitucionalização" brasileira passando pela elaboração e promulgação da Carta Cidadã de 1988 pretendeu inaugurar uma nova fase. Um período no qual, com a instauração simbólica do Estado Democrático de Direito (art. 1º) dá-se centralidade à construção de uma nova cidadania alicerçada na tríade liberdade-igualdade-solidariedade, com o projeto de recompor o tempo perdido, organizar o presente e projetar o futuro de uma sociedade livre, justa e solidária (art. 3º) cujo ator principal seria este "novo homem (cidadão solidário)" assumido como origem e destino da ação estatal "dirigida"por este "neoconstitucionalismo", marca da segunda metade do século XX na tradição ocidental.

Esta "nova" ordem traz como marca tatuada geneticamente em sua fórmula política (EDD) a dignidade da pessoa humana como origem e destino da ação estatal. E esta vem umbilicalmente ligada à ideia de "qualidade de vida" que agrega substância às políticas e conteúdos das ações estatais voltadas para o resgate das "dívidas" e para alicerçar a transformação do futuro.

Tais temas têm sido objeto recorrente de discussões e tratamento acadêmico, inclusive servem de problemas de pesquisas em andamento sob os auspícios do CNPq, no interior do Grupo de Pesquisa Estado e Constituição, o qual coordenamos e compõe o PPGD-UNISINOS, compondo um conjunto de trabalhos que temos publicado, dialogando com outros tantos objeto de preocupação de colegas ligados ao PPGD/UNISINOS.

Não pretendemos retomar aquilo que ja dissemos outras vezes, embora estejamos sempre dialogando com estes temas, apenas enfrentar organicamente a reflexão em torno ao problema de sua atualidade confrontada com a necessidade, ainda presente, de por em pratica aquilo que faz parte do conjunto amplo dos direitos e garantias deste tipo presentes no texto da Constituição da República brasileira de 1988, ainda passados mais de 20 anos de sua promulgação.

E é disto e com estes contornos que queremos tratar na sequência.

---

[5] A história político-institucional brasileira parece ilustrar bem esta assertiva. Da independência à república, da velha à nova república, do Estado Novo à ditadura militar de 1964 e desta à transição "negociada" à (re)democratização presenciou-se uma sucessão de "mudanças para ficar tudo como está(ava)", onde o cidadão foi sempre um coadjuvante.

II – Desenvolvimentos reflexivos

A realização dos direitos sociais é, com certeza, um dos problemas cruciais vinculados ao tema dos direitos fundamentais na sociedade contemporânea,[6] sobretudo sob a fórmula do Estado Democrático de Direito.[7] Um dilema que repercute os sucessos, limites e fracassos deste mesmo projeto de organização política, bem como põe em relevo as dificuldades de produção de sentido das normas constitucionais que veiculam tais conteúdos.

Tal questão remete à necessidade de se repensar, sobretudo em um país periférico ou de modernidade tardia – como o Brasil –, as condições necessárias e suficientes para a minimização das dificuldades em resgatar os compromissos da era moderna em torno ao caráter finalístico do próprio Estado, aí compreendido o cumprimento de sua função social e dos objetivos fundamentais da República, como expressos no Título I da Constituição da República do Brasil de 1988.

Por isso mesmo, trata-se de temática que se coloca frente a dramas, muitas vezes pessoais, mas também que propõe uma reflexão de forma responsável acerca das circunstâncias histórico-político-jurídicas que se apresentam para o debate, pondo em relevo as dificuldades em lhe dar concretude e efetividade, seja na perspectiva do seu conteúdo ou no contexto de seu tratamento em relação a seus atores, métodos e meios de enfrentamento.

De qualquer forma, este é um tema que exige um trato inter/transdisciplinar, mas, considerados os limites tecnológicos e perspectivas próprias da nossa condição de jurista, aqui se pretende apenas oferecer a abertura de algumas portas[8] e lançar alguns olhares possíveis que, mesmo parciais, parecem necessários para esclarecer o tema enfrentado.

Com esta demarcação, é preciso que se recupere algo daquilo que é a própria história do Estado e sua trajetória até o atualíssimo e complexo Estado Democrático de Direito. Somente assim se pode compreender o significado e o papel que desempenham as políticas (públicas) – tomando como referência o direito à saúde – no contexto de um Estado que se assume como um projeto finalístico, identificado com o reconhecimento e realização do conjunto dos direitos humanos.

Nessa trajetória, pode-se, então, reconhecer e enfrentar as circunstâncias particulares de uma experiência como a brasileira, a qual vem delimitada pela emergência do constitucionalismo do pós-guerra (neoconstitucionalismo) e, sobretudo, pela maior conflituosidade em que se vê imersa a sociedade atual.

---

[6] E este tem sido o exemplo privilegiado para o debate que vimos travando com o desenvolvimento da pesquisa *A jurisprudencialização da Constituição: o papel do político*, com o patrocínio do CNPq e da FAPERGS, pretendendo discutir as transformações sofridas pelo Estado Constitucional e seu direito em um ambiente de profundas transformações nas instituições político-jurídicas modernas.

[7] Sobre a evolução das formas estatais, ver: BOLZAN DE MORAIS, Jose Luis; STRECK, Lenio Luiz. *Ciência Política e Teoria do Estado*. 6ª ed. rev. e atual. Porto Alegre: Livraria do Advogado, 2008.

[8] Para uma leitura clássica acerca deste debate ver: MIAILLE, Michel. *Uma Introdução Crítica ao Direito*. Lisboa: Editora Estampa, 1994.

Tal conflituosidade mostra-se como resultante da própria democratização da sociedade – o que inclui um maior acesso à justiça, embora esta deva ser relacionada, ainda, com a desigualdade no conhecimento (não só acerca dos direitos reconhecidos aos cidadãos) e nas condições econômicas dos indivíduos – e como reflexo da fragilização do modelo do Estado Social, em sentido amplo.

Esses fatores fazem emergir um conjunto cada vez maior de pretensões irrealizadas, as quais acabam por desaguar nos Tribunais, como estuários da irresignação da cidadania, diante da inconsistência das políticas de bem-estar, das *promessas incumpridas da modernidade,*[9] bem como daquelas todas contidas nos textos constitucionais conformadores de um projeto de sociedade marcadamente includente e voltada ao asseguramento e promoção da dignidade da pessoa humana como fundamento da própria ordem constitucional.

Vê-se que este é um tema que pode ser objeto de múltiplas falas e estratégias de tratamento. Contudo, a pretensão não é de esgotar o assunto, mas sim contextualizar o debate, apontando para uma análise macroscópica acerca deste, buscando lançar um olhar crítico-reflexivo acerca das próprias condições de realização dos conteúdos que conformam o que se convencionou nomear como *neoconstitucionalismo.*

Assim, colocar em pauta os dilemas do Estado Constitucional Social no contexto atual implica, em síntese, interrogá-lo, bem como seus dilemas, ou mais especificamente, questionar o neoconstitucionalismo e suas encruzilhadas.

Porém, para situar o leitor, em primeiro lugar, é preciso identificar o objeto sobre o qual estamos falando – o Estado Constitucional, seu significado e conteúdos, bem como uma pequena revisão histórico-constitucional, para reconhecer as circunstâncias nas quais se navega.

O significado do/para o Estado Constitucional pode ser buscado na literatura específica e consubstanciado, sinteticamente, como o produto de um projeto político-histórico demarcado pela tradição liberal que projeta uma estrutura de poder político identificado por uma ordem jurídica que organiza o poder, adotando a estratégia da especialização de funções, o princípio da legalidade da ação estatal, dentre outras, e assegura um conjunto de liberdades expressas pelo reconhecimento jurídico-legislativo dos direitos humanos, traduzidos como direitos fundamentais.[10]

---

[9] Para Zygmunt Baumann (1998, p. 10) a sociedade moderna pensou em si mesma como uma atividade da "cultura" ou "da" civilização, por isso a expressão que Freud passou a estudar denominando de "civilização moderna" seria um pleonasmo. O sociólogo refere que na modernidade (civilização) o homem abdica da liberdade em prol da segurança estatal, enquanto na pós-modernidade atual, renuncia a segurança em busca da felicidade, liberdade e do prazer. Neste momento, contudo, em que se estabelece a desregulamentação, retorna-se a sensação de mal-estar. Nas palavras do autor: *os mal-estares da modernidade provinham de uma espécie de segurança que tolerava uma liberdade pequena demais na busca da felicidade individual. Os mal-estares da pós-modernidade provêm de uma espécie de liberdade de procura do prazer que tolera uma segurança individual pequena demais.*

[10] No que diz respeito aos conceitos terminológicos das palavras e expressões que se referem à tutela de direitos do homem não há consenso tanto na doutrina, como no direito positivo (Constitucional e Internacional).

Há que se considerar, assim, que o Estado Constitucional, como o próprio constitucionalismo, fazem parte de uma cultura que vem se formando em uma dinâmica de construção permanente de um projeto civilizatório e transformador, a qual, todavia, não se restringe ao próprio liberalismo, mas repercute toda a tradição cultural que tem raízes nos gregos e chega até a contemporaneidade.

Assim, o Estado Constitucional incorpora um conjunto de normas reunidas em um "documento" jurídico legislado ou fruto de um processo consuetudinário que formata o poder político sob a lógica de um poder limitado e controlado e, além disso, reconhece os direitos humanos como conteúdos fundamentais que direcionam o poder, voltado à sua consecução como finalidade da ação estatal; e, como tal, é um produto da história, por isso, dinâmico, bastando, para isso, perceber a passagem do Estado Mínimo ao Estado Social; dos direitos de liberdade aos direitos de solidariedade e da própria reconstrução hermenêutica do texto constitucional etc.

Pode-se dizer, assim, que o Estado Constitucional do Século XIX não é o mesmo do Século XX, e o Século XXI ainda pode trazer muitas novidades, para o "bem" ou para o "mal". Aquele tinha como substância a construção de um Estado absenteísta – mesmo que sempre se tenha algum nível de atuação estatal –, marcado por um conjunto de limitações/proteções asseguradoras das práticas individuais e da auto-regulação mercadológica. O último, em sentido diverso, pretendia(e) em Estado atuante, voltado à consecução de um fim, a função social, sem que se queira retomar, aqui, a distinção equívoca e ultrapassada de uma separação entre uma dimensão passiva e outra ativa/prestacional do Estado, ocorrentes em momentos distintos de sua história.

Tudo isto, como já dito, é fruto dos receios em face do passado recente à época – absolutismo (muito embora tenha-se que revisitar esta matéria, o que não é nosso intuito neste momento) – e do projeto futuro da nova classe social hegemônica – a burguesia revolucionária. Por isso mesmo, o requisito da *especialização de funções*, bem como do *asseguramento dos direitos humanos* como "anteparos" à atuação estatal e os direitos de liberdade, constituindo-se como um Estado cuja aparente neutralidade, asseguraria o desenvolvimento das potencialidades de indivíduos livres e iguais (formalmente), no âmbito da sociedade civil (do mercado). Esta é a fase do Constitucionalismo Liberal, conformador do modelo de Estado Mínimo.

Já no Século XX, com origens ainda no transcurso do Século XIX, sobretudo no contexto das lutas operárias, observa-se este mesmo Estado Liberal transmutar-se substancialmente, assumindo o feitio de Estado Social (conceito aqui utilizado em sua acepção genérica), suportado em um novo Constitucionalismo.

São utilizadas diversas nomenclaturas como: *direitos naturais, direitos humanos, direitos do homem, direitos subjetivos públicos, liberdades públicas, direitos individuais, liberdades fundamentais, direitos humanos fundamentais, direito humanitário*, dentre outras (SARLET, 2001).

Esse Constitucionalismo Social, de regra identificado com as Constituições mexicana de 1917 e de Weimar de 1919 – apresentadas como marcos históricos –, vem em resposta ao novo tratamento da chamada *questão social*, a qual deixa de ser um "caso de polícia" para se tornar um *caso de políticas públicas (sociais)*, com o objetivo de enfrentamento dos dilemas da *escassez, da falta, do desequilíbrio,*[11] traçando um novo e distinto perfil para o Estado, sem afastar-se dos fundamentos do constitucionalismo moderno de tradição liberal em seus postulados fundantes – especialização de funções e direitos humanos.

O Constitucionalismo Social traz consigo, assim, o reconhecimento constitucional desta *questão social* que advém das transformações operadas pelas revoluções industriais, pelo novo modelo de produção (fabril) e pela emergência de uma nova categoria social – o proletariado ou as classes operárias.[12] Tal *questão social* vem apresentada constitucionalmente sob os inéditos, até então, *direitos sociais l. s.* – de igualdade ou direitos econômicos, sociais e culturais (DESCs) – que em tudo diferem dos primeiros, em particular por exigirem uma maior e mais qualificada intervenção, bem como a elaboração de *políticas públicas prestacionais* para a sua satisfação, o que faz deslocar o foco das atenções da esfera legislativa do Estado – característico do Estado Mínimo – para o ambiente de sua atividade executiva, responsável pela concretização, via políticas públicas, destes novos direitos *"à"*, diversos em conteúdo, forma e exigências dos anteriores direitos *"de"*. Não basta mais, agora, apenas reconhecer legislativamente os direitos humanos, é preciso assegurar a usufruição dos *novos* direitos – sociais, econômicos e culturais – constitucionalizados.

Com isso não só a forma do Direito se modifica – tanto que se identifica uma transição *das proibições para as prestações, das punições para os prêmios,*[13] *das regras para os princípios*[14] –, mas o seu próprio conteúdo e estratégia de concretização, passando-se a exigir uma postura distinta do Estado, diversa daquela até então preconizada pelo liberalismo clássico.

Apesar disso, insiste-se, não há – mais – que se falar em direitos negativos – de abstenção – e direitos positivos – de prestação. Há uma imbricação inevitável. Não se tem assegurada a liberdade de manifestação sem o acesso ao conhecimento, exemplificativamente; não se é livre passando fome. E é nesta perspectiva que emergem os problemas de efetivação dos direitos *"à"* – educação, saúde, moradia etc... – com muito maior intensidade e dramaticidade.

---

[11] Tal situação se repete, com as suas peculiaridades, com o surgimento e reconhecimento da novíssima *questão ambiental* que opera não mais com a escassez, mas, agora, com o *risco*, algo não localizado e diferenciado como a tradicional *questão social.*

[12] O debate acerca da questão social e da repercussão da adoção do modelo fabril na construção da subjetividade humana, ver: BOLZAN DE MORAIS, Jose Luis. A Subjetividade do Tempo.Perspectivas transdisciplinares do direito e da democracia. Porto Alegre: Livraria do Advogado. 1998

[13] Ver, sobre o tema: BOBBIO, Norberto. Dalla Strutura alla Funzione. Nuovi Studi di Teoria del Diritto. Milano: Edizioni di Comunitá, 1997.

[14] A discussão que gira em torno dos princípios constitucionais e do processo de ressignificação que sofreram no decorrer da história não é objeto do presente texto.

Toda esta transformação traz um conjunto de problemas para o Direito, a doutrina jurídica, o sistema de justiça e seus operadores. Em um primeiro momento, surge o dilema de não se saber o que fazer com eles – carga eficacial, "programaticidade" dos *novos direitos* etc, como temas novos para a doutrina jurídica –, e, posteriormente, se questiona como implementá-los por não se ter capacidade para satisfazê-los todos e em toda a sua extensão – crise fiscal, ajustes econômicos, limites orçamentários etc. – ou por ver-se confrontado o projeto político-constitucional pelo projeto político-econômico do dito neoliberalismo.

Tudo isso acaba gerando não apenas questionamentos, mas, acima de tudo, uma conflituosidade que exige novas formas de tratamento, com a presença de novos atores, em um contexto, nas últimas décadas em particular, de "aparente" insuficiência de recursos e diante de uma reviravolta nas fórmulas político-econômicas contemporâneas.

Assim, entre outras consequências, ocorre uma nova transição funcional no Estado – antes do legislativo ao executivo – agora, como vemos, em direção à Jurisdição – ao Sistema de Justiça –, em razão da democratização no acesso, por um lado, e, para o que aqui interessa, a insatisfação quanto à realização das promessas constitucionais – trazendo para o centro das atenções não apenas seus atores, como também impondo à literatura jurídica uma releitura dos seus postulados e uma nova postura frente ao papel do Direito e da função jurisdicional, como se observa, exemplificativamente, no Brasil pós-88, tomando emprestado o exemplo do direito *à* saúde.

Quando o constituinte pátrio – mesmo que a Constituição Federal de 1988 tenha sido fruto de uma Assembleia Nacional Constituinte *não exclusiva*, além de dominada por grupos conservadores e mesmo que tenha tido uma forte e inédita participação popular de variadas formas – incluiu no rol dos direitos sociais a saúde, impondo ao Estado o dever de prestá-la por meio de políticas públicas, sem nenhum tipo de contraprestação pecuniária específica (art. 196) – contribuição social (direito de cidadania) – o fez, na esteira do neoconstitucionalismo, como um conteúdo característico do Estado Social, como Estado Democrático de Direito, finalmente e tardiamente projetado para o País que então se anunciava redemocratizado.

Porém, lidar com este *texto* implica o tomarmos nas suas condições históricas, na sua cultura (tradição), no seu contexto, assim como no seu próprio texto, para que tiremos dali a *norma* que vem nele contida – em uma perspectiva hermenêutica, na linha adotada por Lenio Streck em seus trabalhos mais recentes e inovadores –, sem transformarmos alguns preceitos constitucionais em verdadeiros *curingas argumentativos*, como se percebe muitas vezes, por ex., na jurisprudência pátria com o princípio da dignidade da pessoa humana, assim como com todo um arcabouço de princípios que vem sendo forjado a partir do próprio texto constitucional.

Tais princípios têm sido utilizados, via de regra, como suporte para fundamentar toda e qualquer pretensão, sem que lhe seja atribuído um significado no/para o caso concreto, sem que se lhes perceba, como no caso do princípio da dignidade da pessoa humana, sua dupla dimensão (defensiva e prestacional), sendo, ao mesmo tempo, um *traço distintivo* da pessoa humana e uma *tarefa de configuração* vinculada ao objetivo de sua máxima medida, na linha sufragada por autores como Ingo Sarlet para identificar o conteúdo e o caráter do mesmo.

E todo este emaranhado conceitual precisa ser enfrentado e tratado adequadamente para que se possa construir respostas *corretas* e satisfatórias, sobretudo para os problemas que estão nos fundamentos para a produção e consolidação do projeto de Estado Democrático de Direito, como prentedido por nosso pacto constituinte de 1988.

Para compreendermos o tema sob tal ótica é preciso que partamos dos contornos constitucionais que se produzem no âmbito do chamado constitucionalismo social e, particularmente, no período do *curto* (Hobsbawn) século XX – em sua segunda fase – quando se inaugura o que se configurou como Estado Democrático de Direito – EDD –, como no caso brasileiro, como produto, até mesmo, de uma expectativa renovada de reconstrução democrática de sociedades marcadas por experiências autoritárias e/ou por "déficits" democráticos.

No âmbito destes modelos de Estado – EDDs – o constitucionalismo adquire um caráter que, embora não seja inédito ou exclusivo, incorpora, ainda mais, a perspectiva de uma sociedade em constante caminhar rumo à desconstrução das diferenças sociais e à realização – permanentemente inalcançada – de um projeto *justo, solidário,* que visa *erradicar a pobreza, a marginalização, reduzir as desigualdades sociais e regionais e promover o bem de todos* (art. 3°) identificado pela *prevalência dos direitos humanos e pela cooperação entre os povos para o progresso da humanidade* (art. 4°) e marcado pelo "pressuposto" fundante da *dignidade da pessoa humana* (art. 1°, III).

Neste contexto, por óbvio, emerge como bem maior a vida (art. 5°, *caput*). Porém, aqui, já não se está diante da dúvida hobbesiana acerca do tema, mas da certeza de que se está na presença do compromisso de *realizar* a vida com dignidade, como *qualidade de vida* (art. 225 – meio ambiente) e não só sob a perspectiva de cada um isoladamente, mas inseridos em seu contexto, assegurando que o ambiente de vida também deve ser marcado pelo seu destino de bem-estar (art. 182 – política urbana – funções sociais da cidade, como repercussão da função social da propriedade – art. 5°, XXIII, art. 184 – política agrícola e fundiária e reforma agrária).

Assim, para sintetizar, a opção pelo EDD impregna a ordem jurídica com seu caráter de promoção do bem-estar e de *transformação das circunstâncias de desequilíbrio social* e, também, *regional* (art. 3°, III), promovendo o bem de todos, das presentes e futuras gerações (art.225).

Tem-se, neste quadro, o estabelecimento de um projeto de sociedade que se constitui sob pressupostos substanciais que precisam ser concretizados no âmbito e a partir da ação estatal, seja por intermédio de normas integradoras do texto constitucional, seja pela prestação de políticas públicas e serviços que visem dar conta do *acordo constitucional,* seja, ainda, pela realização jurisdicional do conteúdo da norma constitucional, como um compromisso com o presente e asseguramento das condições de equilíbrio do futuro – funde-se, assim, um compromisso intergeracional, sem que a geração de hoje possa inviabilizar positiva ou negativamente aquelas que virão.

Ou seja: o EDD pressupõe uma atuação comprometida das funções do Estado, voltadas para a realização, nunca concluída – já que a busca permanente, a invenção e a incerteza são algumas das características da própria democracia, na perspectiva lefortiana[15] – do projeto de sociedade que vem identificado no texto da Constituição.

Tal nos coloca frente a dois dilemas inaugurais. De um lado, sob a perspectiva da Teoria do Estado, a questão das características peculiares ao modelo de bem-estar constituído ao longo do século passado e que, desde os anos 1970 (crise do petróleo) vem sofrendo com o desajuste de seus pressupostos financeiros frente à crise econômica do capitalismo, sua transformação (capitalismo de produção para capitalismo financeiro) das mudanças e descobertas tecnológicas que, se aportam inovações facilitadoras para o cotidiano das pessoas e dos processos produtivos, como quando oferecem melhores condições para o tratamento e a prevenção de doenças ou para a melhoria da qualidade de vida das pessoas ou meios para a produção de bens e serviços, impõem ao Estado – como gestor do projeto constitucional – custos adicionais não antevistos pelo modelo de bem--estar – e.g., seja pela melhor e maior expectativa de vida, seja pelos custos dos tratamentos médicos, seja pelos distúrbios promovidos na sociedade do trabalho pela transformação dos meios de produção e do próprio do capitalismo.

Isto desemboca no que vimos nomeando *crise estrutural* do Estado de Bem--Estar, afetando sua capacidade de fazer frente aos custos sempre acrescidos das prestações estatais, sobretudo em um ambiente de (aparente) escassez econômica, sem considerarmos, ainda, as próprias insuficiências do modelo de bem-estar – clientelismo, infantilização, reprivatização etc. – como reflexos não previstos do próprio modelo ou como circunstâncias peculiares ao mesmo e, por isso, inafastáveis ou até mesmo inseridas em sua fórmula como mecanismo de controle social.

De outra parte, nos vemos frente a um constitucionalismo que se caracteriza como *dirigente* – para utilizar um conceito que ficou em voga em língua portuguesa, em particular, a partir de sua divulgação por J. J. Gomes Canotilho – e que supõe uma *abertura significativa de conteúdos,* para além da incorporação de novas garantias, em face de seu caráter eminentemente principiológico e valorativo, bem como projeta e promete uma solidariedade social que vise e permita realizar as promessas de *inclusão social* contidas no texto constitucional.

---

[15] Sempre é interessante retomar a perspectiva da incerteza democrática, como trazida por Claude Lefort (1991).

Este constitucionalismo traz para o Estado – em particular no ambiente de crise e escassez alardeado – uma tensão permanente, inclusive em seu âmbito interno, seja pela insuficiência e dificuldade da doutrina constitucional para/em lidar com tais conteúdos, seja diante do que se convencionou nomear como *judicialização da política*, uma vez que as frustrações diante da não realização das promessas constitucionais são levadas à jurisdição (ao sistema de justiça) para que esta diga acerca do seu conteúdo e, mais, na medida do possível, viabilize a sua realização.

As crises do *Welfare State* afeta profundamente a realização das garantias constitucionais, podendo-se tomar como referência o *direito à saúde*, tanto sob o viés de um *bem comum*, como no caso específico pela ampliação de suas dimensões que ultrapassam a cura e a prevenção da doença e passam a operar na perspectiva da *promoção da vida digna e com qualidade*, quanto sob a perspectiva da sociedade do trabalho, onde esta aparece como uma *utilidade*, já que o trabalhador deve estar saudável para poder produzir bem e mais.[16]

O que se deve fazer, portanto, para se consagrar, em um EDD, o direito à saúde como qualidade de vida, se as condições necessárias para tanto, no contexto de um arranjo estratégico entre política de bem-estar e economia capitalista, se veem ameaçadas pelos fatores e circunstâncias referidos sinteticamente acima?

As respostas são diversas e difíceis. Algumas supõem a necessidade de levar a cabo as propostas da modernidade e do EDD; outras jogam com a imprescindibilidade de adaptação às novas circunstâncias, promovendo um arranjo possível entre as promessas constitucionais e os limites impostos pelos parâmetros da *eficácia econômica*, considerando-se que hoje, talvez mais do que sempre, a política – e, com isso, o direito – vem pautada pela economia. Outras vêm marcadas pela referência à necessidade de que se coloque esta discussão sob novas inflexões que considerem, sobretudo, a necessidade de construção efetiva de uma sociedade na qual o problema da saúde venha enfrentado como uma dívida social que precisa ser resgatada para permitir a todos uma vida digna e com qualidade.

De qualquer modo, no espectro do EDD brasileiro, em particular, a saúde é, ainda, um bem a ser assegurado e promovido – *responsabilidade coletiva e solidária* – por meio de políticas públicas que vêm marcadas pelas características do próprio Estado e, fundamentalmente, orientadas à concretização da *dignidade da pessoa* como pauta mínima.

Mas não só estas *limitações* locais e circunstanciais atingem-na. Há, ainda, que se levar em conta o contexto no qual está inserida, o qual não difere do espectro maior que envolve o conjunto dos direitos e garantias fundamentais.

Como reflexo das transformações tecnológicas ocorridas ao longo do século XX, mas, obviamente, não só delas, uma nova fase de globalização se apresenta, sendo marcada por uma transformação na base econômica do liberalismo.

---

[16] Deve-se ter presente que o *Estado do bem-estar social da segunda metade desse século reforça a lógica econômica, especialmente em decorrência da evidente interdependência entre as condições de saúde e de trabalho, e responsabiliza-se pela implementação da prevenção sanitária.*

Tal transformação se dá no que tange ao capitalismo, que vem pautado por um novo modelo de produção de lucro, não mais vinculado à produção e ao consumo, mas à reprodução do próprio capital, no âmbito de um novo mercado em ascensão, o *financeiro*, onde os investimentos não se dão na base produtiva e em suas estruturas, mas na reprodução acética do próprio capital, muito embora as *crises cíclicas* deste modelo econômico não afastem as dúvidas permanentes acerca de sua condição de fragilidade e dependência em relação ao próprio ente público.

Nesta *nova* onda do capitalismo, confrontada nestes dias com o clima de recessão que se espalhou após o estouro da crise financeira de 2008, no que diz com os direitos sociais – a saúde aí incluída – o que se têm são as propostas inseridas no âmbito do que se convencionou reconhecer como *neoliberalismo* e que, para o enfrentamento da crise estrutural do EBE, antes referida, sugere uma *reforma do Estado* que vem marcada pela *desregulação, flexibilização e privatização*.

Sem a retomada de tal debate, já considerado em muitos outros trabalhos, é preciso ter presente que o *direito à saúde* não fica imune a tais aspectos e acaba repercutindo estas propostas pela reapropriação de uma *responsabilidade individual*[17] no que diz com o tema, como quando se renovam posturas individualistas de perfil assistencialista que visam a recompor as insuficiências do trato da *questão social* por meio de políticas públicas estatais ou de (re)apropriação privada de recursos públicos.

Tal perspectiva pode ser bem percebida pela reapropriação e revalorização das práticas privadas na prestação dos serviços de saúde, pela reinstituição de uma *economia privada em saúde* e por práticas *securitárias* – seguros privados saúde – nesta área.

O que chama a atenção aqui é que a fórmula includente do Estado Social vem substituída por estratégias individuais ou corporativas de proteção contra perigos e riscos, sendo que aqueles outros – os *excluídos* – não têm chance de se assegurarem contra os mesmos, ficando sujeitos às prestações publicas já, agora, de caráter subsidiário.

A perspectiva solidária, marca peculiar ao EBE, desde sempre, vem substituída – ou ladeada – por uma *responsabilidade social* quando, então, a ação estatal passa a ser apenas relacionada às questões macro que afetam algumas das afecções marcantes destes tempos, como se pode perceber no enfrentamento da AIDS[18] e de outras situações que explicitam tais posturas.[19]

---

[17] Como referem Sueli G. Dallari e Deisy Ventura (2003, p. 35): (...)*o predomínio da ideologia neoliberal provocou uma diminuição do papel do Estado na sociedade em favor dos grupos associações e da própria responsabilidade individual.*

[18] Este exemplo parece elucidativo de uma tendência: as políticas, no caso específico, têm repercutido a lógica de que a saúde deve ser percebida no âmbito da responsabilidade individual, ladeado por estratégias coletivas de caráter familiar, de portadores e amigos, restando ao Estado a função subsidiária de controle do sangue.

[19] Tal orientação pode ser verificada, no caso do Brasil, nas inúmeras demandas postas em juízo buscando a prestação de remédios ou tratamentos específicos, o que, malgrado o seu feito de realização da garantia cons-

De fato, tal situação rompe com o modelo histórico de *proteção sanitária* como *prevenção,* seja *primária,* de prevenção geral (evitar ficar doente – saneamento etc. –, alimentação, exercícios físicos), *secundária,* de prevenção específica (evitar doenças específicas – vacinação etc.) e *terciária, de* reduzir repercussões das incapacidades crônicas e sua recidiva, apresentando uma nova concepção de saúde pública, que considera as insuficiências do EBE, por um lado, e a participação do indivíduo, por outro, na perspectiva de *reformar* o modelo estatal, adaptando-o ao projeto de uma revisão dos postulados do modelo genérico de bem-estar inaugurado pelo constitucionalismo social do século XX.

Por outro lado, o tema "saúde" também tem serventia para iluminar um dos aspectos que marcam o ambiente contemporâneo, qual seja a ultrapassagem do modelo do Estado Nacional como instância única e exclusiva para o tratamento e alocação dos desafios.

A quebra da unidade estatal e de sua exclusividade no campo da política, que se expressa no âmbito das instituições pela notória incapacidade de os Estados Nacionais decidirem com exclusividade acerca dos *assuntos públicos*, promove a *dependência* destes diante de decisões produzidas além-fronteiras, com a necessidade de ajustes de suas políticas às determinações de redução de gastos, controle do déficit público, ajuste fiscal etc. ou de enfrentamento de situações ou circunstâncias de risco.

Ademais, também repercute um novo contexto de riscos que se apresentam não mais localizados ou vinculados a fatores próprios ou peculiares a determinadas regiões ou populações, mas agora dizem com questões que afetam ou podem afetar ordinariamente *todos e ninguém ao mesmo tempo*.

Ou seja, a globalização, vista sob a perspectiva dos riscos, trouxe à cena o problema dos *riscos globais* ou, parafraseando o tema dos interesses transindividuais, os *riscos transindividuais*, que põem em evidência a quebra dos limites territoriais como instâncias geográficas de autarquização peculiares aos Estados da modernidade.

Dessarte, os novos riscos revelariam a necessidade de uma *preocupação global* de proteção e promoção também em matéria de saúde pública, talvez marcada pelo mesmo parâmetro que substituiu inicialmente a *responsabilidade individual* pela *solidariedade social.*

Porém, o que se tem apresentado como novidade na área é a instauração do chamado *princípio da precaução*, o qual dá origem a um novo "paradigma", em substituição à responsabilidade e à solidariedade, o da *segurança*, que se constitui sob a perspectiva da *vigilância* para *dotar-se de meios de prever o surgimento de eventuais danos antes mesmo de ter a certeza da existência de um risco.*[20]

---

titucional, reflete um viés eminentemente individual de acesso ao *bem* – saúde – constitucional, sobretudo se verificado em uma situação de dificuldades de realização do próprio *acesso à justiça*, o qual vem precedido do inevitável *acesso ao direito.*

[20] DALLARI, Sueli G. e VENTURA, Deisy de Freitas Lima. Reflexões sobre a saúde pública na era do livre comércio. In: SCHWARTZ, Germano (Org.). *A Saúde sob os cuidados do direito.* Passo Fundo: EDUPF. 2003, p. 43

Confrontada, pois, frente ao risco global, a estratégia que se adota é, para-doxalmente, a da *defesa local* como um dever do Estado.[21]

Resta a dúvida acerca de qual o caráter deste "modelo", em um contexto de superação das fórmulas modernas e de substituição das instâncias políticas pelas econômicas e dos espaços nacionais pelas sedes internacionais, enfim, do espaço público pelo privado.

Sob tal perspectiva, não se estaria, novamente, sendo reféns de uma *política de segurança*, no caso *sanitário,* que, mascarada pela precaução contra riscos atuais e futuros, se constituiria como uma nova pauta das práticas protecionistas – uma vez que a crise de soberania incide diversamente nos diversos Estados Nacionais – e, pior, ao invés de se constituir um *espaço de tratamento comum do risco difuso*, projetaria *novas possibilidades de xenofobismo e segregação*?

Dito de outro modo, de alguma forma este *novo* "paradigma" vem ao encontro de todo um modelo de política global, a qual se sustenta e projeta uma perspectiva de exclusão e de montagem de estratégias baseadas na *negação do outro*, na dualidade amigo/inimigo, a qual, eventualmente pode substituir a tradicional relação nacional/estrangeiro, e que aparecem, e.g., no combate ao terrorismo, nas novas formas de segregação racial presentes na Europa etc.

Como, então, fica a saúde ou o direito à saúde em um quadro como o aqui descrito sucintamente?

Diante de um quadro de desfazimento das fórmulas de bem-estar, seja por suas próprias insuficiências e crenças ou por seus sucessos e fracassos – inclusive nas potencialidades de uma racionalidade cientificista apta a solucionar todos os dilemas modernos e uma burocracia técnica pronta a dar respostas satisfatórias às demandas políticas – seja pela propalada crise fiscal-financeira que se lhe abate – embora esta pareça desacreditada diante do gigantesco aporte de recursos que vem sendo realizado pelos governos nacionais e, mesmo, organismos internacio-nais, na tentativa de conter os efeitos perversos de uma crise econômica que se globaliza – , o próprio constitucionalismo que lhe dá formatação se vê constrangido e deslegitimado diante das disputas que se estabelecem entre a busca de efetividade da Constituição e as pautas estabelecidas pela perseguição da eficácia econômica, muitas vezes veiculada a partir dos pressupostos de uma economia globalizada que além e porque transformada se autonomiza dos limites da política.

Por outro lado, em um contexto de risco crescente e globalizado, este *novo espaço econômico* projeta a ruptura completa do modelo de *solidariedade social* que orienta a fórmula do Estado Social, substituindo-o pela preocupação com a segurança contra os riscos que podem vir de toda e qualquer parte, e que estão em todos os lugares e podem afetar a todos indistintamente e a qualquer momento.

Para se proteger do risco natural ou criado a nova ordem é a segurança. Mas segurança contra o quê? Ou contra quem? Quando e onde?

---

[21] A atual experiência ante a possibilidade de uma pandemia de gripe "suína" está a demonstrar e confirmar tais afirmativas, bem como a atitude dos diversos atores presentes no debate.

Na dúvida, na ausência de um *sistema de definição, controle e gestão dos riscos*, erige-se a segurança como máxima inquestionável e imune à explicações. Porém, talvez, este seja apenas mais um risco.

Afinal, se uma Constituição *de valores* traz o problema da atribuição de sentido à norma jurídica, uma *sociedade de riscos* põe a interrogação acerca da atribuição de sentido ao paradigma do próprio constitucionalismo, do Estado Constitucional.

Se a política – como diálogo democrático – foi substituída pela economia – como monólogo da eficácia –, quem decide? Este talvez seja o maior de todos os riscos para a proteção, promoção e realização dos direitos humanos como um todo unitário, fortemente perceptível no caso do direito à saúde.

Não há dúvida. Não há liberdade sem igualdade, e vice-versa. A unidade dos direitos humanos é já uma conquista.

Parafraseando Saramago, havemos de estender um *prato de comida* a todos. E aqui o problema não é relacionado à velocidade com que se lançará o destinatário sobre a mesma. O problema é qual e o quanto de comida há de lhe ser ofertado ou se está disposto a lhe ofertar, tendo presente tudo o que foi dito acima.

Esta resposta, ao que parece, mesmo diante de seus dilemas, continua sendo cativa do Estado Social.

Outra resposta exigiria uma *outra sociedade*, sobre novas bases e, aí, não se sabe até que ponto estar-se-ia empenhado em sua construção. Todavia, no contexto da sociedade contemporânea, há que se pensar os direitos humanos e, destes, o direito à saúde neste mesmo ambiente e suas circunstâncias.

IV – Como acima adiantado, uma nova fase de globalização se apresenta, como reflexo das transformações tecnológicas, políticas, econômicas e sociais ocorridas ao longo dos últimos anos, o que nos faz e permite supor alguns avanços em relação àquilo antes posto.

Esta nova fase, como salientado acima, vem marcada por uma transformação na base econômica do liberalismo, o capitalismo, de modo que, relativamente aos direitos sociais, o que se teria seriam propostas inseridas no âmbito do neoliberalismo, sugerindo uma reforma do Estado que vem identificada pela desregulação, flexibilização e privatização, além de outras estratégias de rearranjo do exercício do poder e de suas interfaces com o espaço privado.

Como dito, nesse diapasão, a fórmula includente do Estado Social se vê, muitas vezes, substituída por estratégias individuais ou corporativas de proteção contra riscos, de modo que a perspectiva solidária, marca peculiar ao Estado de Bem-Estar acaba substituída por uma ideia de responsabilidade social assumida por atores privados ou por agentes do que se convencionou anotar como espaço público não estatal, o que tem posto em cheque as premissas deste mesmo projeto, fazendo emergir um conjunto de demandas, agora postas no contexto da ação jurisdicional do Estado e nas mãos de seus atores.

Tais suposições podem ser verificadas, no caso do Brasil – para o que aqui interessa –, nas inúmeras demandas postas em juízo buscando a prestação de remédios ou tratamentos específicos, o que, malgrado o seu feitio de realização da garantia constitucional, reflete um viés eminentemente individual de acesso ao *bem* – saúde – constitucional, sobretudo se verificado em uma situação de dificuldade de realização do próprio *acesso à justiça*, o qual vem precedido do inevitável *acesso ao direito*.

Basta pesquisar na jurisprudência pátria, para se constatar as inúmeras decisões favoráveis à concessão de medicamentos. Exemplificativamente, citam-se alguns julgados do Tribunal de Justiça do Rio Grande do Sul:

> Direito público não especificado (direito à saúde). Ação ordinária. Fornecimento de medicamentos. 1. A promoção da saúde constitui-se em dever do Estado, em todas as suas esferas de poder, caracterizando-se a solidariedade entre União, Estados e Municípios, impondo-se a rejeição da preliminar de ilegitimidade passiva suscitada pelo Estado do Rio Grande do Sul. Exegese do art. 196, da Constituição Federal (...), diante do bem juridicamente tutelado no caso concreto (vida e saúde humana), não há que se falar em impossibilidade de concessão da tutela antecipada no caso concreto. Negado seguimento ao agravo de instrumento.[22]
>
> Direito à saúde. Fornecimento de medicamentos. Responsabilidade. Cumprimento da ordem de fornecimento. Independentemente de situar a obrigação ao fornecimento de medicamentos como condição da ação ou matéria de mérito, os entes públicos, por força de normas através das quais se organizou o sistema único de saúde, assumiram cada qual certas responsabilidades, conforme previsto na lei nº 8.080/90 (...), cabe aos municípios o fornecimento dos medicamentos que constarem na portaria nº 2.475/06 do ministério da saúde, a qual contém a relação nominal de produtos farmacêuticos essenciais. A responsabilidade do Estado do Rio Grande do Sul passa pela disciplina das portarias nº 2.577/06, do Ministério da Saúde, nº 238, da Secretaria de Saúde, e da lei-rs nº 9.908/93. Hipótese em que o medicamento depakene, objeto da irresignação, não se encontra dentre os medicamentos cujo fornecimento compete ao estado, devendo ser buscado junto a quem de direito. Apelação provida. Relator vencido.[23]

Aqui pode-se perceber que, tal situação rompe com o modelo histórico de *proteção sanitária* como *prevenção (primária, secundária* ou *terciária,* como já explicitado), apresentando uma nova concepção de saúde pública que considera as insuficiências do Estado de Bem-Estar, por um lado, e a participação do indivíduo, por outro.

Todavia, isto não é tudo. Para além do ataque ao modelo de bem-estar, o que se tem hoje é a instauração de um outro viés na questão sanitária, em especial em face dos novos riscos socioambientais e da complexidade, reaparecendo o questionamento a respeito das condições e instrumentos para a execução desse direito social, em tempos (pós-)modernos, em particular em um contexto de desconstrução dos ambientes político-institucionais modernos, bem como de riscos crescentes, onde as fronteiras não têm mais escalas territoriais nacionais, trazendo para o cenário a necessidade de enfrentamento do tema como um problema global.

---

[22] Agravo de Instrumento Nº 70020419321, Terceira Câmara Cível, Tribunal de Justiça do RS, Relator: Rogerio Gesta Leal, Julgado em 03/07/2007

[23] Apelação Cível nº 70019855964, Vigésima Segunda Câmara Cível, Tribunal de Justiça do RS, Relatora: Rejane Maria Dias de Castro Bins, Julgado em 28/06/2007

V – Ou seja, ante as crises que abalam os modelos político-institucionais modernos, no centro o próprio Estado, assim como em face dos novos arranjos socioeconômicos e seus consectários, apenas uma aproximação de interesses pode permitir algum tipo de expectativa positiva em relação às condições e possibilidades de e para a produção, consolidação e efetivação de uma transição social no sentido de da construção de uma nova sociedade, pautada pela realização dos direitos humanos, como objetivo de uma república mundializada.

Entretanto, diante de um quadro de desfazimento da fórmula do Estado Nação como Estado de Bem-Estar Social, sob a forma e o conteúdo do Estado Democrático de Direito, seja por suas próprias insuficiências e crenças – inclusive nas potencialidades de uma racionalidade cientificista apta a solucionar todos os dilemas modernos e uma burocracia técnica pronta a dar respostas satisfatórias às demandas políticas – seja pela propalada crise fiscal-financeira que se lhe abate, o próprio constitucionalismo que lhe dá formatação vê-se constrangido e deslegitimado diante das disputas que se estabelecem entre a busca de efetividade da Constituição e as pautas estabelecidas pela perseguição da eficácia econômica, muitas vezes veiculada a partir dos pressupostos de uma economia globalizada que além e porque transformada se autonomiza dos limites da política.

Porém, em um ambiente de risco crescente e globalizado, este mesmo *novo espaço econômico* projeta a ruptura completa do modelo de *solidariedade social* que orienta a fórmula do Estado Social, substituindo-o pela preocupação com a segurança contra os riscos que podem vir de toda e qualquer parte.

Se uma Constituição *de valores* trazia o problema da atribuição de sentido à norma jurídica, uma sociedade de riscos põe a interrogação acerca da atribuição de sentido ao paradigma da precaução e se contrapõe à perspectiva de construir-se um modelo de cooperação.

Em um contexto onde a política – como diálogo democrático – foi substituída pela economia – como monólogo da eficácia, quem decide? Este talvez seja o maior de todos os riscos para a saúde e sobrevivência da humanidade como tal.

Nesta perspectiva há que se considerar que a ordem constitucional pátria se caracteriza, entre outras coisas, pela promoção de um entrelaçamento, em sede de direitos humanos, entre a ordem nacional e a internacional, como expresso no art. 5º, §§ 2º e 3º, da CRB/88, o que, no âmbito da questão sanitária implica a necessidade de verificar-se o tratamento que vem sendo dado ao tema em sede de direito internacional e no contexto das organizações que operam neste ambiente. Assim, pode-se buscar compreender, exemplificativamente, tal dilema, acima refletido.

E, nesta seara, tem-se o Pacto Internacional de Direitos Econômicos, Sociais e Culturais e o Protocolo de San Salvador que, conjugados, expressam a responsabilidade dos Estados Nacionais, os quais deverão adotar todas as medidas necessárias, por si ou em cooperação internacional, para o atingimento da satisfação o mais ampla possível – com o máximo de recursos disponíveis – de sua realização.[24]

Isto indica, pelo menos parcialmente, uma resposta possível às interrogações antes postas. Em um contexto de globalização das incertezas, da escassez e dos riscos, enquanto não há a superação da fórmula do Estado Nação, se é que haverá em algum momento, a cooperação se apresenta como uma alternativa possível e necessária. E instrumentos do Estado de Direito já parecem existir, como o que apresentamos acima, incorporado ao constitucionalismo brasileiro no pós-88, bem como em sede internacional, com as normas aqui referidas.

Como então promover-se a realização dos direitos humanos em um ambiente tão contraditório? Esta é uma pergunta para a qual apenas tentamos delinear possibilidades.

É, contudo, preciso prosseguir em frente... Viver e não ter a vergonha de ser feliz... um eterno aprendiz... como diz o poeta...

Referências

AGAMBEN, Giorgio. *Estado de Exceção*. São Paulo: Boitempo, 2004.

———. *Profanações*. São Paulo: Boitempo. 2007

BAUMANN, Zygmunt. *O mal-estar da pós-modernidade*. Rio do Janeiro: Jorge Zahar, 1998.

BECK, Ulrick. *La sociedad del riesgo global*. Madrid: Siglo XXI. 2006.

BERCOVICI, Gilberto. *Desigualdades Regionais, Estado e Constituição*. São Paulo: Max Limonad, 2003.

———. Dilemas da Concretização da Constituição de 1988. In: *Revista do IHJ*, n. 2/2004.

BOBBIO, Norberto. Dalla *Strutura alla Funzione. Nuovi Studi di Teoria del Diritto*. Milano: Edizioni di Comunitá, 1997

BOLZAN DE MORAIS, Jose Luis; STRECK, Lenio Luiz. *Ciência Política e Teoria do Estado*. 6ª ed. revista e atualizada. Porto Alegre: Livraria do Advogado, 2008.

———. *A idéia de direito social*. Porto Alegre: Livraria do Advogado, 1997.

———. *Do direito social aos interesses transindividuais. O Estado e o direito na ordem contemporânea*. Porto Alegre: Livraria do Advogado, 1996.

———. *A subjetividade do tempo: uma perspectiva transdisciplinar do direito e da democracia*. Porto Alegre: Livraria do Advogado, 1998.

———. As Crises do Estado e da Constituição e a transformação espacial dos direitos humanos. In: *Col. Estado e Constituição*. N. 1. Porto Alegre: Livraria do Advogado. 2002.

———. *As funções do estado contemporâneo: o problema da jurisdição. Caderno de pesquisa*. Porto Alegre: UNISINOS, n. 3, set./1997.

———. Constituição ou barbárie: perspectivas constitucionais. In: *A Constituição concretizada. Construindo pontes com o público e o privado*. Org. Ingo Wolfgang Sarlet. Porto Alegre: Livraria do Advogado, 2000.

———. Crises do Estado, democracia política e possibilidades de consolidação da proposta constitucional. In: CANOTILHO, J. J. Gomes e STRECK, Lenio Luiz (Orgs.). *Entre discursos e culturas jurídicas*. Coimbra: Coimbra Ed. 2006

———. Do Estado Social das "Carências" Ao Estado Social dos "Riscos". Ou: de como a questão ambiental especula por uma "nova cultura" jurídico-política. In: BOLZAN DE MORAIS, Jose Luis e STRECK, Lenio Luiz (Orgs.). *Anuário do Programa de Pós-Graduação em Direito*. Porto Alegre: Livraria do Advogado. 2007.

———. Estado, função social e (os obstáculos da) violência. Ou: do "mal-estar" na civilização à síndrome do medo na barbárie! In: CALLEGARI, André. *Política Criminal, Estado e Democracia*. Rio de Janeiro: Lúmen Júris. 2007

---

[24] Ver, em particular, os arts. 2º, § 1º, 11, 12 do Pacto,entre outros, bem como as Recomendações Gerais 3, 12 e 14, todas do Comitê dos Direitos Econômicos, Sociais e Culturais das Nações Unidas.

BRASIL Tribunal de Justiça do Rio Grande do Sul. Agravo de Instrumento nº 70020419321. Disponível em: <http://www.tj.rs.gov.br>. Acesso em: 15 jul. 2007.

BRASIL Tribunal de Justiça do Rio Grande do Sul. Apelação Cível nº 70019855964. Disponível em: <http://www.tj.rs.gov.br>. Acesso em: 15 jul. 2007.

BRASIL. Supremo Tribunal Federal. ADPF n.º 45. Disponível em: <http://www.stf.gov.br>. Acesso em: 18 nov. 2004.

CANOTILHO, J. J. Gomes. A governance do terceiro capitalismo e a constituição social. (Considerações preambulares). In: CANOTILHO, J. J. Gomes e STRECK, Lenio Luiz (Orgs.). *Entre discursos e culturas jurídicas*. Coimbra: Coimbra Ed. 2006

———. Os Brancosos e Interconstitucionalidade. Itinerários dos discursos sobre a historicidade constitucional. Coimbra: Almedina. 2006

CASSESE, Sabino. *La crisi dello Stato*. Roma: Laterza. 2002

———. Oltre lo Stato. Roma: Laterza. 2006

DALLARI, Sueli G. e VENTURA, Deisy de Freitas Lima. Reflexões sobre a saúde pública na era do livre comércio. In: SCHWARTZ, Germano (Org.). *A Saúde sob os cuidados do direito*. Passo Fundo: EDUPF. 2003.

DWORKIN, Ronald. *Uma questão de princípio*. São Paulo: Martins Fontes, 2000.

———. *A Virtude Soberana. A teoria e a prática da igualdade*. São Paulo: Martins Fontes. 2005.

EWALD, François. *L'Etat Providence*. Paris: Grasset. 1986

LEFORT, Claude. *A Invenção Democrática*. São Paulo: Brasiliense. 1991.

MIAILLE, Michel. *Uma Introdução Crítica ao Direito*. Lisboa: Editora Estampa, 1994.

MARRAMAO, Giacomo. *Potere e Secolarizzazine*. Le categorie del tempo. Torino: Bollati Boringhieri. 2005

MATTEUCCI, Nicola. *Organización del Poder y LIbertad. Historia del constitucionalismo moderno*. Madrid: Trotta. 1998

PIOVESAN, Flavia. Políticas para a implementação do direito ao acesso a medicamentos no Brasil. In: *Revista dos Tribunais*, v. 879, jan 2009.

SARLET, Ingo. *A eficácia dos direitos fundamentais*. 6ª ed. rev. atual. Porto Alegre: Livraria do Advogado, 2009.

ZOLO, Danilo e COSTA, Pietro (Orgs.). *Lo Stato di Diritto. Storia, teoria, critica*. 2ª ed. Milano: Feltrineli. 2003.

— VIII —

A memória e as fontes morais: horizontes incontornáveis na repersonalização do Direito Privado[1]

JOSÉ CARLOS MOREIRA DA SILVA FILHO[2]

1.

Já virou lugar comum dizer que a ideia de repersonalização do direito privado busca situar a pessoa e o sujeito de direito em perspectivas que se afastem do viés abstrato e atomista, tão característico da modernidade iluminista e de seus reflexos na ciência do direito. Para além da mera obviedade e das constatações retóricas, esta conclusão pode ser ancorada em análises mais aprofundadas, apoiadas em referenciais teóricos que não se limitem ao campo jurídico, indispensáveis para situar adequadamente a questão.

Neste particular, ainda que em caráter embrionário, gostaria de contribuir com duas ideias que acredito serem de grande potencial para explorar o tema. A primeira delas já foi objeto de um artigo anterior[3] e remete à filosofia moral de Charles Taylor, segundo a qual, sucintamente, nem toda autonomia contribui para o fortalecimento da identidade e para a promoção da dignidade da pessoa

---

[1] Este artigo é resultado parcial do projeto de pesquisa "Pessoa Humana e Sujeito de Direito nas Relações Jurídico-Privadas: identidade e alteridade", coordenado pelo Prof. Dr. José Carlos Moreira da Silva Filho e financiado pela UNISINOS. Este artigo também é fruto de projeto de pesquisa desenvolvido pelo Grupo de Pesquisa Direito à Memória e à Verdade e Justiça de Transição, com sede no Programa de Pós-Graduação em Direito da Universidade do Vale do Rio dos Sinos – UNISINOS-RS, intitulado "Dever de Memória e a construção da História Viva: a atuação da Comissão de Anistia do Brasil na concretização do Direito à Memória e à Verdade", e coordenado pelo Prof. Dr. José Carlos Moreira da Silva Filho. Este projeto de pesquisa, do qual o presente artigo resultou em parte, obtém auxílio financeiro do Conselho Nacional de Desenvolvimento Científico e Tecnológico – CNPq.

[2] Doutor em Direito das Relações Sociais pela Universidade Federal do Paraná – UFPR; Mestre em Teoria e Filosofia do Direito pela Universidade Federal de Santa Catarina – UFSC; Bacharel em Direito pela Universidade de Brasília – UnB; Professor Titular da UNISINOS-RS (Programa de Pós-graduação em Direito – mestrado e doutorado – e Graduação em Direito); Conselheiro da Comissão de Anistia do Ministério da Justiça; Membro fundador do Grupo de Estudos sobre Internacionalização do Direito e Justiça de Transição – IDEJUST (IRI-USP).

[3] Ver: SILVA FILHO, José Carlos Moreira da. A Repersonalização do Direito Civil a partir do pensamento de Charles Taylor: algumas projeções para os Direitos de Personalidade. In: MORAIS, José Luis Bolzan de; STRECK, Lenio Luiz (orgs.) *Constituição, sistemas sociais e hermenêutica*: programa de pós-graduação em direito da UNISINOS: Mestrado e Doutorado: Anuário 2008. Porto Alegre: Livraria do Advogado, 2009, p. 253-270.

humana. A segunda ideia aponta a importância chave que o conceito de memória pode ter quando voltado para as dinâmicas privadas e suas projeções jurídicas.

O objetivo destas linhas é o de situar a articulação dessas duas ideias entre si e relativamente ao tema da repersonalização do direito privado.

2.

Em *What is human agency?*,[4] Taylor procura responder à pergunta sobre o que diferencia os agentes humanos dos outros animais. Para guiar sua empreitada, faz uso de uma distinção chave trabalhada por Harry Frankfurt entre *desejos de primeira ordem* e *desejos de segunda ordem*. Sucintamente, um desejo de segunda ordem é um desejo que se debruça sobre outros desejos, que tem como objeto o ter ou não ter algum desejo primário. Em outras palavras, o desejo de segunda ordem diz respeito à capacidade de avaliar os desejos e de contrastá-los entre si. É um desejo sobre desejos. Para Taylor, é exatamente esta capacidade de avaliar os desejos e de distingui-los entre si a partir de algum critério que denota a marca distintiva do agir humano. Mas o autor não quer parar neste ponto ao qual leva a distinção feita por Frankfurt. Para delimitar com maior precisão o que caracteriza a agência humana, Taylor propõe uma segunda distinção, e que passará a ser a sua contribuição original e particular para o campo da filosofia moral: a distinção entre *avaliação fraca* e *avaliação forte*.

Inicia argumentando que podemos ostentar desejos de segunda ordem que não provocam nenhuma avaliação qualitativa dos desejos envolvidos. Assim, exemplifica, que alguém pode decidir deixar para comer mais tarde, ainda que esteja com muita fome, para que, assim, possa também nadar na piscina do local, que só abrirá mais tarde. Ou ainda, alguém pode escolher entre comer de sobremesa um *éclair* ou uma mil folhas.[5] Neste tipo de avaliação entre desejos, que Taylor chama de *avaliação fraca*, não há, em princípio, uma preocupação com o valor ou a qualidade dos diferentes desejos em jogo ou em comparação.

É claro que cada escolha pode suscitar sensações diversas, mas o decisivo é que na avaliação fraca não são pesados ou confrontados os valores que cada desejo poderia suscitar. É um desejo que não está conscientemente conectado com valores que são importantes e identitários para quem faz esta avaliação. O critério para a avaliação é a maior vontade de fazer uma ou outra coisa, algo próximo a um "estar mais afim de fazer isto do que aquilo". Os elementos que são analisados e confrontados não são os valores, mas sim as contingências do

---

[4] Ver: TAYLOR, Charles. What is human agency? In: TAYLOR, Charles. *Human agency and language* – philosophical papers I. Cambridge: Cambridge University Press, 1985, p. 15-44.

[5] Ibid., p.16.

momento que envolvem as escolhas possíveis. Assim, por exemplo, se a piscina excepcionalmente abrisse mais cedo naquele dia, nem seria preciso escolher entre comer agora ou nadar mais tarde, as duas coisas poderiam ser feitas.

Na *avaliação forte*, por outro lado, a contingência do momento não é o que determina a avaliação feita. Taylor exemplifica que alguém pode optar por não agir covardemente, ainda que se sinta fortemente inclinado a tal atitude, não porque exista contingencialmente algum outro desejo que entre em conflito com aquele (nos mesmos moldes do desejo de comer agora e do de aproveitar para nadar na hora da refeição), mas sim porque agir de modo corajoso faz parte de um modelo de vida. É um valor relacionado com o tipo de pessoa que se quer ser. Há aqui, pois, um outro tipo de incompatibilidade, aquela existente entre desejos e valores que são importantes na configuração da identidade pessoal.

Para que se possa realizar a avaliação forte é necessário que se desenvolva uma linguagem valorativa, que permita contrastar os diferentes desejos entre si, classificando-os como baixos ou elevados, virtuosos ou degradantes, corajosos ou covardes, etc. E a inserção de novos termos nesse vocabulário de valores pode ajudar a expressar melhor e mais amplamente os desejos que são objetos de uma avaliação forte, além de contribuir para transformá-los,[6] afinal uma nova interpretação sobre o significado de se seguir um determinado desejo pode ser decisiva na mudança de atitude em relação a ele.[7]

O que importa aqui, segundo Taylor, é perceber que tais avaliações, articuladas por um vocabulário de valores em constante possibilidade de alteração e enriquecimento, é o núcleo estruturante da identidade das pessoas. Quem se encontra distante ou confuso relativamente às suas avaliações fortes experimenta uma *crise de identidade*.[8]

---

[6] O tema do vocabulário valorativo e a sua interação com as configurações morais, ou de como a tentativa de exprimir as bases subjacentes às avaliações fortes atua de modo transformador sobre elas mesmas é assunto central de outro importante texto de Taylor intitulado *self-interpreting animals*. Ver: TAYLOR, Charles. Self-interpreting animals. In: TAYLOR, Charles. *Human agency and language* – philosophical papers I. Cambridge: Cambridge University Press, 1985, p. 45-76.

[7] Por exemplo, um estudante de Administração de Empresas pode ter o forte desejo de fazer parte do *reality show* "O Aprendiz" (no qual os participantes competem entre si para ver quem é o melhor administrador de uma empresa), porque acha que esta será uma boa oportunidade profissional. Porém, na continuidade do seu curso, faz uma disciplina crítica em relação aos enfoques gerencialistas e meramente instrumentais da Administração e, ao conhecer a obra de Foucault, conhece termos e conceitos relacionados às instituições de controle, entre eles a invocação do panóptico de Bentham. Subitamente, o estudante percebe na possível experiência de ser um participante do programa de TV uma dimensão que contraria seus princípios e valores mais importantes, associados ao desejo de não ser manipulado e de não se prestar para o reforço de óticas instrumentais e pouco preocupadas com valores que para ele são importantes.

[8] Eis como Taylor expressa esta ideia: "A noção de identidade nos refere a certas avaliações que são essenciais porque elas são o horizonte ou fundamento a partir do qual nós refletimos e avaliamos como pessoas. Perder este horizonte ou não tê-lo achado é, de fato, uma experiência aterradora de desagregação e perda. Este é o porquê podemos falar de uma 'crise de identidade' quando perdemos o controle sobre quem somos" (tradução nossa) (TAYLOR, op.cit., p.35). No original: "The notion of identity refers us to certain evaluations which are essential because they are the indispensable horizon or foundation out of which we reflect and evaluate as persons. To lose this horizon, or not to have found it, is indeed a terrifying experience of disaggregation and loss. This is why we can speak of an 'identity-crisis' when we have lost our grip on who we are".

Assim, as ações das pessoas e o modo como elas orientam a sua conduta estão profundamente embebidos em valores e significações que estruturam a compreensão de si e do mundo e a constituição da própria identidade. Tanto as pessoas individualmente quanto os coletivos nos quais se inserem, bem como as instituições que os expressam, amparam-se em concepções de bem que são formadas historicamente e que fecundam a linguagem como condição da constituição do próprio sujeito.

A ação moral por excelência é aquela orientada a partir do contato e do reconhecimento das fontes morais que estruturam a identidade do sujeito. A *avaliação forte* é aquela que se conduz a partir do reconhecimento dos valores identitários. Tais valores podem ser reacomodados e alterados em sua conformação hierárquica, mas apresentam sempre o necessário ponto de partida para uma ação qualitativamente superior. Neste ponto, importa perceber que a noção de avaliação forte não é apenas um elemento da moralidade, estando conectada com aquilo que define o que vem a ser uma *vida boa*. Ela está associada com a noção de um certo estilo de vida, o qual nem sempre se afirma e se manifesta em questões morais.[9]

Na *avaliação fraca,* o que conduz a ação do sujeito são desejos superficiais e contingentes, que podem recomendar, muitas vezes, um resultado contraditório em relação às configurações morais que jazem na sua arquitetura identitária.

Nesse enfoque, a dignidade da pessoa humana está diretamente associada à capacidade dos sujeitos de reconhecerem suas configurações morais, rearticulá-las quando necessário e guiarem suas ações com referência a elas. Importa perceber neste quadro que o aspecto coletivo e formativo dos valores e significados sociais apresenta-se de modo indissociado da perspectiva individual e relativamente autônoma dos sujeitos, sempre marcada por suas escolhas, por seus contextos particulares e por suas avaliações internas.

A expressão *imaginário social* é utilizada por Charles Taylor para se referir à dimensão prática e pré-reflexiva a partir da qual as ideias, as ações e os sentidos são construídos e modificados. Taylor esclarece que não se trata de uma teoria social, mas que pode comportar nas suas metamorfoses a incidência de teorias que acabem por modificar o imaginário social e influenciar as ações das pessoas,

---

[9] Para Taylor, as avaliações fortes são a porta de entrada para a recuperação do debate sobre o que vem a ser a vida boa. O autor denuncia que a filosofia moral contemporânea tem se restingido apenas ao que é o *correto* fazer, e não ao que é o *bom* ser. Naquele enfoque moral mais restrito o que importa é a adequação do comportamento às regras estabelecidas, bem como o processo geral pelo qual tais regras são criadas e admitidas. O debate sobre o teor dessas regras e os valores que as estruturam, o seu aspecto qualitativo é relegado à margem das discussões. Isto quer dizer que não se tem discutido, pontuado ou desenvolvido a ideia do bem como objeto de amor e adesão, tem-se tão somente se limitado a estabelecer guias para a ação que enfatizam o aspecto do *dever* ou da *obrigação.* O tema da vida boa, entretanto, vai além daquilo que se está obrigado a fazer, invocando, ademais, aquilo que é *bom* fazer, mesmo que não obrigatório. Diz respeito à afirmação de um modo de vida. Tal viés traz uma dimensão marcadamente substancialista para o campo da ética. Este ponto é mais desenvolvido na primeira parte de *As fontes do self* (ver especialmente: TAYLOR, Charles. *As fontes do self*: a construção da identidade moderna. São Paulo: Loyola, 1997, p. 110), mas já pode ser divisado no texto *self-interpreting animals* (Ver: TAYLOR, op. cit., p. 68).

mesmo que disso não se tenha consciência.[10] O *imaginário social* comporta uma grande complexidade e não pode ser exaurido em uma descrição completa, detalhada e objetiva, trazendo sempre em seu interior tendências e noções conflitantes, ainda que muitas acabem por assumir um lugar predominante.

Eis como Taylor define a noção de *imaginário social*:

> (...) os modos pelos quais as pessoas imaginam sua existência social, como elas se integram com os outros, como as coisas prosseguem entre elas e seus amigos, as expectativas que normalmente são satisfeitas, e as noções e representações normativas profundas que subjazem a estas expectativas.[11]

Percebe-se, assim, que a noção de pessoa e o núcleo da sua dignidade estão associados, para Taylor, ao reconhecimento de uma dimensão moral e ética que subjaz à sua arquitetura identitária. O conceito de avaliação forte evidencia o reconhecimento de uma esfera de pertencimento prévio a um mundo de significados e ao reconhecimento subjetivo a partir dessa mesma esfera. A autonomia e a liberdade não são pontos de início dessa dinâmica, estando, antes, atreladas a tais *horizontes inescapáveis*.[12] O grande problema nesse quadro todo é que a noção moderna de sujeito está demasiadamente aprisionada por uma concepção neutra, abstrata e instrumentalizadora que não consegue, inclusive, reconhecer a sua própria história e contextualização de emergência e de sedimentação.[13]

Argumenta Taylor que é um equívoco entender que a marca fundamental da pessoa é a sua consciência, entendida esta como um poder de representação, a partir do qual o sujeito fosse uma espécie de espelho que conseguisse neutramente refletir a essência das coisas à sua volta, ou ainda um ser superior na articulação de estratégias e cálculos que sejam mais eficientes para levá-lo a cumprir os seus fins. Toda esta caracterização deixa de lado o aspecto reflexivo do sujeito quanto às suas fontes morais, à sua identidade e, consequentemente, àquilo que confere significado e direção às suas ações de afirmação do que lhe é digno.[14]

---

[10] Em seu livro dedicado ao tema, Charles Taylor argumenta que as teorias construídas por Hugo Grócio e John Locke, o direito natural do século dezoito, eram, no início, apenas ideias desenvolvidas em um círculo intelectual restrito, mas que vieram a fazer parte de um novo imaginário social que caracteriza em grande parte as sociedades ocidentais modernas, e que compreende, entre outros, aspectos políticos, morais e econômicos (TAYLOR, Charles. *Modern social imaginaries*. Durham; London: Duke University Press, 2004, p. 62).

[11] Tradução nossa. No original: "(...) the ways people imagine their social existence, how they fit together with others, how things go on between them and their fellows, the expectations that are normally met, and the deeper normative notions and images that underlie these expectations" (Ibid,. p. 23).

[12] TAYLOR, Charles. *The ethics of authenticity*. Cambridge: Harvard University, 2000, p. 31.

[13] Como resta sobejamente demonstrado em *As fontes do self*, especialmente nas partes II e III da obra.

[14] Em texto no qual Taylor procura indicar o que é distintivo e característico da agência humana, esta ideia é exposta de modo sucinto: "A essência da avaliação não mais consiste em avaliação à luz de metas fixas, mas também e até mais na sensibilidade a certos *standards*, aqueles envolvidos nas metas peculiarmente humanas. O senso de *self* é o senso sobre onde se está em relação a tais *standards*, e a escolha propriamente pessoal é aquela por eles informada. O centro de gravidade, portanto, muda em nossa interpretação acerca das capacidades pessoais. O centro não é mais o poder de planejar, mas sim a abertura a certas questões de significação. Isto é agora o que é essencial à agência pessoal". (tradução nossa). (TAYLOR, Charles. The concept of a person. In: TAYLOR, Charles. *Human agency and language* – philosophical papers I. Cambridge: Cambridge University Press, 1985, p. 105). No original: "The essence of evaluation no longer consists in assessment in the light of

3.

Partindo desses conceitos e ponderações de Charles Taylor sobre o que caracteriza a agência humana, a sua dimensão moral e ética, bem como em que nível se ancoram as configurações identitárias e o seu necessário reconhecimento, todos aspectos indispensáveis para a afirmação da dignidade da pessoa, é possível perceber o quanto este nível qualitativo das ações humanas não é devidamente levado em conta nas representações e manifestações doutrinárias do direito privado, ainda apegadas demasiadamente à noção instrumental do sujeito.

Somente o viés neutro, abstrato e distanciado da agência humana, concentrado mais nas habilidades e capacidades de controle, manipulação e cálculo pode se contentar em associar a dignidade da pessoa tão somente à sua autonomia e liberdade, situando-os, tradicionalmente, como uma espécie de marco zero não só das possibilidades individuais mas até da própria sociedade e da organização estatal. É o que se vê nos modelos contratualistas e no viés iluminista de rompimento com a tradição e de comprometimento com o progresso. O futuro se transforma no resultado das ações estratégicas da humanidade e o passado é representado como um objeto distante e perfeitamente descritível. A pessoa se projeta para fora das suas condições e consciência histórica e pode ser depurada em moldes quantitativos e expressões numéricas. É este entendimento que serve de abrigo às concepções reducionistas da análise econômica do direito, que reduzem as deliberações privadas a questões de cálculo e análises do tipo custo-benfício. Este tipo de deliberação é precisamente o que Taylor designou de *avaliação fraca*, e que é assim qualificada especialmente pela sua incapacidade em adentrar as questões de valor e de significação qualitativa que, afinal, são as responsáveis por designar o que é propriamente humano.

É preciso que o mote da repersonalização do direito privado não se contente em associar a dignidade da pessoa humana à sua autonomia. Como já registrei em outro artigo, as pessoas são livres até mesmo para atentar contra a sua própria dignidade.[15] Neste caso, estariam naquele estado que Taylor designou de *crise identitária*, incapazes de reconhecerem suas próprias configurações morais e agindo ao sabor das circunstâncias.

A abertura da dimensão qualitativa no campo das ações privadas e dos direitos a elas correlatos é um campo fértil e promissor para que se consiga situar adequadamente a realidade de inúmeros grupos e pessoas, especialmente daqueles que resistem de maneira mais intensa a serem reduzidos ao parâmetro do sujeito calculador e neutro, tão bem representado na ideia do sujeito proprietário ou do

---

fixed goals, but also and even more in the sensitivity to certain standards, those involved in the peculiarly human goals. The sense of self is the sense of where one stands in relation to these standards, and properly personal choice is one informed by these standards. The centre of gravity thus shifts in our interpretation of the personal capacities. The centre is no longer the power to plan, but rather the openness to certain matters of significance. This is now what is essential to personal agency".

[15] SILVA FILHO, op. cit., p. 269.

clássico sujeito de direitos.[16] É o caso dos indígenas, dos quilombolas, das crianças, dos adolescentes, mas também é o caso da infinidade de coletivos e pessoas que se definem e se reconhecem pelos seus pertencimentos plurais a diferentes padrões culturais, crenças e valores, bem como àqueles grupos que se reconhecem em situações de carência e exclusão.

4.

A outra ideia que quero aqui esboçar vem no rastro da primeira. O sujeito tradicional que o direito privado esboça, como já foi dito, é um sujeito geral, insípido, incolor e inodoro. É um sujeito sem história e sem pertencimento a horizontes significativos. Poderíamos dizer que é um sujeito sem memória. Contudo, quando se passa a conceber este sujeito a partir do seu pertencimento histórico e significativo, reconhecendo sua identidade com base em suas configurações morais, geradas e embebidas em imaginários sociais, fora dos quais não é possível a agência humana, a memória se transforma em caminho indispensável para a afirmação da vida boa e da própria dignidade. Daí a necessidade de se abrir aqui um espaço para desenvolver o tema da memória.[17]

O século XX é o século da memória. As guerras, os totalitarismos, os genocídios, as ditaduras, os crimes contra a humanidade e os campos de concentração impuseram uma reflexão sobre a importância da memória, emblematicamente contida no famoso adágio adorniano de um novo imperativo categórico: o de lembrar para não repetir jamais.[18] Ao longo do século passado, e especialmente em sua segunda metade, houve uma verdadeira profusão de obras, monumentos e espaços de memória.

Paradoxalmente, porém, o apelo à memória parece, nesse fim/começo de século, ser engolfado por uma perspectiva *amnésica*. É desde o iluminismo e sua grande fé na razão que o apagamento dos rastros, ou a pouca importância dada a eles, vem indicando um caminho no qual as capacidades e habilidades racionais suplantam as amarras tecidas pelo fio da memória e pelos laços comunitários.[19]

---

[16] Sobre este ponto, ver maiores desenvolvimentos em: SILVA FILHO, José Carlos Moreira da. A Repersonalização do Direito Civil em uma sociedade de indivíduos: o exemplo da questão indígena no Brasil. In: XVI Encontro Nacional do Conselho Nacional de Pesquisa e Pós-Graduação em Direito – CONPEDI, 2007, Belo Horizonte-MG. *Anais do XVI Encontro Nacional do CONPEDI*. Florianópolis-SC : Fundação Boiteux, 2007, v. 1, p. 2780

[17] A partir deste ponto, faço uso de algumas considerações que estão desenvolvidas no artigo: SILVA FILHO, José Carlos Moreira da. "Dever de memória e a construção da história viva: a atuação da comissão de anistia do Brasil na concretização do direito à memória e à verdade". In: PADRÓS, Enrique Serra; BARBOSA, Vania M.; FERNANDES, Amanda Simões; LOPEZ, Vanessa Albertinence (orgs.). *O fim da ditadura e o processo de redemocratização*. Porto Alegre: Corag, 2009, p. 47-92. (A Ditadura de Segurança Nacional no Rio Grande do Sul, 1964 – História e Memória – 1985, v. 4).

[18] Eis a clássica formulação: "Hitler há impuesto a los hombres en estado de no-libertad un nuevo imperativo categórico: orientar su pensamiento y su acción de tal modo que Auschwitz no se repita, que no ocurra nada parecido" (ADORNO, Theodor W. *Dialectica negativa*. Tradução de Alfredo Brotons Muñoz. Madrid: Akal, 2005, p. 334).

[19] Afirma Todorov que, nesse sentido, "quienes deploran la falta de consideración hacia la memoria en las sociedades occidentales contemporáneas no van desencaminados: se trata de las únicas sociedades que no se

No lugar do passado comum, ainda pulsante na memória, as fórmulas democráticas modernas preferiram instaurar um marco zero, capaz de purificar todas as feridas, as dores e as injustiças cometidas no passado ao substituí-las pela igualdade. Rousseau, em *A origem da desigualdade*, afirma que a desigualdade não é algo natural, que ela é fruto da ação humana, muitas vezes tida como racional. Aqui há, portanto, um dado muito importante: o reconhecimento da existência da desigualdade e a lembrança da responsabilidade por ela. No *Contrato Social*, contudo, o que é recomendado? Que se parta de uma espécie de marco zero. Que se refunde a sociedade substituindo a premissa real da desigualdade pela premissa ideal da igualdade entre todos os homens. E este tem sido o modelo de muitas teorias da justiça modernas e contemporâneas.[20]

O sujeito racional moderno configura um ser desancorado, enaltece as habilidades do cálculo e do autocontrole e pretende instaurar um ponto de observação neutro e universal. Essa, porém, não é a única direção apontada na modernidade. O romantismo, que surge como reação à ilustração, volta-se ao passado, abre espaço para o expressionismo do *self*, lembra dos laços comunitários e permite a fundação da ciência histórica.[21] Nem por isto, porém, a tradição romântica consegue evitar a colonização do tema da memória pelo racionalismo cientificista. As armadilhas racionalistas vão desde o viés cientificista da historiografia até o diligente engendrar das nações, dos seus mitos e das suas liturgias.

O historicismo prestou-se a reforçar uma concepção acumulativa, evolutiva e continuísta do tempo, reservando um papel normativo para a memória,[22] confundida em muitos momentos com a repetição fria e hipnótica de rituais de civismo e do culto a símbolos forjados para representar um conceito de unidade que, mais do que o reflexo de laços tradicionais e fruto de um escavar da memória, atendia aos interesses e às conveniências da formação do ideal nacionalista.

O século XX apresentou as conseqüências funestas da troca da memória pelo marco zero da igualdade aliada à produção cada vez mais industrial do ideal de nação: as guerras mundiais, os totalitarismos, os genocídios, os crimes contra a humanidade, as ditaduras e o alastramento da exclusão social e política.[23]

---

sirven del pasado como de un medio privilegiado de legitimación, y no otorgan un lugar de honor a la memoria" (TODOROV, Tzvetan. *Los abusos de la memoria*. Barcelona: Paidós, 2000, p. 19).

[20] Quem chama atenção para essa troca da injustiça pela igualdade presente nas teorias modernas da justiça são Reyes Mate e Tzvetan Todorov. Ver: MATE, Reyes. Fundamentos de una filosofía de la memoria. In: RUIZ, Castor Bartolomé (org.). *Justiça e memória*: para uma crítica ética da violência. São Leopoldo: UNISINOS, 2009. p.17-50; e TODOROV, *op.cit.*, p. 20.

[21] TAYLOR, Charles. A importância de Herder. In: TAYLOR, Charles. *Argumentos filosóficos*. São Paulo: Loyola, 2000. p. 93-114.

[22] CATROGA, Fernando. *Memória, história e historiografia*. Coimbra: Quarteto, 2001, p. 32.

[23] CHARLES TAYLOR observa que, em contraposição à sociedade hierárquica anterior, na qual a *honra* (e a consequente diferenciação entre os que a detinham e os que não a detinham) ocupava papel central, a sociedade moderna apoiou-se na noção de *dignidade* (que se refere a uma potencialidade que todos possuem, mesmo os que não a podem exercer), altamente vinculada à noção de igualdade entre todos os homens. A relação com os outros deve, pois, partir de uma ausência de dominação (liberdade), de uma ausência de papéis diferenciados (igualdade) e da existência de um objetivo comum coeso (fraternidade), para que, assim, seguir a opinião dos outros seja, em verdade, seguir a sua própria. Tal é a fórmula rousseauniana do soberano e do súdito em uma

No vácuo instaurado pelo segundo pós-guerra, espraiado pelo cenário da guerra fria, firmou-se o contemporâneo, chamado por muitos de *pós-moderno*. Para efeitos de um rápido, sucinto e didático contorno faço uso aqui dos três tipos de *pós-modernismo* apresentados por Ricardo Timm de Souza:[24] o *pós-modernismo hegemônico*, *o desesperado* e o *desviante*.

Passado o otimismo da multiplicação artística e da proliferação de infinitas possibilidades, compreende-se que o alardeado "fim da história" chancelou uma nova ordem econômica, e que por detrás do discurso da liberdade de todos e do respeito à diversidade encontra-se, na verdade, uma grande padronização no valor quantitativo e monetário e uma espécie de pouca importância dada às opções qualitativas ou concepções de bem que os membros e grupos da sociedade tenham ou façam. Como disse Bauman, hoje se pode ter todas as opções, menos a opção de não se ir às compras.[25] A diversidade se encontra nas prateleiras e *outdoors*.

Por trás da fragmentação e da complexidade apresenta-se uma lógica perfeitamente coerente e que vai encontrar suas raízes nas profundezas do sistema socioeconômico.[26] A isto pode chamar-se de *pós-modernismo hegemônico*. A padronização dos valores e a transformação da diferença no seu contrário traz como consequência inexorável a sensação de perda de valor. O *homem massa* apresentado por Hannah Arendt,[27] e assim caracterizado pela ausência de laços políticos e coletivos mais expressivos, se metamorfoseia no homem ágil, autocentrado e niilista dos tempos pós--modernos. Com isto mergulha-se em um *vale-tudo*, no qual, como explica Ricardo Timm de Souza, a "lógica é simples: 'já que não tenho nenhum valor -> tudo deve ser experimentado -> já que nada tem valor -> já que não tenho valor'".[28]

Nesse *pós-modernismo desesperado,* os instantes são separados uns dos outros e se tornam autossuficientes. O tempo se apresenta como a justaposição de instantes independentes, nos quais se reedita monocordicamente a possibilidade do gozo total, a insistência na negação da falta constitutiva dos sujeitos e de

---

mesma pessoa. O grande problema desse esquema, na opinião de TAYLOR, é que a igualdade de estima se apóia em uma unidade de objetivos que parece refratária a qualquer diferenciação, tendo sido "a fórmula usada para os mais terríveis gêneros de tirania homogeneizante, que teve início com os Jacobinos e se prolongou até os regimes totalitários do nosso século." (TAYLOR, Charles. "A política de reconhecimento". *In*: TAYLOR, Charles, APPIAH, K. Anthony *et al. Multiculturalismo*. Lisboa: Piaget, 1998, p. 71).

[24] SOUZA, Ricardo Timm de. Alteridade & pós-modernidade – sobre os difíceis termos de uma questão fundamental. In: SOUZA, Ricardo Timm de. *Sentido e alteridade* – dez ensaios sobre o pensamento de Emmanuel Levinas. Porto Alegre: PUCRS, 2000, p. 147-187.

[25] BAUMAN, Zygmunt. *Modernidade líquida*. Rio de Janeiro: Jorge Zahar, 2001, p. 87.

[26] É o que afirma Ricardo Timm de Souza: "Há, portanto, por detrás das aparentemente descontroladas convulsões da sociedade em seus espasmos pós-modernos, uma lógica, e uma lógica perfeitamente clara, que permite inclusive que em um país que *nunca foi moderno* – o Brasil – tanto se fale em Pós-modernismo e suas manifestações diversas. Esta lógica, a hiper-espacialização do realmente significativo até *perder-se de vista* ou a infinita difusão do diferente ao ponto de reduzi-lo ao seu contrário" (SOUZA, op. cit., p. 156).

[27] ARENDT, Hannah. *Origens do totalitarismo* – anti-semitismo, imperialismo e totalitarismo. São Paulo: Companhia das letras, 1989.

[28] SOUZA, op. cit., p. 159-160.

suas identidades.[29] No cenário de um *vale tudo* como esse, a imagem do tempo linear, científico e asséptico atinge o seu ápice. O passado se apresenta apenas como "o que já passou", sem que sobreviva sequer o interesse pelas histórias e estórias guardadas nos arquivos e nos museus, pois domina a sensação de que não há tempo a perder na presentificação do gozo, o que, paradoxalmente, traz uma crescente sensação de falta de tempo.

Nesse palco, a ação humana é sem memória, ela se inscreve no mesmo registro da sociedade de consumo, mimetizando a criança que mal desembrulha o presente novo e já sonha com o próximo, relegando os brinquedos abertos às pilhas de caixas mal acomodadas no armário. Na sociedade de consumo, os bens são descartáveis, e o prazer que podem proporcionar tende a se esgotar tão logo sejam adquiridos, cedendo lugar à compulsão de buscar mais itens a serem consumidos. O tempo acaba se preenchendo totalmente com essa corrida ao prêmio que sempre desloca o ponto de chegada para o futuro imediato.[30]

Na sociedade amnésica, a memória adquire importância quando tida como *memorização*, ou seja, quando associada à capacidade de armazenar informações e reivindicá-las sempre que isto for conveniente. Os programas de televisão e os semanários em suas reportagens especiais sobre a memória enaltecem as últimas descobertas científicas sobre a capacidade do cérebro humano em armazenar e manipular informações. Como afirma Ricoeur, a *memorização* representa a imaginação liberta do passado.[31] Ela destaca a plenitude dominadora e controladora da ação, a precisão e o desenvolvimento da técnica, a frieza e a pressa da mani-

---

[29] A caracterização desse sujeito sem limites e sem passado remete à tese de Charles Melman do "Homem sem gravidade". No prefácio do livro, que traz, na verdade, uma entrevista com o psicanalista francês, Jean-Pierre Lebrun afirma que a mudança deflagrada por esse novo tipo de sujeito "instala a compatibilidade entre uma economia liberal desenfreada e uma subjetividade que se crê liberada de toda dívida para com as gerações precedentes – em outras palavras, 'produzindo' um sujeito que crê poder fazer tábua rasa de seu passado" (LEBRUN, Jean-Pierre. Prefácio. In: MELMAN, Charles. *O homem sem gravidade* – gozar a qualquer preço. Rio de Janeiro: Companhia de Freud, 2003, p. 12).

[30] O filósofo espanhol José Antonio Zamora, em texto primoroso, reforça o caráter amnésico que o capitalismo e o mote do progresso impõem, bem como a noção de um tempo vazio, no qual a novidade é apenas um disfarce para encobrir a superficialidade das ações e a violência que ignora. "Convertida en ideología dicha idea de progreso no pone el acento en la definición cualitativa de lo nuevo, sino que convierte el proceso histórico en un movimiento automático que confiere a lo nuevo una significación meramente temporal. Lo más reciente es lo mejor, independientemente de cualquier análisis cualitativo. (...) Sin embargo, tanto el tiempo vacío y homogéneo como el progreso ilimitado e irreversible poseen un origen histórico y social, son resultado de decisiones concretas de sujetos sociales determinados. La conciencia que se sirve del pensamiento abstracto y el tiempo vacío y homogéneo se condicionan mutuamente y hacen posible la conjunción de medios y fines en el nuevo modo de producción capitalista. Se trata de un pensamiento que no tiene consideración de los contenidos, la materialidad y la coseidad y que, por ello, produce infinitud, ilimitación, ausencia de contenido: un pensamiento que se realiza pasando por alto y destruyendo objetos y sujetos concretos. Este pensamiento reproduce las características del proceso real de progreso al que va unido y del que es condición de posibilidad al mismo tiempo.
Pero este tiempo abstracto, constituido en naturaleza segunda, no sólo encubre el carácter histórico de su génesis, para así poder perpetuarse mejor, sino que oculta con el brillo deslumbrador de lo supuestamente nuevo los sufrimientos y catástrofes que en dicho proceso afectan tanto a la naturaleza como a los seres humanos" (ZAMORA, José Antonio. W. Benjamin: crítica del capitalismo y justicia mesiánica. In: RUIZ, Castor Bartolomé [org.]. *Justiça e memória*: por uma crítica ética da violência. São Leopoldo: UNISINOS, 2009, p. 56 e 60).

[31] RICOEUR, Paul. *A memória, a história, o esquecimento*. Campinas: UNICAMP, 2007, p. 77.

pulação da realidade ao sabor dos objetivos do momento, ajudando a criar verdadeiros *atletas da memória,*[32] sempre em exibição nos espetáculos e programas de perguntas e respostas e nos bancos escolares. Nesses casos, trata-se, portanto, de evocar saberes aprendidos, e não de evocar o passado.

A solidão profunda do homem *pós-moderno* mergulha em uma perda de referências, já que o passado se espalha como pó ao vento. A consequência inelutável disto é o enfraquecimento da ideia de futuro. Hannah Arendt já havia constatado, ainda no meio do século XX, que o sinal mais expressivo da privatização do público é a perda do interesse pela imortalidade.[33] O espaço público é aquele lugar que já estava aqui antes do nascimento e continuará a existir após a morte. Pensar nele como o palco das ações humanas significa projetar essas ações em um futuro capaz de ultrapassar a própria morte. É sintomático que na sociedade contemporânea a falta de interesse em se propor, pensar e discutir projetos de futuro para o país e para o mundo seja acompanhada pela irrelevância da memória. Daí a sensação concreta de inutilidade da política e do enterro dos projetos emancipatórios, ou da indisposição para *cerrar fileiras.*[34]

A *sociedade amnésica* não é, porém, a única possibilidade contemporânea. A perda de referências é também o sinal de que, como disse Melman, "o céu está vazio, tanto de Deus quando de ideologias, de promessas, de referências, de prescrições, e que os indivíduos têm que se determinar por eles mesmos, singular e coletivamente".[35] Com o afrouxamento das amarras metafísicas, não desponta apenas o indivíduo narcísico e "desesperado", abre-se espaço também para o reconhecimento da alteridade, de uma dimensão não colonizada pela tautologia do sujeito. Na abertura desse espaço confronta-se a alteridade do passado, sua reconstrução a partir dos lugares e das memórias das pessoas. Diferentes narrativas emergem e concorrem para a formação das subjetividades, que são, de fato, desde o início demarcadas pelos limites do Outro.[36]

Diante da dura e massacrante homogeneização do tempo e padronização dos valores, abre-se a possibilidade do imprevisível, o inusitado da ruptura, a recuperação da memória sufocada pela repetição do presente vazio. Aqui estaria o *pós-modernismo desviante*, aberto para o que não pode ser totalmente controlado e inventado, mas sim reconhecido, pois "o propriamente humano não se inscreve nos conceitos que descobre ou cria, mas na anterioridade que lhe permite justamente *pensar* e – criar conceitos. É na *vida*, e não em si mesma, que a filosofia tem de se referir em última instância".[37]

---

[32] A expressão é de Paul Ricoeur (Ibidem, p. 75).

[33] ARENDT, Hannah. *A condição humana.* 10.ed. Rio de Janeiro: Forense Universitária, 2001, p. 64-65.

[34] Expressão elucidativa do diagnóstico de Bauman sobre o individualismo e o enfraquecimento do público que caracterizam o contemporâneo (Ver: BAUMAN, Zygmunt. *Modernidade líquida.* Rio de Janeiro: Jorge Zahar, 2001.p.41-45) O mesmo aspecto também é referido por Catroga: CATROGA, op. cit., p.33.

[35] MELMAN, op. cit., p. 16.

[36] CATROGA, op. cit., p. 17-18.

[37] SOUZA, op. cit., p. 178.

5.

A memória é, portanto, uma condição indispensável para que se possa reconhecer não somente as fontes morais que estruturam a identidade de cada pessoa, mas também para interromper um contínuo histórico puxado pela locomotiva do progresso, que vê nos escombros que vai deixando pelo caminho apenas um efeito colateral ou custo necessário e desprezível quando comparado às possibilidades de desenvolvimento espreitadas pela razão estratégica e ardilosa, indiferente às vítimas do processo.[38]

É esta indiferença que se percebe quando o direito privado trata dos direitos do consumidor, do direito contratual e do direito de propriedade de maneira completamente alheia à situação daqueles que não podem consumir o essencial para sua sobrevivência, que não podem se envolver em relações contratuais básicas (seja por não serem considerados capazes ou não terem uma propriedade mínima), ou que não possuem um teto para morar ou terra para plantar, ou ainda, como os indígenas, que não possuem ou se vêem ameaçados na posse da terra a partir da qual afirmam o seu modo de vida.

Assim, seja para afirmar a própria identidade e dignidade, seja para reconhecer a identidade e a dignidade dos outros (especialmente dos que são forçados às margens de invisibilidade social), a memória revela-se uma condição indispensável. Como registra Taylor, trata-se de ser fiel à alguma coisa, de promover o seu reconhecimento.[39] Creio que aqui nos aproximamos da *fidelidade da memória* mencionada por Paul Ricoeur.[40] Aquela que depende de um exercício cuidadoso e paciente de representificação do ausente e de pertencimento à sua própria história.

Os caminhos da repersonalização do direito privado devem passar por estas duas avenidas: a da avaliação forte e a da memória, dois fortes antídotos para a pessoa atomista, instrumental e neutra que tão fortemente tem nos caracterizado ao longo da modernidade e das suas formulações jurídicas. Ficam aqui registradas algumas balizas para este percurso.

---

[38] Remeto neste ponto a artigo no qual procurei focar o conceito de história em Walter Benjamin, tão sugestivamente representado pelo desenho de Paul Klee, o *Angelus Novus*. Tal conceito é indispensável para que se possa pensar em uma justiça das vítimas e em ações que não se acomodem com o saldo de destruição e violência que a marcha do progresso impõe. Ver: SILVA FILHO, José Carlos Moreira da. O anjo da história e a memória das vítimas: o caso d a ditadura militar no Brasil. In: RUIZ, Castor Bartolomé (org.). *Justiça e memória*: por uma crítica ética da violência. São Leopoldo: UNISINOS, 2009, p. 121-157.

[39] Eis a formulação do autor: " Nossas tentativas de formular o que nos é importante devem, como descrições, se esforçarem para serem fiéis a algo. Mas o que elas se esforçam para serem fiéis não é um objeto independente com um grau fixo e uma maneira de evidência, mas sim um senso largo e inarticulado do que é de decisiva importância". (tradução nossa) (TAYLOR, What is human agency?, p. 38). No original: "Our attempts to formulate what we hold important must, like descriptions, strive to be faithful to something. But what they strive to be faithful to is not an independent object with a fixed degree and manner of evidence, but rather a largely inarticulate sense of what is of decisive importance".

[40] RICOEUR, op. cit., p. 55-56.

— IX —

Nota crítica sobre a interpretação constitucional e o mau uso do direito comparado no caso da progressividade tributária: nova chance ao Supremo Tribunal Federal afirmar sua legitimidade política

JOSÉ GUILHERME GIACOMUZZI[1]

"Uma olhada em alguns casos recentes do Supremo Tribunal Federal brasileiro mostra um cenário muito similar [ao argentino], mas ainda mais complexo. Enquanto referências a fontes estrangeiras às vezes servem como mera 'decoração' no voto do julgador, argumentos comparativos sérios são bem freqüentes". – Jan Kleinheisterkamp, em 2008.[2]

"Claro que a interpretação do direito se deixa sensibilizar pela política, desde que não entendida no sentido de manipulação do poder ou de influência dos interesses partidários sobre a atividade do intérprete, mas no de jurisfacção do poder e de justiciabilidade da política". – Ricardo Lobo Torres.[3]

"Evidentemente, a transmissão da riqueza por herança é uma das principais causas da desigualdade econômica nesta sociedade que não tem consciência de suas classes". – Liam Murphy e Thomas Nagel.[4]

Sumário: 1. Introdução; 2. O mau uso do direito comparado e a interpretação política no STF; 3. Conclusão; Obras Consultadas.

1. Introdução

Está em andamento no Pleno do Supremo Tribunal Federal o julgamento do Recurso Extraordinário nº 562.045-0/RS, no qual se analisa a constitucionalidade

---

[1] Mestre (UFRGS, 2000) e Doutor em Direito (*George Washington University Law School*, EUA, 2007). Pesquisador Visitante na *Columbia Law School*, EUA (2005). Professor nos cursos de graduação e pós-graduação em Direito da UNISINOS, RS. Promotor de Justiça Coordenador do Centro de Apoio do Patrimônio Público no MP/RS.

[2] Kleinheisterkamp (2008), p.299.

[3] Torres (2009), p.146.

[4] Murphy & Nagel (2005), p.194.

da Lei Estadual nº 8.821/1989, do Rio Grande do Sul, que estabelece a progressividade de alíquotas do Imposto de Transmissão *Causa Mortis* e Doações. A repercussão geral do referido RE foi reconhecida pelo STF em 01.02.2008, o que sobresta o envio à Corte de todos os demais recursos que tratem da mesma questão,[5] e a decisão final haverá de refletir-se nos casos análogos por todo o país, seja nos poucos Estados-membros que hoje consagram a progressividade do ITCD,[6] seja nos que não a consagram, mas porventura pretendam um dia fazê-lo. Até o momento em que entrego este artigo à publicação (07.2009), a votação está quatro a um em favor da constitucionalidade da progressividade: somente o Ministro-Relator, Ricardo Lewandowski, negou provimento ao recurso; os Ministros Eros Grau, Menezes Direito, Cármen Lúcia e Joaquim Barbosa proveram o recurso, que aguarda o pedido de vista do Ministro Carlos Britto desde 17.09.2008.

O RE paradigma em questão é um dos muitos recursos interpostos pelo Estado do RS das reiteradas decisões que vem tomando o Tribunal de Justiça gaúcho, inclusive por seu Órgão Pleno, no sentido de julgar inconstitucional a progressividade das alíquotas do ITCD, por ofensa ao princípio da capacidade contributiva (§ 1º do art. 145, CF),[7] tido por ser a "espinha dorsal da justiça tributária".[8] Essas decisões do TJ/RS têm base numa bem conhecida e singela tese de dois estágios: primeiro, classifica-se o ITCD como um imposto "real"; depois, aplica-se a máxima de que progressividade fiscal supostamente autorizada pelo § 1º do art. 145 da CF só seria cabível nos chamados impostos "pessoais", a menos que a progressividade venha expressamente prevista no texto constitucional, como ocorre no caso do Imposto Predial e Territorial Urbano (art. 156, § 1º, CF, redação pós Emenda Constitucional nº 29/2000), mas não ocorreria com o ITCD.

[5] Cf. STF, Pleno, Questão de Ordem no RE nº 559.607-9/SC, rel. Min. Marco Aurélio, j. 26.09.2007, DJE 22.02.2008.

[6] Além do Estado do RS, as leis estaduais da Bahia (art. 9º, I, Lei nº 4.826/1989), Goiás (art. 78, Lei nº 11.651/1991), Mato Grosso (art. 19, Lei nº 7.850/2002), Rondônia (art. 5º, Lei nº 959/2000) e Santa Catarina (art. 9º, Lei nº 13.136/2004; e art. 7º, Decreto nº 2.884) também consagram a progressividade das alíquotas do ITCD. O Estado de São Paulo reconhecia a progressividade de alíquotas entre 2,5% a 4% (art. 16, Lei nº 10.705/2000), mas a Lei nº 10.992/2001 unificou a alíquota em 4% sobre a base de cálculo. Em 08.11.2001, o então Governador Geraldo Alckmin enviou ao Parlamento de SP a Mensagem nº 174, como justificativa ao Projeto de Lei nº 757/2001, o qual, dentre outras alterações na Lei do ITCD paulista, unificou a alíquota do referido imposto. No documento, o DD. Governador alegou que o aumento/unificação das alíquotas objetivava aumentar a receita pública e "simplificar o cálculo do imposto, que vem causando perplexidade a todos que se deparam com a norma". A justificativa é singela, e a perplexidade é causada em quem a lê com atenção: na prática, a unificação da alíquota em 4% significa mais dinheiro nos cofres públicos, mas às custas de quem pagaria alíquotas mais baixas. Talvez pudesse o Estado de SP angariar ainda mais recursos tributando mais os que herdam mais: bastava manter a alíquota mínima de 2,5% (ou mesmo diminuí-la) e aumentar a alíquota máxima para 8%. Mas a opção política do legislador paulista resolveu privilegiar quem tem (ou herda, no caso) mais.

[7] Refiro aqui somente alguns acórdãos mais recentes: TJRS, 8ª Câm. Cív., Agr. Inst. nº 70025028929, rel. Des. Claudir F. Faccenda, j. 26.06.2008; 8ª Câm. Cív., Agr. Inst. nº 70024135345, rel. Des. José A. Siqueira Trindade, j. 19.06.2008; 7ª Câm. Cív., Agr. Interno nº 70024686024, rel. Des. Sérgio F. de Vasconcellos Chaves, j. 25.06.2008; 7ª Câm. Cív., 7ª Câm. Cív., Agr. Interno nº 70024561714, rel. Des. Ricardo R. Ruschel, j. 18.06.2008. No Pleno do TJRS, há dois Incidentes de Inconstitucionalidade: nº 70019099233, rel. Des. Araken de Assis, j. 25.06.2007; e nº 7001324508, rel. Des. Araken de Assis, j. 10.04.2006. Somente no primeiro Incidente foi atingida a maioria absoluta (art. 97, CF) para a declaração incidental da inconstitucionalidade.

[8] A expressão é de Derzi (1994), p.206.

Essa tese tem história bem conhecida: foi construída no STF pelo Ministro Moreira Alves no *leading case* RE nº 153.771-0/MG, julgado em 1996,[9] recurso esse interposto por um particular contra o Município de Belo Horizonte, no qual o IPTU progressivo era cobrado com base em lei municipal de 1989, a qual foi tida por inconstitucional. Em resposta a esta decisão do STF foi editada a Emenda Constitucional nº 29/2000, que veio a expressamente permitir a progressividade fiscal do IPTU no § 1º do artigo 156. Algumas vozes conservadoras na doutrina logo sustentaram a inconstitucionalidade da referida EC, que teria violado não somente a cláusula pétrea garantidora dos direitos individuais (artigo 60, § 4º, IV, CF), mas também, uma vez mais, o princípio da capacidade contributiva.[10] Embora haja recurso específico em andamento analisando essas novas teses,[11] parece que o STF, ao editar a Súmula nº 668,[12] encerrou o debate e aceitou a constitucionalidade das leis municipais que prevêem a progressividade do IPTU editadas posteriormente à EC 29/00.

Embora eu tome posição clara acerca das posições do STF e do TJ/RS sobre o tema, nesta breve nota não ofereço diretamente nenhuma contribuição original para a discussão sobre a progressividade dos tributos em geral, nem sobre a progressividade fiscal de algum imposto em especial. Deixo o tema aos tributaristas. Neste curto espaço, tomo a decisão do STF no referido *leading case* de 1996 sobre a progressividade do IPTU para chamar a atenção para dois pontos distintos e sem conexão aparente: (1) o perigo da má comparação jurídica, aquela descontextualizada culturalmente, particularmente dos chamados "transplantes jurídicos"; (2) o caráter predominantemente político-ideológico do tema da progressividade tributária, sobre o qual a Constituição não traz um norte vinculativo no caso do ITCD; por isso a lei não *deve*, mas *pode* estabelecer a progressividade tributária, devendo o Judiciário respeitar a decisão política do legislador. O primeiro ponto, portanto, encerra, além de uma crítica ao uso da comparação jurídica "ornamental" ou "tradicional", uma específica compreensão do papel do direito comparado; o segundo ponto, a par de conter uma afirmação de caráter normativo sobre o assunto, levanta a discussão sobre a tênue divisão entre direito e política no controle da constitucionalidade. O objetivo primeiro desta nota, assim, não é apresentar soluções a um problema específico ou geral sobre o direito tributário, mas sim, por meio da provocação de dúvidas e questionamentos sobre os pontos mencionados, tentar contribuir para a maior racionalidade das decisões

---

[9] STF, Pleno, rel. vencido Min. Min. Carlos Velloso, redator para o Acórdão Min. Moreira Alves, j. 20.11.1996, DJ 05.09.1997.

[10] Cf., por exemplo, Martins & Barreto (2002); Martins, Marone & Locatelli (2002); Reale (2002). *Contra*, sustentando a constitucionalidade da EC nº 29/2000 e de leis a ela posteriores que estabelecem a progressividade do IPTU (posição que endosso), cf. Machado (2002).

[11] STF, Pleno, RE nº 423.768-SP, rel. Min. Marco Aurélio. Já foram proferidos cinco votos favoráveis à constitucionalidade da cobrança progressiva. O processo aguarda pedido de vista do Min. Carlos Britto desde 28.06.2006. Sobre o caso, cf. Pessôa (2007).

[12] Súm. 668/STF: "É inconstitucional a lei municipal que tenha estabelecido, antes da Emenda Constitucional 29/2000, alíquotas progressivas para o IPTU, salvo se destinada a assegurar o cumprimento da função social da propriedade urbana".

judiciais, único caminho para legitimar o controle da constitucionalidade das leis. Cabe à doutrina o papel de criticar as decisões judiciais, mormente em se tratando de decisões proferidas pelo STF, o qual jamais teve suas decisões tão escrutinadas e sua importância como instituição tão posta à luz, apreciada e discutida no direito pátrio, por diversos ângulos.[13] No momento histórico em que vivemos, só na racionalidade de suas decisões e na clareza dos seus argumentos é que poderá o STF, insisto, legitimar-se. O caso que o STF tem pauta e que introduz o raciocínio desta breve nota crítica é uma oportunidade para tanto.

2. O mau uso do direito comparado e a interpretação política no STF

O Brasil não tem tradição no estudo do direito comparado, e as faculdades de direito brasileiras, com poucas exceções, não se preocupam com o tema.[14] Embora o direito comparado seja considerado no mundo todo uma matéria sem metodologia definida e carente de mínima coerência,[15] no Brasil esses fatores e o desinteresse pelo assunto são ainda mais acentuados.

Aponto duas razões principais para a posição secundária do direito comparado em toda parte: a primeira e mais importante razão é que o direito comparado tem sido muito mais "descritivo",[16] e não cultural, filosófica[17] e teoricamente embasado.[18] Por ter ao longo do tempo enfatizado a descrição "neutra"[19] e acrítica dos sistemas jurídicos, diz-se pejorativamente, embora sem muita precisão terminológica, que o direito comparado tem sido "positivista".[20] De fato, a pes-

---

[13] Dos vários estudos sobre o tema, chamo a atenção à coletânea de artigos organizada por Coutinho e Vojvodic (2009).

[14] José Afonso da Silva abre assim o seu livro mais recente: "Não é da tradição jurídica brasileira fazer direito comparado. As faculdades de direito não cuidam desse assunto" (2009, p.15).

[15] Abordei mais longamente o tema em minha tese de doutoramente. Cf. Giacomuzzi (2007, tradução no Prelo da Editora Malheiros prometida para 02.2010). O que segue no texto foi dali retirado, com abundante bibliografia.

[16] Essa é a conhecida doutrina de Zweigert & Kötz (1998), p.11.

[17] Cf. o artigo brilhante de Ewald (1995); cf. tb. Valcke (2004).

[18] Nos EUA, cf. Merryman & Clark & Haley (1994), p. 1 ("A maior parte do que se ensina e estuda em direito comparado poderia ser mais propriamente chamado de 'direito estrangeiro', uma vez que a sua intenção principal é descrever sistemas jurídicos estrangeiros"). Cf. também Bermann (1996), p.31 (afirmando que o direito comparado "tende a ser altamente descritivo"); Legrand (1996), p.234 (dizendo que comparar não é contrastar). Como afirmou Geoffrey Samuel, o direito comparado "raramente instiga o teórico do direito" (1998, p.820). Na França, cf. Pfersmann (2001), p. 280-3 (criticando a abordagem meramente descritiva e dizendo que o direito comparado não é nem pode restringir-se ao estudo de sistemas legais estrangeiros).

[19] O problema aqui é de sentido das palavras. Teorias jurídicas não são nem podem ser "neutras". Cf., por exemplo, Moore (2000), p.735. Isso nada tem a ver, porém, com a possibilidade de a filosofia do direito ser descritiva.

[20] Sabino Cassese refere que "a comparação jurídica deve necessariamente ser anti-positivista" (2000, p.20), afirmação com a qual concordariam também Legrand (1999, p. 68) e Frankenberg (1985, p.424). Se entendermos o positivismo meramente como um método "neutro" de "descrever" um determinado objeto de estudo, então não tenho muito a opor sobre a afirmação dos autores. O problema é saber o que se entende aqui por

quisa comparada considerada "tradicional"[21] tem consistido muito mais numa enumeração e num mero elencar de regras similares presentes em dois ou mais sistemas jurídicos.[22] Esse modelo de estudo de regras é uma forma de conhecimento jurídico descritivo, ou, num termo mais preciso, enumerativo. Assim, o estudo comparado tradicional torna-se reducionista e menos interessante. Em contrapartida, o estudo torna-se ao mesmo tempo menos fastidioso e mais fácil de ser empreendido. A simples menção descontextualizada e muitas vezes descabida de um texto ou doutrinador ou conceito estrangeiro em qualquer peça jurídica transforma essa peça em um trabalho "comparado".

Por outro lado – e esta é a segunda razão da pouca importância dada ao direito comparado –, o estudo comparativo tradicional é reducionista, porque ele meramente oferece uma lista de similitudes e diferenças entre os sistemas jurídicos. Essa enumeração de dados pode até ter alguma utilidade ao operador prático do direito que esteja interessado em respostas prontas para um caso concreto específico, mas interessa pouco a quem pretende compreender as origens e os fundamentos do direito. Regras são frágeis, porque são efêmeras e contingentes. Conceitos representam realidades que pertencem a contextos específicos, sendo as realidades necessariamente relativas e subjetivas. Essas duas razões, juntas, fazem com que muitas vezes a "comparação" sirva como mera "decoração" das decisões judiciais. Quando isso ocorre em ambiente não afeito à comparação, como o nosso, e quando isso vem da mais alta Corte do país, então os efeitos nefastos da "comparação" podem ganhar graves proporções.

Esse quadro é, entre nós, potencializado e agravado por um fator conhecido de todos, cantado e decantado, que se faz presente na cultura em geral brasileira, e na jurídica em particular: o apreço acrítico pelo que vem do estrangeiro. Para ficarmos com uma conhecida frase no campo aqui indiretamente enfocado (o direito tributário), relembro as palavras de Alfredo Augusto Becker, escritas há mais de cinquenta anos:

> O homem moderno padece do fascínio pela "Kultur" germânica. Principalmente o jurista. Se aquilo que ele está lendo foi escrito por um alemão e está impresso no idioma teutônico, então, é algo tanto mais admirável quanto mais complicado. É recebido respeitosamente como a verdade-científica que não admite prova em contrário, salvo se escrita por outro alemão, de preferência em letras góticas.[23]

"positivismo". No direito brasileiro, a mais contundente e competente defesa do positivismo jurídico (ou de uma versão deste) é o trabalho de Dimoulis (2006).

[21] Cf., por exemplo, Van Hoecke & Warrington (1998), p. 496.

[22] Cf. Legrand (1995), p. 263: "[O] espaço discursivo tradicionalmente ocupado pelo trabalho comparativo [...] move-se em torno de dois temas: a exposição das famílias de sistemas jurídicos e a justaposição de regras (em geral de direito privado)". Nos EUA, Roscoe Pound advertia que "um método puramente comparativo, desvinculado da análise da história ou da filosofia seria estéril", e que "um direito comparado útil, embora se dirigindo ao elemento jurídico dos sistemas legais em diferentes países, deve fazer bem mais do que do que colocar lado a lado secções de códigos ou de leis gerais" (1955, p.72, 75). Na verdade, Pound foi o real precursor de uma abordagem cultural e teórica ao direito comparado nos EUA. Cf. também Frankenberg, (1985), p.429-34 (criticando o que o autor chama de modelo "justaposição-plus" de direito comparado); Sacco (1991), p.74.

[23] Becker (1965), p.26.

Esses fatores, somados, devem ter contribuído para a decisão tomada pelo STF no referido *leading case* julgado pelo em 1996 sobre o IPTU de Belo Horizonte, o RE n° 153.771-0/MG, relatado pelo Min. Moreira Alves, com a peculiaridade de que o norte seguido pela Corte não era tedesco, mas italiano. Em artigo iconoclasta,[24] Cesarino Pessôa demonstrou que a tese da impossibilidade de progressividade nos impostos reais foi simplesmente transplantada, *descontextualizada e acriticamente*, de parte da doutrina italiana para o direito brasileiro, não havendo fundamento jurídico plausível no direito pátrio que impeça a progressividade dos impostos reais. Pessôa refere que na Itália a distinção entre impostos pessoais e reais se deu por necessidades históricas de encontrar uma forma mais justa de tributação logo após a unificação dos diversos reinos, os quais possuíam diferentes sistemas tributários. A fim de evitar o retorno do privilégio pessoal da velha nobreza, foi criado um tributo sobre chamada *ricchezza mobile*, o qual recairia sobre as coisas mesmas, e não sobre as pessoas. Essa era uma das alternativas postas aos reformadores do sistema em 1871-3. A outra opção era estabelecer um imposto único sobre a riqueza móvel, nos moldes então vigentes na Inglaterra e nos Estados Unidos. Ao criar o imposto sobre a *ricchezza mobile* que recaía sobre as coisas – este é o ponto –, evitou--se o imposto único. Pessôa também demonstrou que, além dessa peculiaridade histórica, a Itália de hoje admite impostos reais progressivos, como a *imposta di registro*.

Nada obstante isso, e embora os argumentos de Pessôa (que se somam aos vários argumentos favoráveis à progressividade apresentados por doutrinadores pátrios que trataram do tema antes de 1996),[25] a tese do Ministro Moreira Alves de que impostos "reais" não admitem progressividade fiscal sobreviveu, assumindo no Brasil um caráter dogmático.[26] Desde então, a despeito de sua falaciosa argumentação e como mero argumento de autoridade, a tese vem sendo proclamada por inúmeros tribunais no país para impedir a progressividade de outros impostos ditos "reais", como o ITCD.

Em se tratando de ITCD, como no acórdão paradigma hoje na mesa do STF, o equívoco da tese sobre a impossibilidade de "impostos reais" é ainda mais nítido. Primeiro, porque, mesmo que se aceite a classificação – historicamente situada, como já visto – entre impostos "reais" e "pessoais", o ITCD não seria um imposto real, mas pessoal, incidindo sobre o valor líquido dos quinhões e lega-

---

[24] Cf. Pessôa (2005) (artigo também disponível on line: <www.mundojuridico.adv.br/cgi-bin/upload/texto.1119.rtf>). Os mesmos argumentos estão em Pessôa (2007), p.214-6.

[25] Antes da decisão, cf., por exemplo, Ataliba (1990); Carrazza (1996); Costa (1990). Depois da decisão, cf. Machado (2002). Alguns Ministros discordaram a decisão do STF e viam possível a progressividade. O então Ministro Carlos Velloso, relator vencido no RE n° 153-771-0/MG, expressamente consignou, no julgamento da liminar na ADI-MC n° 2.010-2/DF, rel. Min. Celso de Mello, j. 30.09.1999, DJ 12.04.2002, que a capacidade contributiva, "que realiza a justiça tributária, deve ser observada relativamente a todos os impostos (C.F., art. 145, § 1°). Não faço distinção entre impostos reais e impostos pessoais". Para comentários favoráveis ao voto Min. Velloso, cf. Derzi (2004). O Ministro Marco Aurélio tem igualmente votado vencido em alguns casos nos quais os STF impede a progressividade de tributos com base na tese aqui combatida.

[26] Cf. Andrade (2003), p. 107. Endosso a posição do autor.

dos, e não sobre o monte ou espólio, como lembram Baleeiro e Derzi.[27] Depois, se aceitarmos a tese do Min. Moreira Alves articulada no caso do IPTU, então só o Imposto de Renda admitira alíquotas progressivas, porque só ele permite aferir integralmente as condições pessoais do contribuinte, com base no patrimônio, rendimentos e atividades econômicas; isso tornaria inócuo o art. 145, § 1º, da CF.[28] Ademais, se quisermos aceitar como útil a "comparação" feita pelo Min. Moreira Alves, transportando da Itália conceitos historicamente situados para o aplicar no contexto brasileiro, então devemos também lembrar que na mesma Itália o imposto sobre a herança equivalente ao ITCD é progressivo.[29] Ora, não é por "transplantes" que se interpreta a Constituição de nenhum país. Aliás, os "transplantes jurídicos", fenômeno conhecido e debatido entre os comparatistas, ajusta-se com muita dificuldade ao direito público.

O debate entre os comparatistas Alan Watson e Otto Kahn-Freund sobre o desenvolvimento dos sistemas jurídicos e os "transplantes jurídicos" tornou-se clássico. A tese de Watson é a de que a forma mais comum de mudança em um sistema jurídico é via importação de normas de outro sistema.[30] Kahn-Freund sustentava o oposto.[31] Com respeito ao direito público, Kahn-Freund referia que as "normas que organizam instituições constitucionais, legislativas, administrativas, judiciais e processuais são designadas para alocar poder, elaboração de normas, tomada de decisões e, acima de tudo, poder de elaborar políticas públicas", e que "essas são as normas que mais resistem ao transplante jurídico".[32] Esta é a posição mais aceita pelos comparatistas que empreendem um estudo não superficial de culturas jurídicas, as quais não transferem por decreto. Reverbera aqui, mais uma vez, o alerta sobre a vassalagem cultural do direito brasileiro.

Se atentarmos ao nosso direito e à nossa história constitucional, veremos, numa rápida resenha, que a primeira Constituição Federal a prever expressamente

---

[27] *Apud* Prado (2009), p.83. Derzi (2004, p.112) é enfática ao referir que a capacidade econômica do § 1º do artigo 145 da Constituição Federal, somada aos artigos 1º e 3º, "autoriza a progressividade dos impostos incidentes sobre a sucessão e o patrimônio. O conceito de igualdade não se vincula, na atualidade constitucional, à manutenção do *status quo*, mas ganha (ou deveria ganhar) um conteúdo concreto que obriga o legislador a medidas mais socializantes".

[28] A lembrança é de Prado (2009), p.83.

[29] Cf., por todos, a obra mais específica e recente sobre o tema, Prado (2009), p.82-3.

[30] Cf. Watson (1983), *passim*, especialmente p.1125. Watson desenvolveu sua teoria em inúmeros trabalhos. Para uma citação vasta dessas obras e um resumo das ideias de Watson, cf. Ewald (1994).

[31] Cf. Khan-Freund (1974)

[32] Khan-Freund (1974), p.17. Ewald conclui corretamente que "a teoria de Watson parece adaptar-se muito melhor às mudanças no direito privado do que no direito público" (1994, p.14). Embora dirigido especificamente à aplicabilidade da tese de Watson à revolução americana, as palavras de Ewald podem ser generalizadas a todo o cenário da dicotomia direito público *vs.* direito privado. Em outras palavras, mesmo que a teoria de Watson acerca do "transplantes jurídicos" possa eventualmente fazer sentido em algum ponto no direito privado, a teoria tem menos aplicabilidade no direito público, no qual os elementos sociais, econômicos e políticos interagem de tal forma que fazem mais difícil o "transplante". Pode-se dizer em favor da tese de Watson que seu impressionante trabalho não é dirigido ao direito público. Sobre o debate Watson *vs.* Kahn-Freund, cf. Allison (1996), p.13-6 (questionando a teoria de Watson e dizendo-a "defeituosa", bem como referindo serem "inconvincentes" as evidências apresentadas). Para uma crítica mais profunda e consistente da teoria de Watson, cf. Ewald (1995).

a progressividade de algum tributo foi a de 1934. Sintomaticamente, o seu art. 128 tratava justo do imposto que hoje equivaleria ao ITCD: "Ficam sujeitas a imposto progressivo as transmissões de bens por herança ou legado".[33] A Constituição de 1946, mais generosa, falou em tributos, em pessoalidade e em capacidade econômica no seu artigo 202: "Os tributos terão caráter pessoal, sempre que isso for possível, e serão graduados conforme a capacidade econômica do contribuinte". Este artigo foi aplaudido por Baleeiro e combatido por Mário Masagão,[34] mas foi Pontes de Miranda que melhor acertou o ponto; disse autor, já em 1953:

> A despeito dos claríssimos têrmos do art. 202, 2ª parte [da CF/1946], a que não pertence o "sempre que isso fôr possível" da 1ª parte, – continua a ser calculado o impôsto de renda gradativamente enquanto não atinge os verdadeiros milionários: atingindo-os, cessa a gradação, o que é afastar-se o legislador, abertamente, do art. 202, 2ª parte. (Há explicação *sociológica* para a parada da proporcionalidade nos três milhões de cruzeiros: em verdade, o Brasil está sendo governado pelos que têm renda acima do ponto de parada, e o Congresso Nacional ainda não pôde vencê-los.) [sic] [35]

A Constituição de 1967/69, não por acaso, silenciou sobre o assunto.[36] A atual Constituição Federal, além de prever a personalização dos impostos e sua graduação segundo a capacidade econômica do contribuinte "sempre que possível" (§ 1º do art. 145), referiu-se especificamente sobre o ITCD, (1) dando aos Estados-membros o poder de instituir o referido imposto; e (2) dando ao Senado Federal o poder de fixar-lhe a alíquota máxima (artigo 155, I e IV, CF). O Senado, ao editar a Resolução nº 9/1992, estabeleceu como máxima a alíquota de oito por cento (artigo 1º) e também previu expressamente a possibilidade de progressividade das alíquotas em função do quinhão que cada herdeiro efetivamente receber (artigo 2º).

Há quem sustente que o Senado, ao fixar a alíquota nesse patamar baixo, estaria ferindo o princípio da isonomia, por impedir a progressividade e, consequentemente, a personalização do tributo.[37] Embora seja tentadora a tese, não a enfrento aqui. Nem discuto a questão sobre se a CF *obriga* a progressividade do ITCD (o que encerraria a questão em pauta no STF) por alguma via. Só consigno não me parecer que a progressividade tributária decorra *tout court* de um compromisso constitucional de construção de uma sociedade "justa e solidária" ou de redução das "desigualdades sociais e regionais" (incisos I e III do art. 3º, CF/88), o que obrigaria a progressividade de todos os tributos. Tendo a pensar que essa

---

[33] Está, portanto, só parcialmente correta a informação de Santos Jr. (2001), p.160-1: "No Brasil, as nossas forças conservadoras só permitiram que [o] mencionado princípio [da progressividade] fosse integrado no texto da constituição recentemente, ou seja, na Constituição em vigor". Com relação ao ITCD, a previsão de progressividade data de 1934. Sobre as circunstâncias que influenciaram a CF/34 na temática, cf. Baleeiro (2001), p. 701-2.

[34] Cf. Baleeiro (2001), p. 701-4.

[35] Pontes de Miranda (1953), p.303 [grifo no original]. O art. 202 da CF/1946 era este: "Os tributos terão caráter pessoal, sempre que isso for possível, e serão graduados conforme a capacidade econômica do contribuinte".

[36] Um estudo histórico sobre as razões pelas quais somente as constituições democráticas da República previram algum tipo de progressividade tributária poderia colaborar na melhor compreensão da temática. Essa pesquisa não será feita aqui.

[37] Cf. Prado (2009), p.85.

progressividade se vincula mais a um princípio moral de solidariedade, ou a uma igualdade social – multifacetada e complexa demais para ser relacionada à necessidade da progressividade –, mas não a uma igualdade jurídico-tributária imposta constitucionalmente.[38] Inclino-me, portanto, a pensar que seria carregar de muita *vontade* e indisfarçável ideologia entender que a CF *determina* a progressividade do ITCD;[39] o princípio da capacidade contributiva parece satisfazer-se com a proporcionalidade dos tributos, não *exigindo* a progressividade,[40] a qual é obrigatória somente quando o CF a impõe expressamente, como no caso do IR (art. 153, § 2º, I, CF). Numa palavra, a progressividade dos tributos não *decorreria* da capacidade contributiva.[41] Mas insisto, o ponto deste artigo não é discutir se deve o ITCD ser progressivo, mas sim afirmar que ele pode ser progressivo *se assim quiser o legislador*. O legislador gaúcho quis que fosse. O que não pode é o STF referendar a indevida intromissão do TJ/RS na política pública instituída pela Lei Estadual nº 8.821/1989 (RS). Essa *opção política* é insindicável pelo Poder Judiciário.

3. Conclusão

Se a progressividade fiscal é boa ou não aos fins a que se destina (quais?), eficiente ou não (sob quais parâmetros?), justa ou injusta (para quem?), se ela pode ou não redistribuir renda (exatamente de quem para quem?) ou manter o *status quo* (em qual patamar?), nada disso está escrito ou se pode inferir da Constituição. A progressividade fiscal é uma técnica apta a alocar recursos em determinada sociedade. Em relação ao ITCD, a CF autoriza os Estados-membros a instituir a técnica da progressividade, tendo o Senado Federal limitado a alíquota em oito por cento.

Tomando como base o espírito da frase impactante de Pontes de Miranda acima lembrada, é possível concordar com a ideia de que o Senado Federal, ao limitar a alíquota do ITCD, tenha simplesmente cedido aos interesses dos que "têm renda acima do ponto de parada", impedindo uma maior progressividade. Isso é politicamente lamentável, mas juridicamente possível e sustentável; que se mude, no caso, a política.

---

[38] Cf. Vasques (2004), especialmente p.35-42.

[39] Lembro que Marx e Engels, no *Manifesto Comunista*, elencavam o "imposto fortemente progressivo" como sendo uma das dez medidas "indispensáveis para transformar radicalmente todo o modo de produção". Acessível em <http://www.culturabrasil.org/manifestocomunista.htm>.

[40] No mesmo sentido, cf. Tipke & Yamashita (2002), p.44.

[41] Cf. Amaro (2009), p.142. Por outro lado, tenho enorme simpatia pela ideia de utilizar a técnica da progressividade fiscal como um instrumento político na luta pela diminuição das desigualdades socioeconômicas, embora eu desconheça estudos brasileiros, teóricos ou empíricos, que comprovem ou infirmem a eficiência dessa técnica ao fim pretendido. Mas é claro que a minha simpatia (ou a do leitor ou do Ministro) para com a progressividade tributária nada importa para o fim de saber se há uma vinculação necessária entre progressividade e o princípio da capacidade contributiva (§ 1º do artigo 145, CF).

É, porém, juridicamente insustentável, à luz da CF, que o Judiciário impeça a progressividade do ITCD, mormente se mantiver como fundamento indireto da decisão a tese da impossibilidade da progressividade de impostos reais. Essa tese não valeria nem na Itália, de onde o STF a importou, em má "comparação" jurídica, provavelmente sem saber o seu real significado.

Em suma, o acórdão paradigma que está hoje na mesa do STF encerra questão relevante a todo país, e a Corte tem nova chance de legitimar-se política e juridicamente. O meio mais correto de fazê-lo é não interferindo na política pública redistributiva instituída pela Lei Estadual nº 8.821/1989, do Estado do Rio Grande do Sul –, para isso, basta declarar a constitucionalidade da referida Lei. Se não for este o entendimento da Corte, outro fundamento deve ser encontrado para declarar a inconstitucionalidade da Lei – para isso, o ornamento da "comparação" jurídica uma vez levado a efeito pelo próprio STF em 1996 não serve. Goste ou não da política redistributiva imposta pelo legislador gaúcho no caso do ITCD, o Judiciário deve aceitá-la. A menos que queira impor o Judiciário a sua política. Mas aí deve dizê-lo claramente, arcando com o ônus argumentativo que se impõe a um poder que se pretende legítimo.

Obras Consultadas

AFONSO DA SILVA, José. *Um pouco de Direito Constitucional Comparado*. São Paulo: Malheiros, 2009.

ALLISON, J. W. F. *A Continental Distinction in the Common Law*: A Historical and Comparative Perspective on English Public Law. Oxford: Oxford University Press, 1996.

AMARO, Luciano. *Direito Tributário Brasileiro*. 15.ed. rev. São Paulo: Saraiva, 2009.

ANDRADE, Valentino Aparecido de. Os Impostos Reais e a Progressividade Fiscal. *Revista Dialética de Direito Tributário*, São Paulo, n.89, fev. 2003.

ATALIBA, Geraldo. IPTU – Progressividade. *Revista de Direito Público*, São Paulo, v.23, n.93, jan. 1990.

BALEEIRO. Aliomar. *Limitações Constitucionais ao Poder de Tributar*. 7.ed. rev. e compl. à luz da Constituição de 1988 até a Emenda Constitucional nº 10/1996, por Misabel Abreu Machado Derzi. Rio de Janeiro: Forense, 2001.

BECKER, Alfredo Augusto. *A Interpretação das Leis Tributárias e A Teoria do Abuso das Formas Jurídicas e Da Prevalência do Conteúdo Econômico*. Porto Alegre: [s. n.], 1965.

BERMANN, George A. Comparative Law in Administrative Law. In: *L'État de Droit*: Mélanges en l'honneur de Guy Braibant. Paris: Dalloz, 1996.

CARRAZZA, Roque Antônio. A Progressividade na Ordem Tributária. *Revista de Direito Tributário*, São Paulo, n.64, set. 1996.

CASSESE, Sabino. *La construction du droit administratif*: France et Royaume-Uni. Traduzido por Jeannine Morvillez-Maigret. Paris: Montchrestien, 2000.

COSTA, Alcides Jorge. IPTU – Progressividade. *Revista de Direito Público*, São Paulo, v.23, n.93, jan. 1990.

COUTINHO, Diogo R.; VOJVODIC, Adriana M. *Jurisprudência Constitucional*: como decide o STF? São Paulo: Malheiros, 2009.

DERZI, Misabel Abreu Machado. Notas. In: BALEEIRO, Aliomar. *Limitações Constitucionais ao Poder de Tributar*. 7.ed. 4.reimp. rev. e compl. à luz da Constituição de 1988 até a Emenda Constitucional nº 10/1996. Rio de Janeiro: Forense, 2001.

–––––. Comentários aos RE n. 220.323-3 – Minas Gerais, 236.604 – Paraná e 153.771 – Minas Gerais. In: DERZI, Misabel Abreu Machado (Coord.). *Construindo o Direito Tributário na Constituição*: uma análise da obra do Ministro Carlos Mário Velloso. Belo Horizonte: Del Rey, 2004.

————. O Princípio da Igualdade e o Direito Tributário. *Rev. Fac. Dir. Milton Campos*, Belo Horizone, v.1, n.1, 1994.

DIMOULIS, Dimitri. *Positivismo Jurídico*: Introdução a uma teoria do direito e defesa do pragmatismo juídico-político. São Paulo: Método, 2006.

EWALD, William B. Comparative Jurisprudence (I): What Was It Like To Try a Rat? *University of Pennsylvania Law Review*, v.143, 1995.

————. The American Revolution and the Evolution of Law. *American Journal of Comparative Law Supplement*, v.42, 1994.

FRANKNBERG, Günter. Critical Comparisons: Re-thinking Comparative Law. *Harvard International Law Journal*, v.26, n.2, Spring 1985.

GIACOMUZZI, José Guilherme. The Roots of "Exceptionalism" in Government Procurement Law and Its Suitability in the Modern State: *A Comparative Study of the American, French, and Brazilian Legal Systems*. Washington, D.C., USA: GWU Law School. Tese (Doutorado em Direito). The George Washington University Law School, USA, 2007. Tradução no Prelo da Editora Malheiros, São Paulo.

KAHN-FREUND, Otto. On Uses and Misuses of Comparative Law. *The Modern Law Review*, v. 37, n. 1, Jan. 1974.

KLEINHEISTERKAMP, Jan. Comparative Law in Latin America. In: REIMANN, Mathias; ZIMMER, Reinhard (Eds). *The Oxford Handbook of Comparative Law*. Oxford: Oxford University Press, 2008.

LEGRAND, Pierre. Comparer. *Revue Internationale de Droit Comparé*, v.2, 1996.

————. Comparative Legal Studies and Commitment to Theory. *Modern Law Review*, v. 58, n. 1, Jan. 1995.

————. How to Compare Now. *Legal Studies*, v.16, n.2, July 1996.

————. *Le droit comparé*. Paris: PUF, 1999.

MACHADO, Hugo de Brito. A progressividade do IPTU e a EC 29. *Revista Dialética de Direito Tributário*, São Paulo, n.81, jun. 2002.

MARTINS, Ives Gandra da Silva; BARRETO, Aires F. IPTU: por Ofensa a Cláusulas Pétreas, a Progressividade Prevista na Emenda nº 29/2000 é Inconstitucional. *Revista Dialética de Direito Tributário*, São Paulo, n.80, maio 2002.

————; MARONE, José Ruben; LOCATELLI, Soraya David Monteiro. Inconstitucionalidade do IPTU Progressivo Instituído nos Termos da Lei Municipal nº 13.250/01 e da Emenda Constitucional nº 29/00 e inconstitucionalidade e ilegalidade da forma de apuração da base de cálculo, violadora do art. 37 da CF e 148 do CTN. *Revista Dialética de Direito Tributário*, São Paulo, n.81, jun. 2002.

MERRYMAN, John Henry; CLARK, David S.; HALEY, John O. *The Civil Law Tradition*: Europe, Latin America, and East Asia. Cases and Materials. Charlottesville, VA: LexisNexis, 1994.

MOORE, Michael S. Theories of Areas of Law. *San Diego Law Review*, v.37, n.3, 2000.

MURPHY, Liam; NAGEL, Thomas. *O Mito da Propriedade*: os impostos e a justiça. Traduzido por Marcelo Brandão Cipolla. São Paulo: Martins Fontes, 2005. Traduzido de: *The Myth Of Ownership*, 2002.

PESSÔA, Leonel Cesarino. IPTU, Impostos Reais e Progressividade. *Revista Tributária e de Finanças Públicas*, São Paulo, v.13, n.60, jan./fev. 2005.

————. IPTU, progressividade e a EC 29/2000: o julgamento do Supremo Tribunal Federal. *Revista Tributária e de Finanças Públicas*, São Paulo, v.15, n.74, maio 2007.

PFERSMANN, Otto. Le Droit Comparé Comme Interprétation et Comme Théorie du Droit. *Revue International de Droit Comparé*, v.53, n.2, Avril-Juin 2001.

PONTES DE MIRANDA. Francisco Cavalcanti. *Comentários à Constituição de 1946*. 2.ed. rev. e aumentada. São Paulo: Max Limonad, 1953, VOL. V.

POUND, Roscoe. Comparative Law in Space and Time. *The American Journal of Comparative Law*, v.4, n.1, Winter 1955.

PRADO, Clayton Eduardo. *Imposto sobre Herança*. São Paulo: Verbatin, 2009.

REALE, Miguel. O IPTU Progressivo e a Inconstitucionalidade da EC 29/2000. *Revista Dialética de Direito Tributário*, São Paulo, n.81, jun. 2002.

SACCO, Rodolfo. *La Comparaison Juridique au service de la Connaissance du Droit*. Paris: Economica, 1991.

SAMUEL, Geoffrey. Comparative Law and Jurisprudence. *International and Comparative Law Quarterly*, v.47, n.4, Oct. 1998.

SANTOS JÚNIOR, Francisco Alves dos. O Princípio da Progressividade na Diminuição das Diferenças, na *Terceira Via e no Consenso de Washington. Revista da Esmape*, Recife, v.6, n.13, jan./jun. 2001.

TIPKE, Klaus; YAMASHITA, Douglas. *Justiça Fiscal e Princípio da Capacidade Contributiva*. São Paulo: Malheiros, 2002.

TORRES, Ricardo Lobo. *Curso de Direito Financeiro e Tributário*. 16.ed. Rio de Janeiro: Renovar, 2009.

VALCKE, Catherine. Comparative Law as Comparative Jurisprudence: The Compatibility of Legal Systems. *The American Journal of Comparative Law*, v.52, n.3, Summer 2004.

VAN HOECKER, Mark & WARRINGTON, Mark. Legal Cultures, Legal Paradigms and Legal Doctrine: Towards a New Model for Comparative Law. *International and Comparative Law Quarterly*, v.47, n.3, july 1998.

VASQUES, Sérgio. Capacidade Contributiva, Rendimento e Patrimônio. *Revista Fórum de Direito Tributário*, Belo Horizonte, ano 2, n.11, set./out. 2004.

WATSON, Alan. Legal Change: Sources of Law and Legal Culture. *University of Pennsilvanya Law Review*, v.131, 1983.

ZWEIGERT, Konrad; KÖTZ, Hein. *Introduction to Comparative Law*. Traduzido por Tony Weir. 3.ed. rev. Oxford: Clarendon Press, 1998.

— X —

Patogênese do protagonismo judicial em *Terrae Brasilis* ou de como "sentença não vem de *sentire*"

LENIO LUIZ STRECK[1]

Sumário: 1. Colocação do problema; 2. O esquema sujeito-objeto e suas consequências *no* e *para* o direito; 3. A razão prática e o "domínio da moral": onde fica a "consciência"?; 4. A importância em insistir na tese de que "é impossível cindir interpretação e aplicação"; 5. Decisão judicial e democracia; 6. À guisa de conclusão: sentença não vem de "sentire".

1. Colocação do problema

Em tempos de viragem linguística – ou, para ser mais específico, em tempos de viragem ontológico-linguistica –, não pode(ria)m passar despercebidas teorizações ou simples frases (ou "frases simples") que reduzem (ou pretendem reduzir) a complexíssima questão do "ato de julgar" à *consciência do intérprete*, como se o ato (de julgar) devesse apenas "explicações" a um, por assim dizer, "tribunal da razão". Isso, aliás, tornou-se lugar comum no âmbito do imaginário dos juristas. Com efeito, essa problemática aparece explícita ou implicitamente. Por vezes, em artigos, livros, entrevistas ou julgamentos, os juízes deixam "claro" que estão julgando "de acordo com a sua consciência" ou "seu entendimento pessoal sobre o sentido da lei". Em outras circunstâncias, essa questão aparece devidamente teorizada sob o manto do *poder discricionário* dos juízes.

Alguns exemplos podem auxiliar na compreensão do problema. Veja-se, para caracterizar o problema – no plano do que podemos chamar de "aplicação jurídico-judiciária" – decisão recente do Superior Tribunal de Justiça, na qual o Ministro Humberto Gomes de Barros assim se pronunciou:

Não me importa o que pensam os doutrinadores. Enquanto for Ministro do Superior Tribunal de Justiça, assumo a autoridade da minha jurisdição. O pensamento daqueles que não são Ministros deste Tribunal importa como orientação. A eles, porém, não me submeto. Interessa conhecer a doutrina de Barbosa Moreira ou Athos Carneiro. *Decido, porém, conforme minha consciência*. Precisamos

---

[1] Professor titular da UNISINOS; visitante/colaborador da UNESA-RJ, ROMA-TRE, FDUC (Portugal); membro catedrático da ABDCONST; coordenador do DASEIN – Núcleo de Estudos Hermenêuticos; pós-doutor em Direito (FDUL – Portugal). Editor do site *www.leniostreck.com.br*.

estabelecer nossa autonomia intelectual, para que este Tribunal seja respeitado. É preciso consolidar o entendimento de que os Srs. Ministros Francisco Peçanha Martins e Humberto Gomes de Barros *decidem assim, porque pensam assim.* E o STJ decide assim, porque a maioria de seus integrantes pensa como esses Ministros. Esse é o pensamento do Superior Tribunal de Justiça, e a doutrina que se amolde a ele. É fundamental expressarmos o que somos. *Ninguém nos dá lições.* Não somos aprendizes de ninguém. Quando viemos para este Tribunal, corajosamente assumimos a declaração de que temos notável saber jurídico – uma imposição da Constituição Federal. Pode não ser verdade. Em relação a mim, certamente, não é, mas, para efeitos constitucionais, minha investidura obriga-me a pensar que assim seja (grifos meus).[2]

Em linha similar, veja-se resposta de um magistrado de segundo grau a uma crítica por ter suspendido decisão de primeiro grau de forma liminar: "Se, eventualmente, o despacho está equivocado, o erro é o pressuposto do ser humano, mas, sobretudo, trata-se de um erro *in judicando* e não erro *in procedendo, decido de acordo com a minha consciência de julgador e o meu entendimento pessoal,* como previsto no artigo 131 do Código de Processo Civil (...)".[3]

O então Presidente do Superior Tribunal de Justiça, Min. Costa Leite, respondendo a uma indagação sobre o racionamento de energia elétrica que atingia o país, asseverou que "Tudo dependerá, contudo, de cada caso concreto a ser analisado pelo juiz na hora de proferir a sua decisão. E neste momento, *o juiz não se subordina a ninguém, senão à Lei e à sua consciência.* O juiz é livre para decidir".[4]

Observe-se a mesma situação, agora em uma concreta aplicação do direito feita pelo Superior Tribunal de Justiça em sede de *Habeas Corpus:* "Em face do princípio do livre convencimento motivado ou da persuasão racional, *o Magistrado, no exercício de sua função judicante, não está adstrito a qualquer critério de apreciação das provas carreadas aos autos, podendo valorá-las como sua consciência indicar,* uma vez que é soberano dos elementos probatórios apresentados".[5]

Ainda em sede de *Habeas Corpus,* lê-se que "se é certo que o juiz fica adstrito às provas constantes dos autos, não é menos certo que não fica subordinado a nenhum critério apriorístico no apurar, através delas, a verdade material. O juiz criminal é, assim, *restituído à sua própria consciência".*[6] O mesmo STJ, em outro julgamento, deixa claro que "o deferimento de compromisso à testemunha contraditada e que não poderia prestá-lo, a teor da letra do art. 208, última parte, do Código de Processo Penal, não vicia a ação penal, mas exterioriza-se como mera irregularidade, pois, não encerrada a instrução e dentro do princípio do livre convencimento motivado, o juiz, não adstrito a critérios de valoração apriorístico,

---

[2] AgReg em ERESP no 279.889-AL, STJ.

[3] Entrevista disponível em: http://www.midianews.com.br/?pg=noticias&cat=3&idnot=3188. Acesso em: set. 2009. (grifei)

[4] Entrevista disponível em: http://www.stj.gov.br/portal_stj/publicacao/engine.wsp?tmp.area=368&tmp.texto =68172. Acesso em: set. 2009. (grifei)

[5] HC 94.826/SP, julgado em 17/04/2008, DJ 05/05/2008. (grifei)

[6] HC 16.706/RJ, julgado em 19/06/2001, DJ 24/09/2001, p. 352. (grifei)

atribuirá ao depoimento o peso que sua consciência indicar, mediante fundamentação...".[7]

Essa ampla adesão ao "poder discricionário" pode ser detectada em acórdãos como o do TJPR, *verbis*: "Compete ao juiz, examinadas as circunstâncias judiciais, estabelecer, conforme necessário e suficiente, 'a quantidade da pena aplicável, dentro dos limites previstos'. A *avaliação é subjetiva* e o juiz lança o quanto entenda *necessário sua consciência*".[8]

Se o sistema inquisitório, a partir da "busca da verdade real", é o modo como se manifesta explicitamente o paradigma representacional no âmbito do processo penal, no processo civil é o protagonismo do juiz que aparece em julgamentos de índole instrumentalista, *in verbis*: "A norma legal propicia ao juiz (...) meios para completar sua convicção e, assim, *decidir com tranquilidade de consciência, realizando o ideal do verdadeiro juiz*".[9]

Interessante conceito de produção da prova pode ser vista em acórdão do Superior Tribunal Militar:

> (...) *provar é produzir um estado de certeza na consciência do Juiz*, para sua convicção sobre a existência – ou não – de um fato".[10] E veja-se o (eventual) conflito entre a "letra da lei" e a consciência do juiz: "Matéria de grande peso é a de que trata o art. 127 da Lei de Execução Penal. O condenado que for punido por falta grave perderá o direito ao tempo remido, pois obriga o Juiz a decidir contra a própria consciência, se quiser atender à letra da lei.[11]

Talvez a decisão que mais represente o estado da arte "de como se decide conforme a consciência" seja a proferida pelo Superior Tribunal do Trabalho, *verbis*:

> A sentença é um *ato de vontade do juiz* como órgão do Estado. Decorre de *um prévio ato de inteligência* com o objetivo de solucionar todos os pedidos, analisando as causas de pedir, se mais de uma houver. Existindo vários fundamentos (raciocínio lógico para chegar-se a uma conclusão), o juiz não esta obrigado a refutar todos eles. A sentença não é um diálogo entre o magistrado e as partes. Adotado um fundamento lógico que solucione o binômio 'causa de pedir/pedido', inexiste omissão".[12]

Para além da operacionalidade *stricto sensu*, a doutrina indica o caminho para a interpretação colocando a consciência ou a convicção pessoal como norteadores do juiz, perfectibilizando essa "metodologia" de vários modos. Ou seja, mesmo que se afirme que a Constituição é o norte da interpretação, tem-se dito, à saciedade, que o "produto" desse processo hermenêutico "deve ficar à cargo da convicção-do-juiz", fenômeno que aparece sob o álibi da discricionariedade. Assim, por exemplo,

---

[7] HC 11.896/RJ, julgado em 27/06/2000, DJ 21/08/2000, p. 173. (grifei)

[8] TJPR: ACrim 135.719-5/ PR, DJ 05/08/1999. (grifei)

[9] TJSP: AI 7256094200/SP, DJ 31/07/2008. (grifei)

[10] STM: Apelfo 49563/RS. (grifei)

[11] TJSP: AGEPN 1206822360000000/ SP. (grifei)

[12] TST – 1ª Turma – EDRR 6443/89 – Ac. 2418/90– DJU 15.02.91

Ernane Fidélis dos Santos[13] diz que, "para assegurar a imparcialidade do Juiz, é ele dotado de completa independência, *a ponto de não ficar sujeito, no julgamento, a nenhuma autoridade superior.* No exercício da jurisdição, o juiz é soberano. Não há nada que a ele se sobreponha. Nem a própria lei...".

Em outras palavras, a interpretação (aplicação) do direito fica nitidamente dependente de um sujeito cognoscente, o julgador. E essa questão vem de longe, na verdade, do século XIX. Desde então há um problema filosófico-paradigmático que continua presente nos diversos ramos do direito passados dois séculos, mormente na problemática relacionada à jurisdição e o papel destinado ao juiz ("atravessando" a história, de Oskar von Büllow – século XIX – ao instrumentalismo do processo de nossos dias).

No Brasil, essa dependência (do direito e do processo) em relação ao juiz atravessou o século XX, facilmente perceptível, *v.g.*, na *concepção instrumentalista do processo*, cujos defensores admitem a existência de escopos metajurídicos, pelos quais é permitido ao juiz realizar determinações jurídicas *mesmo que não contidas no direito legislado*. Com isso, o aperfeiçoamento do sistema jurídico dependerá da "boa escolha dos juízes" (*sic*) e, consequentemente, de seu ("sadio") protagonismo. Veja-se, nesse sentido, o papel do instrumentalismo processual.

Karl English parece resumir com fidelidade os conteúdos das teses que, avançando para além da clássica visão exegético-normativista do "juiz como boca da lei" – e, convenhamos, nem a mais simplista dogmática jurídica nega essa superação do vetusto *bouche de la loi* – terminam, no entanto, por admitir uma espécie de "fatalidade subjetivista", isto é, de que não há como fugir de uma dose (maior ou menor) de discricionariedade.[14] Ora, aparentemente a tese de English estaria em oposição do positivismo (pelo menos é assim que muitos doutrinadores de *terrae brasilis* o veem...); entretanto, a *holding* do seu discurso reforça a principal característica positivista: *a discricionariedade* construída a partir da manifestação da "vontade do intérprete". E nesse sentido, é preciso ter claro a seguinte questão: colocar em xeque a discricionariedade não é apenas uma questão de se colocar a favor ou contra a prerrogativa do juiz-intérprete atribuir sentidos e fazer "escolhas" entre "vários sentidos possíveis"...! Para além disso, trata-se de uma questão relacionada à democracia, da produção democrática da lei e das condições de possibilidade do controle das decisões judiciais. Definitivamente, em regimes e sistemas jurídicos democráticos, não há espaço para que "a convicção pessoal do juiz" seja o "critério" para resolver as indeterminações da lei, enfim, "os casos difíceis". Assim, uma crítica do direito *stricto sensu*, isto é, uma crítica que se mantenha nos aspectos semânticos da lei, pode vir a ser um retrocesso.

---

[13] Cf. FIDELIS DOS SANTOS, Ernane. *Manual de Direito Processual Civil: processo de conhecimento,* 5ª ed. São Paulo: Saraiva, 1997, v. 1. (grifei)

[14] Cf. ENGISH, Karl. *Introdução ao pensamento jurídico.* Lisboa: Caulouste Gulbenkian, 1996, p. 227.

Desse modo, explicitado minimamente o fenômeno, torna-se necessário problematizá-lo à luz do paradigma hermenêutico, buscando demonstrar o modo pelo qual o paradigma epistemológico da filosofia da consciência (ainda) se faz presente no imaginário dos juristas e a umbilical relação da "filiação paradigmática" do sujeito solipsista ao positivismo jurídico.

Ou seja, esse problema estrutural decorre do atrelamento da concepção de direito (ainda dominante) aos paradigmas aristotélico-tomista e da filosofia da consciência. Registro, no entanto, que aqui tratarei desse segundo paradigma, embora, como tenho referido à saciedade, *não seja difícil de constatar a existência de fortes resquícios do paradigma essencialista*, perceptível, *v.g.*, nas súmulas vinculantes e no modo como são utilizados os verbetes "jurisprudenciais", como se um conceito pudesse "carregar" a substância dos fenômenos.

Discutir o positivismo é discutir paradigmas. Mais do que isso, é tratar de *rupturas paradigmáticas*. Para tanto, é preciso entender que a principal característica do positivismo – a discricionariedade – está ligada umbilicalmente ao paradigma da subjetividade, isto é, do esquema sujeito-objeto. É esse "esquema" que sustenta o sujeito de qualquer relação cognitiva. Daí minha convicção de que *é improvável ou extremamente difícil que o jurista/pesquisador/operador possa vir a entender o problema "múltiplas respostas" versus a "possibilidade de respostas corretas" sem, antes, compreender esse "problema filosófico"*. Embora já tenhamos avançado nesse terreno, o campo jurídico continua a olhar a filosofia de soslaio, como se esta fosse um mero adereço ou adorno da ciência jurídica.

Por isso a minha insistência em ancorar a presente discussão *na evolução dos paradigmas filosóficos e a superação da filosofia da consciência pelo giro linguístico-ontológico*. Quem melhor explicou essa problemática foi Heidegger, para quem, de Descartes à Husserl, o sujeito da subjetividade "imanente" é o ponto comum que atravessa a metafísica moderna. Esse sujeito é o *Selbstsüchtiger* ("solipsista", que quer dizer egoísta, que se basta, encapsulado). É ele que se "encarrega" de fazer a "inquisição". E a verdade será a que ele, o "sujeito", *estabelecerá a partir de sua consciência*.

2. O esquema sujeito-objeto e suas consequências
no e *para* o direito

Assim, embora o ceticismo de parcela considerável da comunidade jurídica, é impossível negar as consequências da viragem ontológico-linguistica para a interpretação do direito. Está-se a tratar de uma ruptura paradigmática que supera séculos de predomínio do esquema sujeito-objeto (o que é grave é que há setores da comunidade jurídica não se dão conta de "o problema do direito" é um "problema de cariz filosófico). E, consequentemente, está-se a tratar da superação daquilo que, no direito, representou o *locus* privilegiado da relação sujeito-objeto: *o positivismo*. Essas questões (são as que mais) têm gerado críticas (e perplexidades) em determinados setores da comunidade jurídica, a partir de uma série de sub-temas: por que é necessário romper com a discricionariedade na interpretação do direito? Qual é a relação da filosofia da consciência com a discricionariedade positivista? Qual é a relação do paradigma da filosofia da consciência com, por exemplo, o instrumentalismo processual (que aposta no protagonismo dos juízes) e o sistema inquisitivo (no processo penal)? Qual é a relação (ou dependência) da metodologia jurídica com esse paradigma que instaurou a modernidade (há consideráveis setores da comunidade jurídica que desconhecem que o "sujeito" – sim, "esse sujeito" do "esquema sujeito-objeto" – é uma invenção da modernidade)?

Há alguns pontos que atravessam as diversas temáticas e que nos cobram, a todo o momento, um *reforço de sentido*, porque dizem respeito à legitimidade e validade do direito em tempos de ruptura com a tradição positivista *lato sensu*. Com efeito, parece recorrente dizer que esse problema (central) está localizado na discussão entre *direito e moral*. E, consequentemente, no papel desempenhado pela razão prática no contexto da teoria do direito que já não pode conviver com as divisões/cisões entre faticidade-validade, moral-direito, teoria e prática, para ficar apenas nestas.

(Re)lembremos: a razão prática nos vem desde a filosofia grega quando Aristóteles delimitou uma filosofia teórica (que pergunta pela verdade ou pela falsidade) e uma filosofia prática (que pergunta pelo certo e pelo errado). Na primeira está em jogo uma observação de uma determinada realidade, ao passo que, na segunda, tem-se o questionamento de uma ação concreta. Na modernidade a problematização entre razão teórica e razão prática foi retomada por Kant em sua *Crítica da Razão Pura* e na *Crítica da Razão Prática*. O que há de comum entre Kant e Aristóteles é que *em ambos há uma barreira que separa a filosofia teórica da prática* e nenhum deles conseguiu explicar como a filosofia teórica pode determinar a filosofia prática ou vice-versa. A partir de Kant e da revolução copernicana por ele instaurada, o problema razão teórica/razão prática *passa a agregar a questão da subjetividade que não estava presente na problemática grega*. Desse modo, além do problema da cisão, tem-se por acréscido também o problema do solipsismo do sujeito transcendental kantiano.

Aqui a importância novamente – e fundamentalmente – de Heidegger e daquilo que ele representou no plano da ruptura paradigmática no campo da filosofia. Explicando melhor: com o giro ontológico operado por Heidegger se dá – de uma forma inédita em toda tradição filosófica – uma *reconciliação* entre prática e teoria e, ao mesmo tempo, ocorre um deslocamento do solipsismo subjetivista para *um contexto intersubjetivo de fundamentação*. Heidegger cria um novo conceito que descreve um ambiente no interior do qual conhecimento prático e conhecimento teórico se relacionam a partir de uma circularidade: o *círculo hermenêutico (hermeneutische Zirkel)*. Há uma espécie de "privilégio" do conhecimento prático em virtude da estrutura do *logos hermenêutico*.

Esse (novo) modo de tratar a relação entre teoria e prática passa a privilegiar a dimensão de *vivências fáticas*. É assim que (re)aparece o "mundo prático" na filosofia – que se manifestou no início grego com os pré-socráticos, mas que foi encoberto pelo *logos* socrático-platônico. É desse modo, pois, que a hermenêutica irá responder ao problema da relação entre teoria e prática: um contexto intersubjetivo de fundamentação (a noção de pré-compreensão, contexto antepredicativo de significância etc) no interior do qual tanto o conhecimento teórico quanto o conhecimento prático se dão na abertura do pré-compreender estruturante (razão hermenêutica, para usar a expressão cunhada por Ernst Schnädelbach). É – por assim dizer – desse comportamento moral que se dá na pré-compreensão que podemos extrair – no campo da aplicação do direito – a ideia de *resposta correta* e de institucionalização do mundo prático pelos princípios.

Nesse contexto, as teorias positivistas do direito recusaram-se a fundar suas epistemologias numa racionalidade que desse conta do agir propriamente dito (escolhas, justificações, etc.). Como alternativa, estabeleceram um princípio fundado em uma razão teórica pura: o direito, a partir de então, deveria ser visto como um objeto que seria analisado segundo critérios emanados de uma lógica formal rígida. E esse "objeto" seria produto do próprio sujeito do conhecimento. Daí o papel do sujeito solipsista.

Para o positivismo jurídico, pouco importava colocar em discussão – no campo da teoria do direito – questões relativas à *legitimidade* da decisão tomada nos diversos níveis do poder estatal (legislativo, executivo ou judicial). No fundo, *operou-se uma cisão entre validade e legitimidade,* sendo que as questões de validade seriam resolvidas através de uma análise lógico-semântica dos enunciados jurídicos, ao passo que os problemas de legitimidade – que incluem uma problemática moral – deveriam ficar sob os cuidados de uma teoria política que poucos resultados poderiam produzir, visto que esbarravam no problema do pluralismo de ideias presente num contexto democrático o que levava inexoravelmente a um relativismo filosófico (essa problemática se gravou em países com grandes períodos de ausência de democracia como o Brasil).

Por certo, a pretensão das teorias positivistas era oferecer à comunidade jurídica um objeto e um método seguro para produção do conhecimento científico no direito. Isso levou – de acordo com a atmosfera intelectual da época (problemática que, entretanto, ainda não está superada) – a uma aposta em *uma racionalidade teórica asfixiante* que isolava/insulava todo contexto prático de onde as questões jurídicas realmente haviam emergido. Melhor dizendo, essa racionalidade teórica possibilitou – e continua a possibilitar – a "entender" o direito em sua "autônoma objetividade". Ou ainda em outras palavras, os fatos sociais, os conflitos, enfim, a faticidade, não fazia parte das "preocupações" da teoria do direito. Portanto, ironicamente, a pretensão estabilizadora – e cientificizante – do positivismo jurídico acabou por criar uma babel resultante da separação produzida entre questões teóricas e questões práticas, entre validade e legitimidade, entre teoria do direito e teoria política.

Essa questão teve em Kelsen o seu corifeu. Mas Kelsen era um pessimista moral, uma espécie de cético que apostava em uma moral *relativista*. Para ele, o problema da vinculação do direito à moral se apresenta problemático porque não há como sustentar uma moral absoluta – valida e vigente em todos os lugares e em todos os tempos – que possa servir como parâmetro para determinação dos conteúdos das normas jurídicas. Sua argumentação procura demonstrar como há vários sistemas morais que variam de acordo com a época e o lugar de onde se originam: "o que é mais importante, porém – o que tem de ser sempre acentuado e nunca o será suficientemente – é a ideia de que não há uma única Moral, 'a' Moral, mas vários sistemas de Moral profundamente diferentes entre os outros e muitas vezes antagônicos".[15] Ou seja, há uma impossibilidade de conhecimento dos *conteúdos* morais expressos nas condutas dos indivíduos. A única coisa que permanece uniforme em todos os sistemas morais é – tal qual acontece com os sistemas jurídicos – sua forma, seu caráter de *norma*. A *forma* da moral é estudada, segundo os postulados kelsenianos, pela ética; ao passo que a forma do direito é responsabilidade da ciência jurídica.

Aqui reside o ponto fulcral, cujas consequências podem ser sentidas mesmo em "tempos pós-positivistas": um dos fenômenos relegados a esta espécie de "segundo nível" foi exatamente *o problema da aplicação judicial do direito*. Com efeito, não é sem razão que a interpretação judicial é tratada como um apêndice em sua *Teoria Pura do Direito* e apenas apresenta interesse para auxiliar a diferenciação entre a interpretação que o cientista do direito realiza e aquela que os órgãos jurídicos proferem em suas decisões.

Conforme insisto em vários de meus textos (em especial, em Verdade e Consenso), há um ponto que marca definitivamente o equivoco cometido por todo o positivismo *ao apostar em certo arbítrio* (eufemisticamente epitetado como "discricionariedade") do julgador no momento de determinar sua decisão: sendo o ato jurisdicional um *ato de vontade,* ele representa uma *manifestação da razão prática*, ficando fora das possibilidades do conhecimento teórico. Isso ainda não foi devidamente entendido pela(s) teoria(s) do direito.

Note-se, agora, o modo pelo qual a questão da interpretação entendida como ato de vontade e a separação entre direito e moral se cruzam: ambos fazem parte daquilo que, desde os gregos, chamamos de filosofia prática e que, na modernidade kantiana, recebeu o nome de razão prática. Ou seja, o positivismo *aposta na discricionariedade* porque o paradigma filosófico sob o qual está assentado não consegue apresentar uma solução satisfatória para a aporia decorrente da dicotomia "razão teórica-razão prática".

Dito de outro modo, na medida em que esta questão carece de solução, os positivistas preferiram – e ainda preferem – *apostar na razão teórica*, deixando as questões relativas à razão prática 'fora de seu campo de preocupações. Por isso a aposta na discricionariedade. Por isso, a admissão de multiplicidade de

---

[15] Cf. KELSEN, Hans. *Teoria Pura do Direito.*op., cit., p. 74.

respostas no direito. Permaneço, destarte, fiel à tese assumida de há muito, de maneira a enfatizar e a reprimir com veemência – a começar pela nomenclatura – *a possibilidade de o discricionário revestir-se de arbitrário*. Na hermenêutica aqui defendida não há respostas/interpretações (portanto, aplicações) antes da diferença ontológica ou, dizendo de outro modo, antes da manifestação do caso decidendo. Para ser mais simples: *não há como definir "aplicações" da lei em abstrato*, porque isso seria retornar ao mito do dado (metafísica clássica). Aliás, é Gadamer quem diz que o sentido somente ocorre na situação concreta. Ou seja, no plano de uma "autônoma objetividade" do direito – em que a aplicação se dá a partir de um conceito previamente elaborado e onde a resolução concreta do direito se subsume nesse conceito – até é possível – e talvez necessário – distinguir a discricionariedade da arbitrariedade. Ocorre que não posso perder de vista que a discricionariedade pregada e defendida pela maior parte da teoria do direito – em especial as teorias procedurais-argumentativas – é exatamente a que se confunde com a arbitrariedade. Nelas, o afastamento da arbitrariedade é argumento e álibi teórico para a justificação da discricionariedade (retome-se, sempre, admissão da "necessidade da discricionariedade" para que o intérprete possa ponderar, conforme defendem Robert Alexy e Prieto Sanchis, para falar apenas destes). Este é o ponto. A discricionariedade que combato é a do *sub-jectum,* que *dis-põe* dos sentidos do direito, circunstância que a aproxima das teses pragmatistas em geral, em que o caso concreto-decidendo é transformado em álibi para voluntarismos, a partir de um "grau zero de significado".

3. A razão prática e o "domínio da moral": onde fica a "consciência"?

De todo modo – e penso estarmos de acordo com tal premissa – a aposta na discricionariedade acarretou *uma vitória de pirro do positivismo*, isto porque, afastando a razão prática e apostando na razão teórica, os positivistas do direito acabaram "obrigados" a permitir – como uma espécie de "compensação" – esse "acentuado grau de discricionariedade" (*sic*) para dar conta dessa, para eles incontornável, questão: a razão prática tem guarida no domínio da moral e é impossível cindi-la do "mundo epistêmico" da pureza de intenções...!

É preciso ter claro que, no paradigma do Estado Democrático, o direito passa a se preocupar – em razão das contingências históricas – com a democracia e, portanto, com a legitimidade do direito (o problema da validade, pois), problemática que até então era "cindida" pela "ciência do direito": de um lado o direito, sem preocupações com a "razão prática" e, de outro, o território no qual a penetração do direito não tinha "conotação valorativa".

Nesse sentido é que se torna interessante notar como Kelsen (e aqui basta apenas me referir a ele) acaba preservando – mesmo com toda sofisticação de sua teoria – o elemento messiânico presente nas teorias objetivistas e subjetivistas da interpretação jurídica (vontade da lei e vontade do legislador), voluntarismo esse que o coloca no último princípio epocal da modernidade: a *vontade de poder* de Nietzsche *(Wille zur Macht)*. Na verdade, por justiça é preciso reconhecer que Kelsen foi um autêntico positivista – talvez "o" autêntico positivista – porque percebeu que o único modo de "desindexar" definitivamente a moral do direito seria de um modo artificial, ficcional, circunstancia que o identifica inexoravelmente como o neopositivismo e toda tradição epistemológica que se seguiu. Explica-se o seu "pé" no neopositivismo lógico, que lhe permitiu tratar a ciência do direito como uma metalinguagem elaborada sobre uma linguagem objeto. De efetivo, esse é o *corte epistemológico* que provocou tantos mal-entendidos no decorrer do século XX e início deste século. Não é por nada que na segunda "versão" da sua *Grundnorm* ele passou a denominá-la de "ficção", inspirada na filosofia do *als ob* (como se), do filósofo Hans Vahinger. Assim, a norma fundamental passou a ser uma "ficção necessariamente útil"...

Se ficarmos atentos, não é difícil constatar – em um universo que calca o conhecimento em um fundamento último e no qual a "epistemologia" é confundida com o próprio conhecimento (problemática presente nas diversas teorias discursivas-argumentativas e nas perspectivas analíticas em geral) – que a hermenêutica jurídica dominante no imaginário dos operadores do direito no Brasil (*perceptível a partir do ensino jurídico, da doutrina e das práticas dos tribunais*) continua sendo entendida como um (mero) saber "operacional" (talvez por isso os juristas se autodenominem de "operadores do direito").

Domina, no âmbito do campo jurídico, o modelo assentado na ideia de que "o processo/procedimento interpretativo" possibilita que o sujeito (a partir da subjetividade "instauradora" do mundo) alcance o "exato sentido da norma", "o exclusivo conteúdo/sentido da lei", "o verdadeiro significado – semântico – do vocábulo", "o real sentido da regra jurídica", etc. Tais pretensões parece sofrerem, pois, daquilo que Dworkin denomina de "aguilhão semântico". Ocorre que, paradoxalmente, esse "sentido da norma" exsurge de um *sub-jectum* que, sustentado em uma "adequada metodologia", alcança essa "certeza", que, estranhamente, pode ser "uma entre várias". O que não se pode esquecer – e isso é de uma relevância ímpar – é que o método para alcançar/controlar esse sentido decorre do próprio *sub-jectum*, como se fosse possível "isolar" o conteúdo buscado do método controlador desse mesmo resultado...! Volta-se, uma vez mais, à cisão entre razão teórica e razão prática.

O que importa referir é que, uma vez que passamos da epistemologia para a hermenêutica (fundada no giro linguístico-ontológico), é razoável pensar (e esperar) que essa ruptura paradigmática deveria obter uma ampla recepção nessa complexa área do conhecimento que é o direito, mormente se parti[r]mos da concepção de que há uma indissociável ligação entre o positivismo jurídico – que tanto queremos combater – e o esquema sujeito-objeto (afinal, ninguém admite, principalmente no Brasil, ser epitetado de "positivista").

4. A importância em insistir na tese de que "é impossível cindir interpretação e aplicação"

Em Heidegger e Wittgenstein (depois reelaboradas por Gadamer) essas questões ficam extremamente bem delineadas, embora sob perspectivas diferenciadas. A utilização da filosofia hermenêutica e da hermenêutica filosófica (Gadamer) dá-se na exata medida da ruptura paradigmática introduzida principalmente por Heidegger (e também, mais tarde, pelo segundo Wittgenstein), a partir da introdução do mundo prático na filosofia, circunstância que aproxima os dois filósofos.

Essa alteração radical na estrutura do pensamento proporcionou a ruptura com os paradigmas metafísicos clássico e moderno. Veja-se que Heidegger, buscando superar Dilthey e Husserl, desloca a questão da hermenêutica na direção de uma nova ontologia, de uma ontologia fundamental, no interior da qual o *ser* é pensando não mais da perspectiva de um ente absoluto e eterno, mas, sim, nas estruturas precárias e finitas da própria condição humana (a faticidade), deixando para trás o "plano epistemológico" (nível cognitivo e perceptivo em que se moviam Husserl e Dilthey). Com isso se supera a metodologia como "uma terceira coisa" com objetivo de dar certeza ao conhecimento. O método não é, nem de longe, o fator determinante para a preparação e formação de conhecimento válido. Há estruturas que *se situam antes de qualquer aporte metodológico que já constituem conhecimento*. E mais: são estas estruturas que determinam os espaços intersubjetivos de formação de *mundo*. Sobremodo, advirta-se: essa autêntica "revolução copernicana" *não foi apenas relevante para o direito*, mas para a totalidade da estrutura do pensamento da humanidade. A partir daí, já não se fala em *fundamentum inconcussum* – eis a presença dos princípios epocais – e, sim, no *compreender* e nas suas condições de possibilidade.

Nesse contexto, há uma pergunta que se torna condição de possibilidade: *por que o direito estaria "blindado" às influências dessa revolução paradigmática?* Aliás, talvez por assim se pensar – e parece não haver dúvida de que a dogmática jurídica e até mesmo algumas posturas que se pretendem críticas apostam na presença da filosofia no campo jurídico tão somente como "capa de sentido" – é que o direito continua até hoje refém do solipsismo próprio da filosofia da consciência. Ou seria possível conceber o direito isolado das transformações ocorridas na filosofia (da linguagem)?

Aliás, é por isso que cunhei a expressão "filosofia *no* direito", para diferenciá-la da tradicional "filosofia *do* direito". Afinal, o direito é um fenômeno bem mais complexo do que se pensa. E, novamente, permito-me insistir na tese de que o direito é um fenômeno complexo e que não pode ficar blindado/imune às transformações ocorridas no campo da filosofia.

Em definitivo: o direito não é uma mera racionalidade instrumental. *Isso implica reconhecer que fazer filosofia no direito não é apenas pensar em levar para esse campo a analítica da linguagem ou que os grandes problemas do direito estejam na mera interpretação dos textos jurídicos.* Mais importante é perceber que, quando se interpretam textos jurídicos, há um acontecimento que se mantém encoberto, mas que determina o pensamento do direito de uma maneira profunda.

Ou seja, fazer filosofia *no* direito não expressa uma simples "terapia conceitual", mas sim um exercício constante de pensamento dos conceitos jurídicos fundamentais de modo a problematizar seus limites, demarcando seu campo correto de atuação. Enfim, filosofia *no* direito implica construção de possibilidades para a correta colocação do fenômeno jurídico que, na atual quadra da história não pode mais ser descolado de um contexto de legitimação democrática.

A opção pela hermenêutica filosófica acarreta compromissos teóricos, devendo ser evitada qualquer forma de mixagens teoréticas. Assim, quando Gadamer diz que não se interpreta por etapas, isso quer dizer que compreensão e aplicação são incindíveis. Por isso a sua contundente crítica às três *subtilitatae*. E isso não é mera observação de Gadamer ou capricho retórico do mestre de Tübingen. Com a hermenêutica tem-se a ruptura com qualquer possibilidade de prevalência do esquema sujeito-objeto, seja pelo paradigma metafísico-clássico, seja pelo paradigma da filosofia da consciência. Trata-se da superação da epistemologia pela fenomenologia hermenêutica (por isso, repita-se, Verdade e Método pode ser lido como Verdade contra o Método).

O que deve ser dito é que *o problema do sentido do direito se situa antes do problema do conhecimento.* O jurista não "fabrica" o seu objeto do conhecimento. A compreensão, pela sua "presença antecipada", é algo que não dominamos. O sentido não está à nossa disposição! Por isso é que – e de há muito venho insistindo nisso – *não interpretamos para compreender, e, sim, compreendemos para interpretar.* A interpretação, como bem diz Gadamer, é a explicitação do compreendido. Com isso, são colocados em xeque os modos procedimentais de acesso ao conhecimento. Se a filosofia é hermenêutica (Heidegger) e a hermenêutica é filosófica (Gadamer), é porque estão superados os dualismos metafísicos que atravessa(ra)m dois milênios.

No plano da teoria do direito (contemporânea), é possível constatar que o modelo excessivamente teórico de abordagem gera uma espécie de *asfixia da realidade* (mundo prático). Ou seja, o contexto prático das relações humanas concretas, de onde brota o direito, *não aparece no campo de análise das teorias positivistas.* Mas, mesmo quando aparece, esse "aparecimento" vem sob a forma de cisão: *fato e direito.* Isso gera problemas de diversos matizes, porque, mesmo quando as teorias que podem ser denominadas de críticas sustentam que "não é mais possível separar interpretação de aplicação", *estas não conseguem perceber a dupla estrutura da linguagem* (a dobra da linguagem de que fala Ernildo Stein): o como apofântico e o como hermenêutico. De nada adianta dizer que "interpretar é aplicar" se se continuar a pensar que os sentidos podem se dar antes da aplicação. Por isso é que, para a hermenêutica que proponho, fruto da imbricação Heidegger-Gadamer-Dworkin, quando afirmo que *interpretar é aplicar*, estou reafirmando que *os sentidos somente se manifestam no ato aplicativo*. E essa não é uma afirmação retórica. Os sentidos jurídicos se dão somente na *applicatio*.

Dito de outro modo – e como tenho deixado claro em outros textos (mormente em Verdade e Consenso, op.cit.) – a *Nova Crítica do Direito* (também denominada de *Crítica Hermenêutica do Direito*) que cunhei é uma nova teoria que exsurge da fusão dos horizontes da filosofia hermenêutica, da hermenêutica filosófica e da teoria integrativa dworkiniana. Dela exsurge a tese de que *há um direito fundamental a uma resposta correta, entendida como "adequada a Constituição"*. Portanto, já não há espaço para discutir as eventuais contradições ou contrariedades entre, p.ex., Dworkin e Gadamer, a percepção da moral dworkiniana ou a ausência (sic) dessa discussão em Gadamer, etc. Esses temas ficam "subsumidos" no interior da uma nova concepção, adequada às especificidades de um pós-positivismo que deve se dar no seio do constitucionalismo democrático. Ou seja, a tese por mim defendida somente tem sentido na democracia e sob a égide de uma Constituição compromissória.

No mais, aqui ratifico que minhas críticas ao decisionismo, ao discricionarismo, etc., *não estão assentadas apenas nisso* (a pré-compreensão como limite). Essa é uma das teses (conclusões) que defendo. Criticar-me por isso é fazer pouco caso da hermenêutica. Registro, por exemplo, que minha aposta na pré-compreensão dá-se em face desta ser condição de possibilidade (é nela que reside o giro-linguístico-ontológico). Minha cruzada contra discricionariedades e decisionismos se assenta no fato de existirem *dois vetores de racionalidade* (apofântico e hermenêutico), *circunstância que alguns de meus críticos não percebem ou não entendem*.

Se compararmos a "teoria da moda" (teoria da argumentação jurídica) com a hermenêutica filosófica (na perspectiva que defendo), veremos a distância entre tais posturas. A diferença fundamental talvez esteja no fato de que a hermenêutica atua no âmbito da intersubjetividade (S-S), enquanto as teorias procedurais (como a teoria da argumentação jurídica) *não superaram o esquema sujeito-objeto* (S-O). É evidente – e compreensível – que qualquer teoria que esteja refém do esquema sujeito-objeto acreditará em metodologias que introduzam discursos adjudicadores no direito (Alexy é um típico caso). Isso explica também por que a *ponderação* represtina a velha discricionariedade positivista. Isso explica também porque Alexy e seus seguidores não abrem mão da discricionariedade. Com efeito, a teoria da argumentação não conseguiu fugir do velho problema engendrado pelo subjetivismo: a discricionariedade, *circunstância, aliás, que é reconhecida pelo próprio Alexy:* "Os direitos fundamentais não são um objeto passível de ser dividido de uma forma tão refinada que inclua impasses estruturais – ou seja, impasses reais no sopesamento –, de forma a torná-los praticamente sem importância. Neste caso, então, *existe uma discricionariedade para sopesar, uma discricionariedade tanto do legislativo quanto do judiciário".*[16]

Esse é o ponto que liga a teoria alexyana – e consequentemente, de seus seguidores – ao protagonismo judicial, isto é, o *sub-jectum* da interpretação termina sendo *o juiz e suas escolhas.* É também nesse sentido que concordo com Arthur Kaufmann, ao negar qualquer interligação entre hermenêutica e teoria da argumentação jurídica: "A teoria da argumentação provém, essencialmente, da analítica. Esta proveniência pode vislumbrar-se ainda hoje em quase todos os teóricos da argumentação. Não nos é possível, nem necessário, referir todas as correntes da teoria da argumentação, até porque, como nota Ulfrid Neumann, nem sequer existe a teoria da argumentação jurídica. Assim, já é questionável que se possam considerar a tópica e a retórica como formas especiais da teoria da argumentação". Agregue-se, ademais, diz Kaufmann, *que a teoria da argumentação não acompanha a hermenêutica na abolição do esquema sujeito-objeto, prevalecendo-se da objetividade.*[17]

5. Decisão judicial e democracia

Por tudo isso – e permito-me insistir nesse ponto – discutir as condições de possibilidade da decisão jurídica é, antes de tudo, *uma questão de democracia.* Por isso, deveria ser despiciendo acentuar ou lembrar que *a crítica à discricionariedade judicial não é uma "proibição de interpretar".* Ora, interpretar é dar sentido (*Sinngebung*). É fundir horizontes. E o direito é composto por regras e princípios, "comandados" por uma Constituição. Assim, afirmar que os textos jurídicos contêm vaguezas e ambiguidades e que os princípios podem ser – e na maior parte das vezes são – mais "abertos" em termos de possibilidades de significado, *não constitui novidade,* uma vez que até mesmo os setores mais atrasados da dogmática jurídica já se aperceberam desse fenômeno.

O que deve ser entendido é que a realização/concretização desses textos (isto é, a sua transformação em normas) *não depende* – e não pode depender – de uma subjetividade assujeitadora (esquema S-O), como se os sentidos a serem atribuídos fossem fruto da vontade do intérprete. Ora, fosse isso verdadeiro, teríamos que dar razão a Kelsen, para quem *a interpretação a ser feita pelos juízes é um ato de vontade* (*sic*). Isso para dizer o mínimo!

Na verdade, o "drama" da discricionariedade que critico reside no fato de que *esta transforma os juízes em legisladores.* E, para além disso, esse "poder discricionário" propicia a "criação" do próprio objeto de "conhecimento", típica

---

[16] Cf. ALEXY, Robert. *Teoria dos Direitos Fundamentais.* Trad. Luis Virgilio A. Silva. São Paulo, Malheiros, 2008, p.611.

[17] Ver, para tanto, KAUFMANN, Arthur. *Introdução à filosofia do Direito e à Teoria do Direito Contemporâneas.* Lisboa, Calouste Gulbenkian, 2002, pp. 154 e segs.

manifestação do positivismo. Ou seja, a razão humana é a "fonte iluminadora" do significado de tudo o que pode ser enunciado sobre a realidade. As coisas são reduzidas aos nossos conceitos e às nossas concepções de mundo, ficando à *dis*-posição de um protagonista (no caso, o juiz, enfim, o Poder Judiciário). Consequências disso? Inúmeras.

Eis a complexidade: historicamente, os juízes eram acusados de ser a boca da lei. Essa crítica decorria da cisão entre questão de fato e questão de direito, isto é, a separação entre faticidade e validade (problemática que atravessa os séculos). As diversas teorias críticas sempre aponta(ra)m para a necessidade de rompimento com esse imaginário exegético. Ocorre que, ao mesmo tempo, a crítica do direito, em sua grande maioria, sempre admitiu – e cada vez admite mais – um alto grau de discricionariedade nos casos difíceis, nas incertezas designativas, enfim, na zona de "penumbra" das leis, voltando-se à problemática discutida no início deste texto.

Assim, quando questiono os limites da interpretação – a ponto de alçar a necessidade desse controle à categoria de princípio basilar da hermenêutica jurídica – a constitucional – está obviamente implícita a rejeição da *negligência do positivismo "legalista" para com o papel do juiz*, assim como também a "descoberta" das diversas correntes realistas e pragmatistas que se coloca(ram) como antítese ao exegetismo das primeiras. Ou seja, *a questão que está em jogo ultrapassa de longe essa antiga contraposição de posturas*, mormente porque, no entremeio destas, surgiram várias teses, as quais, sob pretexto da superação de um positivismo fundado no sistema de regras, construíram um modelo interpretativo calcado em fórmulas e/ou procedimentos, cuja função é(ra) descobrir os valores presentes (implícita ou explicitamente) no novo direito, agora "eivado de princípios e com textura aberta".

Já as posturas subjetivistas, especialmente, fortalece(ra)m o protagonismo judicial, fragilizando sobremodo o papel da doutrina. Em *terrae brasilis* essa problemática é facilmente notada no impressionante crescimento de uma cultura jurídica cuja função é reproduzir as decisões tribunalícias. *É o império dos enunciados assertóricos que se sobrepõe à reflexão doutrinária*. Assim, os reflexos de uma aposta no protagonismo judicial não demorariam a ser sentidos: *a doutrina se contenta com "migalhas significativas" ou "restos dos sentidos previamente produzidos pelos tribunais"*. Com isso, a velha jurisprudência dos conceitos atravessa o rio da história e acaba chegando aos nossos dias paradoxalmente a partir do lugar que era o seu destinatário: as decisões judiciais, ou seja, são elas, agora, que produzem a conceitualização. E com uma agravante: o sacrifício do mundo prático.

Qualquer fórmula hermenêutico-interpretativa que continue a apostar no solipsismo estará fadada a depender de um sujeito individual(ista), como que a repristinar o nascedouro do positivismo através do nominalismo. Está-se, pois, diante de rupturas paradigmáticas e princípios epocais que fundamentam o conhecimento em distintos períodos da história (do eidos platônico até o último princípio fundante da metafísica moderna: a vontade do poder, de Nietzsche – aliás, não é de forma gratuita que Kelsen dirá que a interpretação dos juízes é um ato de vontade...de poder).

6. À guisa de conclusão: sentença não vem de "sentire"

Fica claro que a histórica aposta na discricionariedade, com origem bem definida em Kelsen e Hart, tinha o objetivo, ao mesmo tempo, de "resolver" um problema considerado insolúvel, representado pela razão prática "eivada de solipsismo" (afinal, o sujeito da modernidade sempre se apresentou *consciente-de--si-e-de-sua-certeza-pensante*), e de reafirmar o modelo de regras do positivismo, no interior do qual os princípios (gerais do direito) – equiparados a "valores" – *mostravam-se como instrumentos para a confirmação desse "fechamento"*.

Ocorre que, com o advento da "era dos princípios constitucionais" – consequência não apenas do surgimento de novos textos constitucionais, mas, fundamentalmente, decorrentes de uma revolução paradigmática ocorrida no direito -, parcela considerável da comunidade jurídica optou por os considerar como *um sucedâneo dos princípios gerais do direito* ou como sendo o "suporte dos valores da sociedade" (o que seria isso, ninguém sabe). As consequências todos conhecemos: *sob o pretexto de os juízes não mais serem a boca da lei, os princípios passaram a ser a "era da abertura interpretativa", a "era da criação judiciária"*.... Estabeleceu-se um verdadeiro "estado de natureza hermenêutico", que redundou em uma fortíssima e dura reação do *establishment* jurídico-dogmático: os mecanismos vinculatórios.

O que restou e o que resta do direito? Qual é o papel da doutrina? Os julgamentos se tornaram monocráticos...! Milhares de processos são "resolvidos" no atacado...! Não mais discutimos *causas*, pois passamos a discutir *"teses"* jurídicas...! Voltamos ao velho positivismo: apostamos em uma "autônoma razão teórica" e quando ela não é "suficiente", delegamos tudo para a razão prática...! E o que é a "razão prática"? Na verdade, nem precisamos buscar auxílio na hermenêutica para falar sobre ela. Basta ver o que diz Habermas, na abertura de seu *Faktizität und Geltung:* substituo a razão prática (eivada de solipsismo) pela razão comunicativa...! Claro que não concordo com a solução dada por Habermas.[18] Mas é inegável que ele tem razão quando ataca de forma contundente o solipsismo!

---

[18] Aqui é indispensável remeter o leitor à obra Verdade e Consenso, em especial a terceira edição, op.cit., onde mostro o pessimismo de HABERMAS e o modo pelo qual a hermenêutica pode controlar o sujeito (não o sujeito solipsista, que foi derrotado pelo *ontological turn*, mas, sim, o sujeito da relação de objeto, que, ao contrário do que pensam, p.ex., HABERMAS e LUHMANN, não morreu).

Por tudo isso é que procuro denunciar o estado de poluição semântica[19] e anemia significativa a que o significado do termo *pós-positivismo* foi submetido, confundindo-se-o com *"abertura interpretativa"*, *"ativismo"* ou *"protagonismo dos juízes-que-já-não-são-a-boca-da-lei"*. Importante frisar: isso não é uma peculiaridade do pensamento jurídico brasileiro, podendo também pode ser notado em várias manifestações teóricas do direito comparado. Naquelas vertentes teóricas em que se nota uma preocupação com a determinação de um novo paradigma para o direito, parece haver certo consenso quanto ao esgotamento teórico dos modelos positivistas de teoria do direito. Mas – registre-se, ao mesmo tempo *há uma imensa dificuldade de libertação de toda carga conceitual que foi legada pelos anos de predomínio do positivismo*. O resultado é uma espécie de repristinação das velhas teses das teorias positivistas clássicas e das do neopositivismo que, evidentemente, trazem consigo o mesmo vírus que contaminava o legatário:[20] *a aposta na discricionariedade judicial para resolver o problema da decisão*. Ou seja, no fundo não conseguimos sair de um velho dilema: o que fazer para controlar a atuação da jurisdição?

O positivismo sequer se preocupava em responder tal questão. Para ele, a discricionariedade judicial era uma fatalidade. A razão prática – que o positivismo chama de discricionariedade – não poderia ser controlada pelos mecanismos teóricos da ciência do direito. A solução, portanto, era simples: deixemos de lado a razão prática (discricionariedade) e façamos apenas epistemologia (ou, quando esta não dá conta, deixe-se ao alvedrio do juiz – eis o ovo da serpente gestado desde a modernidade).

Na hermenêutica de cunho fenomenológico a ideia de razão prática se dissolve com a morte daquele que a sustenta: o sujeito solipsista. É sempre necessário lembrar que Gadamer apenas irá descobrir o sentido prático que há na hermenêutica porque *ele já possuía esta antevisão do projeto heideggeriano*. É por isso que insisto no seguinte ponto: *matrizes teóricas implicam comprometimentos*. Não parece adequado – como já frisei anteriormente – que o precursor da ruptura filosófica por intermédio do *hermeneutic-turn*, Martin Heidegger, seja, "convenientemente", deixado de lado nas discussões acerca da hermenêutica jurídica contemporânea, principalmente quando se articulam conceitos já universalizados e de domínio público como *pré-compreensão, circulo hermenêutico, pré-juízos, fusão de horizontes,* etc. Afigura-se-me estranho quando determinadas análises críticas sobre o esquema sujeito-objeto e outras questões obstaculizadoras de um novo olhar sobre a interpretação do direito, prescindam da teoria ou da menção daquele que foi o criador e inspirador de Gadamer, este sim, por não ter "problemas políticos", citado à saciedade.

---

[19] Cf. STEGMÜLLER, Wolfgang. *A Filosofia Contemporânea,* Vol.I e II. São Paulo: EPU, 1977.

[20] Também é possível trazer para esta discussão as críticas à ideia de princípios. Ou seja, se se entender o neoconstitucionalismo como uma continuidade do constitucionalismo anterior, tem-se uma contaminação do velho problema positivista da discricionariedade, para dizer o menos. Assim, o neoconstitucionalismo somente adquire sentido útil se for entendido a partir de uma descontinuidade, portanto, de *ruptura*.

De algum modo, todas estas questões irão repercutir no *pós-positivismo* de Dworkin e de Müller. Este último chega inclusive a um belíssimo diagnóstico acerca do que seja uma teoria do direito pós-positivista. Com efeito, para Müller, o termo *pós-positivismo* refere-se não a um *anti*positivismo qualquer, mas a uma postura teórica que, sabedora do problema não enfrentado pelo positivismo – qual seja: a questão interpretativa concreta, espaço da chamada "discricionariedade judicial" – *procura apresentar perspectivas teóricas e práticas que ofereçam soluções para o problema da concretização do direito.*

É em Dworkin – com ele e indo além dele – que podemos projetar de modo mais significativo uma teoria hermenêutica do direito num sentido *pós-positivista*. Há pontos que unem aquilo que Dworkin propõe para o direito com a hermenêutica filosófica de cariz gadameriano (*v.g.:* além da coincidência entre a correção da interpretação em Gadamer e a tese da resposta correta em Dworkin, podemos apontar, também, o papel que a história desempenha em ambas as teorias, bem como o significado prático dado à tarefa interpretativa; de igual modo o enfrentamento da discricionariedade positivista e a construção da integridade do direito são questões que passam pela superação da razão prática pelo *mundo prático* operada pela tradição hermenêutica).

Para se realizar uma efetiva teoria pós-positivista dois elementos são, inexoravelmente, necessários: *a)* ter total consciência do nível teórico sob o qual estão assentadas as projeções teóricas efetuadas, ou seja, uma teoria pós-positivista não pode fazer uso de *mixagens teóricas; b)* enfrentar o problema do solipsismo epistemológico que unifica todas as formas de positivismo.

Em síntese – e quero deixar isso bem claro – para superar o positivismo é preciso superar também aquilo que o sustenta: o primado epistemológico do sujeito (da subjetividade assujeitadora) e o solipsismo teórico da filosofia da consciência. *Não há como escapar disso.* Apenas com a superação dessas teorias que ainda apostam no esquema sujeito-objeto é que poderemos sair dessa armadilha que é o solipsismo. A hermenêutica se apresenta nesse contexto como um espaço no qual se pode pensar adequadamente uma teoria da decisão judicial, *livre que está tanto das amarras desse sujeito onde reside a razão prática como daquelas posturas que buscam substituir esse sujeito por estruturas ou sistemas.* Nisso talvez resida a chave de toda a problemática relativa ao enfrentamento do positivismo e de suas condições de possibilidade.

É tarefa contínua, pois, que se continue a mostrar como persistem equívocos nas construções epistêmicas atuais e como tais equívocos se dão em virtude do uso aleatório das posições dos vários autores que compõe o chamado *pós-positivismo*. Com efeito, isso fica evidente no conceito de princípio. O caráter normativo dos princípios – que é reivindicado no horizonte das teorias pós-positivistas – não pode ser encarado como um álibi para a discricionariedade, pois, desse modo, estaríamos voltando para o grande problema não resolvido pelo positivismo.

Com isso quero dizer que a tese da abertura (semântica) dos princípios – com que trabalha a teoria da argumentação (e outras teorias sem filiação a matrizes teóricas definidas) – *é incompatível com o modelo pós-positivista de teoria do direito*. Nessa medida, é preciso ressaltar que só pode ser chamada de pós--positivista uma teoria do direito que tenha, efetivamente, superado o positivismo. Parece óbvio reforçar isso. *A superação do positivismo implica enfrentamento do problema da discricionariedade judicial* ou, também poderíamos falar, no enfrentamento do solipsismo da razão prática.

Importa dizer sobremodo – para uma melhor compreensão do que até aqui foi dito – é que as teorias do direito e da Constituição preocupadas com a democracia e a concretização dos direitos fundamentais-sociais previstos constitucionalmente não podem prescindir de um conjunto de princípios que tenham nitidamente a função de estabelecer padrões hermenêuticos com o fito de: a) preservar a autonomia do direito; b) estabelecer condições hermenêuticas para a realização de um controle da interpretação constitucional (*ratio final*, a imposição de limites às decisões judiciais – o problema da discricionariedade); c) garantir o respeito à integridade e à coerência do direito; d) estabelecer que a fundamentação das decisões é um dever fundamental dos juízes e tribunais; e) garantir que cada cidadão tenha sua causa julgada a partir da Constituição e que haja condições para aferir se essa resposta está ou não constitucionalmente adequada.[21]

Assim, a tese aqui apresentada *é uma simbiose entre as teorias de Gadamer e Dworkin*, com o acréscimo de que a resposta não é nem a única e nem a melhor: simplesmente se trata "da resposta adequada à Constituição", isto é, uma resposta que deve ser confirmada na própria Constituição, na Constituição mesma. Nesse sentido, e uma vez mais visando a evitar mal-entendidos, é preciso compreender que – do mesmo modo que *Gadamer*, em seu *Wahrheit und Methode* – *Dworkin* não defende qualquer forma de solipsismo (a resposta correta que ele sustenta *não é* produto da atitude de um *Selbstsüchtiger*); Dworkin superou – e de forma decisiva – a filosofia da consciência. Melhor dizendo, o juiz "Hércules" é apenas uma metáfora para demonstrar que a *superação* do paradigma representacional (morte do sujeito solipsista da modernidade) *não significou a morte do sujeito que sempre está presente em qualquer relação de objeto*.

Uma leitura apressada de *Dworkin* (e isso também ocorre com quem lê *Gadamer* como um filólogo, fato que, aliás, ocorre com frequência na seara do direito) dá a falsa impressão de que Hércules representa o portador de uma "subjetividade assujeitadora". Ora, como já referido, enquanto as múltiplas teorias que pretendem justificar o conhecimento buscam "superar" o sujeito do esquema sujeito-objeto propondo a sua eliminação ou a sua substituição por estruturas comunicacionais, redes ou sistemas e algumas, de forma mais radical, até mesmo por um pragmatismo fundado na *Wille zur Macht* (por todas, vale referir as teorias desconstrutivistas e o realismo dos *Critical Legal Studies*), *Dworkin* e *Gadamer*,

---

[21] Nesse sentido, ver meu Verdade e Consenso, op.cit., em especial o posfácio.

Patogênese do protagonismo judicial em *Terrae Brasilis* ou
de como "sentença não vem de *sentire*"

163

cada um ao seu modo, *procuram controlar esse subjetivismo e essa subjetividade solipsista* a partir da tradição, do não relativismo, do círculo hermenêutico, da diferença ontológica, do respeito à integridade e da coerência do direito, de maneira que, fundamentalmente, ambas as teorias são antimetafísicas, porque rejeitam, peremptoriamente, os diversos dualismos que a tradição (metafísica) nos legou desde *Platão* (a principal delas é a incindibilidade entre interpretação e aplicação, pregadas tanto por *Dworkin* como por *Gadamer*).

Parece, assim, que o equívoco recorrente acerca da compreensão das teses de *Gadamer* e de *Dworkin* – em especial, seu anti-relativismo e a aversão de ambos à discricionariedade – reside no fato de se pensar que a derrocada do esquema sujeito-objeto significou a eliminação do sujeito (presente em qualquer relação de objeto), cuja consequência seria um "livre atribuir de sentidos". Por assim pensarem – e por temerem a falta de racionalidade na interpretação –, muitas teorias acabaram, de um lado, retornando àquilo que buscavam combater: o método; e, de outro, construindo discursos que desoner(ass)em o sujeito-intérprete do encargo de elaborar discursos de fundamentação (*Begründungsdiskurs*). Tudo por acreditarem na eliminação do sujeito ou na sua pura e simples substituição por sistemas ou teorias comunicativas.

Em suma, se o método, para o paradigma da filosofia da consciência, é/foi o supremo momento da subjetividade, decretar a sua superação, como magistralmente fez Gadamer, não quer dizer que, a partir de então, seja possível "dizer qualquer coisa sobre qualquer coisa". Ao contrário: se o método colocava a linguagem em um plano secundário (terceira coisa entre o sujeito e o objeto), manipulável pelo sujeito solipsista, a intersubjetividade que se instaura com o *linguistic turn* exige que, no interior da própria linguagem, seja feito o necessário controle hermenêutico. Ou seja, entre outras coisas, devemos *levar o texto a sério*, circunstância que se coaduna perfeitamente com as Constituições na segunda metade do século XX e confere especial especificidade à interpretação do direito, em face do vetor de sentido assumido pelo texto constitucional, além de reafirmar a autonomia do direito.

E, numa palavra final: em tempos de giro linguístico ontológico e Estado Democrático de Direito, não tem mais sentido dizer que "sentença vem de *sentire*"...! Ou tem? A resposta será uma confissão de opção por determinado paradigma filosófico.

— XI —

A produção sistêmica do sentido do direito: da semiótica à autopoiese[1]

LEONEL SEVERO ROCHA[2]

Sumário: 1. Introdução; 2. Sentido e Semiótica do Direito; 2.1. Semiótica e Semiologia: Saussure e Peirce; 2.2. Wittgenstein e Nova Retórica; 3. Sentido e Autopoiese; 3.1. Autopoiese em Maturana; 3.2. Autopoiese em Luhmann; 3.3. Autopoiese em Gunther Teubner; 3.4. Autopoiese em Jean Clam; 4. Considerações Finais; 5. Referências

1. Introdução

Este ensaio pretende abordar as diferentes perspectivas existentes sobre a Teoria dos Sistemas Sociais Autopoiéticos e sua relação com a produção do sentido e o paradoxo, a procura de um conceito que possa ser operacionalizado pelo Direito.

Para tanto, abordaremos inicialmente o sentido e a semiótica do Direito (2). Neste item, em um primeiro momento (2.1), relataremos os primeiros passos produzidos pelos linguistas para a elaboração de uma ciência dos signos (Semiótica ou Semiologia), em especial as contribuições de Saussure e Peirce. Por conseguinte, ainda nesse mesmo ponto, comentaremos brevemente as suas principais manifestações e reflexos no âmbito da teoria jurídica. Finalmente, em um derradeiro momento (2.2), situaremos as principais correntes teóricas contemporâneas e nossa proposta de trabalho desde a Semiótica.

Após isso, analisaremos a ideia de autopoiese e a concepção de sentido em diferentes perspectivas (3), quais sejam, os pontos de observação de Humberto Maturana (3.1), de Niklas Luhmann (3.2). Em seguida, abordaremos as suas releituras feitas na área do Direito por Gunther Teubner (3.3) e Jean Clam[3] (3.4).

---

[1] O texto dá continuidade às pesquisas que estamos desenvolvendo no âmbito do PPG em Direito da UNISINOS, no Projeto de Pesquisa intitulado "Direito Reflexivo e Policontexturalidade", que conta com o apoio do CNPq. Agradeço a colaboração de Ricardo Menna Barreto na pesquisa bibliográfica realizada.

[2] Dr. EHESS-Paris-França e Pós-Dr. UNILECCE-Itália. Professor Titular da UNISINOS-RS.

[3] Na América Latina existem perspectivas autopoiéticas próprias desenvolvidas por Marcelo Neves (NEVES, Marcelo. *Transconstitucionalismo*. São Paulo: Martins Fontes, 2009), de um lado, e de outro, por Dario Rodri-

Partindo destas perspectivas, poderemos apontar para uma retomada das questões tradicionais da Teoria do Direito, abrindo-as para uma observação policontextural, ainda não alcançada pela dogmática jurídica.

2. Sentido e semiótica do direito

No século XX, com a institucionalização da linguagem como paradigma dominante, a Semiótica foi adotada como uma das matrizes teóricas privilegiadas para a investigação jurídica e, consequentemente, para a análise da produção do sentido jurídico.

Este projeto, para gerar resultados positivos, encarregou-se da tarefa de elaboração de um novo espaço teórico denominado Semiótica Jurídica. É claro que as tentativas de construção de uma Semiótica Jurídica dependeram, evidentemente, da constituição da própria Semiótica.[4]

2.1. Semiótica e semiologia: Saussure e Peirce

Primeiramente: a Semiótica se diferencia da Semiologia. A Semiologia é o estudo empírico dos signos e dos sistemas de signos verbais e não verbais na comunicação humana. A Semiologia teve, historicamente, dois momentos principais: o primeiro, ultrapassa a instância pré-científica das reflexões sobre a linguagem; o segundo, é caracterizado pela tentativa de adotar-se o padrão estrutural da ciência dos signos como padrão ideal para a produção da unidade epistemológica para as ciências humanas: a semiologia estruturalista deveria tornar-se a metodologia que permitiria a unidade dos saberes.

No entanto, o movimento inicial, que pretendeu construir uma ciência dos signos em sentido estrito, teve suas origens nos estudos dos linguistas sobre a linguagem natural, e também nos estudos dos lógico-matemáticos a respeito das linguagens artificiais formalizadas. Ao mesmo tempo, mas independentemente, na Europa e nos Estados Unidos, o linguista Ferdinand Saussure[5] e o lógico Charles Sanders Peirce[6] sugeriram a construção de uma teoria geral dos signos. O primeiro nomeou-a Semiologia, e o segundo, Semiótica. Esta ciência, conforme

---

guez (MANSILLA, Darío Rodriguez e BRETÓN, Maria P. Opazo. *Comunicaciones de la Organización*. Con colaboración de René Rios F. Chile: Ediciones Universidad Católica de Chile, 2007) e Javier Torres Nafarrate (NAFARRATE, Javier T. La Sociología de Luhmann como "sociología primera". In: Ibero Forum. Notas para debate. Primavera, núm. I, año I, 2006.). Estas posturas serão analisadas por nós em outro texto.

[4] O projeto de elaboração de uma ciência dos signos e suas influências sobre a teoria jurídica foi por nós analisado juntamente com Luís Alberto Warat. In: WARAT, Luis Alberto e ROCHA, Leonel Severo. *O Direito e sua Linguagem*. 2ª versão. Porto Alegre: SAFE, 1995.

[5] SAUSSURE, Ferdinand. *Cours de Linguistique Générale*. Édition préparée par Tullio de Mauro. Paris: Payot, 1985.

[6] PEIRCE, Charles Sanders. *Semiótica e Filosofia*. São Paulo: Cultrix/Ed. da USP, 1979.

Warat,[7] deveria dedicar-se ao estudo das leis e conceitos metodológicos gerais que pudessem ser considerados válidos para todos os sistemas sígnicos.

Para Saussure, "le signe linguistique unit non use chose et um nom, mais um concept et une image acoustique".[8] Assim, seria um estudo dirigido para a determinação das categorias e das regras metodológicas necessárias para a formação de tal sistema, sendo o signo a sua unidade mínima de análise. É importante destacar, desde já, que Saussure parte de uma lógica diádica, contrapondo, deste modo, língua/fala, sincronia/diacronia, significante/significado. Para Saussure, o signo linguístico é constituído pela combinação de significante e significado. O significante possui conteúdo material perceptível como, por exemplo, a informação sonora ou visual. O significado, por sua vez, é o conteúdo conceitual e abstrato. Simbolicamente, podemos demonstrar o modelo diádico de Saussure a partir da seguinte imagem:

Já para Peirce, "um signo, ou representamen, é algo que, sob certo aspecto, ou de algum modo, representa alguma coisa para alguém. Dirige-se a alguém, isto é, cria na mente dessa pessoa um signo equivalente, ou talvez um signo melhor desenvolvido. Ao signo assim criado, denomino interpretante do primeiro signo. O signo representa alguma coisa, seu objeto".[9] Para Peirce, o representamen está ligado, portanto, a três coisas: o fundamento, o objeto e o interpretante.[10] Conforme Peirce, a relação sígnica (representatio, signhood, semiosis) é, enquanto tal, triádica. Isto é, dito de outro modo, se compõe de signo, no sentido restrito

---

[7] WARAT, Luis Alberto e ROCHA, Leonel Severo. *O Direito e sua Linguagem*. 2ª versão. Porto Alegre: SAFE, 1995. Ver também o livro: WARAT, Luis Alberto. *A Definição Jurídica*. Porto Alegre: Atrium, 1977. Aliás, neste livro, para Warat, é importante considerar dentro da teoria definitória os aspectos das relações dos termos com a realidade. Nessa perspectiva, "quando alguém solicita a definição de um termo de classe, o que está pedindo é que se lhe proporcione o significado do mesmo", conforme WARAT, Luis Alberto. *A Definição Jurídica*. Op. cit., p. 3.

[8] SAUSSURE, Ferdinand. *Cours de Linguistique Générale*. Édition préparée par Tullio de Mauro. Paris: Payot, 1985, p. 98.

[9] PEIRCE, Charles Sanders. *Semiótica e Filosofia*. São Paulo: Cultrix/Ed. da USP, 1979, p. 94.

[10] Em virtude disso, Peirce acredita que a *ciência da semiótica* tem três ramos: "o primeiro é a *gramática pura*, sendo sua tarefa determinar o que deve ser verdadeiro quanto ao *representamen* utilizado por toda inteligência científica a fim de que possam incorporar um significado qualquer. O segundo ramo é o da *lógica* propriamente dita. É a ciência do que é quase necessariamente verdadeiro em relação aos *representamens* de toda inteligência científica a fim de que possam aplicar-se a qualquer objeto, isto é, a fim de que possam ser verdadeiros. O terceiro ramo é a *retórica pura*. (...) Seu objetivo é o de determinar as leis pelas quais, em toda inteligência científica, um signo dá origem a outro signo e, especialmente, um pensamento acarreta outro". PEIRCE, Charles Sanders. *Semiótica*. 3ª Edição. São Paulo: Perspectiva, 2003, p. 46.

da palavra, o objeto designado e o interpretante.[11] O modelo triádico,[12] acima referido, pode ser simbolicamente esquematizado a partir da seguinte figura:

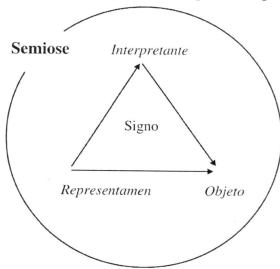

Já falamos anteriormente que com Pierce começa a se delinear um projeto semiótico muito mais preocupado com a correção lógica e sucessivas retificações das sistematizações dos diferentes discursos da ciência, do que com a própria ciência dos signos.[13] Não obstante, na atualidade, usamos indistintamente no estudo do Direito, os signos Semiologia e Semiótica quase como sinônimos. Nós optamos por utilizar, na atualidade, o signo Semiótica. A Semiótica divide-se tradicionalmente, segundo Carnap,[14] em três partes: sintaxe, semântica e pragmática.

O segundo momento, chamado de *estruturalismo*, também se inspiraria em Saussure. No entanto, o estruturalismo, a partir da ideia de que o conhecimento é formado por estruturas interdependentes, enfatizaria muito mais o discurso do que os signos, como seu eixo metodológico para a análise das ciências sociais. Neste sentido, a Semiologia seria quase como uma ciência das ciências, uma epistemologia dos diferentes discursos sobre o mundo.

---

[11] APEL, Karl-Otto. *El Camino del Pensamiento de Charles S. Peirce*. Madrid: Visor (Colección La Balsa de la Medusa), 1997, p. 184.

[12] Tanto o modelo *diádico* (Saussure) como o *triádico* (Peirce), são, simbolicamente, complementares. Ora, se considerarmos que "a unidade é o primeiro elemento do qual surgem todos os outros números, é nela, portanto, que devem estar juntas todas as qualidades opostas dos números: o ímpar e o par; o dois é o primeiro número par, o três é o primeiro número ímpar e também *perfeito*, porque é no número três que aparece, pela primeira vez, um começo, um meio e um fim". Conforme ZELLER, Eduard. *Die Philosophie der Griechen*. 2ª ed. Tübingen e Leipzig, 1856-68, p. 292, *in*: JUNG, C. G. *Interpretação Psicológica do Dogma da Trindade*. 5ª edição. Petrópolis: Vozes, 1999, p. 7.

[13] WARAT, Luis Alberto e ROCHA, Leonel Severo. *O Direito e sua Linguagem*. 2ª versão. Porto Alegre: SAFE, 1995, p. 14.

[14] CARNAP, Rudolf. *The Logical Syntax of Language*. Chicago: Open Court, 1934 (1ª ed.).

A análise dos signos permitiria para Saussure estudos multidisciplinares, provocando a sua preocupação fundamental em determinar critérios que permitissem a autonomia e pureza de uma ciência dos signos. Neste sentido, Saussure procura reconstruir no plano do conhecimento um sistema teórico que explicasse o funcionamento dos diferentes tipos de signos. Este projeto semiológico, ao orientar-se para as diversas linguagens naturais, colocou em evidência a função social do signo.

Assim, a Semiologia nos daria as leis que regem os signos e a sua natureza. A condição mínima de análise se fundamenta na possibilidade da constituição de unidades significantes diferenciáveis. Em outra oportunidade falamos que "o maior mérito de Saussure encontra-se, indiscutivelmente, em sua revolucionária postura epistemológica, que determinou a possibilidade de refletir, a partir de um novo lugar teórico, sobre os diferentes sistemas sígnicos".[15]

Na construção dos diferentes sistemas de signos das linguagens naturais, Saussure escolheu, como modelo analítico, a linguística – teoria dos signos verbais. A linguística tem em Saussure duas funções: por um lado, ela é vista como uma parte da Semiologia, ligada a um domínio mais vasto e definido do conjunto dos signos da comunicação humana; por outro lado, ela é o eixo em torno do qual se formam as categorias translinguísticas, que constituem o princípio ordenador para a compreensão dos outros sistemas de signos.

A linguística em Saussure ocupa, então, uma função primordial, pois é graças a suas categorias analíticas que a Constituição da Semiologia torna-se possível: a Semiologia como estudo dos signos na comunicação humana. Para tanto, Saussure parte das linguagens verbais para a descrição dos distintos sistemas sígnicos. O privilégio dado a linguística provém do fato que todo o conjunto de signos não linguísticos deve buscar as suas possibilidades de sistematização desde a linguagem natural logicamente ordenada.[16]

Em nossa opinião, indo um pouco além de Saussure, juntamente com Warat, poder-se-ia afirmar que, em realidade, existe somente uma linguística dos signos verbais e outra dos signos não verbais, sendo a Semiologia uma linguística geral. A semiologia, já falamos, possui seu "campo temático delimitado a partir dos lugares não teorizados pela linguística, isto é, preocupa-se com os processos de produção e mutação das significações conotativas (ideológicas) da comunicação social".[17]

Pode-se dizer que, como Barthes o assinala, a Semiologia de Saussure se apresenta como uma linguagem das linguagens, como uma metalinguagem que toma as diferentes linguagens como a sua linguagem-objeto. Assim, Saussure vê a Semiologia como um nível linguístico diferente daquele das linguagens analisa-

---

[15] WARAT, Luis Alberto e ROCHA, Leonel Severo. *O Direito e sua Linguagem*. Op. cit., p. 19.

[16] Ainda conforme WARAT, Luis Alberto e ROCHA, Leonel Severo. *O Direito e sua Linguagem*. Op. cit.

[17] ROCHA, Leonel Severo. *A Problemática Jurídica*: uma introdução transdisciplinar. Porto Alegre: SAFE, 1985, p. 35.

das e, nesse sentido, ele se afasta da materialidade social que forma a significação. Isto é, desde uma perspectiva que reivindica também uma análise das condições político-sociais que influem na significação, Saussure deixou incompleto o seu projeto no tocante as relações dos signos com a ideologia e a história.[18]

Peirce, por sua parte, sublinha a função lógica do signo para a constituição da Semiótica. Para ele, a lógica, num sentido lato, seria quase sinônimo de Semiótica. A Semiótica seria, por esta razão, uma teoria geral dos signos, reconhecida como disciplina na medida em que o processo de abstração produziria os julgamentos necessários para a caracterização lógica dos signos empregados na prática científica. A Semiótica deveria conter num cálculo lógico o conjunto dos sistemas significantes. Assim, ao contrário de Saussure, preocupado com o tratamento científico das linguagens naturais, Peirce se voltaria para as práxis linguísticas das ciências.

De qualquer maneira, mesmo que Peirce não nos tenha deixado uma obra sistematizada, parece-nos razoável a opinião de Nagel, que encontra coincidências entre as suas ideias e aquelas do Círculo de Viena, contrário a qualquer transcendentalismo. Nesta perspectiva, existe uma ideia fundamental do Círculo com a qual Peirce estaria plenamente de acordo: as condições semânticas de verificação (cuja abrangência Carnap reduziria com o passar do tempo). Para Peirce, uma ideia é sempre a apresentação de certos efeitos sensíveis. Com ele se inicia um projeto semiótico mais preocupado com a correção lógica e com as retificações sucessivas da sistematização dos diferentes discursos da ciência do que com a própria ciência dos signos. Nós temos então uma outra coincidência entre Peirce e o neopositivismo lógico no tocante à função de dependência atribuída à Semiótica em relação às linguagens da ciência. Uma diferença marcante entre Peirce e o neopositivismo é o fato de que para o americano o signo ocupa um lugar de destaque, enquanto que para os austríacos o mais importante são os discursos.

Para os membros do Círculo Viena ciência e linguística são dois termos correlatos: a problemática científica depende da construção de uma linguagem rigorosa apta a explicar os dados do mundo. Nesta perspectiva, o positivismo lógico assume o rigor discursivo como o paradigma da pesquisa científica. Ele afirma ainda que nenhuma proposição isolada fornece um conhecimentos efetivo sobre o mundo. Toda proposição é significativa na medida em que possa ser integrada num sistema. Em consequência, não se pode desconhecer as regras de funcionamento da linguagem da ciência, sob pena de termos nosso conhecimento obscurecido por certas perplexidades de natureza estritamente linguística. Eis porque o Círculo de Viena erigiu a linguagem como objeto de sua investigação e como instância fundamental da problemática científica. Neste sentido, a Semiótica é o nível de axiomatização dos sistemas de significação, vistos como modelos matemáticos das diferentes linguagens da ciência.

---

[18] Conforme já mencionamos em ROCHA, Leonel Severo. *Epistemologia Jurídica e Democracia*. 2ª ed. São Leopoldo: Unisinos, 2003.

As linguagens não se esgotam nas informações transmitidas, pois elas engendram uma série de ressonâncias significativas que têm a sua origem também nas contradições da materialidade social. Deste ponto de vista, estas concepções epistemológicas, como é o caso do positivismo lógico, ao identificarem, como vimos supra, a ciência com a linguagem, a partir de uma atitude reducionista que pensa a linguagem como uma estrutura textual autosuficiente (autopoiética, na linguagem de hoje), descobrindo a significação no interior do próprio sistema por ela criado, esquecem as outras cenas de produção da significação. Isto é, a influência da sociedade na produção dos sentidos é ignorada. Esta concepção axiomatizante da Semiótica é ligada assim a uma filosofia cientificista que obedece a uma concepção ontológica da verdade. E nessa lógica todo o enunciado que não possa passar pelo critério semântico de verificação não teria sentido. Nesta ontologia as funções persuasivas das linguagens não teriam nenhum espaço. O simbólico, os níveis de mediação dos discursos, e a especificidade política dos discursos não seriam abordados.

2.2. Wittgenstein e nova retórica

Estas concepções baseadas na construção de proposições axiomatizantes das linguagens foram contestadas por várias correntes teóricas contemporâneas. Duas das posturas que as criticaram, procurando acentuar a importância da análise contextual para a explicitação do sentido dos signos, foram a Filosofia da Linguagem Ordinária (inspirada no segundo Wittgenstein[19] – Investigações Filosóficas) e a Nova Retórica.

A Filosofia da Linguagem Ordinária procurou demonstrar, contrariamente ao Círculo de Viena, que o objeto da Semiótica deveria ser a análise das imprecisões significativas originadas nas distintas significações expressas pelas intenções dos emissores e receptores na comunicação. Tal postura deveria então investigar as ambiguidades e vaguezas dos discursos a partir de suas funções pragmáticas (diretivas, emotivas e informativas). Entretanto, pode-se dizer, resumindo-se esta atitude, que ela não chegou a ultrapassar no seu estudo das incertezas significativas, um certo psicologismo, no sentido de que se reduziu exageradamente à relação emissor-receptor.

Os Novos Retóricos, por seu lado, como Perelman[20] e Viehweg,[21] também criticam a redução da Semiótica aos níveis da sintaxe e da semântica, a partir de um retorno a Aristóteles para recuperar-se a noção de "Tópica". Na tópica, Aristóteles explica que existem raciocínios demonstrativos, baseados na ideia de

---

[19] O primeiro Wittgenstein, que influenciou o neopositivismo, escreveu o clássico *Tractatus Logico-Philosophicus*. Paris: Gallimard, 1961.

[20] PERELMAN, Chaïm. *Le Champ de L'argumentation*. Bruxelles: Presses Universitaires de Bruxelles, 1970. Hoje em dia a obra de Perelman foi retomada e ampliada por François Ost. Para tanto, ver o livro: OST, François. *Raconter la Loi*. Aux Sources de L'imaginaire jurídique. Paris: Odile Jacob, 2004.

[21] VIEHWEG, Theodor. *Topica y jurisprudencia*. Madrid: Taurus, 1986.

verdade, e raciocínios persuasivos, baseados na verossimilhança. Os raciocínios persuasivos se articulariam desde uma cadeia de argumentação tópica, constituída por pontos de vista geralmente aceitos, os *topoi*. Os *topoi* seriam uma espécie de elementos calibradores dos processos argumentativos. No entanto, assim como a Filosofia da Linguagem ordinária, os Novos Retóricos também não ultrapassaram um certo sentido psicologista na análise dos discursos.[22]

Outra vertente contemporânea que igualmente está revisando as contribuições da Semiótica do início do século é a lógica deôntica, que tem procurado elaborar, não sem muitas dificuldades, análises lógicas dos discursos do direito e da moral.

Muito importante também é a análise dos "Atos de Fala", proposta por Austin e Searle, que valoriza os "Atos Revolucionários" da comunicação. Austin, como se sabe, distingue entre Ato Locucionário, Ato Ilocucionário e Perlocucionário.[23] Por outro lado, uma tendência relevante (entre tantas outras), que existe hoje nos Estados Unidos, é a de Richard Posner, que recoloca a discussão da interpretação do sentido do Direito como sendo um "judicial cosmopolitanism",[24] que, evidentemente, não trabalharemos aqui. Também não nos interessa, nesse momento, analisar a Teoria da Ação Comunicativa de Habermas. Se quiséssemos discutir questões políticas relacionadas com a democracia na atualidade, levaríamos em consideração a obra sobre a exclusão social e a dignidade de Martha Nussbaum, "The Frontiers of Justice".[25]

Passaremos, agora, ao próximo ponto, onde pretendemos observar até que ponto a autopoiese se apresenta como uma perspectiva diferenciada e atual para se observar a produção de sentido no Direito.

3. Sentido e autopoiese

A Autopoiese caracteriza-se pela redefinição da perspectiva de produção do sentido originária da linguagem-signo, para uma ênfase na Comunicação e Auto-reprodução com autonomia perante o ambiente a partir da ideia de sistema. Iremos abordar, a seguir, as posturas teóricas exemplares de Maturana, Luhmann, Teubner e Clam.

---

[22] Em outra perspectiva, que não nos interessa analisar no momento, a Teoria do Direito americana elaborou uma visão do Direito interpretado a partir da Literatura. Como exemplo, o livro de POSNER, Richard. *Law and Literature*. Cambridge: Harvard University Press, 1998. No Brasil, surgiram correntes hermenêuticas que, a partir de Hans-Georg Gadamer, enfatizam a hermenêutica jurídica. Ver, nesse sentido, STRECK, Lenio Luiz. *Verdade e Consenso*. Constituição, Hermenêutica e Teorias Discursivas. Rio de Janeiro: Lumen Juris, 2006.

[23] Muitos destes temas foram por nós melhor desenvolvidos no texto elaborado para Universidade de Coimbra, durante nossa estada como professor visitante em 2006, intitulado: Da Epistemologia Jurídica Normativista ao Construtivismo Sistêmico. Coimbra: *Boletim da Faculdade de Direito*, Stvdia Ivridica, 90, Ad Honorem – 3, 2007.

[24] POSNER, Richard A. *How Judges Think*. Cambridge: Harvard University Press, 2008.

[25] NUSSBAUM, Martha C. *The Frontiers of Justice*. Cambridge: Harvard University Press, 2006.

3.1 Autopoiese em Maturana

Humberto Maturana, juntamente com Francisco Varela, foi o primeiro a utilizar contemporaneamente, com sucesso, a ideia de autopoiese. Por isso toda a discussão deve necessariamente levar em consideração este marco inicial. Maturana surpreende os observadores mais tradicionais pela afirmação e confirmação dos obstáculos necessários para o conhecimento do conhecimento. As relações entre a biologia e cognição nunca mais serão as mesmas depois da autopoiese.

Maturana inicia suas reflexões sobre a autopoiese a partir das ideias de *organização e estrutura*, entendendo por *organização* as relações que devem dar-se entre os componentes de algo para que os reconheça como membros de uma classe específica, e por *estrutura* de algo os componentes e relações que concretamente constituem uma unidade particular realizando sua organização.[26] O reconhecer que caracteriza os seres vivos é, portanto, sua organização, que permite relacionar uma grande quantidade de dados empíricos sobre o funcionamento celular e sua bioquímica.

A noção de autopoiese, deste modo, não está em contradição com este corpo de dados, ao contrário: apóia-se neles, e propõe, explicitamente, interpretar tais dados desde um ponto de vista específico que enfatiza o fato de que os seres vivos são entidades autônomas. Estamos utilizando a palavra *autonomia* em seu sentido corrente, isto é, um sistema é autônomo se é capaz de especificar sua própria legalidade, o que é próprio dele. Nesse sentido, Maturana ainda entende que, "para comprender la autonomia del ser vivo, debemos comprender la organización que lo define como unidad".[27]

Para Maturana, o *sentido* é produzido por distinções. O ato de assinalar qualquer ente, coisa ou unidade, está ligado à realização de um ato de distinção que separa o assinalado como distinto de um fundo. Cada vez que nos referimos a algo, explícita ou implicitamente, estamos especificando um critério de distinção que assinala aquilo do que falamos, e especifica suas propriedades como ente, unidade ou objeto.[28]

Conforme Maturana, "el modo particular como se realiza la organización de un sistema particular (clase de componentes y las relaciones concretas que se dan entre ellos) es su estructura".[29] Assim, a organização de um sistema é necessariamente invariante, sua estrutura pode mudar. Nessa ótica, a organização que define um sistema como ser vivo é uma *organização autopoiética*.

Sobre a organização autopoiética na obra de Maturana, Darío Rodriguez afirma que "los seres vivos comparten la misma organización autopoiética, aun-

---

[26] MATURANA ROMESÍN, Humberto; VARELA, Francisco. *El Árbol del Conocimiento*. Las bases biológicas del entendimiento humano. Buenos Aires: Lumen, 2003, p. 28.

[27] Idem, ibidem, p. 28.

[28] Idem, ibidem, p. 24.

[29] MATURANA ROMESÍN, Humberto. *Biología del Fenómeno Social*. Disponível em: <http://www.ecovisiones.cl.>. Acesso em: 25 de jul. de 2009.

que cada uno es distinto a los demás porque su estructura es única. La organización autopoiética se caracteriza porque su único producto es ella misma".[30]

A íntima relação existente entre *organização* e *estrutura* fica clara quando Maturana afirma que um ser vivo permanece vivo enquanto sua estrutura, "cualesquiera sean sus cambios, realiza su organización autopoiética, y muere si en sus cambios estructurales no se conserva esta organización".[31]

Destaca-se, ainda, que há uma íntima relação entre *organização* e *estrutura*, que fica clara quando Maturana afirma que um ser vivo permanece vivo enquanto sua estrutura, "cualesquiera sean sus cambios, realiza su organización autopoiética, y muere si en sus cambios estructurales no se conserva esta organización".[32]

Outra ideia igualmente importante na teoria de Maturana, que está intimamente ligada às noções de organização e de estrutura, é a de *cognição*. Como vimos, os sistemas vivos são sistemas determinados pela estrutura. Estes sistemas, quando interagem entre si, não permitem, portanto, interações instrutivas, o que significa afirmar que tudo o que acontece em seu interior ocorre como mudança estrutural.[33] Nesse sentido, a importância, para Maturana, de que nós, observadores, entendamos por cognição aquilo que revele "lo que hacemos o cómo operamos en esas coordinaciones de acciones y relaciones cuando generamos nuestras declaraciones cognitivas".[34]

Para chegar à definição do conceito biológico de autopoiese, Maturana precisa erigir como três pilares básicos os conceitos de *observador*, *organização* e *estrutura*. Quanto à organização e à estrutura já se falou acima. O *observador*, por sua vez, na obra de Maturana, pode ser considerado "un ser humano, una persona; alguien que puede hacer distinciones y especificar lo que distingue como una entidad (un algo) diferente de sí mismo, y puede hacerlo con sus propias acciones y pensamientos recursivamente, siendo capaz siempre de operar como alguien externo (distinto) de las circunstancias en las que se encuentra él mismo".[35] Os observadores são, em última análise, *sistemas vivos*. Sistemas vivos são sistemas autopoiéticos, uma vez que "la organización de un sistema autopoiético es la organización autopoiética. Un sistema autopoiético que existe en el espacio físico es un sistema vivo".[36]

---

[30] MANSILLA, Darío Rodriguez e BRETÓN, Maria P. Opazo. *Comunicaciones de la Organización*. Con colaboración de René Rios F. Chile: Ediciones Universidad Católica de Chile, 2007, 104.

[31] Idem, ibidem.

[32] MATURANA ROMESÍN, Humberto. *Biología del Fenómeno Social*. Disponível em: <http://www.ecovisiones.cl.>. Acesso em: 25 de jul. de 2009.

[33] Idem. *La Realidad*: ¿Objetiva o construida? Vol. I – Fundamentos biológicos de la realidad. México: Universidad Iberoamericana/Iteso, 1997, p. 65-66.

[34] Idem, ibidem, p. 66.

[35] Idem, ibidem, p. 228-229.

[36] Idem, ibidem, p. 232.

De qualquer maneira, Maturana estabelece claramente a importância do construtivismo[37] para a metalinguagem da cognição da sociedade moderna. Isto lhe permite, como se sabe, propor uma análise pragmática radical da comunicação e da linguagem, vendo a cognição como um acoplamento estrutural adequado dos sistemas vivos a seu aspecto ecológico. Para Maturana, "viver é conhecer". Daí que nós, seres humanos, "nos descubrimos como observadores de la observación cuando comenzamos a observar nuestra observación en nuestro intento de describir y explicar lo que hacemos".[38] Maturana ainda aponta para um paradoxo, retomado por Luhmann de uma forma crítica, denominado "ontologia do observador".

3.2. Autopoiese em Luhmann

A metodologia de Niklas Luhmann parte do pressuposto de que é possível comparar em uma teoria da sociedade diversos sistemas voltados para uma determinada função. Esta estratégia foi iniciada por Talcott Parsons.[39] Para Luhmann, no prefácio do livro "Sociedade da Sociedade",[40] a importância da ideia de comparação aumenta na medida "em que se admite que não é possível deduzir a sociedade de um princípio ou de uma norma transcendente – seja na maneira antiga de justiça, da solidariedade ou do consenso racional". Por isso, Luhmann afirma que é possível analisar-se campos heterogêneos como a Ciência, o Direito, a Economia e a Política colocando-se de manifesto estruturas que podem ser comparadas. Não recorrendo ao conceito de ação e de sua decomposição analítica, como fez Parsons, mas exatamente a *observação* da diversidade desses campos onde podem ser aplicados o mesmo aparato conceitual.

Niklas Luhmann assume, portanto, a proposta de um construtivismo voltado à produção do sentido desde critérios de auto-referência e auto-organização introduzidos pela autopoiese. Porém, a formação luhmanniana inspira-se na metodologia sistêmica. A autopoiese aparece, assim, como uma diferença importante entre Luhmann e Parsons. Para Luhmann, a grande questão que relaciona o Direito e a Sociedade é caracterizada pela oposição entre autorreferência e heterorreferência, ou entre sistemas fechados e sistemas abertos. Luhmann aponta para a questão colocada por Tarski de que a identidade é sempre o desdobramento de uma tautologia. No caso do Direito, o Direito enfrenta o problema da ruptura de sua identidade do Direito com o próprio Direito, ou seja, a unidade da própria distinção.

---

[37] Interessantes reflexões acerca do *construtivismo* por parte de autores como Maturana, Varela, Luhmann, Dupuy, entre outros, podem ser vistas em: WATZLAWICK, Paul e KRIEG, Peter (Comps.). *El Ojo del Observador*: contribuciones al constructivismo. Barcelona: Gedisa, 1996.

[38] MATURANA ROMESÍN, Humberto. La Ciencia y la Vida Cotidiana: la ontología de las explicaciones científicas. In: WATZLAWICK, Paul e KRIEG, Peter (Comps.). *El Ojo del Observador*: contribuciones al constructivismo. Op. cit., p. 158.

[39] PARSONS, Talcott *and* SHILS, Edward A. *Toward a General Theory of Action*. Theoretical Foundations for the Social Sciences. New Brunswick: Transaction Publishers, 2007.

[40] LUHMANN, Niklas. *La Sociedad de la Sociedad*. Tradução de Javier Torres Nafarrate. México: Ed. Herder/ Universidad Iberoamericana, 2007.

A produção sistêmica do sentido do direito: da semiótica à autopoiese

Luhmann, no livro *Direito da Sociedade*, afirma que "o sistema jurídico deve então observar aquilo que tem que ser manejado no sistema como comunicação especificamente jurídica".[41] Niklas Luhmann indica, nesse momento, o tema que é objeto de toda nossa reflexão, dizendo que com a ajuda da Teoria dos Sistemas operativamente fechados se pode superar o debate entre "a semiótica e a análise linguística que por certo também se aplica no Direito. No que se refere aos signos ou a linguagem, a tradição francesa surgida a partir de Saussure tem salientado, sobretudo, os aspectos estruturais; a tradição americana está baseada em Peirce, onde ao contrário, tem se acentuado os aspectos pragmáticos".[42]

De todo modo, para Luhmann, tanto em um caso como em outro, acentua-se a intenção do falante nos 'speech acts' no sentido de Austin e Searle. Luhmann salienta, nesse sentido, que nem a análise estruturalista, nem a dos atos de fala, aplicados ao Direito, tiveram resultados interessantes. Por isso a iniciativa deste autor de avançar além de Saussure e Pierce em direção de uma teoria da comunicação, que permitiria à Teoria do Direito acesso a novos problemas.

Para Luhmann na comunicação não se pode prescindir nem de operações comunicativas nem das estruturas. Não obstante, a própria comunicação não é possível de ser reduzida à ação comunicativa, pois ela abarca também a informação e o ato de comunicar. "Entre estrutura e operação existe uma relação circular, de tal sorte que as estruturas só podem ser criadas e mudadas por meio destas operações que, a sua vez, se especificam mediante as estruturas. Nestes dois aspectos a Teoria da Sociedade considerada como sistema operativamente fechado é a mais omni-compreensiva e, se entendermos o sistema do Direito como um sistema parcial da sociedade, então ficam excluídas tanto as pretensões pragmáticas de domínio como as estruturalistas".[43]

Em meio a essas reflexões, já podemos situar o conceito de *autopoiesis* em Luhmann. Conforme este autor, "el concepto de producción (o más bien de *poiesis*) siempre designa sólo una parte de las causas que un observador puede identificar como necesarias; a saber, aquella parte que puede obtenerse mediante el entrelazamiento interno de operaciones del sistema, aquella parte con la cual el sistema determina su proprio estado. Luego, reproducción significa – en el antiguo sentido de este concepto – producción a partir de productos, determinación de estados del sistema como punto de partida de toda determinación posterior de estados del sistema. Y dado que esta producción/reproducción exige distinguir entre condiciones internas y externas, con ello el sistema también efectúa la permanente reproducción de sus límites, es decir, la reproducción de su unidad. En este sentido, autopoiesis significa: producción del sistema por sí mismo".[44]

---

[41] LUHMANN, Niklas, *El Derecho de la Sociedad*. Trad. Javier Torres Nafarrate. México: Universidad Iberoamericana/Colección Teoría Social, 2002, p. 90.

[42] Idem, ibidem.

[43] Idem, ibidem, p. 91.

[44] Idem. *La Sociedad de la Sociedad*. Tradução de Javier Torres Nafarrate. México: Ed. Herder/Universidad Iberoamericana, 2007, p. 69-70.

Quando Luhmann fala em produção do sistema por si mesmo, significa que o sistema opera recursivamente mediante um fechamento operativo. Nafarrate e Rodrigues afirmam que "la clausura operativa de la autopoiesis hace relación directa al nivel de estabilidad que alcanza una operación, bajo condiciones determinadas, y en la que necesariamente esta operación tiende a formar un cálculo recursivo que siempre debe volver sobre sí mismo (autorreferente)".[45]

Como a proposta deste ensaio é observar a produção do sentido e a autopoiese do Direito, é importante situar que, em Luhmann, "el sentido se produce exclusivamente como sentido de las operaciones que lo utilizan; se produce por tanto sólo en el momento en que las operaciones lo determinan, ni antes, ni después".[46] Diferentemente do que se poderia pensar, a problemática do sentido não cai em uma ontologia, uma vez que "el sentido es entonces un *producto* de las operaciones que lo usan y no una cualidad del mundo debida a una creación, fundación u origen", o que nos leva a afirmar que com a tese do sentido se restringe tudo o que é possível resolver através da sociedade, pois a sociedade é um sistema que estabelece sentido.[47] Por isso insistimos na teoria da sociedade vista como autopoiese, pois "a autopoiese tem a proposta de pensar essas questões de uma forma completamente diferentes, de um ponto de vista que, perante os critérios de verdade da dogmática jurídica, são paradoxais. Toda produção de sentido depende da observação".[48]

Finalmente, é importante destacar, conjuntamente com Stamford, que, "ainda que a teoria dos sistemas tenha sido objeto de fortes críticas e rejeições, para servir como leitura da vida em sociedade, Luhmann insiste que partir dela é uma forte candidata para se construir uma teoria social da sociedade, uma teoria dos sistemas de sentido socialmente produzido, reproduzido, produzido novamente".[49]

3.3. Autopoiese em Gunther Teubner

Gunther Teubner, embora se insira em seus primeiros trabalhos na vertente luhmanniana, tem elaborado recentemente pesquisas bastante originais, onde tem apontado para a importância de uma reflexão autopoiética na globalização. Nesse sentido, ele retoma uma questão apontada rapidamente por Luhmann no final do livro *Direito da Sociedade*, que é a *policontexturalidade*. Esta se torna, em um mundo onde o Direito é fragmentado em um pluralismo em que o Estado é ape-

---

[45] MANSILLA, Dario R. e NAFARRATE, Javier T. Autopoiesis, la unidad de una diferencia: Luhmann y Maturana. In: *Sociologias* (Dôssie). Porto Alegre, ano 5, número 9, jan/jun 2003, p. 114.

[46] Idem, ibidem, p. 27.

[47] Idem, ibidem, p. 27-32.

[48] ROCHA, Leonel Severo. Observações sobre a observação luhmanniana. In: ROCHA, Leonel Severo; KING, Michael; SCHWARTZ, Germano. *A Verdade sobre a Autopoiese no Direito*. Porto Alegre: Livraria do Advogado, 2009, p 34-35.

[49] SILVA, Artur Stamford da. Gödelização da racionalidade jurídica. Semântica social como teoria confortável para um programa de pesquisa em direito. Uma leitura de Niklas Luhmann. *Inédito*, p. 9.

nas mais uma de suas organizações, um referente decisivo para a configuração do sentido. Para Neves, policontexturalidade implica, em um primeiro momento, "que a diferença entre sistema e ambiente desenvolve-se em diversos âmbitos de comunicação, de tal maneira que se afirmam distintas pretensões contrapostas de autonomia sistêmica. Em segundo lugar, na medida em que toda diferença se torna 'centro do mundo', a policontexturalidade implica uma pluralidade de auto-descrições da sociedade, levanto à formação de diversas racionalidades parciais conflitantes".[50]

Teubner, por conta dessa (re)visita sistêmica à Teoria do Direito, pode ser considerado o autor do "Direito Híbrido". De um Direito da periferia mundial que às vezes poderia até possuir, segundo nosso autor, uma espécie de Constituição Civil, como por exemplo, a Lex Esportiva e a Constituição Digital.[51]

Teubner, no que nos interessa enfocar neste ensaio, possui um conceito de sentido ligado à pluralidade. Isto pode ser observado em sua relação entre a noção de paradoxo e produção de sentido, em seu texto "As Múltiplas Alienações do Direito",[52] onde afirma: "Oásis no deserto ou miragem? Lá onde na luz ofuscante do sol do deserto Jacques Derrida discerne o poder mítico da auto(justificação) fundação do direito, lá onde Hans Kelsen viu a norma fundamental e Herbert Hart 'a ultimate rule of recognition', Niklas Luhmann vê o camelo do cadi que pasta em plena natureza. Todo o tratamento da questão da justificação última do direito parte do fato de que, para Luhmann, esta significa descobrir os paradoxos internos do direito, a relação problemática de um direito que encara a si mesmo".[53] Nesse sentido, é importante destacar que Watzlawick, Beavin e Jackson, da Escola de Palo Alto, Califórnia, entendem que há três tipos de paradoxos: 1) os paradoxos lógico-matemáticos (antinomias), 2) definições paradoxais (antinomias semânticas) e 3) paradoxos pragmáticos (injunções paradoxais e predições paradoxais).[54] Podemos afirmar que à teoria sistêmica do Direito, tanto em Teubner como em Luhmann, interessa esta última categoria de paradoxos, quais sejam, os paradoxos pragmáticos.

A parábola dos camelos em Luhmann é bastante conhecida. Nela três irmãos receberam de herança do pai onze camelos e não conseguem realizar a operação matemática da divisão devido ao fato de que o primeiro irmão tem direito à

---

[50] NEVES, Marcelo. *Transconstitucionalismo*. São Paulo: Martins Fontes, 2009, p. 23-24.

[51] Sobre isso, ver ROCHA, Leonel Severo e LUZ, Cícero K. Lex Mercatoria and Governance. The polycontexturality between Law and State. In: *Revista da Faculdade de Direito do Sul de Minas*. Ano XXV. N. 28. jan./jun. 2009, Pouso Alegre/MG: FDSM, 2009, como também, ROCHA, Leonel; ATZ, Ana Paula; MENNA BARRETO, Ricardo. Publicidade no Ciberespaço: Aspectos Jurídico-Sistêmicos da Contratação Eletrônica. In: *Novos Estudos Jurídicos*. Vol. 13, n. 2. jul.-dez., 2008 (2009).

[52] TEUBNER, Gunther. As Múltiplas Alienações do Direito: sobre a mais-valia social do décimo segundo camelo. In: ARNAUD, André-Jean; LOPES JR. Dalmir (Org.). *Niklas Luhmann: Do Sistema Social à Sociologia Jurídica*. Rio de Janeiro: Lúmen Júris, 2004, p. 109.

[53] Idem, ibidem.

[54] WATZLAWICK, Paul; BEAVIN, Janet H.; JACKSON, Don D. *Pragmática da Comunicação Humana*: um estudo dos padrões, patologias e paradoxos da interação. São Paulo: Cultrix, 2000, p. 168-171.

metade, o segundo a um quarto, e o terceiro a um sexto. Um terceiro observador propõe a solução do paradoxo a partir do empréstimo de um décimo segundo camelo. Para Luhmann este décimo segundo camelo é resultante da produção de sentido e abertura para a autopoiese dos paradoxos do Direito. Teubner aproveita para ampliar a perspectiva ao introduzir uma noção própria de autopoiese.

Para Teubner, já em seus primeiros textos, o Direito "determina-se a ele mesmo por auto-referência, baseando-se na sua própria positividade".[55] Isto implica a aceitação da ideia de circularidade: "a realidade social do Direito é feita de um grande número de relações circulares. Os elementos componentes do sistema jurídico – acções, normas, processos, identidade, realidade jurídica – constituem-se a si mesmos de forma circular (...)".[56] Tudo isso leva Teubner a propor uma ideia de autopoiese em evolução permanente, onde o Direito teria vários estágios, gerando um hiperciclo: "se aplicarmos tentativamente a ideia de hiperciclo ao direito, vemos que autonomia jurídica se desenvolve em três fases. Numa fase inicial – 'dita de direito socialmente difuso' –, elementos, estruturas, processos e limites do discurso jurídico são idênticos aos da comunicação social geral ou, pelo menos, determinados heteronomamente por esta última. Uma segunda fase de um 'direito parcialmente autônomo' tem lugar quando um discurso jurídico começa a definir os seus próprios componentes e a usá-los operativamente. O direito apenas entra numa terceira e última fase, tornando-se 'autopoiético', quando os componentes do sistema são articulados entre si num hiperciclo".[57]

O conceito de autopoiese desde a ideia de hiperciclo é representado por Teubner a partir do gráfico da página seguinte.

Nessa perspectiva, para Teubner os subsistemas sociais "constituem unidades que vivem em clausura operacional, mas também em abertura informacional-cognitiva em relação ao respectivo meio envolvente".[58] O sentido, em Teubner, termina se configurando como uma construção evolutiva da comunicação social que, gradativamente, transforma-se em comunicação jurídica. Assim: "se reconstruirmos as operações do sistema jurídico na base do modelo construtivista, teremos então a seguinte imagem. As comunicações jurídicas constroem a 'realidade jurídica' no chamado tipo ou hipótese legal de uma norma jurídica".[59] Em suma, para Teubner, o sentido é possível graças à policontexturalidade do Direito.

---

[55] TEUBNER, Gunther. *O Direito como Sistema Autopoiético*. Lisboa: Calouste Gulbekian, 1993, p. 2.

[56] Idem, ibidem, p. 19.

[57] TEUBNER, Gunther. *O Direito como Sistema Autopoiético*. Op. cit., p. 77.

[58] Idem, ibidem, p. 140.

[59] TEUBNER, Gunther. *O Direito como Sistema Autopoiético*. Op. cit., p. 157.

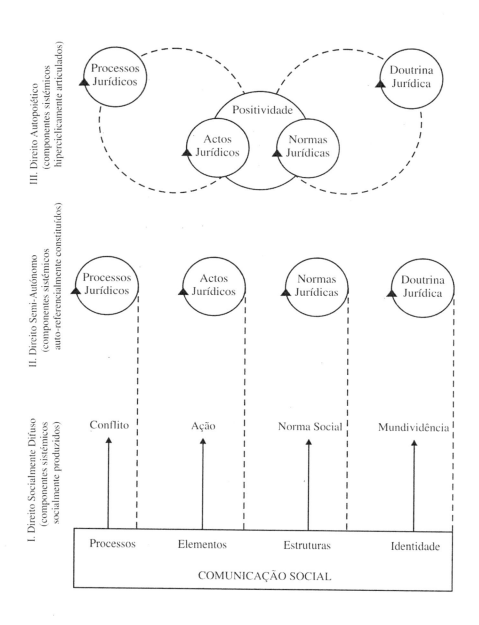

Fig. I – Graus da Autonomia Jurídica. In: TEUBNER, G. *O Direito como Sistema Autopoiético*. Lisboa: Calouste Gulbekian, 1993, p. 78.

3.4. Autopoiese em Jean Clam

Jean Clam, por sua vez, tematiza a autopoiese de Niklas Luhmann como sendo preponderantemente epistemológica, possuindo uma grande contribuição para a elaboração de novos sentidos teóricos para o Sistema do Direito. Nesse sentido, Jean Clam aponta para a reflexão luhmanniana como sendo muito além de uma mera análise refinada da dogmática jurídica, indicando uma perspectiva teórica profundamente inovadora. Jean Clam assinala, com toda a razão, que Niklas Luhmann é um dos maiores pensadores do século XX. Para demonstrar isso, Clam, num primeiro momento de sua obra, no livro "Droit et Sociètè chez Niklas Luhmann",[60] coloca que "a idéia de autopoiese dos sistemas sociais renova fundamentalmente a figura, elaborada até então, de uma autonomia sistêmica fundada sobre a diferenciação de sistemas de ação e crescimento simultâneo de dependência e de independência de sistemas inversos às suas sociedades. Ele (Luhmann) tratará de nos explicitar, a princípio, seu exame da transformação da teoria, para preparar o acesso à 'segunda' sociologia jurídica luhmanniana tal como ela é exposta nos artigos da sociologia jurídica desde a metade dos anos oitenta e no *Direito da sociedade (Das Recht der Gesellschaft)*".[61]

Entendemos que essa perspectiva de Jean Clam pode ser comparada com a tentativa do corte epistemológico de Bachelard. A autopoiese permite a redefinição da ideia de diferenciação como forma de se enfrentar os paradoxos, que nesta linha passam a ser a condição para a construção, como diria Gaston Bachelard, de uma *dialectique de la durée*.[62] Ou seja, Bachelard indo além de Paul Valéry, que afirmou "Oh! qui me dira comment au travers de l'existence ma personnne tout entière s'est conservée, et quelle chose m'a porté, inerte, plein de vie et chargé d'esprit, d'un bord à l'autre du néant?", afirma que existe uma forma entre *la détente et néant*, que será a *intuição do instante*. Jean Clam, não obstante, prefere relacionar o tema do paradoxo com outros autores. Ele retoma então com outros temas, como a nossa parábola do décimo segundo camelo.[63] Nessa parábola, Clam relembra a fenomenologia da aritmética de Husserl. Para Clam, o paradoxo é um processo de expansão medial.[64]

Clam redefine a noção de sentido como um paradoxo, mas "contra a dialética hegeliana de uma assimilação circular formal da contradição, gerando um mecanismo conceitual" e também "contra a lógica de Russel, que tenta 'desparadoxalizar' a teoria pela introdução de uma hierarquia de anúncios e de suas referências". Pois para ele ambas "inscrevem-se em falso as teorias que *aceitam a inconsistência* não ultrapassável da lógica e colocam precisamente em evidência as *circularidades 'paradoxais'* e as estratégias de invisibilidade pelas quais a

---

[60] CLAM, Jean. *Droit et Sociètè chez Niklas Luhmann*. La contingence des normes. Paris: PUF, 1997.

[61] Idem, ibidem, p. 201.

[62] BACHELARD, Gaston. *La dialectique de la durée*. Paris: Quadrige/Puff, 2006.

[63] LUHMANN, Niklas. A Restituição do Décimo Segundo Camelo.

[64] CLAM, Jean. *Questões fundamentais de uma teoria da sociedade:* contingência, paradoxo, só-efetuação. São Leopoldo: UNISINOS, 2006, p. 106.

teorização científica pensa se precaver. Elas mostram a necessidade, mas também a fertilidade desse fechamento circular, da reinjeção do paradoxo, ou da distinção arbitrária da partida (a qual ele mesmo abriu espaço lógico), na teoria em si. Elas fazem, em suma, aparecer a *estrutura* essencialmente *auto-referencialista* e fundamentalmente não desparadoxalizável (da lógica) de toda teorização".[65]

Nesse sentido, para Jean Clam, a paradoxalidade passa a ser a gênese do sistema. Isto será retomado pelo autor no livro "Sciences du sens. Perspectives Théoriques", de 2006,[66] quando ele explica que normalmente existe um contraste entre objetos ou estruturas que determinam uma oposição entre explicação e causalidade, de um lado, e compreensão de outro. Isto poderia ser observado sob outra perspectiva relendo-se Simmel e Saussure, que permitiriam a inserção de uma terceira figura midiática, que seria a de Freud. Com isso se poderia analisar a pluralização da observação e se rever a perspectiva semiológica de Saussure e seus esquematismos de articulação onde se poderia compreender a produção de sentido como um processo de dois lados. "De um lado, como relações diferenciais que tornam impossível uma identificação unívoca do sentido, e o descrevem como sendo já disseminados; de outro lado, como a realização de um mundo atual que se articula nas complementações dele mesmo".[67] Ou seja, a abertura dos horizontes de compreensão do sentido. A partir desta perspectiva, podemos apontar para uma retomada das questões tradicionais da Teoria do Direito como abertas para pontos de vista jamais antes alcançados na dogmática jurídica.

4. Considerações finais

A policontexturalidade, como salientamos em nosso texto "Observações sobre a observação luhmanniana",[68] é a forma contemporânea de se encaminhar a problemática do sentido do Direito. Por isso a importância do recurso ao conceito de autopoiese e seu elemento principal, a *comunicação*, como maneira de aprofundar os estudos sobre o sentido historicamente elaborados por Saussure e Peirce.

De todo modo, vimos que a Semiologia teve, historicamente, dois momentos principais: o primeiro, ultrapassa a instância pré-científica das reflexões sobre a linguagem; o segundo, caracterizado pela tentativa de adotar-se o padrão estrutural da ciência dos signos como padrão ideal para a produção da unidade episte-

---

[65] CLAM, Jean. A Autopoiese do Direito. In: ROCHA, Leonel; SCHWARTZ, Germano e CLAM, Jeam. *Introdução à Teoria do Sistema Autopoiético do Direito*. Porto Alegre: Livraria do Advogado, 2005, p. 89-155.

[66] Idem. *Sciences du sens*. Perspectives théoriques. Strasbourg: Presses Universitaires de Strasbourg, 2006.

[67] Idem, ibidem, p. 12.

[68] ROCHA, Leonel Severo. Observações sobre a observação luhmanniana. In: ROCHA, Leonel Severo; KING, Michael; SCHWARTZ, Germano. *A Verdade sobre a Autopoiese no Direito*. Porto Alegre: Livraria do Advogado, 2009, p. 11-40.

mológica para as ciências humanas. Ferdinand Saussure e Charles Sanders Peirce foram os responsáveis pela estruturação da teoria geral dos signos. Saussure nomeou-a Semiologia, e Peirce, Semiótica. Não obstante, estas concepções foram contestadas por várias correntes teóricas contemporâneas, entre elas a Filosofia da Linguagem Ordinária (Wittgenstein) e a Nova Retórica (Perelman e Viehweg).

Maturana, como analisamos, cristalizou o ponto de partida de toda observação desde a autopoiese dos seres vivos, centrada na organização e na estrutura. Ora, para Maturana o *sentido* é produzido por distinções. O ato de assinalar qualquer ente, coisa ou unidade, está ligado à realização de um ato de distinção que separa o assinalado como distinto de um fundo. Cada vez que nos referimos a algo, explícita ou implicitamente, estamos especificando um critério de distinção que assinala aquilo do que falamos, e especifica suas propriedades como ente, unidade ou objeto.[69] Esse é o caminho necessário para chegar à definição do conceito de autopoiese. Para tanto, Maturana erigiu três pilares básicos, quais sejam: os conceitos de *observador*, *organização* e *estrutura*.

Estas reflexões de Maturana contribuem significativamente para a observação do Direito, pois nos levam diretamente a refletir sobre como as operações produzem a diferença entre sistema e ambiente (Luhmann), demonstrando como esta diferença requer necessariamente de *recursividade* para que as operações reconheçam os tipos de operações que lhes pertencem, excluindo as que não. Aliás, *recursividade* em Maturana é um conceito igualmente importante, que inspirou não só Luhmann, mas igualmente Gregory Bateson em sua epistemologia. Este último autor, inclusive afirmou que há duas classes de recursividade que o guiaram em suas reflexões, a primeira de Norbert Wiener,[70] e a segunda de Maturana e Varela. Para Bateson, "estos teóricos consideraran el caso en que alguna propiedad de un todo es retroalimentada al sistema, con lo cual se produce un tipo de recursividad algún tanto diferente, cuyos formalismos ha elaborado Varela. Vivimos en un universo en el que las cadenas causales perduran, sobreviven a través del tiempo, sólo si son recursivas. 'Sobreviven' – literalmente, viven sobre sí mismas – y algunas sobreviven más tiempo que otras".[71]

Conforme Nafarrate, chegamos a uma "orden de civilización de mucho más complejidad que el que conceptualmente tenían nuestros antecesores. Para poder aprehender este orden complejo se necesitan herramientas teóricas de constitución radicalmente distinta a las que solemos utilizar".[72] É isso que Niklas Luhmann procurou estruturar com sua teoria. Luhmann dotou seu instrumental teórico com o conceito de autopoiese elaborado por Maturana para biologia, na

---

[69] MATURANA ROMESÍN, Humberto; VARELA, Francisco. *El Árbol del Conocimiento*. Las bases biológicas del entendimiento humano. Buenos Aires: Lumen, 2003, p. 24.

[70] WIENER, Norbert. *Cibernética e Sociedade*. O Uso Humano de Seres Humanos. São Paulo: Cultrix, 1978.

[71] BATESON, Gregory. *Una Unidad Sagrada*. Pasos ulteriores hacia una Ecología de la Mente. Edición de Rodney E. Donaldson. Barcelona: Gedisa, 1993, p. 290.

[72] NAFARRATE, Javier T. La Sociología de Luhmann como "sociología primera". In: *Ibero Forum*. Notas para debate. Primavera, núm. I, año I, 2006, *p.* 5.

análise da sociedade, a partir do conceito de equivalência sistêmica. Luhmann, para realizar tal passagem, substitui a unidade auto-referencial principal do sistema de Maturana, que é a vida, para a noção de comunicação. Deste modo, Luhmann permite que se aplique a autopoiese à problemática da produção de sentido no Direito e na sociedade. Assim sendo, em relação ao tema que é objeto de toda nossa reflexão, Luhmann entende que com a ajuda da Teoria dos Sistemas operativamente fechados, pode-se superar o debate entre "a semiótica e a análise linguística que por certo também se aplica no Direito. No que se refere aos signos ou a linguagem, a tradição francesa surgida a partir de Saussure tem salientado, sobretudo, os aspectos estruturais; a tradição americana está baseada em Peirce, onde ao contrário, tem se acentuado os aspectos pragmáticos".[73] De todo modo, Luhmann, com a autopoiese, pretende, além de Saussure e Pierce, dirigir-se a uma teoria da comunicação, que permitiria à Teoria do Direito acesso a novas questões de sentido. É claro que esta perspectiva luhmanniana, que prefere a autopoiese à filosofia, não se aproxima, de modo algum, das tendências denominadas de *Contre-histoire de la philosophie*, de Michel Onfray.[74]

Em última análise, para Luhmann, o sentido é produzido pela autopoiese, e a comunicação passa a ser o elemento principal do Direito da sociedade, sendo esta uma síntese de três momentos: informação, ato de comunicação e compreensão.[75] A propósito, as palavras de Michael King, buscando explicar o sentido e a autopoiese são bem pertinentes: "sistemas sociais, como redes de comunicação, produzem seu próprio sentido". Daí o fato de que "sistemas sociais diferentes se distinguem um dos outros pelo sentido que cada um dá às relações e eventos no mundo social".[76]

Nessa linha de raciocínio, Teubner adiciona à reflexão luhmanniana o conceito de policontexturalidade e de Direito Hipercíclico como possibilidade de se examinar a evolução da autonomia do sistema do Direito. Percebe-se, dessa maneira, que de fato existe uma crise dos poderes, como bem salienta Mireille Delmas-Marty.[77] Já Jean Clam, radicaliza a autopoiese, insistindo que a produção do sentido possui margens, como salienta Derrida,[78] que serão sempre relacionadas às noções de tempo e espaço contingentes e paradoxais.

O sentido do Direito, atualmente, tem como possível ponto de partida os pressupostos acima expostos, ainda que fosse possível, para se elucidar o sentido

---

[73] LUHMANN, Niklas, *El Derecho de la Sociedad*. Trad. Javier Torres Nafarrate. México: Universidad Ibero-americana/Colección Teoría Social, 2002, p. 90.

[74] ONFRAY, Michel. *L'eudémonisme social*. Contre-histoire de la philosophie. Vol. 5. Paris: Grasset, 2008.

[75] LUHMANN, Niklas. *A Improbabilidade da Comunicação*. Trad.: Anabela Carvalho. Lisboa: Vega, limitada, 3. ed., 2001, p. 50-54.

[76] KING, Michael. A Verdade sobre a Autopoiese no Direito. *In*: ROCHA, Leonel Severo; KING, Michael; SCHWARTZ, Germano. *A Verdade sobre a Autopoiese no Direito*. Porto Alegre: Livraria do Advogado, 2009, p. 79.

[77] DELMAS-MARTY, Mireille. Les Forces Imaginantes du Droit (III). *La Refondation des Pouvoirs*. Paris: Seuil, 2007.

[78] DERRIDA, Jacques. *Marges de la Philosophie*. Paris: Les Editions de Minuit, 1972.

metafórico mais profundo do Direito nas sociedades complexas, a elaboração de um "Tratado da Magia", como fez Giordano Bruno.[79] De todo modo, temos insistido na existência de três matrizes teóricas principais na Teoria do Direito.[80] Denominamos de *pragmático-sistêmica* aquela matriz que, contemporaneamente, fornece (em nossa opinião) o mais sofisticado instrumental teórico para a superação dos obstáculos epistemológicos presentes nas reflexões sociojurídicas do século XXI.

5. Referências

APEL, Karl-Otto. *El Camino del Pensamiento de Charles S. Peirce*. Madrid: Visor (Colección La Balsa de la Medusa), 1997.

ARNAUD, André-Jean; LOPES JR. Dalmir (Org.). *Niklas Luhmann:* do Sistema Social à Sociologia Jurídica. Rio de Janeiro: Lúmen Júris, 2004.

BACHELARD, Gaston. *La dialectique de la durée*. Paris: Quadrige/Puff, 2006.

BATESON, Gregory. *Una Unidad Sagrada*. Pasos ulteriores hacia una Ecología de la Mente. Edición de Rodney E. Donaldson. Barcelona: Gedisa, 1993.

BRUNO, Giordano. *Tratado da Magia*. São Paulo: Martins Fontes, 2008.

CARNAP, Rudolf. *The Logical Syntax of Language*. Chicago: Open Court, 1934.

CLAM, Jean. A Autopoiese do Direito. In: ROCHA, Leonel; SCHWARTZ, Germano e CLAM, Jean. *Introdução à Teoria do Sistema Autopoiético do Direito*. Porto Alegre: Livraria do Advogado, 2005.

———. *Droit et Sociètè chez Niklas Luhmann*. La contingence des normes. Paris: PUF, 1997.

———. *Questões fundamentais de uma teoria da sociedade:* contingência, paradoxo, só-efetuação. São Leopoldo: UNISINOS, 2006.

———. *Sciences du sens*. Perspectives théoriques. Strasbourg: Presses Universitaires de Strasbourg, 2006.

DELMAS-MARTY, Mireille. Les Forces Imaginantes du Droit (III). *La Refondation des Pouvoirs*. Paris: Seuil, 2007.

DERRIDA, Jacques. *Marges de la Philosophie*. Paris: Les Editions de Minuit, 1972.

JUNG, C. G. *Interpretação Psicológica do Dogma da Trindade*. 5ª edição. Petrópolis: Vozes, 1999.

LUHMANN, Niklas. *A Improbabilidade da Comunicação*. Trad.: Anabela Carvalho. Lisboa: Vega, limitada, 3. ed., 2001.

———. *El Derecho de la Sociedad*. Trad. Javier Torres Nafarrate. México: Universidad Iberoamericana/Colección Teoría Social, 2002.

———. *La Sociedad de la Sociedad*. Tradução de Javier Torres Nafarrate. México: Ed. Herder/Universidad Iberoamericana, 2007.

MANSILLA, Dario R. e NAFARRATE, Javier T. Autopoiesis, la unidad de una diferencia: Luhmann y Maturana. In: *Sociologias* (Dôssie). Porto Alegre, ano 5, número 9, jan/jun 2003.

——— e BRETÓN, Maria P. Opazo. *Comunicaciones de la Organización*. Con colaboración de René Rios F. Chile: Ediciones Universidad Católica de Chile, 2007.

MATURANA ROMESÍN, Humberto. *Biología del Fenómeno Social*. Disponível em: <http://www.ecovisiones.cl.>. Acesso em: 25 de jul. de 2009.

———. La Ciencia y la Vida Cotidiana: la ontología de las explicaciones científicas. In: WATZLAWICK, Paul e KRIEG, Peter (Comps.). *El Ojo del Observador:* contribuciones al constructivismo. Barcelona: Gedisa, 1996.

———. *La Realidad:* ¿Objetiva o construida? Vol. I – Fundamentos biológicos de la realidad. México: Universidad Iberoamericana/Iteso, 1997.

———. *La Realidad:* ¿Objetiva o construida? Vol. II – Fundamentos biológicos del conocimiento. México: Universidad Iberoamericana/Iteso, 1997.

---

[79] BRUNO, Giordano. *Tratado da Magia*. São Paulo: Martins Fontes, 2008.

[80] ROCHA, Leonel Severo. Três Matrizes da Teoria Jurídica. *In: Epistemologia Jurídica e Democracia*. São Leopoldo: Ed. Unisinos, 2004.

————; VARELA, Francisco. *El Árbol del Conocimiento*. Las bases biológicas del entendimiento humano. Buenos Aires: Lumen, 2003.

NAFARRATE, Javier T. La Sociología de Luhmann como "sociología primera". In: *Ibero Forum*. Notas para debate. Primavera, núm. I, año I, 2006.

NEVES, Marcelo. *Transconstitucionalismo*. São Paulo: Martins Fontes, 2009.

NUSSBAUM, Martha C. *The Frontiers of Justice*. Cambridge: Harvard University Press, 2006.

ONFRAY, Michel. *L'eudémonisme social*. Contre-histoire de la philosophie. Vol. 5. Paris: Grasset, 2008.

OST, François. *Raconter la Loi*. Aux Sources de L'imaginaire jurídique. Paris: Odile Jacob, 2004.

PARSONS, Talcott *and* SHILS, Edward A. *Toward a General Theory of Action*. Theoretical Foundations for the Social Sciences. New Brunswick: Transaction Publishers, 2007.

PEIRCE, Charles Sanders. *Semiótica e Filosofia*. São Paulo: Cultrix/Ed. da USP, 1979.

————. *Semiótica*. 3ª Edição. São Paulo: Perspectiva, 2003.

PERELMAN, Chaïm. *Le Champ de L'argumentation*. Bruxelles: Presses Universitaires de Bruxelles, 1970.

POSNER, Richard A. *How Judges Think*. Cambridge: Harvard University Press, 2008.

————. *Law and Literature*. Cambridge: Harvard University Press, 1998.

ROCHA, Leonel Severo e LUZ, Cícero K. Lex Mercatoria and Governance. The polycontexturality between Law and State. In: *Revista da Faculdade de Direito do Sul de Minas*. Ano XXV. N. 28. jan./jun. 2009, Pouso Alegre/MG: FDSM, 2009.

————. *A Problemática Jurídica*: uma introdução transdisciplinar. Porto Alegre: SAFE, 1985.

————. Da Epistemologia Jurídica Normativista ao Construtivismo Sistêmico. Coimbra: *Boletim da Faculdade de Direito*, Stvdia Ivridica, 90, Ad Honorem – 3, 2007.

————. *Epistemologia Jurídica e Democracia*. 2ª ed. São Leopoldo: Unisinos, 2003.

————. Observações sobre a observação luhmanniana. In: ROCHA, Leonel Severo; KING, Michael; SCHWARTZ, Germano. *A Verdade sobre a Autopoiese no Direito*. Porto Alegre: Livraria do Advogado, 2009.

————; ATZ, Ana Paula; MENNA BARRETO, Ricardo. Publicidade no Ciberespaço: Aspectos Jurídico-Sistêmicos da Contratação Eletrônica. In: *Novos Estudos Jurídicos*. Vol. 13, n. 2. Jul. – Dez., 2008 (2009).

SAUSSURE, Ferdinand. *Cours de Linguistique Générale*. Édition préparée par Tullio de Mauro. Paris: Payot, 1985.

SILVA, Artur Stamford da. Gödelização da racionalidade jurídica. Semântica social como teoria confortável para um programa de pesquisa em direito. Uma leitura de Niklas Luhmann. *Inédito*.

STRECK, Lenio L. *Verdade e Consenso*. Constituição, Hermêutica e Teorias Discursivas. Rio de Janeiro: Lumen Juris, 2006.

TEUBNER, Gunther. As Múltiplas Alienações do Direito: sobre a mais-valia social do décimo segundo camelo. In: ARNAUD, André-Jean; LOPES JR. Dalmir (Org.). *Niklas Luhmann:* Do Sistema Social à Sociologia Jurídica. Rio de Janeiro: Lúmen Júris, 2004, p. 109.

————. *O Direito como Sistema Autopoiético*. Lisboa: Calouste Gulbekian, 1993.

VIEHWEG, Theodor. *Topica y jurisprudencia*. Madrid: Taurus, 1986.

WARAT, Luis Alberto e ROCHA, Leonel Severo. *O Direito e sua Linguagem*. 2ª versão. Porto Alegre: SAFE, 1995.

————. *A Definição Jurídica*. Porto Alegre: Síntese, 1977.

WATZLAWICK, Paul e KRIEG, Peter (Comps.). *El Ojo del Observador:* contribuciones al constructivismo. Barcelona: Gedisa, 1996.

————; BEAVIN, Janet H.; JACKSON, Don D. *Pragmática da Comunicação Humana*: um estudo dos padrões, patologias e paradoxos da interação. São Paulo: Cultrix, 2000.

WIENER, Norbert. *Cibernética e Sociedade*. O Uso Humano de Seres Humanos. São Paulo: Cultrix, 1978.

WITTGENSTEIN, L. *Tractatus Logico-Philosophicus*. Paris: Gallimard, 1961.

— XII —

Democracia, direito e saúde: do direito ao direito à saúde

SANDRA REGINA MARTINI VIAL[1]

Sumário: 1. Introdução; 2. Direito à saúde no Brasil no pós-Constiuição de 1988; 3. Direito sanitário; 4. Análise de pesquisa; 4.1. Metodologia; 4.2. Análise das questões fechadas; 4.2.1. O que melhor define saúde?; 4.2.2. Saúde como um direito de todos; 5. Conclusão; 6. Referências bibliográficas.

1. Introdução

> *Se um diritto fondamentale è rivendicato da taluni, allora esso è rivendicato per tutti. È sulla base di questa solidarietà, conseguente all'universalità e all'indivisibilità dei diritti fondamentali, che se sviluppano l' amor proprio, cioè il senso della propria identità di persona e di cittadine, insieme, il reconoscimentodegli altri come uguali.[2]*

Que o direito à saúde é um direito fundamental,[3] constitucionalmente assegurado, não temos dúvidas; porém, temos várias dificuldades em identificar

---

[1] Possui graduação em Ciências Sociais pela Universidade do Vale do Rio dos Sinos (1983), mestrado em Educação pela Pontifícia Universidade Católica do Rio Grande do Sul (1997), doutorado em Evoluzione dei Sistemi Giuridici e Nuovi Diritti pela Università Degli Studi di Lecce (2001) e pós-doutorado pela Università degli studi di Roma Tre (2006). Atualmente, é professora titular da Universidade do Vale do Rio dos Sinos, da Fundação do Ministério Público, da Scuola Dottorale Internazionale Tullio Ascarelli e professora visitante da Università Degli Studi di Salerno. Também é diretora da Escola de Saúde Pública do Rio Grande do Sul, membro do Conselho Superior da Fundação de Amparo à Pesquisa do Estado do Rio Grande do Sul (FAPERGS) e coordenadora de projeto na UNESCO (Brasil). Este artigo é um desdobramento do projeto Democracia e formas de inclusão e exclusão na sociedade contemporânea. Esta pesquisa contou com a colaboração da bolsista de iniciação científica Gabrielle Kölling.

[2] FERRAJOLI, Luigi. *Principia iuris*. Teoria del diritto e della democaracia.Teoria della democrazia. v. 2. Editori Laterza: Roma- Bari, 2007, p. 64 " Se um direito fundamental é reivindicado para alguns, então esse é reivindicado para todos. E com base nesta solidariedade, conseguinte a universalidade e a indivisibilidade dos direitos fundamentais, que se desenvolvem através do amor próprio, isto é o sentido da própria identidade dos cidadãos, junto ao reconhecimento dos outros como iguais". Tradução livre.

[3] A definição de direitos fundamentais já foi muito debatida; porém, Luigi Ferrajoli faz importante observação a este respeito: *La definizione di diritto fundamentali è non meno árdua e problemática di quella di*

sua implementação como tal. Dizer que algo é fundamental não basta. Desde a década de 80, buscamos formas de sensibilizar os gestores sobre a importância da saúde e de seus determinantes sociais. Esse pleito deu-se em função do momento vivido pelo país, ou seja, um processo de redemocratização, em que era necessário repensar os direitos fundamentais, dentre os quais se destaca a saúde, bem como sua estrita relação com a democracia. Ter direito a um direito fundamental significa desde assegurar a vida até o direito a morrer. Viver e morrer em condições dignas são direitos de cada cidadão. Este direito, embora legislativamente assegurado, ainda está longe de ser efetivado. Mesmo considerando as várias e diferentes tentativas que vêm sendo implementadas por vários setores da saúde e do direito para a efetivação do direito à saúde, ainda temos muito a efetivar.

Entender a saúde na perspectiva de direito fundamental envolve luta contínua para a consolidação desse direito como um bem comum, como aquilo que deve perpassar toda a sociedade, fundado na solidariedade, na fraternidade e no compartilhar; significa ver o outro como um outro eu. Só assim, seguindo Ferrajoli, poderemos ser cidadãos. A cidadania está intrínseca na possibilidade de compartilhar e concretizar o tão sonhado modelo democrático. O conceito de saúde leva-nos a refletir sobre uma dimensão comunitária.

Utilizando o conceito clássico da Organização Mundial da Saúde (OMS)[4] sobre saúde, podemos identificar, por um lado, avanços como toda a luta dos movimentos sociais em saúde, dos trabalhadores, dos gestores e também, mais modernamente (pós-constituição de 88), a integração deste movimento no sistema do direito. Por outro lado, vemos que, muitas vezes, o processo de efetivação da saúde como um direito encontra entraves do tipo econômico, cultural e até social. Bem verdade é que o conceito de saúde foi tomando novas dimensões, especialmente depois do Relatório sobre Determinantes Sociais em Saúde, relatório da Comissão Nacional Sobre Determinantes Sociais da Saúde – CNDSS.[5] Esta comissão foi instituída por Decreto Presidencial em 13 de março de 2006 e tem, entre outros objetivos, o de gerar informações e conhecimentos sobre deter-

---

diritto soggettivo...Difinirò dunque diritto fundamentali tutti quei diritti che spettano universalmente a tutti o in quanto persone naturali, o in quanto cittadini, o in quanto persone naturali capaci d'agire o in quanto cittadini capaci d'agire. FERRAJOLI, *Op cit.*, v. I, p. 725-726. "A definição de direito fundamental não é menos árdua e problemática do que aquela de direito subjetivo... Definirei, então, direito fundamental todos aqueles direitos que são universalmente de todos ou como pessoa natural, ou como cidadãos, ou como pessoas naturais com capacidade de agir ou como cidadãos capazes de agir". Tradução livre.
Já no segundo volume da mesma coleção, o autor coloca o direito à saúde como um direito molecular: *Come si è visto [...] i diritti soggettivi, e specificamente i diritti fondamentali, sono di solito situazioni moleculari complesse.* Como se viu... os direitos subjetivos, e especificamente os direitos fundamentais, são sempre situações moleculares complexas. Tradução livre.

[4] A Definição de Saúde dada pela OMS, de 1947, é: *saúde é o estado de mais completo bem-estar físico, mental e social, e não apenas a ausência de enfermidade.* Disponível em: *<http://translate.google.com.br/translate? hl=ptBR&sl=en&u=http://www.who.int/&ei=0JeNSvf0Haa UtgfauriADg&sa=X&oi=translate&resnum=1& ct=result&prev=/search%3Fq%3Doms%26hl%3DptBR%26client%3Dfirefoxa%26rls%3Dorg.mozilla:ptBR: official%26hs%3D9Fs>*, acesso em 20/08/2009.

[5] Para a Comissão Nacional sobre os Determinantes Sociais da Saúde (CNDSS), os determinantes sociais em saúde – DSS – são os fatores sociais, econômicos, culturais, étnico-raciais, psicológicos e comportamentais que influenciam na ocorrência de problemas de saúde e seus fatores de risco na população.

minantes sociais da saúde no Brasil, contribuir para a formulação de políticas que promovam a equidade em saúde e mobilizar diferentes instâncias do governo e da sociedade civil sobre o tema. Destaca-se o fato de ser o Brasil, o primeiro país a criar uma CNDSS.

Para o direito à saúde ser plenamente realizado, não basta apenas a preocupação estatal; é preciso o engajamento de todos (indivíduos, famílias, organismos, empresas); é preciso uma construção coletiva da saúde com participação ativa do Estado, não no sentido de privatizar a saúde, mas de torná-la um *locus* público. Foi exatamente com este espírito que, em maio de 1988, a professora Sueli Dallari, juntamente com outros professores, criou o Centro de Estudos e Pesquisa em Direito Sanitário – CEPEDISA – na Universidade de São Paulo.

O CEPEDISA é, hoje, uma referência nacional e internacional em matéria de direito sanitário. A própria disciplina foi implementada pela primeira vez no Brasil pela professora Dallari, a qual nunca mediu esforços para a formação na área e para a construção de redes de colaboração para o estudo e a pesquisa em direito sanitário.[6] A pesquisa que ora apresentaremos neste artigo diz respeito a este esforço de construção de uma rede articulada para a defesa do direito a ter direitos à saúde – tarefa nada fácil nos tempos atuais.

Este artigo apresentará alguns resultados parciais da pesquisa: "Construindo uma rede colaborativa para favorecer a participação popular", realizada em 2008-2009 pelo Centro de Estudos em Direito Sanitário (CEPEDISA) em parceria com seis centros de referência, que formam uma "Rede em Defesa da Saúde (REDS)".[7] Esta rede foi constituída a partir de convênio com as seguintes instituições: FIOCRUZ – DIREB, Universidade do Estado do Amazonas, Universidade Federal da Paraíba, Universidade de Montes Claros e Faculdades Santo Agostinho, Universidade do Vale do Rio dos Sinos e Escola de Saúde Pública, Centro de Estudos e Pesquisa de Direito Sanitário e Núcleo de Pesquisa em Direito Sanitário. Os resultados que apresentaremos são apenas da pesquisa realizada no Centro de Referência da Região Sul, ou seja: UNISINOS e ESP.

Inicialmente, trataremos da evolução do direito sanitário no período pós-constituição de 88 no Brasil. Na segunda parte do artigo, apresentaremos brevemente a metodologia utilizada, dois conceitos trabalhados durante a pesquisa, assim como os mais variados operadores entrevistados, quais sejam: Terceiro Setor (ONGs), os Conselhos Profissionais; Sindicatos Profissionais; os Conselhos de Saúde Estadual e Municipal; os Secretários de Saúde Estadual e Municipal; o Poder Judiciário Estadual e Federal; o Ministério Público Estadual e Federal; a Defensoria Pública do Estado e da União; as Delegacias de Polícia; a Câmara de Vereadores e a Assembleia Legislativa. Esses dados serão analisados a partir do marco conceitual do direito sanitário.

---

[6] CEPEDISA – Centro de Estudos e Pesquisas de Direito Sanitário: para maiores informações, acessar o endereço eletrônico <*http://www.cepedisa.org.br*>.

[7] Para maiores informações, acessar o endereço eletrônico <http://www.cepedisa.org.br/reds/index.shtml>.

2. Direito à saúde no Brasil no pós-Constiuição de 1988

"Entretanto, as mudanças sociais não derivam apenas da criação constitucional dos mecanismos que as possibilitem, mas, principalmente, do uso de tais instrumentos".[8]

A saúde no Brasil, antes da Constituição de 1988, acumulou uma longa experiência de fazer parte de um sistema social nos moldes de seguro, que demonstrou ser excludente e injusto, na medida em que somente tinham acesso aos benefícios os trabalhadores formais que contribuíam regularmente. Neste período, a saúde era tratada como um complemento dos benefícios da Previdência Social, e suas ações e serviços foram administrados por gestores de outras políticas públicas. Cada serviço atendia uma clientela específica, e os reflexos disto podem ser observados na crescente e constante privatização dos serviços de saúde, embora ela agora seja um direito fundamental, constitucionalmente assegurado.

A história do direito à saúde no Brasil, obviamente, não inicia com a Constituição de 1988,[9] mas é a partir dela que temos um documento para a luta diária por este direito. Mais que isso: tal constituição representa muito dos anseios e lutas anteriores dos movimentos sociais pela saúde e, assim, este marco é fundamental para entendermos os processos atuais de judicialização. Antes de 88, poucos eram os documentos que nos permitiam buscar, através do judiciário, um atendimento em saúde, mas hoje temos uma crescente percepção dos cidadãos sobre seu direito a ter direitos à saúde. Também se destaca a ampliação que o conceito tradicional de saúde passa a ter.

Este é um novo olhar para a saúde. De mera ausência de doença, passa a ser vista como algo relacionado com várias outras condições, especialmente com o bem-estar completo da pessoa, ou seja, não há dúvidas de que, para este bem-estar, não basta apenas medicamentos ou hospitais bem equipados, é preciso uma prevenção adequada, reabilitação, segurança alimentar, tutela do ambiente, água e ar limpos, entre outros. Outra dificuldade que precisamos enfrentar é a forma como os serviços públicos deverão se adequar a esta nova realidade: o direito à saúde na sua plenitude. Assim, o direito deixa de ser somente o direito da pessoa e passa a ser um bem da comunidade, um direito reconhecido para todos. Ao estudarmos a evolução deste direito, vemos que a relação necessidades e recursos nem sempre é harmônica, mesmo em países mais desenvolvidos como a Itália.[10]

---

[8] DALLARI, Sueli G. Direito sanitário. *Revista Direito e Democracia*, Canoas, n.1, v. 3, 2002, p. 39.

[9] Sobre este aspecto, consultar as seguintes obras: NICZ, Luiz F. Previdência social no Brasil. In: GONÇALVES, Ernesto L. *Administração de saúde no Brasil.* São Paulo: Pioneira, 1988, cap. 3, p.163-197. POSSAS, Cristina A. *Saúde e trabalho – a crise da previdência social.* Rio de Janeiro, Graal, 1981. OLIVEIRA, Jaime A. de Araújo & TEIXEIRA, Sônia M. F. Teixeira. *(Im)previdência social:* 60 anos de história da Previdência no Brasil. Petrópolis: Vozes,1985, por exemplo.

[10]Veja-se o que Rosy Bindi observa: *Tra risorse e bisogni, modelli sociali e modelli di sviluppo c'è un rapporto dialetico in continua evoluzione, la politica è chiamata a interpretare correttamente la realtà e a governare questa dialettica. Il suo compito è ridisegnare le priorità, interrogandosi sulle scelte che favoriscono il bene comune e una crescita più giusta della società.* Entre recursos e necessidades, os modelos sociais e os modelos

No estágio atual, no qual a saúde é reconhecida – apesar das dificuldades – como um direito fundamental, ainda cabe questionar como se tutela este bem fundamental, se realmente é possível termos um sistema único, equitativo, universal. O nosso Sistema Único de Saúde (SUS) é criado em 1990, pela Lei 8.080, e essa, por sua vez, está estruturada em três princípios constitucionais e em três organizativos. O primeiro grupo garante a universalização da assistência – permite a todos o acesso –, a integralidade da atenção – todas as ações necessárias à promoção, à prevenção, ao tratamento e à reabilitação – e a equidade – serviços e bens segundo as necessidades. Já os princípios organizativos são a descentralização da gestão com a participação das esferas federal, estadual e municipal, a regionalização e hierarquização das redes de serviços e a participação da comunidade na gestão do sistema.

Estes são princípios que deveriam nortear todos os administradores e gestores do sistema de saúde, mas nem sempre isto é possível. Quando o sistema da saúde não responde às demandas da população em geral, o sistema do direito é chamado para dar respostas, ou melhor, o sistema do direito é obrigado a decidir. As decisões, algumas vezes, são simples e, outras vezes, extremamente complexas. Isso faz com que os operadores do direito, que ao longo de sua formação nunca tiveram uma disciplina sobre direito sanitário, busquem constantemente informações em outros setores.

A atual constituição nos dá elementos para inverter a lógica ao estipular programas e metas para a saúde, que passou a ser um estado que se garante a todos, "mediante políticas sociais e econômicas que visem à redução do risco de doença e de outros agravos e ao acesso universal e igualitário às ações e serviços para a sua promoção, proteção e recuperação".[11] Nesse sentido, nos termos de Tojal,[12] o Estado obrigou-se juridicamente a exercer ações e serviços de saúde visando à construção de uma nova ordem social cujos objetivos são o bem-estar e a justiça social. Na verdade, a efetivação dos direitos sociais é extremamente complexa, como refere Ferrajoli:[13]

> Il vero problema dei diritti sociali – sicuramente il più grave e difficile- è che le loro garanzie primarie positive richiedono comunque una legislazione di attuazione, cioè l'introduzione,appunto, delle istituzioni e delle funzioni di garanzia deputate alla loro soddisfazione: il sistema scolastico, il servizio sanitario, gli apparati deputati all' assistenza e alla previdenza sociale.

---

de desenvolvimento há um relacionamento dialético em contínua evolução, a política é chamada para interpretar corretamente a realidade e governar essa dialética. Seu trabalho é estabelecer prioridades, saber quais são as opções que favorecem o bem comum da sociedade e o crescimento mais equitativo. Tradução livre. BINDI, Rosy. *La Salute Imapaziente.* Milano: Jaca Book, 2005, p. 15.

[11] Art. 196 da Constituição Federal/1988. PINTO, Antonio Luiz de Toledo; WINDT, Márcia Cristina Vaz dos Santos; CÉSPEDES, Lívia (Orgs). *Código penal, Código de processo penal, Constituição Federal.* 3. ed. São Paulo: Saraiva, 2007. (Mini 3 em 1).

[12] TOJAL, Sebastião Botto de Barros. A Constituição Dirigente e o Direito Regulatório do Estado Social: o Direito Sanitário. *In: Direito Sanitário e Saúde Pública.* v. I, Coletânea de Textos. Brasília: Ministério da Saúde, 2003, p. 28.

[13] FERRAJOLI, Luigi. *Op. cit.,* p. 400. *O verdadeiro problema dos direitos sociais – certamente o mais grave e difícil – é que a sua garantia primária positiva requer, de qualquer modo, uma legislação de atuação, ou seja, a introdução de instituições e de funções de garantia para a sua satisfação: o sistema da educação, o serviço sanitário, os aparelhos colocados à disposição da assistência e da prevenção social. Tradução Livre.*

É preciso garantir um patamar mínimo de vida para todos os seres humanos da sociedade brasileira, cabendo ao Estado o dever de proteger os direitos sociais,[14] principalmente da parcela da população[15] que não tem acesso a esses direitos. Para isso, é necessário que os sistemas de saúde iniciem reformas de peso no sentido de privilegiar a atenção básica, expandir a oferta de serviços públicos e promover a integração entre os diferentes níveis de assistência de forma a gerar a formação de sistemas integrados e começar a trabalhar com a ideia de saúde como direito, isto é, responsabilidade coletiva e não responsabilidade individual.

Decidir sobre temas ligados à saúde significa decidir sobre a vida, sobre o bem viver em sociedade. Não temos dúvidas sobre a importância da participação do judiciário na efetivação do direito à saude; entretanto, é preciso levar em conta o forte processo de judicialização da saúde. Este fato é novo no Brasil, mas tomou proporções inesperadas. O que inicialmente eram apenas demandas individuais, hoje apresentam-se como demandas coletivas; se inicalmente, o grande problema que batia às portas do judiciário era a questão de cirurgias no exterior, hoje temos demandas que vão desde medicamentos até o direito de morrer com dignidade. Demandas, essas, asseguradas constitucionalmente.

As mudanças da atual sociedade fazem com que o judiciário tenha questões muito complexas para decidir e, paradoxalmente, nem sempre os "decididores" estão preparados para estas decisões. Importante registrar que a disciplina Direito Sanitário ainda é muito recente e não consta no rol das disciplinas obrigatórias nem na área do direito, nem na área da saúde, sendo ministrada, hoje, nos cursos de pós-graduação. A pesquisa ainda é insuficiente, apesar dos esforços de consolidação da área. Embora o direito à saúde possa ser estudado desde a antiguidade, Ferrajoli observa:

[...] il diritto alla salute compare solo nelle carte costituzionali del Novecento, mentre avrebbe avuto poco senso in quelle ottocentesche[...] Il diritto alla salute si configura peraltro come un diritto tipicamente molecolare. Esso include da un lato un diritto negativo di immunità, garantito dal divieto di lesioni: che l'aria e l' acqua non vengono inquinate, che non si mettano in commercio cibi adulterati, in breve che non si rechino danni alla salute; dall' altro, esso include un diritto positivo, tipicamente sociale, all' erogazione di prestazioni sanitarie.[16]

---

[14] José Eduardo Faria também trata da dificuldade atual dos direitos sociais: *[...] é de aumento no ritmo da regressão tanto dos direitos sociais quanto dos direitos humanos consagrados ou tutelados pelo próprio direito positivo. [...] uma vez que o enxugamento do Estado-nação e a retração da esfera pública reduzem sua cobertura legal e judicial, o alcance jurídico-positivo dos direitos humanos acaba sendo igualmente diminuído, o que implica, por conseqüência, uma redução ou um rebaixamento qualitativo da própria cidadania. O mesmo acontece com os direitos sociais, cuja eficácia depende de orçamento em volume suficiente para financiar as políticas públicas necessárias à sua implementação.* FARIA, José Eduardo. *Sociologia Jurídica: direito e conjuntura.* São Paulo: Saraiva, 2008, p. 102.

[15] Interessante observar que a Constituição Italiana refere no *Art. 32 – La Repubblica tutela la salute come fondamentale diritto dell'individuo e interesse della colletivitá, e garantisce cure gratuite agli indigenti. Nessuno può essere obbligato a un determinato trattamento sanitario se non per disposizione di legge. La legge non può in nessun caso violare i limiti imposti dal rispetto della persona umana,* o qual fala da atenção especial aos indigentes. Diferente da nossa atual constituição, que diz que a saúde é um direito de todos, aqui está claro o princípio da universalidade, o que paradoxalmente não ocorre, enquanto que na realidade italiana ainda podemos observar o acesso universal de fato, embora nos tempos atuais tenham ocorrido algumas modificações ou, conforme nota anterior, uma regressão dos direitos sociais, tema amplamente discutido em: BINDI, Rosy. *Op cit.* 52.

[16] FERRAJOLI, Luigi. *Op cit.,* p. 409. O direito à saúde aparece nas cartas constitucionais dos anos novecentos; teria tido pouco sentido nas constituições dos anos oitocentos. O direito à saúde se configura como um direito tipicamente

Entender o direito à saúde como um direito positivo[17] e negativo[18] significa contextualizar a complexidade do mundo em que vivemos; não gratuito o alerta da Organização Mundial de Saúde sobre os efeitos da mundialização,[19] que enfatiza os impactos sobre os sistemas e as políticas de saúde, bem como os efeitos que recaem sobre o setor. Diante de uma economia nacional fragilizada e das condições difíceis de vida de grande parte da população, torna-se imperativo unir e articular esforços para implementar uma eficiente rede de proteção sanitária que inclui, necessariamente, processos de formação e capacitação que envolvam investimentos centrados nas demandas do SUS.

3. Direito sanitário

Harmonizar a relação conflituosa entre
Direito e saúde é tarefa ardua.[20]

O Direito Sanitário, além de ser inovador, propõe, como disciplina científica, uma ruptura nas formas metodológicas tradicionalmente utilizadas pelo direito, talvez justamente porque trabalhar com a perspectiva do direito sanitário significa ter clareza do conceito de saúde pública e de suas implicações. Cabe aqui retomar as observações de Dallari:[21]

> O direito sanitário se interessa tanto pelo direito à saúde, enquanto reivindicação de um direito humano, quanto pelo direito da saúde pública: um conjunto de normas jurídicas que têm por objetivo a promoção, prevenção e recuperação da saúde de todos os indivíduos que compõe o povo de um determinado Estado, compreendendo, portanto, ambos os ramos tradicionais em que se convencionou dividir o direito: o público e o privado [...] Afirmar que o direito sanitário é uma disciplina nova não significa negar a existência de legislação de interesse para a saúde desde os períodos mais remotos da história da humanidade [...].

Nesse aspecto, é oportuno continuar com Dallari[22] quando afirma que a área do Direito Sanitário é muito ampla, pois ultrapassa a chamada democracia sus-

---

molecular. Este inclui de um lado um direito negativo de imunidade, garantindo a proibição de lesões: que o ar e a água não sejam poluídos, que não se coloque no comércio alimentos adulterados, rapidamente que não se causem danos a saúde; de outro, este inclui um direito positivo, tipicamente social, a prestação sanitária. Tradução Livre.

[17] MORAIS, José Luis Bolzan de. O Estado Social e seus limites. Condições e possibilidades para a realização de um projeto constitucional includente. *In: Caderno de Direito Constitucional.* Porto Alegre: TRF – 4ª Região, 2008, p. 53. (módulo 5).

[18] CANOTILHO, José Joaquim Gomes; MOREIRA, Vital. *Fundamentos da Constituição.* Coimbra: Editora Coimbra, 1991, p. 197.

[19] *A "mundialização" é um conjunto de processos culturais, de informação, sociais, econômicos e políticos "globalizados". Trata-se de tudo que é: i) divulgado em escala mundial, independentemente das barreiras de origem nacionais, geográficas, tecnológicas, lingüísitcas, etc.; ii) colocado à disposição das pessoas de todas as origens, culturas e países: idéias, conteúdos, serviços e produtos semelhantes e, finalmente, iii) capaz de ter um impacto "mundial" nas atividades humanas, qualquer que seja a forma.* Disponível em: <http://www. mondialisations.org/php/public/art.php?id=14433&lan=PO>, acesso em 22/06/2007.

[20] DALLARI, Sueli G. Direito e ciência. *Revista Cej,* Brasília, v. 16, p. 65-68, 2002.

[21] Idem. Direito sanitário. *Revista Direito e Democracia,* Canoas, v 3, n.1, 2002, p. 21.

[22] Idem, ibidem.

tentável por se caracterizar como democracia sanitária. Sobre o tema, sustenta que o Brasil dispõe de legislação de saúde feita com participação popular, uma exigência constitucional, sendo um campo do conhecimento de caráter interdisciplinar; uma ciência pura e aplicada ao mesmo tempo, que objetiva contribuir para ampliar a visão de mundo e sociedade.

O direito sanitário trabalha com o conceito de saúde adotado nos documentos internacionais relativos aos direitos humanos e enfatiza que o Estado deve assegurar um nível de vida adequado à manutenção da dignidade humana. Portanto, ao se considerar a saúde um direito humano, o Estado tem um papel fundamental em relação às políticas públicas: preservar as liberdades fundamentais para eliminar, progressivamente, as desigualdades, e a sociedade engaja-se através da responsabilidade compartilhada.

A área do direito sanitário desenvolve-se no Brasil, sobretudo, a partir do Sistema Único de Saúde – SUS, que visa, constitucionalmente, a garantir que a saúde seja um direito de todos. O Brasil, ao se definir como um Estado Democrático de Direito, cria leis que regulam, fiscalizam e controlam as ações e os serviços de saúde conforme o mandamento constitucional. Para a efetivação deste mandamento constitucional, é importante investir na formação dos operadores do direito e da saúde sobre este direito e é preciso que as ciências ultrapassem suas fronteiras para entender a saúde como um bem da comunidade.

Para tanto, a saúde, considerando o seu caráter abrangente e transdisciplinar, constitui-se em desafio ao pensamento jurídico e social porquê, além de estar atenta ao movimento de redefinições em todos os campos da atividade humana, é ainda uma construtora ativa da participação social.

Associada à apropriação de saberes na área do Direito Sanitário está a produção de conhecimento em Saúde, que se insere como uma nova vertente de trabalho visando à sensibilização dos gestores e trabalhadores para a defesa dos direitos legítimos das populações. Gestores e trabalhadores precisam ser tratados como uma rede de multiplicidades, pois envolve governos, ciências, empresas, comunidades e pessoas na perspectiva de ação intersetorial.

4. Análise de pesquisa

4.1. Metodologia

Como já referimos anteriormente, a área do Direito Sanitário é bastante recente, mas a produção de artigos tem crescido bastante nos últimos anos. Assim, a "Revista de Direito Sanitário",[23] da USP, tem contribuído muito, pois através

---

[23] *Revista de Direito Sanitário* – Journal of Health Law / Centro de Estudos e Pesquisas de Direito Sanitário – CEPEDISA / Núcleo de Pesquisas em Direito Sanitário – NAP-DISA/USP, São Paulo. A Revista de Direito Sanitário também está indexada na Base LILACS (Literatura Latino-americana e do Caribe em Ciências da Saú-

dela podemos ter um panorama do que vem acontecendo no Brasil em termos de produção acadêmica. Pesquisar nesta área é urgente e oportuno, pois, mesmo tendo pouco material teórico, é preciso ousar na pesquisa empírica, é preciso ver como os mais diversos setores da sociedade percebem tal direito, e é exatamente este o objetivo da pesquisa que ora apresentamos. O método utilizado nesta pesquisa foi o discurso do sujeito coletivo, conforme apresenta Lefevre[24]

> O Discurso do Sujeito Coletivo ou DSC é isso: um discurso síntese elaborado com pedaços de discursos de sentido semelhante reunidos num só discurso. Tendo como fundamento a teoria da Representação Social e seus pressupostos sociológicos, o DSC é uma técnica de tabulação e organização de dados qualitativos que resolve um dos grandes impasses da pesquisa qualitativa na medida em que permite, através de procedimentos sistemáticos e padronizados, agregar depoimentos sem reduzi-los a quantidades.

O Discurso do Sujeito coletivo, como método, vem sendo utilizado desde o final de década de 90; quer dizer, ainda é um caminho metodológico jovem, mas que se apresenta oportuno para o contexto que vivemos, no qual a opinião da coletividade pode ser analisada de forma coletiva. Os autores (Lefevre, Fernando e Lefevre, Ana Maria)[25] que vêm trabalhando com esta metodologia alertam que, embora esta análise apresente o pensamento da coletividade, não é, de modo algum, a descrição dele, já que nos restringimos à coletividade pesquisada e processada através dos instrumentais oferecidos pelo DSC, os quais são complexos e necessitam de uma tecnologia própria.

O projeto "Capacitação em planejamento e desenvolvimento de políticas de saúde: construindo uma rede colaborativa para favorecer a participação popular" teve por objetivo mapear todos os atores sociais envolvidos na reivindicação do direito à saúde. Para tanto, foram entrevistados, em todos os centros de referência, os seguintes atores: Terceiro Setor (ONGs); os Conselhos Profissionais; Sindicatos Profissionais; os Conselhos de Saúde Estadual e Municipal; os Secretários de Saúde Estadual e Municipal; o Poder Judiciário Estadual e Federal; o Ministério Público Estadual e Federal; a Defensoria Pública do Estado e da União; as Delegacias de Polícia; a Câmara de Vereadores e a Assembleia Legislativa.

Para o Centro de Referência Sul, foram entrevistadas vinte ONGs; catorze Conselhos Profissionais; quatro Sindicatos Profissionais; dezoito Conselheiros de Saúde (Estadual e Municipal); Secretários de Saúde (do Estado e do Município de Porto Alegre); seis membros do Poder Judiciário (três Estaduais e três Federais); seis membros do Ministério Público (três Estaduais e três Federais); seis Defensores Públicos (três Estaduais – incluídas aqui as Assistências Judiciárias – e três Federais); seis Delegados de Polícia; nove Vereadores do Município de Porto Alegre e nove Deputados Estaduais.

---

de) e faz parte do Catálogo Coletivo Nacional e do Banco de Dados de Artigos de Periódicos da Faculdade de Direito da Universidade de São Paulo, além de constar no acervo de diversas instituições no país e no exterior, como a Law Library of Congress dos Estados Unidos. Tem publicação quadrimestral.

[24] LEFEVRE, F; LEFEVRE A M. C. *Depoimentos e Discursos – uma proposta de análise em pesquisa social.* Brasília: Líber Livro Editora, 2005, p. 25.

[25] Idem, p. 08.

Democracia, direito e saúde: do direito ao direito à saúde

Os três segmentos que analisaremos neste artigo são: Defensoria Pública, Delegacias de Polícia e Ministério Público. Em cada instituição, buscamos seis operadores do direito que lidam com questões relativas à saúde: tanto no Ministério Público como na Defensoria buscamos três representantes da esfera estadual e três da esfera federal. Eles foram contatados, e agendamos as entrevistas. Uma parte das entrevistas – a que dizia respeito a dados institucionais –, foi enviada antecipadamente (não será objeto de nossa análise neste artigo); a segunda parte foi feita pessoalmente, gravada e depois transcrita.

4.2. Análise das questões fechadas

A pesquisa realizada mobilizou, no Brasil, os segmentos de saúde e do direito envolvidos com o tema do acesso à saúde. Muitos foram os dados levantados; analisaremos apenas duas questões; a publicação com os resultados totais será realizada oportunamente. Destaca-se que a mobilização gerada pela pesquisa, nos mais diversos estados, exigirá dos operadores do direito e da saúde respostas para as expectativas levantadas. O interessante é que a rede do direito sanitário reforçou-se com a pesquisa, o que significa que já temos um bom resultado do processo de investigação. Passaremos à análise de alguns aspectos de duas questões.

4.2.1. O que melhor define saúde?

Definir saúde[26] não é tarefa fácil. Exatamente por isso, os entrevistados tinham a possibilidade de escolher seis alternativas. Além desta dificuldade inicial, outro complicador é tentar compreender este conceito através do "outro",[27] pois sempre é mais confortável seguir com os nossos conceitos e percepções; entretanto, é somente através do outro que o eu pode avançar. A pesquisa tem esta grande possibilidade, o diálogo, o confronto, o crescer conjuntamente. Na área do direito, assim como na área da saúde temos muito que avançar nestes aspectos. As pesquisas empíricas, especialmente no Direito, ainda são poucas e quiçá, através da disciplina do direito sanitário, possamos acelerar este processo.

Os três operadores entrevistados deram para o conceito dimensões sociais, identificaram que saúde está estreitamente relacionada com os determinantes sociais, com determinantes culturais, econômicos. Mesmo sendo complexo definir saúde, é fundamental fazê-lo, pois deste modo poderemos identificar o que é o direito à saúde.

---

[26] Neste artigo trabalharemos com o conceito abrangente de saúde, mas alertamos que existe uma profunda discussão sobre os termos saúde pública, saúde coletiva, medicina social, medicina comunitária, entre outros.

[27] Na Revista Latino-americana de Enfermagem, v.6, n.5- p.45-51 – dezembro 1998, as autoras Viviane Barrete Martini e Margareth Ângelo apresentam os resultados de uma pesquisa realizada sobre "significado do conceito de saúde na perspectiva de famílias em situação de risco pessoal e social". Na conclusão do artigo, as autoras colocam: *Ouvir o outro, permitir que este se mostre, representa mais do que um confronto de conceitos, mas a possibilidade de ampliá-los a partir da incorporação do saber contido no outro*, p. 49

Também no Dicionário de Termos Técnicos de Medicina e Saúde,[28] encontramos sete definições para saúde. A última conceitua a saúde como: "Estado sanitário de uma comunidade ou população onde estão asseguradas as melhores condições de desenvolvimento pessoal e coletivo e um eficiente controle ou prevenção de doenças".

Os entrevistados relacionaram respostas que atendem a esta definição e a outras, que darão uma dimensão social e comunitária para a saúde. É o que podemos observar através do gráfico[29] abaixo:

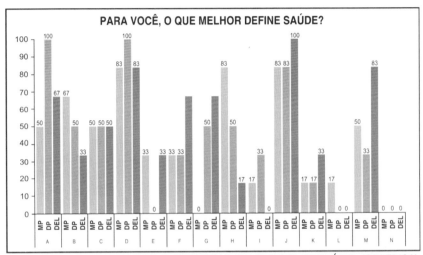

Fonte: CENTRO DE ESTUDOS E PESQUISAS DE DIREITO SANITÁRIO (CEPEDISA) (Coord.). "Capacitação em planejamento e desenvolvimento de políticas de saúde: construindo uma rede colaborativa para favorecer a participação popular". Pesquisa realizada com o financiamento da Organização Pan-Americana de Saúde (OPAS), de ago. 2008 a ago. 2009. *Respostas para as três categorias.*

Nas respostas dos entrevistados sobre o que melhor define saúde, fica evidente o reconhecimento e a incorporação do conceito de saúde fornecido pela OMS, mas, ao mesmo tempo, ele está relacionado com outras questões que, de um certo modo, estarão vinculadas ao conceito básico de saúde: 50% dos entrevistados das três categorias afirmam que saúde pode ser definida como não estar

---

[28] REY, Luiz. *Dicionário de termos técnicos de medicina e saúde.* Rio de Janeiro: Guanabara, 1999, p. 687

[29] Pergunta: o que melhor define saúde? As possibilidades de resposta: A- É estar feliz. B- É morar em uma casa com rede de esgoto. C- É não estar doente. D- É o perfeito bem-estar físico, mental e social. E- É poder brincar com filhos(as)/netos(as). F- É poder trabalhar. G- É praticar esportes. H- É ter hábitos de vida saudáveis. I- É ter o funcionamento adequado de todos os órgãos do corpo. J- É ter qualidade de vida. K- É ter recursos pessoais e sociais. L- É ter transporte. M- É ter uma boa condição física. N- Outros (especifique). Grupos em análise: Ministério Público: MP. Defensoria Pública: DP. Delegacias: DEL. Há que se destacar que o modo como essas questões estão sendo tratadas aqui difere um pouco do modo como foram tratadas pelo CEPEDISA, pois aqui estamos apresentando nos gráficos somente as respostas, sem a ordem de importância das alternativas escolhidas pelos entrevistados.

doente; já o item morar em uma casa com rede de esgoto foi apontado por 50% dos defensores públicos e por 33% dos delegados. Os promotores valorizaram bem mais esta questão: para este grupo, temos um percentual de 67%. A opção poder brincar com os filhos e netos foi indicada de modo superficial pelas três categorias: 33 % dos delegados de polícia e promotores relacionaram-na, ao passo que os defensores não indicaram esta resposta. A relação da melhor definição de saúde com o poder trabalhar foi indicada por 67 % dos delegados e 33% para as demais categorias. A prática de esportes não foi indicada pelo Ministério Público, mas foi indicada por 67% dos delegados e 50% dos defensores. Ter hábitos de vida saudável é muito importante para o Ministério Público com 83%; para os Defensores este item é relevante em 50% dos casos e para 17% dos delegados de polícia. O funcionamento adequado de todos os órgãos do corpo não é muito valorizado: apenas 33% de defensores, 17% do Ministério Público e não houve indicação por parte dos delegados. Com relação à qualidade de vida, foi indicado pelos delegados na sua totalidade, e os demais também dão importância para este indicador com 83%. Ter recursos pessoais e sociais é indicado por 33% dos delegados, e por apenas 17% dos defensores e promotores. A questão do transporte é pouco apontada: apenas por 17% do Ministério Público, e os demais entrevistados não a indicaram. A condição física foi apontada por grande parte dos delegados (83%), pelo Ministério Público (50%) e para os defensores (33%). Se analisarmos as maiores indicações sobre o que melhor define a saúde, teremos a média total apresentada no gráfico abaixo:

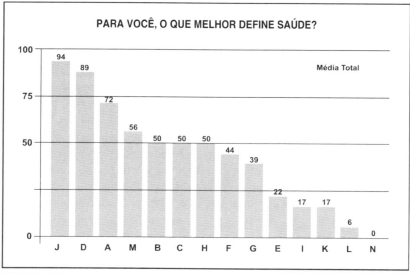

CENTRO DE ESTUDOS E PESQUISAS DE DIREITO SANITÁRIO (CEPEDISA) (Coord.). "Capacitação em planejamento e desenvolvimento de políticas de saúde: construindo uma rede colaborativa para favorecer a participação popular". Pesquisa realizada com o financiamento da Organização Pan-Americana de Saúde (OPAS), de ago. 2008 a ago. 2009. *Para você, o que melhor define saúde? Média Geral.*

A definição de saúde como estar feliz

Para todos defensores, "estar feliz" integra o conceito de saúde, assim como o "perfeito bem estar físico, mental e social". Note-se que os defensores apresentam, em 100% dos casos, o conceito da OMS sobre saúde como um bem estar físico, mental e social, mas também trazem a questão de estar feliz. Já entre os delegados de polícia, apenas quatro responderam que a saúde está relacionada com o "ser feliz"; cinco relacionaram-na com "perfeito bem estar físico". No MP, apenas três entrevistados, ou seja, 50% do total relacionaram a saúde com felicidade, mas cinco colocaram-na como perfeito bem estar físico e mental. Vários podem ser os significados e significantes desta resposta. Em Ayres, vemos que há um tratamento da saúde como projeto de felicidade, comparando-o com uma obra de arte na qual se pode expressar a vida e a saúde, em que o cidadão é também o sujeito, ou como afirma Ayres,[30] é o autor:

> Como autor dessa obra (projeto), o sujeito interessado na ação de saúde (o usuário, a família, a comunidade, uma população) pressupõe que ela será apreciada por alguém... Já se põe, então, em contato consigo mesmo e com o outro ao se expressar... Como experiência vivida, o projeto de felicidade é aquilo que move e identifica as pessoas no seu existir concreto. Como dispositivo compreensivo-interpretativo e referência normativa para as práticas de saúde, o projeto de felicidade é o pano de fundo que confere contornos a identidades, valores, vivências dos sujeitos.

A relação entre saúde e felicidade também foi estudada em outra pesquisa,[31] realizada com idosos de baixa renda. Eles identificaram saúde como felicidade, assim como ausência de doença, capacidade para realizar as atividades da vida diária, trabalhar, ter condições sócio-sanitárias, trabalhar e sentir bem-estar social e emocional. Nota-se que, embora esta pesquisa tenha atingido uma população diferente da que estamos analisando, as definições de saúde são próximas. Assim, podemos afirmar que, de modo geral, a população tem consciência do que significa saúde, inclusive da saúde como um direito.

No gráfico, apresentamos as prioridades indicadas pelos defensores, já que esses apontaram estarem felizes na sua totalidade, bem como o perfeito bem-estar físico, mental e social.

A definição de saúde como perfeito bem estar físico e mental

Se definir saúde como "estar feliz" é uma percepção recente, a ideia de saúde como bem-estar físico e mental tem uma história contextualizada, inclusive em documentos internacionais. Esta definição está diretamente vinculada com os determinantes sociais em saúde, pois, para estar com perfeito estado físico e mental, é preciso ter moradia, emprego, saneamento, lazer, entre tantos outros quesitos. Todas estas questões, entretanto, estão diretamente relacionadas com as condições sociais da população em geral; por isso, é oportuno discutir os im-

---

[30] AYRES. José Ricardo C. M. Uma concepção hermenêutica de saúde. *PHYSIS: Revista de Saúde Coletiva,* Rio de Janeiro, n. 17, v. 1, p. 43-62, 2007, p. 57.

[31] SILVA, Maria Josefina da; BESSA, Maria Eliana Peixoto. Conceitos de saúde de doença segundo a óptica dos idosos de baixa renda. Ciencia y Enfermaria XIV, n. 1, p. 23-31, 2008.

pactos da desigualdade social na própria saúde. Além da questão da pobreza, também merece uma profunda reflexão a atuação governamental para a redução do quadro de profunda marginalização ao qual os cidadãos brasileiros estão submetidos. Como observa Rosana Magalhães:[32]

> Especificamente no que se refere à saúde da população, as demandas passam a ser, cada vez mais, compatibilizadas e combinadas às exigências de trabalho, renda, alimentação, transporte, educação lazer e cultura. Neste cenário, desenhos institucionais traduzidos em dispositivos intersetoriais capazes de garantir maior inserção e responsabilização de gestores e cidadãos tendem a alcançar maior impacto na redução das desigualdades sociais e melhoria dos níveis de bem estar.

A definição apresentada pela OMS sobre saúde é questionada autores como Badeia (1984) e Serger & Ferraz (1997), pois esta se apresenta como finalística, apoia-se na perfeição inatingível, já que não deixa claro o que é o bem-estar, assim como o conceito de saúde como mera ausência de doença, que se configura em uma concepção lógico-formal.

Se a efetivação da saúde passa por essas condições ideais, sabemos o quão difícil será alcançá-la, mas foi através dessa definição que várias reformas no sistema da saúde ocorreram. O sistema de saúde funciona como uma utopia que poderá um dia ser concretizada, mas, para isso acontecer, é preciso uma luta diária dos mais diversos segmentos. Concordamos com Badeia quando apontamos para a dificuldade de precisar essa definição, mas entendemos a importância do conceito da OMS para a criação de políticas sociais capazes de atender a esse bem-estar, que ultrapassam os limites do sistema da saúde e do direito, mas que não se concretizará como bem-estar físico, social e mental sem a contribuição desses sistemas, até porque é exatamente o bem-estar que poderá encaminhar uma qualidade de vida digna.

A definição de saúde como ter qualidade de vida

Se ter saúde significa felicidade e bem-estar físico, mental e social, teremos uma qualidade de vida garantida. Se definir bem-estar é tarefa complexa, muito mais difícil será definir qualidade de vida,[33] especialmente porque nunca discutimos tanto a questão da qualidade do bem viver como nos tempos atuais. Novamente teremos de nos reportar à definição dada pela OMS, mesmo que tenhamos os mesmos problemas da questão anterior: *qualidade de vida é a percepção do indivíduo sobre a sua posição na vida, dentro do contexto dos sistemas de cultura e valores nos quais está inserido e em relação aos seus objectivos, expectativas, padrões e preocupações.*[34]

---

[32] MAGALHÃES, Rosana; BURLAND, Luciene; SENNA, Mônica de C. M. Desigualdades sociais, saúde e bem-estar: oportunidades e problemas no horizonte de políticas transversais. *Ciência & saúde coletiva*, n. 12, v.6, nov.-dez. 2007, p.1420.

[33] Interessantes observações sobre qualidade de vida e formas de sua abordagem aparecem no artigo: FAGOT-LARGEAULT, Anne. Reflexões sobre a noção de qualidade de vida. *Revista de Direito Sanitário*, n. 2, v. 2,Julho de 2001, p. 82-107

[34] OMS. *The WHOQOL Group.* Development of the WHOQOL: Rationale and Current Status. International. 1994. Journal of Mental Health, n. 23, v.3, p.28.

Não há dúvida de que a saúde como qualidade de vida está diretamente relacionada com vários aspectos da promoção da saúde, já que é através dela que vamos chegar à qualidade de vida. Além da definição da OMS, a expressão *qualidade de vida* também é importante como medida para a análise da saúde da população, conforme Campos:[35]

> Qualidade de vida é uma medida de desfecho que tem sido entusiasticamente utilizada por clínicos, pesquisadores, economistas, administradores e políticos. Não é um conceito novo, mas tem crescido sua importância por uma série de razões [...]. Para medir diretamente a saúde dos indivíduos, têm-se desenvolvido e testado instrumentos estruturados e simplificados, capazes de reconhecer os estados de completo bem estar físico, mental e social dos sujeitos. A qualidade de vida é uma importante medida de impacto da saúde.

Saúde como qualidade de vida foi um tema longa e profundamente estudado, a tal ponto que a OMS criou uma expressão específica QVRS (*Health-Related Quality of Life*). De modo geral, qualidade de vida está relacionada com dignidade humana, estilo de vida, aspirações, direito essencial. Para Belasco:[36]

> As origens da ênfase atual na QV podem ser atribuídas à degradação ambiental (exploração dos bens naturais comuns, como subsolo, solo, água, poluição do ar, vegetação, erosão da sustentabilidade ecológica, secundarização das identidades culturais próprias, uso irracional dos recursos) e à degradação do bem-estar humano (produção excessiva de bens de consumo, consumismo). As consequências desses fatores têm sido o empobrecimento crítico das populações, a marginalização dos circuitos de produção e de consumo e a marginalização cultural. Com isso, a busca pela QV visa ampliar perspectivas para a equidade social e a diversidade ecológica e cultural, redimensionando as categorias qualitativas e reavaliando o estilo de vida urbano e a qualidade do consumo, do trabalho, da distribuição de riquezas e do acesso aos bens e aos serviços.

Graficologicamente, as categorias definiram saúde do seguinte modo:

Para a Defensoria Pública, duas alternativas foram escolhidas por todos os entrevistados: "estar feliz" e "perfeito bem-estar físico, mental e social".

---

[35] CAMPOS, Maryane Oliveira; NETO, João Felício Rodrigues. Qualidade de vida: um instrumento para promoção da saúde. Revista Baiana de Saúde Pública / Secretaria da Saúde do Estado da Bahia, v.32, n. 2, maio/ago., 2008 – Salvador: Secretaria da Saúde do Estado da Bahia, 2008.

[36] BELASCO, Angélica; SESSO, Ricardo de Castro Cintra. *Qualidade de Vida:* princípios, focos de estudo e intervenção. *In*: DINIZ, Denise Pará; SCHOR, Nestor (Org.). Guia de Qualidade de Vida. Barueri, SP: Manole, 2006, p. 01-10.

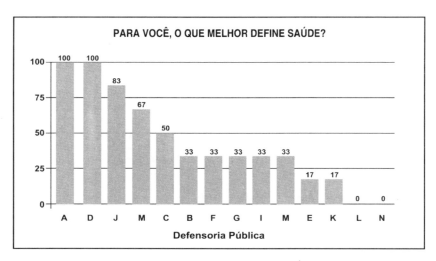

CENTRO DE ESTUDOS E PESQUISAS DE DIREITO SANITÁRIO (CEPEDISA) (Coord.). "Capacitação em planejamento e desenvolvimento de políticas de saúde: construindo uma rede colaborativa para favorecer a participação popular". Pesquisa realizada com o financiamento da Organização Pan-Americana de Saúde (OPAS), de ago. 2008 a ago. 2009. *Para você, o que melhor define saúde? Defensoria Pública.*

Para os delegados de polícia, pode-se dizer que houve unanimidade no que tange à da alternativa "ter qualidade de vida".

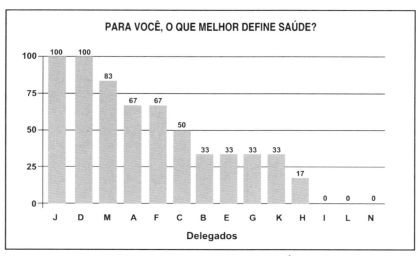

CENTRO DE ESTUDOS E PESQUISAS DE DIREITO SANITÁRIO (CEPEDISA) (Coord.). "Capacitação em planejamento e desenvolvimento de políticas de saúde: construindo uma rede colaborativa para favorecer a participação popular". Pesquisa realizada com o financiamento da Organização Pan-Americana de Saúde (OPAS), de ago. 2008 a ago. 2009. *Para você, o que melhor define saúde? Delegacias.*

Para os promotores de justiça, observa-se que também houve unanimidade na escolha da alternativa "ter qualidade de vida", a mesma situação dos delegados de polícia.

CENTRO DE ESTUDOS E PESQUISAS DE DIREITO SANITÁRIO (CEPEDISA) (Coord.). "Capacitação em planejamento e desenvolvimento de políticas de saúde: construindo uma rede colaborativa para favorecer a participação popular". Pesquisa realizada com o financiamento da Organização Pan-Americana de Saúde (OPAS), de ago. 2008 a ago. 2009. *Para você, o que melhor define saúde? Ministério Público.*

4.2.2. Saúde como um direito de todos

É a partir da definição de Aith[37] que se deve pensar o direito à saúde como demanda jurídica voltada à inclusão social. Isso propicia que tal direito seja pauta de discussão de direitos mínimos, exigindo-se não só a ampliação da tutela jurisdicional, mas também das políticas públicas de saúde, de sorte que a relação entre o Sistema do Direito e da Política possa resultar em Políticas Públicas de Saúde realmente eficazes.

Sobre direito à saúde, oportuno recordar Bolzan[38] *et all* quando diz:

> [...] o direito à saúde é um resguardo, um seguro que o cidadão possui, de acessar os meios judiciais e administrativos em caso em caso de indevida não-ação estatal na prestação sanitária, fazendo com que se obedeça ao caráter dirigente e vinculativo de nossa Constituição, bem como sejam respeitados os ideais do Estado Democrático de Direito por ela estabelecido.

---

[37] AITH, Fernando. *Curso de Direito Sanitário:* a proteção do direito à saúde no Brasil. São Paulo: Quartier Latin do Brasil, 2007, p. 394.

[38] MORAIS, José Luis Bolzan; SCHWARTZ, Germano; SOBRINHO, Liton Lanes Pilau. Análise jurídico-constitucional do direito à saúde. In: *Direitos Sociais e Políticas Públicas:* desafios contemporâneos. Tomo 2. LEAL, Rogério Gesta; ARAÚJO, Luiz E. B. (orgs). Santa Cruz do Sul: Edunisc, 2003, p. 640.

A partir disso, pode-se dizer que o direito à saúde deve ser compreendido sob a ótica de um conjunto de deveres do Estado para com o cidadão, sendo que esses deveres visam não só a minimizar ou elidir as enfermidades, mas também garantir o pleno desenvolvimento de uma vida saudável.[39] É um direito humano e, como tal, deve ser um direito fundamental do ser humano, de modo que o direito à saúde reveste-se desse caráter humano, como refere Dallari.[40]

Sabemos, como já afirmamos anteriormente, que saúde é um direito de todos, mas precisamos investigar mais e melhor as formas de garantir e implementar esse direito. Por isso, a segunda questão fechada que analisaremos é a seguinte: "Considerando que saúde é um direito de todos, o que é necessário para garanti-lo? Marque seis alternativas e as enumere, começando pela que você considera mais importante (1) até a menos importante".[41]

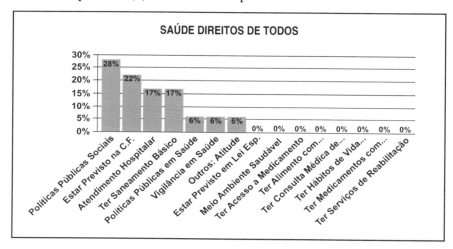

CENTRO DE ESTUDOS E PESQUISAS DE DIREITO SANITÁRIO (CEPEDISA) (Coord.). "Capacitação em planejamento e desenvolvimento de políticas de saúde: construindo uma rede colaborativa para favorecer a participação popular". Pesquisa realizada com o financiamento da Organização Pan-Americana de Saúde (OPAS), de ago. 2008 a ago. 2009. *Saúde um direito de todos. Panorama geral.*

---

[39] Com respeito a essa ideia, deve-se atentar para o conceito de saúde adotado pela OMS (Organização Mundial de Saúde).

[40] DALLARI, Sueli. *Curso de Especialização em direito sanitário para membros do Ministério Público e da Magistratura Federal/Ministério da Saúde.* Programa de apoio ao fortalecimento do controle social do SUS. Brasília: Ministério da Saúde, 2002, p. 58.

[41] As possibilidades de resposta apresentadas aos entrevistados foram: 1. Atendimento hospitalar 2. Estar previsto na Constituição Federal 3. Estar previsto em uma lei especial 4. Meio ambiente saudável 5. Políticas públicas em saúde 6. Políticas públicas sociais (emprego, transporte, moradia, alimentação, segurança pública) 7. Ter acesso a medicamento 8. Ter alimento com qualidade garantida 9. Ter consulta médica de qualidade 10. Ter hábitos de vida saudáveis 11. Ter medicamento com qualidade garantida 12. Ter saneamento básico (água, esgoto, coleta de lixo) 13. Ter serviços de reabilitação (fisioterapia, psicoterapia, enfermagem etc.) 14. Vigilância em saúde (vigilância sanitária, epidemiológica, saúde do trabalhador) 15. Outros (especifique). Este gráfico contempla as respostas escolhidas no quadro geral, de modo que os percentuais de cada prioridade, por ordem de importância, serão apresentados posteriormente.

Políticas públicas sociais

No quadro geral de respostas da pesquisa, predomina como resposta dos entrevistados a alternativa "políticas públicas sociais", com um total de 28%. Para entender tal situação, faz-se necessário ter em mente o processo de compreensão das políticas públicas como uma categoria jurídica, o que atende a necessidade de busca de concretização/efetivação dos direitos humanos, dentre os quais os sociais, especificamente o direito à saúde.[42] Diante da pauta constitucional de 1988, pode-se dizer que o instrumento de efetivação do direito à saúde é a política pública, que pode ser definida como um programa de ação governamental, ou seja, um conjunto de medidas coordenadas, com o objetivo maior de movimentar a máquina estatal para concretizar um direito, no caso em tela, a saúde.

Segundo Sola,[43] o processo de formação dessas políticas públicas é fruto de uma dinâmica de fatores sociais, econômicos, políticos e ideológicos cuja característica é a complexidade. Nesse cenário, demasiadamente complexo, é que se tem o processo de desenvolvimento do Brasil, cujo fundamento são as decisões políticas.[44] O desenvolvimento nacional pode ser considerado política pública principal, harmonizando as demais políticas sociais, visto que o fundamento das políticas públicas é a necessidade de concretização de direitos através de prestações positivas do Estado,[45] tal como o caso do direito à saúde.

CENTRO DE ESTUDOS E PESQUISAS DE DIREITO SANITÁRIO (CEPEDISA) (Coord.). "Capacitação em planejamento e desenvolvimento de políticas de saúde: construindo uma rede colaborativa para favorecer a participação popular". Pesquisa realizada com o financiamento da Organização Pan-Americana de Saúde (OPAS), de ago. 2008 a ago. 2009. *Saúde um direito de todos. Políticas Públicas Sociais.*

---

[42] BUCCI, Maria P. Dallari (Org.). O conceito de política pública em direito. *In: Políticas Públicas.* Reflexões sobre o conceito jurídico. São Paulo: Saraiva, 2006, p. 01-2.

[43] SOLA, Lourdes. *Idéias econômicas, decisões políticas:* desenvolvimento, estabilidade e populismo. São Paulo: EDUSP/FAPESP, 1998, p. 36-39.

[44] IANNI, Octavio. *Estado e capitalismo.* 2. ed. São Paulo: Brasiliense, 1989, p. 214-5.

[45] COMPARATO, Fábio Konder. A organização constitucional da função planejadora. *In:* CAMARGO, Ricardo Lucas (Org.). *Desenvolvimento econômico e intervenção do Estado na ordem constitucional* – estudos jurídicos em homenagem ao professor Washington de Souza. Porto Alegre: SAFE, 1995, p. 82-3.

Estar previsto na Constituição

Ainda no quadro geral de respostas da pesquisa, a segunda alternativa que predomina é "estar previsto na Constituição", representando 22% das respostas. De certo modo, pode-se perceber que esse apego ao texto legal pode demonstrar um legalismo exacerbado por parte dos operadores do direito. Entretanto, pode-se, a partir de tal resposta, visualizar que é dada tanta relevância para a previsão constitucional devido à mudança de paradigma: a atribuição do *status* de norma jurídica à norma constitucional, ocorrida no século XX. Diante disso, a constituição deixa de ser um documento meramente político, ou seja, um mero "convite" à atuação do Poder Público; a concretização das propostas fica adstrita, condicionada ao aceite de tal convite. O Poder Judiciário não exerce nenhum papel na realização e interpretação do texto constitucional. Com o *status* de norma jurídica, a Constituição desfruta de imperatividade, o que acarreta, nos casos de inobservância, um mecanismo de cumprimento forçado, além de ganhar um caráter hierarquicamente superior.[46]

Assim, pode-se dizer que, em relação à pergunta feita aos entrevistados, esses acreditam que, para garantir tal direito, é necessário utilizar-se dos mecanismos de cumprimento forçado desse direito previstos na Carta Magna, uma vez que em relação à saúde, integra o trabalho dessas instituições (Defensoria Pública, delegacias e Ministério Público) utilizar os mecanismos como meio de garantir tal direito. E, nesse momento, é extremamente relevante destacar que graças ao *status* de norma jurídica adquirido pelas constituições, o direito à saúde é dotado de caráter subjetivo do direito à saúde, pois é um direito que pode ter sua prestação ou abstenção exigidas do Estado pelo sujeito ativo – cidadão. Como já referido anteriormente, trata-se de um direito fundamental, pois no dizer de Canotilho,[47] os direitos fundamentais cumprem função de defesa do cidadão sob dois ângulos: o primeiro é o jurídico-objetivo – normas de competência negativa para os poderes públicos em todas as suas esferas, proibindo as ingerências desses na esfera jurídica individual; o segundo é o jurídico-subjetivo, o poder de exercer positivamente os direitos fundamentais (liberdade positiva) e de exigir omissões dos poderes públicos, objetivando evitar agressões na esfera individual (liberdade negativa).

---

[46] BEDÊ, Fayga Silveira; BONAVIDES, Paulo; LIMA, Francisco Gérson Marques de. *Constituição e Democracia. Estudos em homenagem ao Professor J. J. Canotilho.* São Paulo: Malheiros, 2006, p. 440-1.

[47] CANOTILHO, José Joaquim Gomes. *Constituição dirigente e vinculação do legislador:* contribuindo para a compreensão das normas constitucionais programáticas. 2. ed. Coimbra: Almedina, 2001, p. 401.

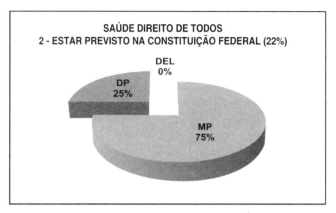

CENTRO DE ESTUDOS E PESQUISAS DE DIREITO SANITÁRIO (CEPEDISA) (Coord.). "Capacitação em planejamento e desenvolvimento de políticas de saúde: construindo uma rede colaborativa para favorecer a participação popular". Pesquisa realizada com o financiamento da Organização Pan-Americana de Saúde (OPAS), de ago. 2008 a ago. 2009. *Saúde um direito de todos. Estar previsto na Constituição Federal.*

Atendimento hospitalar

Um dos indicadores para a efetivação ou para a garantia do direito à saúde passa também pelo atendimento hospitalar. Essa foi, e ainda é uma das maiores demandas judiciais na área da saúde. Se tivéssemos uma saúde preventiva eficaz e uma qualidade de vida digna, certamente a busca pelo hospital não seria tão significativa como é. A questão da prevenção pode trazer mais saúde para a população, além é claro, de minimizar os custos do Estado, pois aplicando a lógica da economia, mostra-se muito mais econômico prevenir que tratar problemas de saúde que decorram da ausência de prevenção ou de saneamento básico.

Se para garantir o direito à saúde é necessário, também, atendimento hospitalar, deve-se, necessariamente, falar em gestão descentralizada. Isso demanda a construção de um sistema que abarque o planejamento e a troca de informação entre os três níveis estatais, de modo a facilitar essa descentralização.[48] Não podemos olvidar de estabelecer um atendimento hospitalar atentando para as indicações do OMS no que tange a uma política de equidade, de solidariedade na saúde.[49]

---

[48] BRASIL. Ministério da Saúde: o desafio de construir e implementar políticas de saúde – Relatório de Gestão 2000-2002. Brasília: Ministério da Saúde, 2002, p. 225.

[49] ALMEIDA FILHO, Naomar de; PAIM, Jairnilson S. Saúde coletiva: "uma nova pública" ou campo aberto a novos paradigmas? *Revista de Saúde Pública*, n. 32, v. 4, p. 299-316, 1998, p. 306.

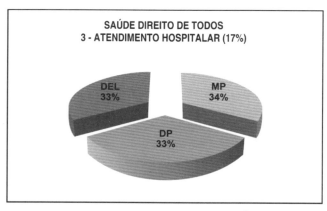

CENTRO DE ESTUDOS E PESQUISAS DE DIREITO SANITÁRIO (CEPEDISA) (Coord.). "Capacitação em planejamento e desenvolvimento de políticas de saúde: construindo uma rede colaborativa para favorecer a participação popular". Pesquisa realizada com o financiamento da Organização Pan-Americana de Saúde (OPAS), de ago. 2008 a ago. 2009. *Saúde um direito de todos. Atendimento Hospitalar.*

Saneamento básico

A alternativa *saneamento básico* recebeu 17% das respostas no quadro geral e foi escolhida somente pelos delegados de polícia. Segundo uma pesquisa realizada pelo Centro de Políticas Sociais da Fundação Getúlio Vargas (FGV) e pelo Instituto Trata Brasil em 2007, cerca de metade da população brasileira ainda não tinha acesso ao saneamento básico adequado, especificamente 53% da população.[50] É interessante destacar que, nesse mesmo ano, foi elaborada uma lei com o intuito de fomentar uma política federal de saneamento básico. Os índices de brasileiros que têm acesso a saneamento básico são demasiadamente baixos.[51] Note-se que, desde a Constituição de 1988, que de certo modo inseriu no seu texto constitucional a saúde com um outro olhar, foi necessário que se passassem quase vinte anos para que fosse pensada a criação de uma política federal de saneamento, pois é impossível concretizar o direito à saúde sem ter saneamento básico. A referida lei dispõe sobre os princípios básicos para a política de saneamento, bem como estabelece o que se considera saneamento para os efeitos dessa política.[52]

---

[50] BRASIL. *Relatório da Comissão Nacional de Determinantes Sociais em Saúde*. Brasília, Comissão Nacional de Determinantes Sociais em Saúde. 2008, p.55.

[51] Situação atual da Mortalidade Infantil por Região (ano base 2007, por mil nascidos vivos): região Norte, 21,7%; região Nordeste, 27,2%; região Centro-Oeste, 16,9%; região, Sudeste 13,8% e região Sul, 12,9%. Fonte: BRASIL. Ministério da Saúde. Disponível em: <http://www.portal.saude.gov.br/portal/arquivos/pdf/iesus.vol7_4_mortalidade_infantil.pdf>. Acessado em 09 ago. 2009. No tocante aos índices de brasileiros que têm acesso a saneamento básico, a situação é ainda pior: 60% da população brasileira não têm acesso à rede de esgoto; 69,6% dos municípios brasileiros recorrem a lixões para o armazenamento do lixo, que tem reflexos diretos sobre a saúde (malária, hepatite, dengue, etc.), conforme estatísticas do IBGE. (*ATLAS do Saneamento*. Correio Brasiliense, 23 mar. 2004, p. 15-16).

[52] Art. 1º Esta Lei estabelece as diretrizes nacionais para o saneamento básico e para a política federal de saneamento básico.

É fato que as políticas de saneamento também desenvolvem um papel relevante para a saúde, pois é por meio delas que o Estado consegue chegar à sociedade,[53] de modo que acabam, também, por corroborar um novo conceito de saúde, que não fica adstrito ao modelo de saúde enquanto doença, mas sim um modelo que abarque também a saúde como prevenção, momento este em que o saneamento básico faz-se presente de modo mais efetivo. Ainda é notória a necessidade de mais saneamento no país, como bem nos mostram os índices citados anteriormente, mas já é um avanço; lento talvez, mas é.

CENTRO DE ESTUDOS E PESQUISAS DE DIREITO SANITÁRIO (CEPEDISA) (Coord.). "Capacitação em planejamento e desenvolvimento de políticas de saúde: construindo uma rede colaborativa para favorecer a participação popular". Pesquisa realizada com o financiamento da Organização Pan-Americana de Saúde (OPAS), de ago. 2008 a ago. 2009. *Saúde um direito de todos. Ter Saneamento básico.*

Art. 2º Os serviços públicos de saneamento básico serão prestados com base nos seguintes princípios fundamentais: I – universalização do acesso; II – integralidade, compreendida como o conjunto de todas as atividades e componentes de cada um dos diversos serviços de saneamento básico, propiciando à população o acesso na conformidade de suas necessidades e maximização da eficácia das ações e resultados; III – abastecimento de água, esgotamento sanitário, limpeza urbana e manejo dos resíduos sólidos realizados de formas adequadas à saúde pública e à proteção do meio ambiente; IV – disponibilidade, em todas as áreas urbanas, de serviços de drenagem e de manejo das águas pluviais adequados à saúde pública e à segurança da vida e do patrimônio público e privado; V – adoção de métodos, técnicas e processos que considerem as peculiaridades locais e regionais; VI – articulação com as políticas de desenvolvimento urbano e regional, de habitação, de combate à pobreza e de sua erradicação, de proteção ambiental, de promoção da saúde e outras de relevante interesse social voltadas para a melhoria da qualidade de vida, para as quais o saneamento básico seja fator determinante; VII – eficiência e sustentabilidade econômica; VIII – utilização de tecnologias apropriadas, considerando a capacidade de pagamento dos usuários e a adoção de soluções graduais e progressivas; IX – transparência das ações, baseada em sistemas de informações e processos decisórios institucionalizados; X – controle social; XI – segurança, qualidade e regularidade; XII – integração das infra-estruturas e serviços com a gestão eficiente dos recursos hídricos.
Lei 11.445, de 05 de janeiro de 2007. Disponível no site:<http://www.planalto.gov.br/ccivil_03/_ato2007-2010/2007/lei/l11445.htm>. Acesso em 28 de agosto de 2009.
[53] HOCHMAN, Gilberto. *A era do saneamento*. São Paulo: Hucitec-Anpocs, 1998, p. 15.

As prioridades apresentadas nos gráficos anteriores são as respostas apontadas de modo geral, já as que são apresentadas abaixo nos gráficos são, segundo a ordem de importância dada, pelos candidatos.

Para os Defensores temos o seguinte quadro

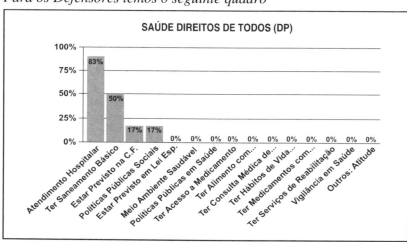

CENTRO DE ESTUDOS E PESQUISAS DE DIREITO SANITÁRIO (CEPEDISA) (Coord.). "Capacitação em planejamento e desenvolvimento de políticas de saúde: construindo uma rede colaborativa para favorecer a participação popular". Pesquisa realizada com o financiamento da Organização Pan-Americana de Saúde (OPAS), de ago. 2008 a ago. 2009. *Saúde um direito de todos. Defensoria Pública.*

Para 50% dos defensores, a prioridade um é ter saneamento básico; para 16,6%, é estar previsto na constituição; para 16,6%, é atendimento hospitalar; e, também, para 16,6% são políticas públicas. Na prioridade dois, 33% dos defensores colocam que saneamento básico é o segundo item a ser defendido, e 67% apontam que são as políticas públicas em saúde. Na terceira prioridade, os defensores elegeram de modo bem diverso: 33% dos defensores escolhem meio ambiente saudável; 16,66%, acesso a medicamento; 16,66%, vigilância em saúde; 16,66%, consulta médica de qualidade; 16,66%, políticas públicas sociais. Para os defensores, a quarta prioridade não se apresenta de modo uniforme, como podemos observar: 33% colocam o acesso a medicamentos; 17%, serviços de reabilitação; 33%, políticas públicas em saúde; e 17%, consulta médica de qualidade. Na quinta prioridade, assim se manifestam os entrevistados: 33% escolhem políticas públicas sociais; 16,75%, medicamento com qualidade garantida; 16,75%, consulta médica com qualidade; 16,75%, ter saneamento básico; 16,75%, atendimento hospitalar. Na sexta prioridade: 16,75%, medicamento com qualidade garantida; 33%, vigilância em saúde; 16,75%, políticas públicas de saúde; 16,75%, serviços de reabilitação; e 16,75%, atendimento hospitalar.

Para os Delegados, temos o seguinte quadro

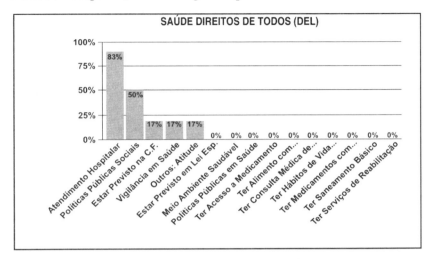

CENTRO DE ESTUDOS E PESQUISAS DE DIREITO SANITÁRIO (CEPEDISA) (Coord.). "Capacitação em planejamento e desenvolvimento de políticas de saúde: construindo uma rede colaborativa para favorecer a participação popular". Pesquisa realizada com o financiamento da Organização Pan-Americana de Saúde (OPAS), de ago. 2008 a ago. 2009. *Saúde um direito de todos. Delegacias.*

Para a prioridade um, 50% escolhem políticas públicas sociais; 16,66%, atendimento hospitalar; 16,66%, vigilância em saúde; 16,66%, outros – atitudes. Na prioridade dois, para 16,66% é estar previsto na Constituição; 50%, políticas públicas de saúde; 16,66%, atendimento hospitalar; 16,66%, acesso a medicamento. Prioridade três: 33%, atendimento hospitalar; 16,75%, consulta médica de qualidade; 16,75%, políticas públicas em saúde; 16,75%, políticas públicas sociais; 16,75%, estar previsto em lei especial. Prioridade quatro: 50%, saneamento básico; 16,66%, ter hábitos de vida saudável; 16,66%, políticas públicas sociais; 16,66%, meio ambiente saudável. Prioridade cinco: 50% escolheram ter acesso a medicamentos; 16,66%, políticas públicas em saúde; 16,66%, ter serviços de reabilitação; 16,66%, vigilância em saúde. Prioridade seis: 33%, vigilância em saúde; 33%, ter hábitos de vida saudável; 17%, saneamento básico; 17%, atendimento hospitalar.

Para os Promotores temos o seguinte quadro

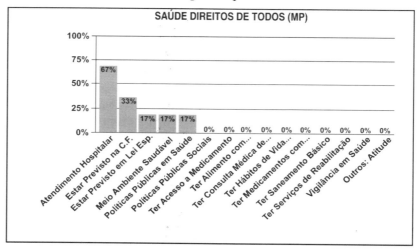

CENTRO DE ESTUDOS E PESQUISAS DE DIREITO SANITÁRIO (CEPEDISA) (Coord.). "Capacitação em planejamento e desenvolvimento de políticas de saúde: construindo uma rede colaborativa para favorecer a participação popular". Pesquisa realizada com o financiamento da Organização Pan-Americana de Saúde (OPAS), de ago. 2008 a ago. 2009. *Saúde um direito de todos.* Ministério Público.

Prioridade um: 50%, estar previsto na Constituição; 16,66%, políticas públicas em saúde; 16,66%, políticas públicas sociais; 16,66%, atendimento hospitalar. Prioridade dois: 33%, políticas públicas sociais; 16,75%, políticas públicas em saúde; 16,75%, estar previsto na Constituição; 16,75%, meio ambiente saudável; 16,75%, ter alimento com qualidade garantida. Prioridade três: 33%, ter alimento com qualidade garantida; 33%, políticas públicas em saúde; 17%, hábitos de vida saudável; e 17%, vigilância em saúde. Prioridade quatro: 33%, saneamento básico; 16,75%, políticas públicas sociais; 16,75%, política pública em saúde; 16,75%, estar previsto em uma lei especial; 16,75%, vigilância em saúde. Prioridade cinco: 33%, vigilância em saúde; 16,75%, ter medicamento com qualidade garantida; 16,75%, ter consulta médica de qualidade; 16,75%, ter saneamento básico; 16,75%, outros – acesso à justiça. Prioridade seis: 16,66%, ter acesso a medicamento; 16,66%, saneamento básico; 16,66%, hábitos de vida saudável; 16,66%, ter medicamento com qualidade garantida; 16,66%, políticas públicas sociais; 16,66%, ter vigilância em saúde.

5. Conclusão

*[...] la salute costituisce ormai da tempo uno dei temi più
ampiamente discussi dagli studiosi delle scienze giuridiche e
sociali, trovandosi contemporaneamente sempre al centro del
dibattito istituzionale tra i mutevoli orientamenti politico-ideo-
logici nei confronti dello stato sociale.[54]*

As discussões que apresentamos neste texto não são conclusivas; elas apenas apontam para a necessidade de entender que a relação entre sistema do direito e sistema da saúde ainda não é a mais adequada e, portanto, podemos falar em déficit democrático. A judicialização da saúde apresenta-se como paradoxal, pois se, por um lado, faz com que os operadores do direito tenham de conhecer e discutir esta nova área do conhecimento – Direito Sanitário – e, portanto, poderão contribuir para a consolidação do direito a ter direitos à saúde, também temos grandes riscos de equívocos, já que os operadores do direito não estão ainda preparados para tomar decisões em demandas não resolvidas no sistema da saúde. Ao mesmo tempo, a efetivação desse direito fundamental não pode prescindir da atuação competente dos mais diversos atores sociais. É preciso reforçar o ensino e a pesquisa em direito sanitário, pois isso poderá contribuir significativamente para o desvelamento do paradoxo da judicialização da saúde. Conforme afirma Bompiani, as questões de saúde estão sempre no centro dos debates, e a efetivação dos direitos à saúde é matéria primeira da disciplina de direito sanitário, que embora seja recente, muito já contribuiu para este debate.[55] A apresentação deste artigo objetiva contribuir com tal discussão com a ideia de democracia como um valor universal, que precisa ser cotidianamente reforçada.

A organização e/ou reorganização do sistema da saúde não é somente um fato técnico; pressupõe uma ideia de sociedade, e a relação desta com os cidadãos e com o Estado. Significa que temos que definir questões complexas como a relação público-privada, por exemplo, ou ainda qual a quantidade de recursos públicos que vamos destinar para a saúde. Podemos identificar dois caminhos que se apresentam nos últimos tempos: um, composto por aqueles que interpretam e decidem, o direito à saúde como responsabilidade individual do cidadão; no outro caminho, estão aqueles que fundamentam suas decisões – tanto políticas como jurídicas – desde uma perspectiva fraterna, entendendo a saúde como de responsabilidade pública, portanto devendo ser provida pelo Estado, exatamente como consta nos fundamentos do Sistema Único de Saúde, mas que nem sempre

---

[54] BOMPIANI, Adriano. *Considerazioni in merito alla politica di sicurezza sociale nel settore dell'assistenza e della sanità.* Rimini: Maggioli, 1996, p. 04: "A saúde constitui-se já há tempo um dos temas mais amplamente discutidos pelos estudiosos das ciências jurídicas e sociais, encontrando-se contemporaneamente sempre no centro dos debates institucionais entre as mutáveis orientações político-ideológicas nos confrontos do estado social". Tradução Livre.

[55] Sobre a história e contexto do direito sanitário no Brasil, importantes e fundamentais são as contribuições de Sueli Dallari, que a cada ano abre mais espaço para este debate. No artigo: Direito Sanitário. Ver. *Direito e Democracia.* Canoas, n.1, v. 3, 2002, p.7-41

Democracia, direito e saúde: do direito ao direito à saúde

é efetivado. É necessário, nesse sentido, retomar a ideia do direito à saúde como um bem da comunidade, um direito reconhecido para todos.

Apresentamos, neste artigo, alguns aspectos relevantes para a efetivação do direito à saúde como um direito fundamental, que é exatamente o que vai aparecer na pesquisa que estamos apresentando. Embora tenhamos trabalhado com poucos dados que a pesquisa levantou, podemos fazer algumas ponderações. A primeira delas é que, nas mais diversas categorias entrevistadas, o conceito de saúde ultrapassa o binômio saúde-doença, ou seja, saúde não é mera ausência de doença. O conceito de saúde-doença pode ser observado desde a antiguidade, mas toma uma nova dimensão nos tempos contemporâneos. Entender saúde quer dizer identificar os determinantes sociais, culturais, políticos, econômicos de uma determinada população, ou seja, através destes indicadores podemos ver o quanto ainda temos que avançar para chegarmos a uma democracia efetiva. Medir saúde é medir a qualidade de vida em todas as suas dimensões individuais e coletivas. Quando grande parte dos entrevistados identifica saúde como estar feliz, está apresentando uma nova dimensão para o conceito de saúde e felicidade. Os entrevistados não se referiam a algo não possível, mas à ideia de que para ter saúde é preciso estar feliz. Estar feliz, por sua vez, não implica ausência de infelicidade, mas a possibilidade de ter condições suficientes de vida e de morte. Assim, a saúde como *completo bem-estar físico, mental e social* só será viável dentro da perspectiva do possível, pois a definição clara do significado desta definição dada pela OMS é tarefa muito complexa e subjetiva. De qualquer modo, podemos entender a importância dessa definição para a luta constante e ininterrupta pelo melhor estado de saúde possível, já que o completo bem-estar parece ser altamente improvável em uma sociedade como a nossa.

Sobre o conceito de saúde, os entrevistados apresentam a qualidade de vida como maior indicador para a definição de saúde com 94% das respostas, o segundo indicador é o bem estar físico, com 89% e o terceiro é estar feliz, contemplado com 72%. Destaca-se que isso se deu no nível geral.

Como garantir o direito à saúde? O mesmo percurso que seguimos para definir saúde, fizemos para identificar as formas de efetivação desse complexo direito quando falamos em acesso à saúde como um direito as limitações[56] e as possibilidades do direito.

Para concluir, retomamos a ideia inicial: o direito ao direito à saúde está no centro dos debates, tanto do sistema do direito quanto do sistema da saúde, já que a saúde é muito mais do que ausência de doença; é, conforme nossos entrevistados, estar feliz, ter qualidade de vida, o perfeito bem-estar físico e mental. E mais: a saúde como um direito será assegurada a partir de políticas públicas, estar constitucionalizado, atendimento hospitalar, saneamento básico. Assim, ter saúde e direito a ela significa viver e morrer dignamente, estágio ainda distante, especialmente em países periféricos. Contudo, a consolidação de uma saúde uni-

---

[56] Sobre as limitações do direito.

versal, equânime, é possível através do reforço da Democracia, e só teremos uma democracia efetiva se os cidadãos tiverem acesso aos bens e serviços; então, a luta diária pela democracia passa pela luta para a efetivação dos direitos fundamentais.

6. Referências bibliográficas

AITH, Fernando. *Curso de Direito Sanitário: a proteção do direito à saúde no Brasil.* São Paulo: Quartier Latin do Brasil, 2007.

ALMEIDA FILHO, Naomar de; PAIM, Jairnilson S. Saúde coletiva: "uma nova pública" ou campo aberto a novos paradigmas? *Revista de Saúde Pública*, n. 32, v. 4, p. 299-316, 1998.

ATLAS do Saneamento. *Correio Brasiliense*, 23 mar. 2004.

AYRES. José Ricardo C. M. Uma concepção hermenêutica de saúde. PHYSIS: *Revista de Saúde Coletiva*, Rio de Janeiro, n. 17, v. 1, 2007.

BELASCO, Angélica; SESSO, Ricardo de Castro Cintra. Qualidade de Vida: princípios, focos de estudo e intervenção. *In*: DINIZ, Denise Pará; SCHOR, Nestor (Org.). *Guia de Qualidade de Vida.* Barueri, SP: Manole, 2006.

BINDI, Rosy. *La Salute Imapaziente.* Milano: Jaca Book, 2005.

BEDÊ, Fayga Silveira; BONAVIDES, Paulo; LIMA, Francisco Gérson Marques de. *Constituição e Democracia.* Estudos em homenagem ao Professor J. J. Canotilho. São Paulo: Malheiros, 2006.

BOMPIANI, Adriano. *Considerazioni in merito alla politica di sicurezza sociale nel settore dell'assistenza e della sanità.* Rimini: Maggioli, 1996.

BRASIL. Relatório da Comissão Nacional de Determinantes Sociais em Saúde. Brasília, Comissão Nacional de Determinantes Sociais em Saúde. 2008. Disponível em: <*http://www.portal.saude.gov.br/portal/arquivos/pdf/iesus. vol7_4_mortalidade_infantil.pdf*>. Acessado em: 09 ago. 2009.

BRASIL, Lei 11.445, de 05 de janeiro de 2007. Disponível no site:<*http://www.planalto.gov.br/ccivil_03/_ato2007-2010/2007/lei/l11445.htm*>. Acesso em 28 de agosto de 2009.

BRASIL. Ministério da Saúde: o desafio de construir e implementar políticas de saúde – *Relatório de Gestão 2000-2002.* Brasília: Ministério da Saúde, 2002.

BUCCI, Maria P. Dallari (Org.). O conceito de política pública em direito. In: *Políticas Públicas. Reflexões sobre o conceito jurídico.* São Paulo: Saraiva, 2006.

CAMPOS, Maryane Oliveira; NETO, João Felício Rodrigues. Qualidade de vida: um instrumento para promoção da saúde. *Revista Baiana de Saúde Pública* / Secretaria da Saúde do Estado da Bahia, v.32, n. 2, maio/ago., 2008. Salvador: Secretaria da Saúde do Estado da Bahia, 2008.

CANOTILHO, José Joaquim Gomes. *Constituição dirigente e vinculação do legislador: contribuindo para a compreensão das normas constitucionais programáticas.* 2. ed. Coimbra: Almedina, 2001.

———; MOREIRA, Vital. *Fundamentos da Constituição.* Coimbra: Editora Coimbra, 1991.

CÉSPEDES, Lívia (Orgs). *Código penal, Código de processo penal, Constituição Federal.* 3. ed. São Paulo: Saraiva, 2007. (Mini 3 em 1).

COMPARATO, Fábio Konder. A organização constitucional da função planejadora. *In*: CAMARGO, Ricardo Lucas (Org.). *Desenvolvimento econômico e intervenção do Estado na ordem constitucional – estudos jurídicos em homenagem ao professor Washington de Souza.* Porto Alegre: SAFE, 1995.

DALLARI, Sueli G. Direito e ciência. *Revista Cej*, Brasília, v. 16, 2002.

———. *Curso de Especialização em direito sanitário para membros do Ministério Público e da Magistratura Federal/ Ministério da Saúde.* Programa de apoio ao fortalecimento do controle social do SUS. Brasília: Ministério da Saúde, 2002.

———. Direito sanitário. *Revista Direito e Democracia*, Canoas, n.1, v. 3, 2002.

FAGOT- LARGEAULT, Anne. Reflexões sobre a noção de qualidade de vida. *Revista de Direito Sanitário.* v. 2, n.2, Julho de 2001.

FARIA, José Eduardo. *Sociologia Jurídica: direito e conjuntura.* São Paulo: Saraiva, 2008.

Democracia, direito e saúde: do direito ao direito à saúde

FERRAJOLI, Luigi. Principia iuris. *Teoria del diritto e della democaracia.Teoria della democrazia.* v. 1 e 2. Editori Laterza: Roma- Bari, 2007.

HOCHMAN, Gilberto. *A era do saneamento.* São Paulo: Hucitec-Anpocs, 1998.

IANNI, Octavio. *Estado e capitalismo.* 2. ed. São Paulo: Brasiliense, 1989.

LEFEVRE, F; LEFEVRE, A M. C. *Depoimentos e Discursos – uma proposta de análise em pesquisa social.* Brasília: Líber Livro Editora, 2005.

MAGALHÃES, Rosana; BURLAND, Luciene; SENNA, Mônica de C. M. Desigualdades sociais, saúde e bem-estar: oportunidades e problemas no horizonte de políticas transversais. *Ciência & saúde coletiva,* n. n. 12, v. 6, p.1415-1421, nov. – dez. 2007.

MORAIS, José Luis Bolzan de. O Estado Social e seus limites. Condições e possibilidades para a realização de um projeto constitucional includente. In: *Caderno de Direito Constitucional.* Porto Alegre: TRF – 4ª Região, 2008. (módulo 5).

———; SCHWARTZ, Germano; SOBRINHO, Liton Lanes Pilau. Análise jurídico-constitucional do direito à saúde. In: *Direitos Sociais e Políticas Públicas*: desafios contemporâneos. Tomo 2. LEAL, Rogério Gesta; ARAÚJO, Luiz E. B. (orgs). Santa Cruz do Sul: Edunisc, 2003.

OMS, Definição de saúde, de 1947. Disponível em: *<http://translate.google.com.br/translate?hl=ptBR&sl=en&u=http:// www.who.int/&ei=0JeNSvf0HaaUtgfauriADg&sa=X&oi=translate&resnum=1&ct=result&prev=/search%3Fq%3Doms %26hl%3DptBR%26client%3Dfirefoxa%26rls%3Dorg.mozilla:ptBR:official%26hs%3D9Fs>,* acesso em 20/08/2009.

OMS. The WHOQOL Group. Development of the WHOQOL: Rationale and Current Status. International. 1994. *Journal of Mental Health,* n. 23, v. 3, p. 24-56.

REY, Luiz. *Dicionário de termos técnicos de medicina e saúde.* Rio de Janeiro: Guanabara, 1999.

SILVA, Maria Josefina da; BESSA, Maria Eliana Peixoto. Conceitos de saúde de doença segundo a óptica dos idosos de baixa renda. *Ciencia y Enfermaria XIV* n. 1, p. 23-31, 2008.

SOLA, Lourdes. *Idéias econômicas, decisões políticas: desenvolvimento, estabilidade e populismo.* São Paulo: EDUSP/ FAPESP, 1998.

TOJAL, Sebastião Botto de Barros. A Constituição Dirigente e o Direito Regulatório do Estado Social: o Direiro Sanitário. In: *Direito Sanitário e Saúde Pública.* v. I, Coletânea de Textos. Brasília: Ministério da Saúde, 2003.

— XIII —

Burocratização, políticas públicas e democracia, o caminho a ser trilhado em busca dos critérios para efetividade do direito à saúde

TÊMIS LIMBERGER[1]

Sumário: 1. Introdução; 2. A burocracia no pensamento de Max Weber e Hannah Arendt; 3. A burocracia de Weber subsiste diante do patrimonialismo descrito por Faoro?; 4. O gigantismo da estrutura burocrática do SUS e sua debilidade: a banalização da saúde; 5. A audiência pública da saúde e alguns casos que a motivaram; 6. A tensão entre os poderes e o redirecionamento do direito à saúde; 7. O fortalecimento da via administrativa: uma experiência bem-sucedida; 8. A responsabilidade dos três entes da federação; 9. Recursos orçamentários escassos?; 10. Considerações finais.

1. Introdução

Em nosso país, por uma distorção, a implementação das políticas públicas saiu da órbita dos Poderes Executivo e Legislativo e migrou para o Poder Judiciário. O número de demandas foi tal que fez com que o STF realizasse uma audiência pública. É a judicialização da política, que por um lado prestigia o Poder Judiciário com discussões que são vitais para o país, mas por outro atesta a falência na resolução dos conflitos nas esferas que lhe são próprias. O Judiciário é sobrecarregado com inúmeras demandas e acaba por se tornar moroso devido à excessiva litigiosidade. A sociedade brasileira, por um lado e os poderes públicos por outro, são pouco afetos ao cumprimento espontâneo do direito e por vezes apostam no descumprimento, pois poucas pessoas reclamam e das que se queixam a solução por vezes tarda. Diante deste panorama, a ideia básica de constitucionalismo de submissão dos cidadãos e autoridades públicas à Constituição, ainda é um desiderato. A Constituição como norma superior que coordena a conduta dos poderes públicos e da sociedade, carece de cumprimento substancial.

O direito social à saúde é o que adquiriu maior debate acadêmico e número de ações na esfera judicial, em prol da efetividade. A acessibilidade ao Sistema

---

[1] Doutora em Direito pela Universidade Pompeu Fabra de Barcelona. Mestra pela UFRGS, professora do PPG em Direito UNISINOS, promotora de justiça RS.

Único de Saúde – SUS – é de grande vulto, o que dificulta e torna mais complexa a resolução do conflito. Cerca de 180 milhões de brasileiros são potenciais usuários do sistema. Destes, 2/3 dependem exclusivamente do SUS, quais sejam 118 milhões de pessoas. Estas vultosas cifras estatísticas evidenciam a necessidade de critérios claros para atendimento das demandas existentes e a incorporação de novas tecnologias, na área médica que pautarão novas demandas.

Neste contexto, pergunta-se: As estruturas burocráticas aperfeiçoam/democratizam as políticas públicas de saúde e a sua implementação pelo Poder Judiciário? Indagando de outra maneira: a estrutura do SUS, criada pela Constituição Federal, consegue implementar o direito à saúde. A solução foi pretenciosa, no sentido de criar uma macro estrutura envolvendo os três entes da federação e com 180 milhões de possíveis demandantes.

2. A burocracia no pensamento de Max Weber e Hannah Arendt

O conceito de burocracia pode ser pensado, a partir de dos referenciais teóricos de Max Weber[2] e Hannah Arendt.[3] Weber parte do Estado Racional dotado de objetividade-neutralidade e a estrutura burocrática tem a tarefa de prestar o serviço de uma maneira técnica, imune às influências político-partidárias. Hannah Arendt[4] trabalha a questão a partir do distanciamento que a estrutura provoca com relação ao ser humano, ocasionando que a pessoa faça parte de uma engrenagem e cumpra ordens sem questioná-las, isentando-se, assim de qualquer responsabilidade com relação ao resultado final de determinada ação.

O caráter institucional surge da sua dependência de instâncias politicamente responsáveis com relação aos cidadãos. Para Weber,[5] existem três tipos de dominação legítima: de caráter racional, tradicional e carismático. O Estado Racional se fundamenta no Direito, fonte do poder do governante e de obediência para os súditos. O tipo mais puro de dominação é aquele que se exerce por meio de um quadro administrativo burocrático. O Estado racional se fundamenta na burocracia profissional e no direito racional. Assim, o corpo funcional é garantidor da prestação do serviço público de maneira a permitir que este seja prestado independente de forças partidárias, que estão presentes nos governos.

Das visões de Weber e Arendt se pode concluir que os autores têm perspectivas distintas a respeito de burocracia. Para Weber a burocracia é algo positivo, é uma estrutura que permite a realização do serviço público de forma profissional, enquanto que para Arendt, a burocracia é algo negativo, que isola o indivíduo do

---

[2] WEBER, Max. *Economia y Sociedad*. 1ªreimpresión argentina. México: Fondo de Cultura Económica, 1992.

[3] ARENDT, Hannah. *Eichmann em Jerusalém: um relato sobre a banalidade do mal*. São Paulo: Cia das Letras, 1999.

[4] ARENDT, Hannah. *op. cit.* p. 32 a 47.

[5] WEBER, Max. *op. cit.* p.170/5.

todo, faz com que ele perca a noção de conjunto, fazendo com que dissocie a sua responsabilidade no resultado final do processo.

3. A burocracia de Weber subsiste diante do patrimonialismo descrito por Faoro?

Em que pese a doutrina de Weber se constituir em importante desiderato, características sociológicas da formação do Estado brasileiro devem ser consideradas, sob pena de uma análise formal do direito à saúde. A administração pública brasileira é herdeira de uma forte burocracia latina com características de patrimonialismo e de pessoalidade, aí já colidindo de frente com o princípio da impessoalidade e da efetividade. O Congresso Nacional que deveria promover a regulamentação, no tocante aos percentuais de investimento da União, Estados e Municípios, até agora não o fez. Existe somente o PL 306/2008, decorrente da propositura de regulamentação dos §§ 2º e 3º do art. 198, trazidos pela EC nº 29/2000. Ou seja, passaram-se 9 anos e não houve a elaboração da legislação que o país tanto necessita. O Executivo que deveria investir percentuais, por vezes, não o aplica de forma séria. Como causa do não funcionamento as demandas acabam no Poder Judiciário que, na maioria das vezes, oferece uma solução individualizada para os casos, em detrimento da construção de uma solução coletiva, reforçando este aspecto da pessoalidade. Compreensível, em muitos casos, devido à situação aflitiva no qual se vê o juiz, diante da enfermidade de uma pessoa, sem vislumbrar o sistema como um todo. Tudo isto serve para agravar o problema, quando é concedido determinado medicamento, sem atenção ao contexto global, reforçando ainda mais o caos no sistema.

O Estado não é uma ampliação do círculo familiar[6] e, ainda menos, uma integração de certos agrupamentos, de vontades particularistas, de que a família é o melhor exemplo. Estado e família pertencem a ordens diferentes em essência. No Brasil, desde o princípio da colonização vigorou o tipo primitivo de família patriarcal, em imensas áreas rurais e o início da formação das cidades. Nesta situação, os detentores de posições públicas de responsabilidade não tinham a clareza entre os domínios da esfera pública e privada. As ideias de Max Weber não encontram ressonância teórica no funcionário "patrimonial", aonde a própria gestão política apresenta-se como assunto de seu interesse particular. As funções, os empregos e os benefícios relacionam-se a direitos pessoais do funcionário e não a interesses objetivos, como se sucede no verdadeiro Estado burocrático, em que prevalecem a especialização das funções e o esforço para se assegurarem garantias jurídicas aos cidadãos. Em síntese, falta a impessoalidade que caracteriza o Estado burocrático no sentido weberiano.

---

[6] HOLANDA, Sérgio Buarque de. *Raízes do Brasil*. Ed. comemorativa dos 70 anos. São Paulo: Cia. das Letras, 2006, p. 153.

O patrimonialismo, na definição de Faoro,[7] fecha-se sobre si próprio com o estamento, de caráter marcadamente burocrático. Burocracia não no sentido moderno, como aparelho racional, mas de apropriação do cargo (o cargo carregado de poder próprio).

O patrimonialismo se fez presente no Brasil por seis séculos, cujo fundamento se assenta no tradicionalismo "assim é porque sempre foi".[8] A realidade histórica brasileira demonstrou a persistência da estrutura patrimonial de D. João I a Getúlio Vargas, resistindo a todas as mudanças que advieram com o capitalismo. A estrutura administrativa passa de estamento aristocrático a burocrático, em processo de acomodação e não visando a uma ruptura e estruturação.

Desde 1808, a modificação mais importante que acontece é a elaboração da Constituição de 1988, visando à instauração de uma nova ordem jurídica sob novos postulados, a partir do movimento de redemocratização do país. Ou seja, o país teve de percorrer 180 anos de história política para que algo juridicamente novo fosse cunhado. Ocorre, porém, que as antigas oligarquias não foram extirpadas, subsistiram na estrutura política do país, dotadas de significativo poder. Tal conduz a um conflito permanente, que ainda não propiciou a efetividade dos novos preceitos constitucionais. Passados 200 anos de história política brasileira e 20 anos da CF/88, a luta não é mais pela codificação de direitos, mas sim pela sua efetividade, por uma leitura madura que otimize os recursos orçamentários existentes, dos direitos sociais, em geral e do direito à saúde, em particular.

Assim, retoma-se à pergunta: é possível compatibilizar a proposição de Weber, considerando o cenário brasileiro descrito por Faoro? A crítica que é possível construir, a partir da leitura dos dois autores, é no sentido de que os modelos racionais, tais como o proposto por Weber, não levam em conta os fatores irracionais que são inerentes à condição humana e que comporão determinada sociedade. Deste modo, os postulados de Weber em que pese terem de ser perseguidos, desconsideram toda a forma estamental e patrimonialista, a partir da qual foi construída a sociedade brasileira e de como não podemos dela ainda nos libertar. É como se houvesse sido construído um edifício moderno, a CF/88, e por baixo da edificação existisse um córrego subterrâneo, sempre caudaloso e em movimento, que comprometesse a estrutura do prédio, devido à formação do solo não ser firme, o que comprometeria a habitação de novos moradores.

A proposição de Weber deve ser buscada, enquanto estrutura institucional, mas desconsiderar o "patrimonialismo" alertado por Faoro ou ignorar a "cordialidade",[9] descrita por Sérgio Buarque de Holanda, é fazer vista a um problema nacional. A cordialidade é descrita como sendo a excessiva aproximação de uma

---

[7] FAORO, Raymundo. *Os donos do poder: formação do patronato político brasileiro.* Vol. 1, 15ªed., São Paulo: Globo, 2000, p.84.

[8] Idem, ibidem, p. 733.

[9] No cap. 5, Buarque de Holanda, discorre a respeito do Homem Cordial, dizendo que a cordialidade não é exercida levando em conta o sentido semântico da expressão oriunda do latim "cordiale" que vem do coração, mas no sentido de aproximação para burlar a separação que existe entre espaço público e privado e assim con-

pessoa com relação a outra, como forma de burlar os pressupostos distintos que vigoram nas esferas pública e privada, muito presente na formação do estado brasileiro. Ignorar estas características não conduz à construção de uma solução para os problemas. Assim, no caso da saúde o alerta que se instaura é no sentido de que o deslocamento do foro para a estatuição das políticas públicas deve ser o legislativo e a sua implementação pelo executivo. Na omissão ou implementação de novas políticas, o judiciário pode cumprir um papel importante com o processamento de ações coletivas. As ações individuais devem servir como um instrumento de pressão, sob pena de se constituírem, casuística dotada exclusivamente de pessoalidade, comprometendo a impessoalidade que deve nortear a administração. Nas palavras de Streck,[10] conduz ao solepsismo, uma escolha calcada em aspectos subjetivos, enquanto o desejável seria a decisão adequada, na perspectiva constitucional.

4. O gigantismo da estrutura burocrática do SUS e sua debilidade: a banalização da saúde

As políticas públicas relativas à saúde com repercussão no tratamento médico a pacientes, procedimentos clínicos e medicamentos que não são fornecidos conduzem à reflexão a respeito da blindagem que vamos fazendo, a ponto de tratarmos a dor de um ser humano como um número a mais de paciente que não foi atendido, parafraseando Hannah Arendt a "banalidade do mal",[11] ao qual poderíamos dizer a banalidade com relação ao sofrimento alheio. Todos os pedidos chegam ao Poder Judiciário sob um argumento genérico: o direito à vida. É inegável que o direito à vida e o princípio da dignidade da pessoa humana são alicerces básicos em nosso ordenamento jurídico, mas não podem ser utilizados de uma maneira genérica, sob pena de perderem a credibilidade.

Estima-se que pelo menos 2/3[12] da ações sobre medicamentos se referem a fármacos de uso contínuo, a exames e da compreensão ampla, em matéria de medicamentos, nos quais estão compreendidos fraldas, leite, complementos alimentares, etc. Deste modo, na maioria das ações o argumento do direito à vida é falacioso e prejudica a análise dos casos em que realmente a vida está em jogo. Então, fora dos casos emergenciais, banaliza-se o direito à vida, comprometendo os casos em que a vida está realmente em perigo.

---

seguir benefícios próprios. A falta de distinção entre as duas formas é característica vinda do romanticismo, que vigorou no século XIX.

[10] STRECK, Lenio. *Decisionismo e discricionariedade judicial em tempos pós-positivistas: o solipsismo hermenêutico e os obstáculos à concretização da Constituição no Brasil.* Separata: o Direito e o Futuro do Direito. Almedina: Coimbra, 2008, p. 99.

[11] ARENDT, Hannah. *Eichman em Jerusalém.* São Paulo: Cia. das Letras, 1999, p. 274.

[12] MASCARENHAS, Rodrigo Tostes de Alencar. *A responsabilidade dos entes da federação e financiamento do SUS.* Disponível em http://www.stf.jus.br/portal/cms/verTexto.asp?servico=processoAudienciaPublicaSaud e. Consulta em 8/7/2009.

É uma estrutura burocrática enorme, que torna a busca do medicamento ou do tratamento de saúde uma verdadeira "via crucis" fazendo com que a pessoa que dele necessita se veja em um emaranhado de repartição de competências entre os entes da federação com relação às responsabilidades que cada um tem. As alternativas administrativas não existem em todos os estados e o recurso ao Poder Judiciário também é um longo caminho. Então, quando o cidadão já está fragilizado com a enfermidade enfrentar todos estes percalços, fazer movimentar toda esta estrutura burocrática é algo penoso.

5. A audiência pública da saúde e alguns casos que a motivaram

A audiência pública n° 4, conhecida como audiência da saúde, suscitou a crítica a respeito de sua pertinência, uma vez que não estava atrelada a um processo específico, tal como das outras vezes.[13] Seu objeto é muito mais amplo, seu enfoque é interdisciplinar, extrapola a seara jurídica, necessitando um debate com os profissionais da saúde e da sociedade, destinatária destas prestações. Os recursos públicos são escassos, a expectativa de vida dos brasileiros passou de 67 anos para 72,7,[14] nos últimos anos. A indústria farmacêutica possui uma enormidade de medicamentos. Neste contexto, a eficácia do direito social à saúde é posta à prova.

Foram o estopim para a convocação da audiência dois casos, que questionam a eficácia do art. 196 da CF e os §§ 2° e 3° do art. 198, da CF, que sofreram alterados pela EC n° 29/2000. O direito à saúde estabelecido no art. 196 da CF, contém seis diretrizes [a) direito de todos, b) dever do Estado, c) garantido por políticas sociais e econômicas, d) que visem à redução do risco de doenças e de outros agravos, e) regido pelo princípio do acesso universal e igualitário, f) às ações e serviços para sua promoção, proteção e recuperação].

Primeiramente, a proposta de súmula vinculante n° 4, requerida pela Defensoria Pública Geral da União com o objetivo de tornar solidária a respon-

---

[13] As audiências anteriores foram realizadas com fundamento na Lei n° 9.868/99 (AdIn e ADC) e Lei n° 9.882/99 (ADPF). Houve necessidade de que as audiências públicas se estendessem para outros processos e procedimentos, por isso a Emenda Regimental n° 29, revisou competências e deu nova redação ao art. 13, XVII, possibilitando a convocação de audiência pública para ouvir depoimento de pessoas com experiência e autoridade em determinada matéria, sempre que entender necessário o esclarecimento de questões ou circunstâncias de fato, com repercussão geral e de interesse público relevante, debatidas no âmbito do Tribunal.

[14] A população brasileira ganhou 5,57 anos entre 1991 e 2007.
Se considerarmos o decênio de 1997 a 2007, as mulheres aumentaram 3,3 anos a expectativa no período de 73,2 para 76,5 anos, enquanto os homens tiveram avanço de 3,5 anos, de 65,5 para 69 anos. Com isso, a população idosa com idade superior a 70 anos, chegou a 8,9 milhões de pessoas, o equivalente a 4,7% da população total. A esperança de vida muda significativamente de acordo com a região onde ocorre o nascimento. A maior expectativa é no sul, onde a média é de 74,7 anos, sendo 71,4 anos para homens e 78,2 anos para mulheres.
Outra mudança é com relação à taxa de mortalidade infantil declinou de 45,19 : 1000, para 24,32:1000 em 2007, representando uma diminuição percentual acima de 46% em 16 anos.
Segundo técnicos do IBGE, o Brasil como signatário da Cúpula do Milênio, tem como meta alcançar até 2015 uma taxa de mortalidade infantil próxima de 15:1000, e a projeção sinaliza uma taxa de 18,2: 1000.
Disponível em htpp://www. ibge.gov.br . Acesso em 27/7/2009.

sabilidade dos entes federativos, no tocante ao fornecimento de medicamentos e tratamento, visando a afastar, a alegação de que tal bloqueio fere o artigo 100, *caput* e o § 2°, da CF (precatórios).[15]

Por segundo, o Recurso Extraordinário n° 566.471,[16] aonde foi reconhecida a repercussão geral que questiona se a situação individual pode, devido ao alto custo, colocar em risco as prestações da saúde como um todo. Tratava-se de remédio de elevando dispêndio patrimonial, para o SUS, não previsto na lista dos ofertados na rede pública e imprescindível para o paciente.

Os demais casos, que se constituem em questões diversas e aflitivas envolvendo falta de leitos, medicamentos fora da lista, tratamentos de alto valor, enfim toda a casuística com a complexidade nesta área em que a vida da pessoa está em jogo. Na Suspensão de Tutela n° 223,[17] foi enfrentada problemática de paciente, que não tem alternativas viáveis de sobrevivência, então coloca sua expectativa em fármacos experimentais. O caso tinha especificidades próprias, pois envolvia a responsabilidade do estado de Pernambuco, pois o autor do pedido tinha sido vítima de assalto em via pública, restando incapaz de respirar sem um respirador mecânico. Nesta localidade, a segurança pública era insuficiente.

No pedido de suspensão de liminar n° 228/CE,[18] foi analisado o caso do direito dos cidadãos às vagas de Unidade de Tratamento Intensivo – UTI. A questão envolvia a suspensão da decisão do TRF da 5ª Região, que determinara à União, ao Estado do Ceará e ao Município de Sobral, a transferência de todos os pacientes necessitados de atendimento em UTIs para hospitais públicos ou particulares, que disponham de tais unidades e o início das ações, visando à implementação de 10 leitos de UTIs adultas, 10 leitos de UTIs pediátricas e 10 leitos de UTIs neonatais. Tal medida baseava-se na Portaria n° 1.101/2002 do Ministério da Saúde, que fixa o número de leitos por habitantes e não estava sendo obedecida, na região de Sobral, que congrega 61 municípios. O pedido foi deferido parcialmente, suspendendo-se, apenas, a multa diária fixada no valor de R$ 10.000,00. O debate aí travado traz a tona, as principais problemáticas atinentes a respeito do direito à saúde e suas argumentações jurídicas.

---

[15] A proposição de súmula vinculante n° 4 , do Defensor Público da União é no sentido de que: 1) a "responsabilidade solidária dos Entes Federativos no que concerne ao fornecimento de medicamento e tratamento médico ao carente, comprovada a necessidade do fármaco ou da intervenção médica, restando afastada, por outro lado, a alegação de ilegitimidade passiva corriqueira por parte das Pessoas Jurídicas de Direito Público" e 2) a possibilidade de bloqueio de valores públicos para o fornecimento de medicamento e tratamento médico ao carente, comprovada a necessidade do fármaco ou da intervenção médica, restando afastada, por outro lado, a alegação de que tal bloqueio fere o artigo 100, caput e §2° da Constituição de 1988". Publicado no Diário da Justiça Eletrônico em 6/3/2009.

[16] Recurso Extraordinário n° 566.471, Rel. Min. Marco Aurélio, Recorrente: Estado do Rio Grande do Norte, Recorrido: Carmelita Anunciada de Souza, DJU 07/12/2007.

[17] Suspensão de Tutela Antecipada n° 223/PE, Rel. Min. Ellen Gracie, Recorrente: Estado de Pernambuco, Recorrido Rel. do Agravo de Instrumento n° 0157690-9 do TJPE, DJU 18/03/2008.

[18] Suspensão de Liminar n° 228/CE, Rel. Min. Gilmar Mendes, Requerente: União, Recorrido Rel. do Agravo de Instrumento n° 2007.05.00.077007-0 do TRF – 5ª Região.

Na suspensão de tutela antecipada nº 198,[19] o Estado do Paraná pretendia a suspensão dos efeitos da decisão que determinara o fornecimento do medicamento orçado em mais de R$ 1.000.000,00 anuais, à criança portadora de doença degenerativa e extremamente rara. De acordo com os laudos médicos, o medicamento é a única possibilidade de melhora, e a sua falta causaria problemas no seu desenvolvimento físico. O Estado não se eximiu da responsabilidade pelo fornecimento.

No pleito de suspensão de tutela nº 268,[20] indeferiu-se o pedido do município de Igrejinha- RS para que fosse suspensa a decisão que determinara o fornecimento do medicamento, constante na lista do SUS, em falta na farmácia do município, à pessoa portadora de leucemia.

Estas escolhas difíceis passaram a fazer parte do quotidiano de muitos juízes que, em processos de cognição sumária, tem de decidir se concedem ou não um medicamento, um leito hospitalar, causas complexas e que envolvem conhecimento técnico de outras disciplinas, sem que disponha de todos estes elementos e de forma extremamente rápida. Esta resposta judicial é prestada a um cidadão nominado, mas que trará consequências para muitos outros anônimos, não presentes no processo, mas integrantes do corpo social.

6. A tensão entre os Poderes e o redirecionamento do direito à saúde

Por vezes, a demanda pode ser motivada pelo descumprimento de uma política pública ou a omissão na sua realização, e isto envolve posições distintas na prestação jurisdicional. A problemática do direito à saúde que põe de frente a tensão entre os Poderes Legislativo, Executivo e Judiciário.

Estas questões imbricam o direito social à saúde com o custo econômico para sua realização. Impõem uma leitura da CF, na sua maioridade de uma forma mais adulta por parte de seus intérprete. Logo após a publicação da CF/88, os artigos 5º e 6º eram interpretados de uma mesma maneira, sem atentar para o contexto distinto dos direitos sociais que impõem uma leitura correlata com o orçamento e o percentual de investimento de cada um dos entes da federação.

Os direitos sociais estão a reclamar um redirecionamento. Pode-se perguntar: existe um direito público subjetivo[21] para cada cidadão ou suprimem-se as demandas individuais, já que estamos na seara dos direitos sociais a serem im-

---

[19] Suspensão de Tutela Antecipada nº198/MG, Rel. Min. Gilmar Mendes, Requerente: Estado de Minas Gerais, Requerido: Rel. do Agravo de Instrumento nº 2007.01.00.043356-3, DJU 03/02/2009.

[20] Suspensão de Tutela Antecipada nº 268-9/rs, Rel. Min. Gilmar Mendes, Requerente: Município de Igrejinha, Requerido: TJRS , J. 22/10/2008.

[21] SARLET, Ingo W. O acesso às prestações de saúde no Brasil – os desafios do poder judiciário. Disponível em http://www.stf.jus.br/portal/cms/verTexto.asp?servico=processoAudienciaPublicaSaude. Cosulta em 8/7/2009.

plementados única e exclusivamente por meio de políticas públicas. Estas são posições extremas e busca-se a construção de uma solução mais equilibrada contemplando as diversidades e o pluralismo existente em nossa sociedade. O que já foi apregoado por Aristóteles *in médio virtus*.[22] Na maioria das vezes, existe a política pública, mas não está sendo cumprida a contento. A omissão dos serviços não pode ser resolvida por uma atitude isolada, mas demanda atuação conjunta de diversos órgãos das instituições públicas.

O conceito de direito público subjetivo foi cunhado por Jellinek[23] no princípio do século XX, quando a doutrina liberal e o individualismo eram dominantes, por isso, quando se trata de direitos sociais, merece um repensar, pois sua teoria para estes não estava voltada. Apesar de prever o *status* positivo, *status civitatis*, no qual o indivíduo tem o direito de exigir prestação concretas do Estado, seus escritos são antes do constitucionalismo social que começa em 1917 com a Constituição Mexicana, no que é seguido, dois anos mais tarde, em 1919 pela Constituição de Weimer.

O desafio é a conciliação entre a dimensão subjetiva, individual e coletiva do direito à saúde e a dimensão objetiva da saúde como dever da sociedade e do Estado, e de como a judicialização deve ser sensível a ambas.[24] Na suspensão de liminar nº 228-7, o STF afirmou essa dimensão individual e coletiva do direito à saúde, não tomando partido exclusivamente por nenhuma delas, mas fazendo coexistir ambas.

O direito à saúde é um direito de cada pessoa, visto que diretamente relacionado à proteção da vida, da integridade física e corporal e da dignidade humana.[25] O direito à saúde, enquanto direito público subjetivo, deve ser assegurado mediante políticas sociais e econômicas. Não é um direito absoluto a todo e qualquer procedimento necessário à proteção, promoção e recuperação da saúde, independentemente da existência de uma política pública que o concretize. Há um direito público subjetivo a políticas públicas que promovam, protejam e recuperem a saúde. O Min. Celso de Mello, na ADPF nº 45/DF,[26] estabeleceu o seguinte: "considerando o encargo governamental de tornar efetiva a aplicação dos direitos econômicos, sociais e culturais, que os elementos componentes do binômio

---

[22] ARISTÓTELES, *Ética Nicomáquea*, 1ª ed, 4ª reimp., Madrid: Ed. Gredos, 1998, p. 160/80. "En la É.N. aparece el término *mesótes* junto a sýmmetra en el libro II. Así pues, la moderación y La virilidad se destruyen por el exceso y por el defecto, pero se conservan por el término médio (mesótes)".

[23] JELLINEK, Georg. *System der Subjektiven öffentlichen recht*, zweit durchgesehene und vermehrte auflage, anastatischer neudruck der ausgabe von 1905, Tübigen, 1919, p. 86 e segs.
Assim, denominam-se: a) *status* negativo, *status libertatis*, em que o indivíduo é titular de uma esfera de liberdade individual, à margem de intervenção do Estado; b) *status* positivo, *status civitatis*, no qual o indivíduo tem direito a exigir prestações concretas do Estado; c) *status* ativo, *status activo civitatis*, onde o indivíduo é detentor do poder político e, como tal, tem direito a participar no exercício do poder.

[24] SARLET, Ingo W. O acesso às prestações de saúde no Brasil – os desafios do poder judiciário. Disponível em http://www.stf.jus.br/portal/cms/verTexto.asp?servico=processoAudienciaPublicaSaude. Consulta em 8/7/2009.

[25] Idem. *et al*. Algumas considerações sobre o direito fundamental à proteção e promoção da saúde aos 20 anos da CF/88, p. 152.

[26] DJU 4/5/2004.

(razoabilidade da pretensão e disponibilidade financeira do Estado) devem configurar-se de modo afirmativo e em situação de cumulativa. Em outras palavras, com relação à reserva do possível, o ônus da prova da falta do recurso é do poder público, e o ônus da necessidade do pedido é do particular".[27] Deve-se cuidar para não cair no descrédito jurídico. Krell[28] adverte para o risco de os direitos sociais se converterem em promessas vazias do Estado. O texto constitucional deve ter respaldo na realidade fático-social para que seja efetivo, sob pena de gerar a "frustração constitucional" (verfassungsenttäuschung), o que acaba desacreditando a própria instituição da constituição como um todo.[29] Assim, interpretações desvinculadas da realidade causam o descredito e acabam se tornando dispositivos destituídos de efetividade.

7. O fortalecimento da via administrativa: uma experiência bem sucedida

Uma das críticas que se pode formular à judicialização das políticas públicas,[30] atinente à área da saúde, é a quebra de igualdade, ou seja, aqueles que têm condições de demandar seja por advocacia privada ou defensoria pública tem vantagem, em relação aos que não tem acessibilidade ao Poder Judiciário, seja por falta de informação ou instrumentalização (não instalação de Defensoria Pública em alguns estados).

Com relação ao esgotamento da via administrativa, não é a proposição, mas a ponderação no sentido de que se utilize a via administrativa para resolução dos litígios. Esta via propicia uma agilização em termos de solução de conflitos, pois dialoga diretamente com o setor que institui a política pública e que por algum motivo esta não foi implementada. Sabe-se que o Brasil adotou o sistema da unidade da jurisdição, em detrimento da dualidade, como ocorre na França.[31] Assim,

---

[27] SARLET, Ingo. O acesso às prestações de saúde no Brasil – desafios ao Poder Judiciário, em 27/4/2009.

[28] KRELL, Andreas J. *Direitos Sociais e Controle Judicial no Brasil e na Alemanha*: os (des)caminhos de um direito constitucional "comparado". Porto Alegre: Fabris, 2002, p. 46.

[29] SARAIVA, Paulo Lopo. *Garantia Constitucional dos Direitos Sociais no Brasil*, 1983, p. 63 e segs.

[30] VIANNA, Luiz Werneck (Org). A judicialização da política e das relações sociais no Brasil Rio de Janeiro: Revan, 1999.

[31] Na França, berço da doutrina de Montesquieu, que se tornou conhecida como Separação dos Poderes, foi interpretada de uma maneira drástica como a impossibilidade de um poder exercer controle sobre o outro. A origem histórica desta interpretação encontra-se na desconfiança que os legisladores da Revolução Francesa tinham para com o Poder Judiciário, pois este tinha se mostrado resistente às conquistas populares. A Lei nº 16, de 24 de agosto de 1790, dispunha sobre a organização judiciária e proclamava a separação das funções administrativa e judicial, que foi reafirmada com o período que se seguiu à Revolução Francesa, consoante WALINE, Marcel. *Traité Élémentaire de Droit Administratif*, 6e édition, Recueil Sirey: Paris, 1952, p. 45. Houve proibição legal expressa aos juízes do conhecimento da matéria administrativa. As reclamações com conteúdo administrativo não poderiam ser, em nenhum dos casos, encaminhadas aos tribunais. Deveriam ser submetidas ao rei, então chefe da administração geral, conforme LAUBADÈRE, André. *Manuel de Droit Administratif*, 15e édition. L.G.D.J, Paris, 1995, p. 107.

não se tem como suprimir o acesso ao Judiciário brasileiro. Ocorre, porém, que se todas as demandas vão ser discutidas em juízo, em um país de alta litigiosidade,[32] baixo cumprimento espontâneo do direito, pouca credibilidade das instituições públicas, ao que se soma por vezes omissões e má gestão dos órgãos públicos, o Judiciário acaba colapsado com grande número de demandas, o que redunda em morosidade.

A experiência das defensorias públicas dos Estados de São Paulo e Rio de Janeiro mostram a diminuição do número de ações ajuizadas no plano da saúde, por meio da conciliação prévia na via administrativa, principalmente nos casos de direitos reconhecidos por políticas públicas existentes no SUS. Isto não significa desprestígio ao Poder Judiciário, mas sim uma racionalização dos custos (tempo e dinheiro), que poderão propiciar um maior investimento em outros setores que estão a demandar o investimento do setor público.

A prática da Procuradoria-Geral do Estado do Rio de Janeiro[33] é no sentido de buscar alternativas de resolução de conflitos extrajudicialmente, a partir da co-laboração com outros entes e órgãos públicos, tais como: município e Defensoria Pública. Os convênios ocasionaram a criação de uma central única para recebi-mentos de mandados, visando a evitar a duplicidade de medidas judiciais. Foi firmado acordo com a Defensoria Pública para que: não sejam propostas ações com relação a remédios constantes em listas e a entrega do medicamento seja disponibilizada por simples requerimento veiculado por meio de ofício ao gestor no âmbito do respectivo ente da federação.

Nas duas varas da fazenda pública que se ocupam da matéria foram colo-cados farmacêuticos com o objetivo de auxiliar tecnicamente o juiz, na avaliação de existência ou não de determinado medicamento equivalente na lista do SUS, similar ao solicitado. Assim, o fortalecimento da via administrativa como forma de solucionar os conflitos, bem como o apoio técnico ao judiciário podem servir para qualificar o acesso à saúde.

8. A responsabilidade dos três entes da federação

O SUS é um sistema composto de diversas partes que se relacionam entre si, com regras que visam a lhe conferir coerência. Não agir de acordo com estas

---

[32] Para se ter uma ideia da litigiosidade, nosso país tem cerca de 180 milhões de habitantes e 67 milhões de processos em andamento, conforme MENDES, Gilmar. *Assistência farmacêutica do SUS.* Palestra de encerra-mento, em 7/5/2009. Disponível em http://www.stf.jus.br/portal/cms/verTexto.asp?servico=processoAudienci aPublicaSaude. Consulta em 8/7/2009.
De tal dado é possível extrair a seguinte relação de 1: 2,68 processos/habitante, considerando a totalidade da população e não apenas a com maioridade civil/penal.

[33] MASCARENHAS, Rodrigo Tostes de Alencar. *A responsabilidade dos entes da federação e financiamento do SUS.* Disponível em http://www.stf.jus.br/portal/cms/verTexto.asp?servico=processoAudienciaPublicaSaud e. Consulta em 8/7/2009.

regras inviabiliza todo o sistema. Estes dispositivos tem de ser interpretados de forma coerente com os objetivos fundamentais constantes no art. 3º da CF, quais sejam: a construção de uma sociedade livre, justa e solidária, erradicar a pobreza e a marginalização e reduzir as desigualdades sociais e regionais. A responsabilização dos três entes da federação com os investimentos que lhe são correspondentes, bem como o fornecimento dos medicamentos dentro de suas atribuições (aos municípios a farmácia básica, aos Estados os medicamentos excepcionais e à União os medicamentos estratégicos). Assim, é importante a busca de soluções para que o sistema se aperfeiçoe e não se extratifiquem problemas já existentes.

A CF/88 mudou a estrutura até então existente, de forma que o Estado deixou de atender somente os contribuintes do antigo sistema previdenciário (INAMPS Instituto Nacional de Assistência Médica e Previdência Social) ou seja, o trabalhador formal, e a compreensão de saúde pública (promoção de saúde e prevenção de doenças, como ações de vacinação, campanhas de eliminação de causadores de doenças, etc). Com a edição do art. 196 da CF, foi atribuído à saúde as características de universalidade, integralidade e isonomia, estabelecendo-se a saúde como direito de todos e dever do Estado.

Como enfrentar a questão dos medicamentos não previstos na lista do SUS? Deve ser entendida no contexto de integralidade, que é explicitado pelo art.7º da Lei nº 8.080/90, que conceitua assistência como conjunto articulado e contínuo das ações e serviços preventivos e curativos, individuais e coletivos, exigidos para cada caso, em todos os níveis de complexidade do sistema. Integralidade diz respeito a todo o tipo de ação: a preventiva, que a CF diz que tem de ser aquela a que se dedique prioridade; a ação corretiva; a vigilância sanitária e epidemiológica. Integralidade não significa totalidade. "A questão da escassez se põe de maneira especial no acesso à saúde. Algumas pessoas podem pensar que quando a saúde e a vida estão em jogo, qualquer referência a custo é repugnante, ou até imoral. Mas o aumento do custo com tratamento tornou essa posição insustentável".[34] Nenhum país do mundo, por mais rico que seja, tem condições de suportar qualquer tratamento médico ou fornecimento de medicamento, considerando o avanço da medicina nos dias atuais e a longevidade das pessoas. A totalidade das possibilidades é impagável, seu custo extrapola qualquer parâmetro do razoável, mesmo nos países mais ricos.

Frequentemente, formulam-se pedidos ilíquidos, da seguinte maneira: que seja determinada a entrega do fármaco "z" e quaisquer outros que forem necessários ao longo do tratamento. Por meio desta expressão genérica são criados títulos executivo-judiciais absolutamente abertos que geram execuções ilíquidas e que desvirtuam o sistema de saúde. Não é possível incorporar tudo em uma perspectiva de futuro, e até mesmo, no presente, porque isto seria impagável. A orientação deve ser no sentido de incorporar as tecnologias que não sejam experimentais,

---

[34] AARON, Henry J. & SCHWARTZ, William B. *The Painful Prescription: rationing hospital care.* Washington: The Brookings Institution, 1981, p. 81 *apud* AMARAL, Gustavo. Direito, escassez e escolha: em busca de critérios jurídicos para lidar com a escassez de recursos e as decisões trágicas. Rio de Janeiro: Renovar, 2001, p. 136.

com fortes evidências científicas em torno da sua segurança, eficiência e que guardem adequada relação entre custo/benefício .

A União não gasta em nenhuma rubrica o que foi apontado no orçamento. Os Estados e Municípios muitas vezes não cumprem a sua parte.[35] Os gestores também tem seus problemas. Então, toda a vez que o controle é feito *a posteriori*, revela-se insubsistente.

O controle preventivo das informações sobre a execução do orçamento é algo importante, por isto, a cidadania informada é algo essencial no Estado Democrático de Direito. A transparência é uma via de mão dupla: de um lado a administração tem o dever de dar publicidade de seus atos e, por outro, o cidadão tem o direito a ser informado. Por meio da informação disponível em meio eletrônico, desenvolve-se um controle preventivo, estimula-se a participação popular, torna-se o exercício de poder mais transparente e, consequentemente, mais democrático. Isto é importante, pois o sistema jurídico se estruturou para atuar repressivamente depois do evento danoso. Essa alternativa visa a punir o ilícito. Melhor alternativa ocorre, quando se consegue atuar preventivamente ou seja, antes do fato ocorrido, pois então se age preventivamente e aí reside a importância do controle social para fiscalizar as verbas orçamentárias.

9. Recursos orçamentários escassos?

A Emenda 29/2000 determinou a vinculação e estabeleceu a base de cálculo de percentuais mínimos, mas ainda não foi regulamentada. O Projeto de Lei Complementar nº 306/2008 prevê a aplicação mínima do percentual de 15% da receita dos Municípios e 12% dos Estados, em consonância com o art.77 do ADCT. O projeto busca corrigir falhas e muda o paradigma da fixação do piso, no âmbito da União, de despesa para receita e do PIB para receita corrente bruta.[36]

---

[35] *Vide* dados do Ministério da Saúde, disponível em *http://siops.datasus.gov.br/evolpercEC29UF.php.* Acesso em 20/6/2009.

[36] A determinação do piso mínimo de recursos em ações e serviços públicos em saúde, baseado na receita, e não mais na despesa, elimina um efeito negativo para o setor, pois a ocorrência de situações extemporâneas, onde há necessidade de uma maior intervenção do governo, força o gestor a implementar ações emergenciais em detrimento de outras já programadas no orçamento. Sem embargo, não poderá haver elevação da execução total em ações e serviços públicos e saúde, já que o incremento do gasto no setor, mesmo que por motivo aleatório, implicará em aumentar, futuramente, o montante a ser destinado a ações e serviços públicos de saúde. Além disso, a área econômica do governo, na definição da programação financeira, promove o contigenciamento, por meio da limitação de movimentação e empenho das despesas que excedem o piso da saúde. Como a limitação é passada aos órgãos por fonte de recursos, e não por programação, o gestor acaba por ter que optar por qual política de saúde deixará de executar para dar cabo às necessidades mais prementes. Deste modo, a utilização das receitas correntes brutas como base de cálculo para apuração dos recursos mínimos para a saúde, pois a avaliação da série histórica do PIB, em comparação com a evolução das receitas correntes, mostra que houve um maior incremento dessas últimas, sugerindo uma base mais favorável. A determinação de maiores recursos à saúde traz implicações diretas sobre a oferta de serviços públicos de saúde à população, refletindo na construção de um Sistema Único de Saúde que melhor atenda às necessidades sob o prisma da igualdade. O projeto determina recursos mínimos para a aplicação em ações e serviços de saúde, promovendo um incremento estimado de

O projeto prevê também, que os entes federados, cuja aplicação do mínimo em saúde se encontrar abaixo do determinado na data do início da sua vigência, terão até o exercício de 2011 para se adequarem, devendo a diferença ser reduzida à razão de pelo menos, um quarto por ano.

Comparados os gastos com ações e serviços de saúde entre os anos de 2000 e 2007, observa-se que a União reduziu seus investimentos de 60% para 45% do total de gastos, enquanto os Estados aumentaram de 19% para 27% e os Municípios de 22% para 28%. Em 2005, conforme OMS, gastou-se em saúde no Brasil 7,9% do PIB, sendo 44% gasto público e 55,9% gasto privado.[37]

Deste modo, os recursos não são escassos, por vezes não são investidos os porcentuais previstos ou são equivocadamente gerenciados. É preciso situar a responsabilidade dos gestores, o impacto do financiamento do SUS, no contexto de sua atuação por meio do estabelecimento de políticas públicas. Um exemplo de política pública na área da saúde, é a assistência farmacêutica do SUS, que apresenta três componentes de financiamento: assistência farmacêutica básica, os medicamentos estratégicos e os medicamentos denominados de excepcionais, cujo programa começou em 1993, possibilitando que doenças graves e com casos raros, pudessem ser atendidas. Atualmente os Estados e o DF são responsáveis pelo fornecimento desses medicamentos constantes em protocolos clínicos e com eficácia comprovada aos pacientes cadastrados.

10. Considerações finais

Como compatibilizar um sistema de saúde ideal que está inscrito na CF com as questões econômicas? Sempre existirá um limite, o desafio é o melhor resultado ao menor custo possível. Tal embate também tem de conciliar o âmbito individual e coletivo do direito à saúde. Não se pode abarcar tudo, então o desafio é no sentido de adotar os procedimentos e medicamentos que não sejam experimentais e atendam à equação custo/utilidade. Para que isso não produza um engessamento da estrutura, é necessário que os avanços tecnológicos venham acompanhados de critérios para sua incorporação ou ampliação de novos procedimentos e fármacos. O não atendimento destes balizadores gera distorções no sistema, propiciando distorções e desigualdade que comprometem todo o sistema. Deste modo, a dotação de assessoria técnica em centros de referência, por profissionais *ad hoc* e sem conflito de interesses desvinculados com a assistência e prescrição aos pacientes, representa um apoio multidisciplinar importante.

R$ 12,3 bilhões em 2008, com a vinculação de 8,5% da receita corrente bruta e elevando de 9%, 9,5% e 10% em 2009, 2010 e 2011, totalizando ao final a projeção de mais de R$ 30,5 bilhões para o setor. Disponível em htpp: //www.camara.gov.br . Acesso em 30/7/2009.

[37] Terra. Osmar. Gestão do SUS – Legislação do SUS e universalidade do sistema. Disponível em http://www. stf.jus.br/portal/cms/verTexto.asp?servico=processoAudienciaPublicaSaude.Acesso em 8/7/2009.

O que torna o direito à saúde de maior complexidade para sua efetividade é a sua dependência com outras políticas públicas. A efetividade do direito social à saúde é diretamente relacionado à educação e informação; ambos se situam na esfera preventiva. A população com maior grau de instrução se alimenta melhor e tem mais cuidados com sua saúde. O direito à informação utilizado de uma maneira preventiva propicia o exercício do direito à saúde e também a fiscalização a respeito da execução orçamentária.

É preciso repensar a questão da judicialização dos direitos sociais no Brasil, especialmente o direito à saúde. Na maioria dos casos, a intervenção judicial não ocorre devido à omissão legislativa absoluta, em matéria de políticas públicas voltadas ao direito à saúde, mas em razão de uma necessária determinação judicial para o cumprimento de políticas já estabelecidas. O judiciário não está criando política pública, mas apenas determinando o seu cumprimento. Caso a prestação de saúde não seja abrangida pelo SUS, é importante distinguir se a ausência de prestação decorre de uma omissão legislativa ou administrativa ou decisão de não fornecimento. Daí se extrai a necessidade de construção de critérios para resolução no caso concreto, com o custo de uma demanda individual e similares que possam ocorrer, no futuro. Repisando-se que o melhor foro para as discussões de inclusão de medicamento ou tratamento de saúde são as ações coletivas.

Já disse o poeta Antônio Machado, "caminhante não há caminho, faz-se o caminho ao andar". A via a ser construída, aponta que os organismos institucionais podem construir alternativas de aperfeiçoamento, visando a informação recíproca, com o objetivo de melhorar a prestação do direito social à saúde, mediante a racionalização de rotinas e pwrocedimentos conferindo-lhe uma maior efetividade, bem como a otimização de recursos e sua fiscalização. Enfim, cada um dos atores jurídicos e dos poderes comprometidos no seu papel, trabalhando de uma maneira integrada como forma de desbancar a estrutura patrimonialista, infelizmente, tão presente no Brasil. A partir de então, possivelmente as instituições funcionarão com balizadores democráticos e não servirão para extratificar desigualdades.

— XIV —

Bioética, liberdade e a heurística do medo[1]

VICENTE DE PAULO BARRETTO[2]

Sumário: Introdução; Progresso científico, técnica e consciência moral; As duas faces da responsabilidade; As transformações do agir humano e a responsabilidade; Esterilização moral da ordem jurídica; Um projeto de regulação e liberdade.

Introdução

A ação humana no espaço da ciência biológica contemporânea e de suas aplicações tecnológicas desenvolve-se em função da liberdade e da regulação. A Bioética e o Biodireito novas áreas de conhecimento de disciplinas seculares, como a Filosofia e o Direito, têm na ideia da liberdade, da autonomia, da regulação e da responsabilidade os seus referenciais teóricos e práticos. A necessária complementaridade entre a Bioética e o Biodireito, a mesma que ocorre entre a Ética e o Direito, torna-se evidente pela constatação de que a primeira sem o segundo é simples convicção subjetiva e o segundo, sem a primeira, mera vontade de arbítrio.

O presente trabalho tem por objetivo analisar como se integram no campo da Bioética a questão da liberdade e a da regulação. A bioética, mais do que uma área específica do conhecimento, tornou-se um ponto de encontro de diversas disciplinas, discursos e organizações, que tratam das indagações éticas, legais e sociais provocadas pelos avanços na medicina, na ciência e na biotecnologia.[3] Em torno da ideia de liberdade e de regulação, consideradas no contexto da realidade social, pode-se definir e justificar com objetividade a interconexão necessária entre a Bioética e o Direito. Para tanto, busca-se um liame conceitual que possa justificar racionalmente a complementaridade entre a ética e o direito, na sociedade tecnocientífica contemporânea.

Proponho, para tanto, considerar o instituo da responsabilidade, como sendo o conceito base e integrador das duas áreas normativas. Isto porque tanto na ética,

---

[1] Agradeço à colaboração de Luis Fernando de Mello na redação desse texto.

[2] UNISINOS/UERJ/UNESA

[3] O'NEILL, Onora (2004). *Autonomy and Trust in Bioethics*. Cambridge: Cambridge University Press, p.1.

quanto no direito é, precisamente, a responsabilidade que objetiva e formaliza os conceitos de regulação e de liberdade. Entre as diferentes teorias da responsabilidade, éticas ou jurídicas, existentes, elegemos o princípio da responsabilidade de Hans Jonas como paradigma ético-filosófico, que apesar de não responder à complexidade das questões envolvidas, serve como parâmetro referencial para situarmos o debate sobre o tema.

Deve-se atentar, primeiramente, para as mudanças sociais que provocaram o surgimento de uma reflexão bioética, destacando como essa reflexão processou-se, não em patamar teorético, mas respondendo à questões práticas e objetivas, nascidas no seio da comunidade científica e, posteriormente, envolvendo toda a sociedade. Essas questões de caráter moral provocaram a necessidade de regulação da pesquisa e das aplicações tecnológicas da biologia e da medicina contemporânea. A regulação se manifestou no primeiro momento mais como regra moral estabelecida pela própria comunidade científica, mas logo se tornou, em virtude da expansão das novas biotecnologias, em normas jurídicas editadas pelo poder público.

As questões suscitadas pela nova ciência e suas aplicações tecnológicas irão procurar respostas, que não se percam no subjetivismo e tampouco no exercício da vontade arbitrária do poder, mas que deitem seus fundamentos na ideia moral da liberdade e na ideia jurídica da lei regulatória. A complementaridade entre valores morais e direito, exigida no âmbito da ciência biológica contemporânea, encontra-se subjacente a essa problemática Mas exige para a sua objetivação uma forma específica de organização estatal, o estado democrático de direito, que pressupõe valores e normas constitucionais com nítidas raízes ético-filosóficas.

Progresso científico, técnica e consciência moral

Diante das mais modernas e revolucionárias técnicas de tratamento já proporcionadas pelo avanço do conhecimento científico, a sociedade vivencia hoje um verdadeiro ciclo de descobertas e transformações. Nunca a natureza, aqui compreendida a pessoa, sofreu tantas intervenções pela mão do ser humano. A ciência, fruto da capacitação humana, mais do que nunca, é capaz de alterar o curso natural da vida e da natureza. O grau de desenvolvimento tecnocientífico permite atualmente não só o prolongamento de uma vida além de sua expectativa natural, como também a influência direta na geração de novos seres através de técnicas de inseminação artificial, por exemplo. As novas terapêuticas, os novos medicamentos e o tratamento aplicáveis a seres humanos, implicam indagações que remetem para a questão da autonomia, da liberdade e da regulação do comportamento humano.

Entretanto, como em muitos setores da reflexão ética e jurídica, não se encontram respostas consistentes do ponto de vista moral e jurídico. Tornou-se clara a insuficiência do modelo jurídico clássico, onde a lei teria, por hipótese, resposta para todos os problemas sociais e, também, a necessidade da construção de uma ordem jurídica que respondesse às demandas da sociedade tecnocientífica. O modelo jurídico da sociedade liberal-burguesa, que deitou as suas raízes, e sua justificativa última, no tripé da propriedade, da família e do contrato, como consagrado no Código Civil de Napoleão e nos que lhe seguiram, incluindo o Código Civil Brasileiro de 1917, substituído pelo novo Código Civil brasileiro de 2002, tornou-se insuficiente para lidar com a variedade de desafios próprios na sociedade contemporânea e, especificamente, aqueles provocados pelas novas descobertas científicas no campo da biologia e suas aplicações tecnológicas.

A realidade social contemporânea terminou por esvaziar as pretensões da racionalidade utilitarista do direito, como aparece no modelo do positivismo jurídico mais radical. Encontra-se, precisamente, nesse vácuo ético e jurídico, a necessidade de uma reflexão crítica sobre o Direito, a fim de que este possa contribuir, como ciência liberta das amarras do reducionismo positivista, para a construção de um paradigma bioregulatório da sociedade democrática e plural contemporânea.

As primeiras tentativas de regulação das aplicações tecnológicas da ciência biológica contemporânea foram realizadas no âmbito de um novo ramo da ética filosófica, a bioética. Surgida nos Estados Unidos quando a opinião pública tomou conhecimento dos casos de manipulação em pesquisas com enfermos social e mentalmente fragilizados (pacientes de diálise, de síndrome de Down e sifilíticos negros), o termo "bioética" foi empregado pela primeira vez pelo cancerologista e professor da Universidade de Wisconsin, Van Rensselaer, no título de seu livro *Bioethics: Bridge to the future* (1971). A reação da opinião pública a essas práticas de pesquisa levou o Congresso Americano a instituir a *National Commission for the Protection of Human Subjects of Biomedical and Behavioral Research*, com o objetivo de estabelecer os princípios éticos básicos, que deveriam nortear a experimentação em seres humanos nas ciências do comportamento e na biomedicina. O trabalho da comissão foi concluído com a publicação, em 1974, do *Relatório Belmont*.

O referido documento estabeleceu os três princípios clássicos da Bioética, bem como os procedimentos práticos deles derivados para a solução dos conflitos éticos. Os princípios da bioética – o princípio da autonomia (necessidade do consentimento informado), o da beneficência (atenção aos riscos e benefícios), e de seu desdobramento o princípio da não maleficência, e o da justiça (equidade quanto aos sujeitos da experimentação) – serviram para suprir a anomia moral e jurídica existente e atender, momentaneamente, à problemática ética suscitada pelo progresso científico.

As dificuldades na aplicação dos princípios da bioética surgiram nas suas próprias origens intelectuais. Os princípios da bioética nasceram de três diferentes tradições éticas, que provocaram aporias em sua aplicação prática. Assim, o princípio da autonomia deita as suas raízes na filosofia moral de Kant; o princípio da beneficência, no utilitarismo de Stuart Mill; e o princípio da justiça, no contratualismo, dentro da perspectiva de John Rawls.

Os princípios constituem, portanto, uma proposta eclética, que não tem um mesmo fundamento ético, que assegurasse entre eles uma unidade sistemática. Essa falta de unidade criou problemas práticos e teóricos, pois a falta de uma base sistemática para os princípios impede que os mesmos sejam interligados entre si e terminem não assegurando, também, uma orientação unitária no estabelecimento de um sistema regulatório claro e coerente.

Não se encontra, portanto, nos princípios da bioética, um sistema ético comum, que ajude a determinar o que é mais apropriado na solução de questões que envolvam a vida humana. Por essa razão, ocorrem na prática conflitos entre os três princípios, conflitos esses que agravam ainda mais os problemas éticos que esperam solução. A bioética principialista, que tem os seus fundamentos nos três princípios clássicos, apresenta um principal defeito, qual seja a de ser eclética e, em consequência, ofuscar os fundamentos morais e o raciocínio ético. Os princípios da bioética, nessa linha de argumentação, podem ser caracterizados como "princípios penúltimos",[4] somente válidos na medida em que não colidam um com o outro, o que obrigaria a determinar qual deles deve ser considerado como prioritário.

Precisamente, em virtude dessa natureza dos princípios da Bioética é que têm sido aplicados, não como princípios éticos, mas como normas dogmáticas, modeladas no arquétipo jurídico clássico. A crise do principialismo na bioética encontra-se nessa vocação utilitarista que tornam o tema da liberdade, próprio da ética, e o tema da regulação, próprio do direito, encontrem-se ameaçados pelo racionalismo utilitarista. Em outras palavras, como escreve Roque Junges, o paradigma dos princípios ignora a experiência moral dos sujeitos, que se expressa nas múltiplas ações e situações humanas. A bioética principialista escorrega nessa armadilha, típica do positivismo jurídico, ao procurar subordinar a ação livre do ser humano a um processo de subsunção dos fatos aos três princípios da bioética, erigindo-os como categoria dogmática.

Ocorre, entretanto, que as aporias suscitadas pelos três princípios da bioética podem ser superadas na medida em que se considerar um conceito comum à ética e ao direito. O conceito central que poderá permitir vincular as questões da bioética ao direito pertence às duas áreas do conhecimento e serve, se considerado de forma complementar, como um instrumento heurístico comum: trata-se da ideia da responsabilidade. Isto porque toda questão jurídica reduz-se à determinação de uma responsabilidade, e o mesmo corre com toda questão moral.

Nesse sentido, podemos indagar em que medida a ideia de responsabilidade torna-se legitimadora da regulação no espaço da liberdade. Não qualquer responsabilidade, mas uma responsabilidade obediente ao seu caráter eminentemente moral, que irá ser formulada na regulação do exercício da liberdade de

---

[4] JUNGES, Roque (1999). *Bioética, perspectivas e desafios.* São Leopoldo: Editora UNISINOS, p. 66.

seres autônomos. O princípio responsabilidade de Hans Jonas talvez constitua um instrumento teórico válido, que venha atender a essa exigência ao considerar a dimensão da liberdade como integrada na natureza e supere a pretensão do positivismo de regular *a priori* a imprevisibilidade das situações humanas, através da formulação de alguns princípios morais abstratos ou da lei positiva.

As duas faces da responsabilidade

Quando se fala em responsabilidade, pode-se estar fazendo referência a dois tipos de conceitos: um moral e outro jurídico. Em ambos, entretanto, encontra-se a ideia de que os seres humanos consideram-se uns aos outros como agentes morais, ou seja, seres capazes de aceitarem regras, cumprirem acordos e de agirem obedecendo a essas determinações. Em torno desses compromissos, constitui-se o tecido de direitos e obrigações, regulatório da vida social humana, que tem na pessoa o seu epicentro.

A vida social é objetivada mediante atos individuais, que expressam a vontade do indivíduo, agente moral dotado de racionalidade e autonomia. Por essa razão, os atos humanos caracterizam-se por uma necessária dimensão de responsabilidade, que se constitui no eixo das relações sociais e as torna possíveis e previsíveis. A responsabilidade constitui-se, assim, na categoria central do sistema social e jurídico e serve como parâmetro para a imputação dos atos individuais. O tema da responsabilidade por perpassar a multiplicidade dos atos humanos pode ser analisado segundo três perspectivas: a responsabilidade moral, a responsabilidade jurídica e a responsabilidade coletiva.[5]

Quando Nietzsche se refere à longa história da responsabilidade humana, enfatiza como essa história foi um processo no qual se procurou responder ao desafio de "tornar o homem até certo ponto necessário, uniforme, igual entre iguais, constante, e, portanto, confiável".[6] A construção da moralidade aparece neste contexto no qual o homem em período pré-histórico consegue tornar-se confiável. O argumento de Nietzsche é o de que o homem, apesar de conservar na sua personalidade características de tirania, dureza, estupidez e idiotismo, passou a ser confiável por meio da ajuda da moralidade e da camisa-de-força social.[7] Em torno da confiança, consequência de uma relação moral, o indivíduo abandona o seu estado primitivo pré-histórico e passa a participar de relações com os seus semelhantes, pautadas em valores definidos no patamar da moralidade.

---

[5] Ribeiro, Luiz Antônio Cunha (2006). "Responsabilidade", in *Dicionário de Filosofia do Direito*. São Leopoldo/ Rio de Janeiro, Editora UNISINOS e Editora Renovar; Neuberg, Marc (2003). « Responsabilité », in *Dictionnaire d'éthique et de philosophie morale,* sous la direction de Monique Canto-Sperber. Paris, PUF.

[6] Nietzsche, Friedrich (2005). *Genealogia da Moral,* trad. Paulo César de Souza. São Paulo: Companhia das Letras, pg.48.

[7] Idem, ibidem, p. 29.

A vida humana, portanto, torna-se possível na medida em que cada indivíduo possa ser considerado responsável moralmente por atos praticados, que tenham repercussões em suas relações sociais. Esses atos são considerados morais porque expressam a manifestação da vontade autônoma do indivíduo e, em consequência, permitem a atribuição de responsabilidade moral a cada um. A responsabilidade resulta, assim, da aplicação de critérios racionais sobre o que é o "certo" ou o "errado" em face de atos praticados pelos indivíduos. O julgamento moral é exercido préviamente no âmbito da reflexão ético-filosófica, somente sendo inteligível em virtude de a pessoa humana ser caracterizada como agente moral, dotado de autonomia da vontade e da liberdade de escolha.

A responsabilidade jurídica, por sua vez, tem outras características, pois se objetiva no contexto de instituições sociais e sistemas de normas jurídicas, e exige para a sua concretização o estabelecimento de critérios específicos, através de normas que determinem os contornos próprios desse tipo de responsabilidade. A hipótese que se pretende desenvolver neste texto é a de que, em primeiro lugar, existe uma ligação estreita entre a responsabilidade moral e a responsabilidade jurídica; em segundo lugar, que essa ligação somente poderá ser racionalmente explicável no quadro de uma nova teoria da responsabilidade, nascida no contexto dos avanços da ciência, particularmente, da pesquisa e da engenharia genética.

Na teoria da responsabilidade jurídica distinguem-se dois tipos de responsabilidade, já referidos por Aristóteles:[8] uma que ocorre na relação entre indivíduos e que serve como critério resolutório de litígios ou nas questões indenizatórias; outra forma de responsabilidade jurídica é a responsabilidade penal, quando o ato do indivíduo confronta-se com as normas da sociedade. Essa responsabilidade jurídica não se objetiva sem a consideração de suas raízes morais, que se manifestam através da manifestação da vontade autônoma do indivíduo. A tese problemática, que se discute, por exemplo, no campo penal, consiste em analisar em que medida uma decisão penal para ser justa, moralmente correta, necessita originar-se da constatação de uma responsabilidade moral, mesmo quando atende às finalidades específicas do sistema jurídico.

As transformações do agir humano e a responsabilidade

Ainda que o tema da responsabilidade moral tenha estado presente, desde os primórdios da elaboração ético-filosófica na Grécia clássica, somente a partir da sua tipificação como categoria jurídica é que se irá ter condições de falar de uma teoria da responsabilidade moral e jurídica. A distinção entre essas duas categorias de responsabilidade tornou-se possível porque o próprio agir humano sofreu,

---

[8] Aristóteles (1990). *Éthique à Nicomaque*, trad. J. Tricot. Paris: Librairie Philosophique J. VRIN. V, 5, 1131 *a* 3.

no curso da história, transformações radicais, fazendo com que o âmbito da moral ficasse diferenciado do âmbito do direito. A distinção entre a teoria da virtude e a teoria do justo, que perpassa a história do pensamento filosófico, expressa a progressiva separação entre esses dois tipos de sistemas normativos, ainda que na contemporaneidade o estado democrático de direito pressuponha a necessária complementaridade entre a moralidade e o direito.

A etimologia da palavra "responsabilidade" mostra como se considerava "responsável" todo o indivíduo que pudesse ser convocado pelos tribunais em virtude de pesar sobre ele certa "obrigação", dívida procedente, ou não, de um ato de vontade livre. Esse é o significado jurídico original da palavra, encontrado no direito romano. Tratava-se, portanto, de uma prestação determinada pela lei e que seria finalmente resolvida nos tribunais, caracterizando-se, assim, a responsabilidade como referida ao futuro, mas consequência de um ato pretérito. A responsabilidade helênica, porém, foi uma categoria antes moral do que jurídica. Isto porque o direito nasceu no contexto do *ethos*, legitimado por razões morais e religiosas, e somente, posteriormente, destacam-se normas que recebem uma formatação jurídica.

O Cristianismo incorporou o termo jurídico em universo conceitual mais amplo. Estabeleceu-se, então, o vínculo da categoria jurídica de responsabilidade com a moral do Cristianismo. Procurou-se justificar teologicamente essa relação, partindo-se da aceitação de que existia uma prioridade hierárquica da lei divina no sistema normativo da sociedade humana. A lei divina legitimaria a lei humana e traria consigo sanções que estabeleceriam os critérios básicos para o julgamento das ações individuais. Ao contrário da justiça humana, que tem por finalidade decidir litígios entre diversos sujeitos de direito, sejam eles indivíduos, grupos sociais ou sociedade, a justiça divina ocupa-se, exclusivamente, de um único sujeito.

A originalidade do Cristianismo consistiu em considerar, em primeiro lugar, a responsabilidade como o elo entre um único indivíduo e o Criador, numa relação bilateral em que a pessoa tinha uma posição dependente e subordinada; em segundo lugar, o cristianismo estabeleceu critérios para considerar alguém responsável por atos a serem definidos em função da intenção subjetiva desse indivíduo em sua relação de consciência com Deus.

A responsabilidade deixa, portanto, o campo estrito da juridicidade, como até então fora considerada pelo direito romano, e vai encontrar a sua morada na consciência da pessoa, sendo um dos componentes da "lei moral natural". Escreve Villey que o homem passou a ser responsável diante da sua consciência, da sociedade e do futuro, "esses substitutos de Deus".[9] O surgimento dessa responsabilidade metaindividual veio atender nos primórdios da Idade Moderna às indagações de caráter ético e jurídico, que prepararam as bases do Estado e do Direito modernos.

---

[9] VILLEY, Michel (1977). "Esquisse historique sur le mot responsable", in *Archives de Philosophie du Droit,*, tome 22, p. 54.

Esterilização moral da ordem jurídica

Como o homem destina-se por natureza a conviver com os seus semelhantes, a função primordial da norma jurídica seria regular deveres mútuos, que tornassem possível essa convivência social. O direito tornou-se o sistema de normas destinado a governar a conduta humana em relação ao seu semelhante. Para que tal sistema pudesse funcionar, o direito passou a utilizar alguns conceitos e categorias, que forneceriam uma base racional para a solução dos conflitos. A ideia clássica de justiça ou da justa distribuição de bens, núcleo da teoria da justiça, deu lugar, entretanto, ao império da lei posta, que teve a sua consagração nos sistemas jurídicos da tradição continental europeia. O positivismo jurídico veio no século XIX e XX sedimentar ideologicamente esse processo de esterilização moral da ordem jurídica.

A responsabilidade passou a ser estabelecida em função da "imputabilidade" da ação do indivíduo ao que se encontrava previsto em lei. Introduziu-se no conceito a dimensão da subjetividade, que iria resguardar o exercício da autonomia e da liberdade individual, mas ao mesmo tempo imputar às ações humanas consequências para os agentes por elas responsáveis. A consideração como prioritária da subsunção da ação individual à letra da lei positiva trouxe então a consequência lógica na aplicação da lei, qu estabelece o sistema da responsabilidade puramente legal.

Por sua vez, a responsabilidade penal, que até o Iluminismo era determinada em função de leis morais, ganhou autonomia própria. A pena justificava-se, desde os Dez Mandamentos, como um ressarcimento à violação de uma lei divina, enquanto a lei em matéria penal copiava a lei divina. A influência do Iluminismo no corpo do Direito Penal provocou uma revolução copernicana no Direito e na legislação. O indivíduo tornou-se o responsável único por seus atos, sendo que pena passou a ser aplicada na sua pessoa e nela extinguindo-se, eliminando-se as penas extensivas a familiares. A pena passou a ser aplicada em obediência ao princípio moral de que a responsabilidade tem a ver com ações, que são manifestações do exercício consciente da vontade do indivíduo, no uso e gozo de suas faculdades mentais, e que o direito considera como passíveis de uma obrigação retributiva.

O direito civil moderno ordenou-se como um prolongamento desse sistema de moralidade. Neste contexto, o jusnaturalismo representou um conjunto sistemático de preceitos morais a serem consagrados pelo sistema jurídico positivo; assim, a regra cristã-estóica de que cada indivíduo deve cumprir a palavra empenhada, irá servir de fundamento para a lei dos contratos – *pacta sunt servanda*. As raízes morais da responsabilidade civil moderna serão encontradas nas regras jurídicas medievais e no pensamento de filósofos, como por exemplo, Tomás de Aquino,[10] os escolásticos espanhóis e os moralistas do século XVII. Em todos, determinava-se que cada indivíduo tinha a obrigação de "restituir" ou reparar os danos provocados por atos culposos ou dolosos.

---

[10] Tomás de Aquino, *Suma Teológica*, 2-2. q. 62.

Esse preceito de natureza estritamente moral foi consagrado como regra de direito. Assim, por exemplo, Grotius estabelece que entre os três axiomas a que se reduz o direito propriamente dito encontra-se o de reparar o dano provocado por sua culpa (*Prolegomenos:* § 8).[11] O *Código de Napoleão*, no art. 1382, incorporou a fórmula grociana e evita mesmo a palavra "responsabilidade". Somente durante as primeiras décadas do século XIX é que a doutrina jurídica irá elaborar uma teoria da responsabilidade civil, especificamente jurídica, liberta de seus vínculos morais.

Um projeto de regulação e liberdade

Dentro desse processo evolutivo do conceito de responsabilidade os avanços do conhecimento científico e suas aplicações tecnológicas, principalmente no âmbito das ciências da vida, provocaram novos questionamentos sobre a natureza moral e jurídica do instituo da responsabilidade. As relações do homem com a natureza sofreram nos últimos anos uma radical modificação. O aumento das possibilidades abertas pelo conhecimento científico e pelas tecnologias de interferência do homem sobre a natureza, física e propriamente humana, adquiriu nos últimos cem anos dimensões imprevistas ou mesmo pensadas pela inteligência humana. A tecnociência e, principalmente, aquela nascida no contexto da revolução da biotecnologia, possibilitou à ação humana o exercício de poderes que tornaram o potencial da intervenção humana na natureza como uma promessa de um futuro melhor para a humanidade, mas, também e ao mesmo tempo, se constituindo numa espada de Dámocles, que em diversas de suas realizações ameaçam a própria sobrevivência do homem.

O poder da ciência e da tecnologia alterou radicalmente a natureza da cultura e da sociedade através de interferências quantitativas e qualitativas na natureza e no ser humano. O homem passou a manipular a sua própria natureza, bem como a natureza extra-humana, tornando imprevisíveis, em muitos casos, as consequências das suas ações. O exame dos problemas éticos suscitados pela biologia e a engenharia genética, entre os quais a questão das células-tronco, o exemplo mais atual desse desafio, pressupõe o estabelecimento de paradigmas ético-filosóficos para o seu entendimento e formulação, tanto do ponto de vista moral, como político e jurídico, que não encontram resposta nos princípios da bioética.

Isto porque essas questões vitais para a humanidade não encontraram respostas no campo específico do conhecimento científico e nem do sistema político e jurídico. Constata-se, dentro e fora da comunidade científica, que esses problemas necessitam, prioritariamente, uma análise ético-filosófica, que considere os avanços do conhecimento científico, as suas aplicações tecnológicas e o sistema

---

[11] Grotius, Hugo (1925). *Del derecho de la Guerra y de la Paz*, trad. Jaime Torrubiano Ripoli. Madrid, Editorial Reus (S.A.).

econômico que alimenta a ciência e a tecnologia. Somente trazendo esses dados para o corpo da reflexão ético-filosófica é que se poderá vislumbrar uma resposta para esses problemas. Para tanto, torna-se necessário que a reflexão crítica abandone as abstrações da ética tradicional ou dogmática, prisioneira de uma camisa de força interpretativa, e elabore uma ética hermenêutica crítica, baseada na facticidade.[12] Somente assim pode-se considerar uma ética da responsabilidade para uma sociedade complexa e plural como a existente.

Hans Jonas desenvolveu o argumento de que toda capacidade humana, "como tal" ou "em si", é boa, tornando-se má apenas quando se abusa dela. Portanto, é sensato formular-se o seguinte *caveat* diante do avanço do conhecimento científico e suas aplicações tecnológicas: utilize este poder, mas dele não abuse. O pressuposto para que se possam determinar os limites ao poder de intervenção do ser humano, especificamente, aquele exercido pelo biopoder,[13] reside na determinação do uso correto e do uso abusivo de uma mesma capacidade.[14]

Nesse sentido, podemos dizer que o biopoder (ou biopolítica) está relacionado a questões de gestão e regulação social, nacional e internacional das implicações do desenvolvimento da biomedicina e da biotecnologia. Particularmente, a biopolítica tem por objeto as políticas da saúde e do meio ambiente, o tratamento equitativo das desigualdades, e a gestão do risco diante a emergência da complexidade em todos os âmbitos da sociedade. Emílio Muñoz diz que a biopolítica

(...) pode ser definida como a parte da bioética que transforma os problemas da interação entre as sociedades e os sistemas biológicos em decisões e acções políticas através de acordos, normas, regulamentações e leis. Em resumo, a biopolítica enfrenta os aspectos políticos e regulamentares da bioética, encarando-a no plano, não dos indivíduos, mas da sociedade em geral.[15]

Na sociedade tecnocientífica, a ação humana se identifica com a ação técnica, produzindo efeitos que não podem ser determinados como "bons" ou "maus", através de distinções qualitativas evidentes por si. Neste sentido é que Jonas se refere ao surgimento de um novo paradigma ético, que implica em considerar a coexistência de efeitos benéficos e maléficos convivendo na ação humana.

O uso da capacidade de criar e produzir em grande escala, por melhores que sejam as intenções, fazem com que as ações na sociedade tecnocientífica provoquem, de forma crescente, efeitos maus que são inseparáveis dos efeitos bons. O lado ameaçador da técnica existe não só quando ocorre o abuso dela por má vontade, mas também quando ela é empregada de boa vontade para fins próprios legítimos. Ocorre o que Boudon chamou de "efeitos perversos" da ação social.[16]

---

[12] CONNILL SANCHO, Jesus (2006). *Ética Hermenêutica*. Madrid: Tecnos, p. 15 e segs.

[13] AGAMBEN, Giorgio (2004). *Homo Sacer. O poder soberano e a vida nua*. Trad. Henrique Burigo.Belo Horizonte: Editora UFMG.

[14] JONAS, Hans (1997). *Técnica, Medicina y Ética*. Barcelona: Paidós, p. 33.

[15] MUÑOZ, Emílio. "Biopolítica", in: HOTTOIS, Gilbert; MISSA, Jean-Noël. *Nova enciclopédia da bioética*. Lisboa: Instituto Piaget, p. 119.

[16] BOUDON, Raymond (1979). *Efeitos Perversos e Ordem Social*. Trad. Analúcia T. Ribeiro. Rio de Janeiro: Zahar Editores.

Contra o alerta relativo aos riscos da ambivalência da técnica e, ao mesmo tempo, procurando justificá-la, teóricos da ciência levantaram o argumento de que na natureza mesma há processos que também comportam falhas ou imperfeições, como a reprodução humana. Essa pode ter insucesso ou imperfeições, mas esses efeitos não são prejudiciais à natureza humana e extra-humana por integrarem o processo evolutivo que possui leis intrínsecas para harmonizar a diferença que surge das mutações.

A simples equiparação dos efeitos perversos da técnica com a contingência da natureza pode ser tomado como exemplo do horizonte do imaginário científico, que não reconhece valores e fins que são intrínsecos à natureza, tomando-a matéria bruta, suscetível de transformação de acordo com os critérios da vontade humana.

Essa forma de pensar pode ser compreendida como produto, e ao mesmo tempo como implicação, de alguns problemas, que são considerados resultados de um niilismo que se fortaleceu no século XX, tanto no âmbito das ciências, quanto do pensamento humano em geral. O niilismo caracteriza-se, assim, por considerar que: (a) o homem encontra-se deslocado do mundo, mas existe e pensa apesar do mundo;[17] (b) a extrema contingência da existência humana a priva do sentido do todo, sendo o sentido não mais encontrado, e sim, dado pelo próprio homem; (c) ocorre uma separação dos domínios objetivo e subjetivo, a partir da qual o homem, através da técnica, passou a manipular a natureza segundo a sua vontade; (d) modifica-se a imagem da natureza, tornando relativa a ideia de que o homem vive em um ambiente cósmico; (e) a obrigação é uma invenção humana, não uma descoberta baseada no ser objetivo do bem em si mesmo; (f) o fundamento do ser é indiferente para a nossa experiência de obrigação. Essa indiferença do ser é a própria indiferença da natureza, impossibilitando assim que a ciência moderna apreenda em toda a sua complexidade quais os fins intrínsecos à natureza, que balizariam a atividade humana.

Nesse ponto, é importante dizer que a ciência está situada em um âmbito ôntico, desenvolvendo-se em uma racionalidade apofântica que constrói enunciados fundados no método que estrutura a ciência. O limite do pensar da ciência é o limite imposto por seu próprio método.[18] Portanto, a ciência compreende apenas o que o seu método permite que ela compreenda. A ciência por si só não é suficiente para alcançar o âmbito ontológico da manifestação dos valores que consubstanciam o agir humano a fim de projetar referenciais éticos para a produção científica e manipulação da natureza.

A falta de referenciais ético-filosóficos para a ciência contemporânea impede que ela possa se posicionar adequadamente diante dos problemas que surgem

---

[17] "No mundo só ele pensa, não porque é parte do mundo, mas apesar de ser parte do mundo. Como já não participa mais de um sentido da natureza, mas apenas – através do seu corpo - de sua condição mecânica, assim também a natureza não participa de seus anseios internos". (JONAS, Hans. *O princípio vida*: fundamentos para uma biologia filosófica. Petrópolis: Vozes, 2004. p. 235-236.)

[18] STEIN, Ernildo. *Pensar é pensar a diferença*: filosofia e conhecimento empírico. Ijuí: Editora Unijuí, 2002.

da sua própria produção. Ao projetar os seus questionamentos éticos levando em consideração a estrutura e eficiência do seu próprio método, a ciência reduz de forma equivocada a tematização ética a problemas como "produção de sucessos ou falhas" ou a "busca humana pela perfeição", tratando-as como questões fundamentais. Na verdade, essas são questões localizadas no âmbito ôntico das ciências, no qual o pensar está reduzido à técnica em si mesma e às suas possibilidades, que por essa razão não conseguem resolver as suas aporias essenciais.

A questão que propomos aqui como fundamental para a compreensão da problemática da biotecnologia – e, portanto, do agir técnico – pressupõe a superação de dualismos como consciência e mundo exterior, forma e matéria, sujeito e mundo, liberdade e necessidade, bem como de monismos que oferecem maior dignidade ou à morte ou à vida.

O dualismo retirou da matéria todo o conteúdo que pudesse dizer respeito a sentimentos, ao espírito, interiorizando na consciência do sujeito todos esses atributos. A matéria passou a ser concebida como matéria pura e sem vida. O homem descobriu-se como ser alheio ao mundo. Esta oposição levou o homem a retirar o sentido do mundo, implicando na mecanização da natureza. Todo sentido ou sentimento passou a ser considerado como pura representação que um sujeito faz com relação ao mundo. Como afirma Hans Jonas:

> (...) a simples possibilidade de se conceber um "universo não animado" surgiu como oposição à ênfase cada vez mais exclusiva colocada sobre a alma humana, sobre sua vida interior e sobre a impossibilidade de compará-la a qualquer coisa da natureza. Esta separação trágica, que se tornou cada vez mais aguda até o ponto de os elementos separados deixarem de ter qualquer coisa em comum, passou desde então a definir a essência de ambos, precisamente através desta exclusão mútua. Cada um deles é o que o outro não é. Enquanto a alma, que se voltava para si própria, atraía para si todo significado e toda dignidade metafísica, e se concentrava em seu ser mais íntimo, o mundo era despido de todas estas exigências.[19]

Com a radicalidade do dualismo, o corpo, e o mundo material como um todo, passou a ser concebido como uma prisão da alma, um túmulo para o espírito. Esse monismo baniu a vida universal, não estando mais apoiada por nenhum pólo transcendente. Assim, a vida finita e particular passou a ser valorizada como um aqui e agora, entre um início e um fim. Isto significa que o lugar da vida no âmbito do ser ficou reduzido ao caso particular do organismo nos seus condicionamentos terrenos. O que condiciona e possibilita a vida é um improvável acaso do universo, alheio à própria vida humana e dotada de leis materiais indiferentes ao fenômeno vital.[20]

Todos esses movimentos apresentam continuidades e descontinuidades com relação aos binômios matéria/forma, corpo/alma, vida/morte, liberdade/regulação. Mas chama atenção o fato de que estas orientações nos obrigam a fazer uma opção entre um conceito ou outro. Hans Jonas propõe uma superação desse dualismo a partir da ideia de que existe nos organismos não apenas algo que

---

[19] JONAS, Hans. *O princípio vida*: fundamentos para uma biologia filosófica. Petrópolis: Vozes, 2004. p. 23-24.
[20] Idem, ibidem. p. 25.

os movimenta – como o princípio interior à sua própria natureza, pensado por Aristóteles – como também uma maneira de existir que pode ser percebida objetivamente. Por essa razão, Hans Jonas diz que não há uma separação entre o orgânico e o espiritual. A percepção e o movimento são intrínsecos ao orgânico e seguem uma finalidade que a própria natureza possui.

Essa finalidade é encontrada a partir da pressuposição de uma *liberdade* intrínseca à natureza. Assim, a evolução e a vida não estão lançadas ao puro acaso ou a uma estrita necessidade. Hans Jonas escreve que

> (...) nos obscuros movimentos da substância orgânica primitiva, dentro da necessidade sem limites do universo físico, ocorre um primeiro lampejo de um princípio de liberdade – princípio este que é estranho aos astros, aos planetas e aos átomos.[21]

Ao delinear os contornos do conceito de liberdade, Hans argumenta que

> (...) "liberdade" tem que designar um modo de ser capaz de ser percebido objetivamente, isto é, uma maneira de existir atribuída ao orgânico em si, e que neste sentido seja compartilhada por todos os membros da classe dos "organismos", sem ser compartilhada pelas demais: um conceito ontologicamente descritivo, que de início só possa ser mesmo relacionado a fatos meramente corporais. Mesmo neste caso, no entanto, ele não pode deixar de estar relacionado com o significado que atribuímos a este conceito no âmbito humano, de onde foi tomado – pois do contrário o empréstimo e a aplicação mais ampla passariam a ser um simples e frívolo jogo de palavras. Apesar de toda a objetividade física, os caracteres por ele descritos no nível primitivo constituem a base ontológica e a antecipação daqueles fenômenos mais elevados a que pode ser aplicado diretamente o nome de "liberdade", e que lhe servem de exemplo manifesto: e mesmo os mais elevados destes fenômenos permanecem ligados aos inícios não aparentes na camada orgânica básica, como condição para que sejam possíveis. Desta maneira o primeiro aparecimento do princípio em sua forma pura e elementar implica a irrupção do ser em um âmbito ilimitado de possibilidades, que se estende até as mais distantes amplidões da vida subjetiva, e que como um todo se encontra sob o signo da liberdade.[22]

Em torno do conceito de liberdade, intrínseca ao organismo, é que Hans Jonas explicita a dimensão existencial da matéria viva. Essa maneira de existir atribuída ao orgânico deve ser compreendida como um fundamento para a objetividade dos fins e valores que a natureza possui.

Nesse horizonte, a natureza se organiza de tal forma a partir da sua liberdade intrínseca que comprova a hipótese de uma passagem da substância inanimada para a substância orgânica, resultante de uma mudança na profundidade do ser. Isto significa que o dinamismo elementar da natureza acontece em razão de uma liberdade por ela própria possuída. Hans Jonas não ignora a existência de uma necessidade que todo o organismo possui que se vai manifestar como "existência em risco". A existência depende, portanto, de uma tensão entre "ser e não-ser", quando o organismo é dono de seu ser apenas de modo condicional e revogável.

Hans Jonas diz que o "não-ser entrou no mundo como uma alternativa ao próprio ser".[23] O sentido do ser é dado pela ameaça da sua negação, passando a

---

[21] JONAS, Hans. *O princípio vida*: fundamentos para uma biologia filosófica. Petrópolis: Vozes, 2004. p. 13.

[22] Idem, ibidem. p. 14.

[23] Idem, ibidem. p. 14.

Bioética, liberdade e a heurística do medo

ter que se afirmar, ao desejar a sua própria existência. Isto implicou em perceber o ser não mais como estado, mas sim como possibilidade imposta pela existência de uma ameaça. Assim, a vida deixa de ser compreendida como uma positividade isolada da morte (ou da transformação), compreendida como um estado de ausência da vida. Ao fundamentar esta concepção, Jonas escreve que:

> Suspenso, assim, na possibilidade, o ser é sob todos os aspectos um fato polar, e a vida manifesta sem cessar esta polaridade nas antíteses básicas que determinam sua existência: a antítese do ser e não-ser, de eu e mundo, de forma e matéria, de liberdade e necessidade.[24]

Essas aparentes dualidades não podem ser vistas como domínios separados. Na verdade, são ambivalências que propiciam o dinamismo da vida. O ser é constituído pelo não ser, a possibilidade pela necessidade. Com isso, temos delineado o horizonte para formularmos a questão fundamental sobre o desenvolvimento de tecnologias como as biotecnologias e nanotecnologias, consideradas sob a perspectiva de uma dimensão possível da liberdade, buscando superar os dualismos da modernidade e indicando valores e fins para o agir humano.

O pensamento dominante sobre as relações da técnica com a natureza ainda conserva resquícios de uma concepção mecanicista de mundo, que violenta a natureza para dela poder tirar melhor proveito para os interesses do homem. Ao se reduzir o problema das tecnologias ao sucesso ou fracasso de manipulações ou então à perfectibilidade da arte humana, alçada quase à categoria de divina providência, priorizamos apenas o âmbito do fazer, da *poiesis*, da criação humana, deixando de lado a objetividade da natureza que nos impõe a reflexão sobre o nosso agir.

Essa objetividade encontra-se na liberdade de todo organismo e daí resulta que a natureza possui objetivos e fins que não podem ser ignorados pela ação técnica do homem. Quando uma tecnologia interfere na liberdade da natureza, está determinando uma irrupção na harmonia do todo que não pode ser compreendida, tampouco prevista pelo homem em toda a sua magnitude e amplitude. Isto porque ao interferir na liberdade do organismo, o homem modifica a estrutura da própria natureza e provoca um desequilíbrio nas relações de liberdade e necessidade que o dinamismo interno da vida possui. Hoje, o organismo não mais apenas tem que lutar contra o não ser da morte ou de mudanças naturais do habitat. A luta se dá contra agentes e forças que não respeitam o dinamismo da vida, os fins e os valores intrínsecos da natureza. Portanto, a partir da intervenção na liberdade da natureza, o homem modifica o próprio processo de conservação e evolução da vida. A natureza passa a ser suscetível da manipulação humana a tal ponto que se procura objetivar uma realidade imaginada na consciência do próprio homem.

Para Hans Jonas, foram os experimentos com a bomba atômica e suas consequências que direcionaram o pensamento para um novo tipo de questionamento, que reconhece o perigo que o nosso próprio poder representa para nós, o poder do homem sobre a Natureza. Foi o que Jonas caracterizou como sendo "uma

---

[24] JONAS, Hans. *O princípio vida*: fundamentos para uma biologia filosófica. Petrópolis: Vozes, 2004. p. 15.

crise crônica e gradual decorrente do perigo crescente dos riscos do progresso da tecnociência e seu uso perverso". Se antes a natureza não era objeto da responsabilidade humana, agora, em virtude de sua apropriação pelo homem, passamos a manter para com ela uma relação de responsabilidade, fundando uma nova proposição ética que contempla não somente os humanos, mas também a natureza.

Para tanto, propõe um novo imperativo, buscando a essência do ser e, mais do que isso, o estabelecimento de uma ética que assegure a sobrevivência humana no futuro: "Age de tal maneira que os efeitos de tua ação sejam compatíveis com a permanência de uma vida humana autêntica" ou ainda "não ponhas em perigo a continuidade indefinida da humanidade na Terra".

Jonas procura demonstrar com esse argumento como a natureza, exposta aos avanços tecnocientíficos do homem, torna-se extremamente vulnerável, o que traduz a necessidade do homem dela cuidar e procurar agir pelo seu bem, e não somente pelo bem da Humanidade. E mais, agir pelo bem da natureza vamos agir pelo bem da Humanidade.

Propõe, nesse contexto, a ideia da previsão do perigo como a orientação basilar para a reflexão ética. A previsão de possíveis desfechos no futuro da intervenção do homem na natureza humana e extra-humana, a heurística do medo, a previsão da desfiguração e da auto-destruição do Homem, necessidade de se conhecer o perigo antes que ele aconteça, a ameaça da sobrevivência da humanidade no plano de sua sobrevivência constituem as categorias em função das quais Hans Jonas irá construir o paradigma da ética responsabilidade.

Preocupação de que deva haver também no futuro um planeta saudável para que outros homens o habitem. Assim, para que haja uma ética da responsabilidade, ou melhor, para que haja responsabilidade é preciso que existam homens conscientes, o que entra em desacordo com o princípio tecnológico determinista.

E é este princípio tecnológico que nos obriga a considerar as suas consequências práticas: o problema não é gerar o conhecimento, o problema é a forma como ele é aplicado. Assim, a ética responsabilidade de Hans Jonas, pressupõe algumas virtudes, tais como a sabedoria, o conhecimento e a humildade. Sabedoria para tomar decisões e para guiar nosso agir prudente; conhecimento para que nos permita admitir, avaliar e corrigir as nossas falhas e incertezas, reconhecendo a irreversibilidade de nossas ações e ainda assim buscar o melhor apoio científico, um conhecimento exigente que busque as informações e os resultados mais consequentes e adequado; humildade para que saibamos trabalhar com o poder da técnica a serviço do Homem, ou seja, evitar a desproporção entre a capacidade de fazer relativamente á capacidade de prever, valorizar ou julgar.

Na responsabilidade deve haver uma limitação da liberdade individual, ou ainda, a autocensura da ciência sob o peso da responsabilidade. Esse imperativo orienta as ações do ser humano para o futuro, o futuro onde não mais nos será possível reparar os danos hoje causados, ou ainda, sermos punidos pelos delitos que possamos cometer e tenham seus resultados perpetuados. É o perigo que o

Bioética, liberdade e a heurística do medo

247

homem de hoje representa para o homem do futuro. E é com base neste perigo que se fundamenta a necessidade de se ter responsabilidade por todas as formas de vida.

Por sua vez, a responsabilidade por todas as formas de vida nada mais é do que a preservação da condição de existência da humanidade, direcionando o interesse dos homens para com o interesse de todos os seres vivos da natureza, já que todos usufruem do mesmo planeta. No entanto, como somos nós, os homens, que temos o poder de transformação e a consciência, nossa obrigação e responsabilidade torna-se ainda maior. Preservar a natureza para preservar os seres humanos. Mas essa responsabilidade também tem o caráter subjetivo, que se evidencia no modo como o autor da ação assume sua conduta, o que se dá sob a forma de sentimentos, restando às ações passadas que geraram danos, a instauração de um sentimento de remorso, o sofrimento moral.

A presença da reflexão ética, que não se coloca coercitiva, diferentemente da reflexão feita no plano jurídico, prevê sanções em caso de ações onde não esteja presente a responsabilidade.

Eis a necessidade de se estabelecer a relação entre o presente e o futuro, para que se possa estabelecer um sistema de deveres e direitos. É com base no imperativo de Hans Jonas que as políticas públicas devem ser trabalhadas, tendo em vista o longo prazo, mas que ao mesmo tempo sejam aplicáveis no presente, tempo real para decidir o futuro. Deste modo, e para que assim possa ser feito, não somente os governantes, mas principalmente os legisladores têm papel fundamental no estabelecimento desta nova ética. O legislador deverá aspirar ao estabelecimento duma forma política viável que tenha duração, se possível inalterada, promovendo e zelando o melhor para o futuro.

A ética proposta por Hans Jonas pretende então guiar a legislação e a sua aplicação pelo judiciário, para que não ocorram falhas na responsabilidade, e se possa realmente aplicar as normas aos problemas para os quais foram criadas ou concebidas, procurando uma aproximação entre a legitimidade política e a legitimidade técnica. Além disto, deve guiar toda a análise de problemas bioéticos para que possamos encontrar respostas não somente eticamente adequadas, mas juridicamente responsáveis.

— XV —

A nanotecnociência como uma revolução científica: os Direitos Humanos e uma (nova) filosofia *na* ciência

WILSON ENGELMANN[1]

Sumário: 1. Introdução – Um ponto de partida: olhando o passado por meio das possibilidades projetadas pelo horizonte histórico no presente; 2. Do clássico ao moderno: a (des)construção do paradigma científico; 3. A nanotecnociência como uma "ciência de fronteira": construindo a epistemologia de convergência da filosofia da ciência e a filosofia da tecnologia; 4. Como equacionar o humano no mundo nanoescalar? Os Direitos Humanos como um espaço (hermenêutico) para o desenvolvimento epistemológico pós-moderno; 5. Conclusão; 6. Referências.

1. Introdução – Um ponto de partida: olhando o passado por meio das possibilidades projetadas pelo horizonte histórico no presente

Os avanços obtidos a partir da neurociência permitem a "criação" de supersoldados; verdadeiros "guerreiros do futuro". Um relatório da Academia Nacional de Ciência dos Estados Unidos (NAS), informa que, de acordo com sua disposição genética, o soldado passará a ser monitorado, a fim de detectar sinais de fraqueza. "Caso toda uma unidade enfrente problemas, biossensores vão entrar em contato com a central de comando e pedir sua substituição. Conforme os avanços na neurociência transformam cenas como essa em realidade, surgem questões éticas que precisam ser analisadas".[2]

---

[1] Doutor e Mestre em Direito pelo Programa de Pós-Graduação em Direito (Mestrado e Doutorado) da UNISINOS (São Leopoldo/RS); Professor de Direitos Humanos neste Programa (Mestrado); Projeto de Pesquisa: "Os Direitos Humanos e o 'fascínio da criatividade': em busca de justificativas éticas para a regulamentação das pesquisas e dos resultados com o emprego das nanotecnologias", vinculado à linha de Pesquisa "Sociedade, Novos Direitos e Transnacionalização" do citado PPGD; Líder do Grupo de Pesquisa *JUSNANO* (CNPq/UNISINOS); Professor de Metodologia da Pesquisa Jurídica em diversos Cursos de Especialização em Direito da UNISINOS; Professor de Introdução ao Estudo do Direito do Curso de Graduação em Direito da UNISINOS; e-mail: wengelmann@unisinos.brt

[2] GEDDES, Linda. Os Supersoldados: avanços na neurociência ajudam os militares a projetar os guerreiros do futuro. *Info Exame*, São Paulo, julho 2009, p. 56.

Há uma inquietante possibilidade da neurociência criar "guerreiro cognitivamente manipulados, cujas emoções foram suprimidas". Os cientistas da NAS que trabalham neste projeto reconhecem a possibilidade de se criarem "dilemas éticos" como "uma consequência inevitável do seu trabalho". Tais avanços estão levando as forças armadas americanas a contratar filósofos especializados em ética, com o intuito de avaliar os avanços tecnológicos antes da sua implementação. A reflexão deve centrar-se no seguinte aspecto: "a possibilidade de uma tecnologia ser mal utilizada não é motivo para ignorá-la. [...] Investir nessas oportunidades será vantajoso porque vai aperfeiçoar a forma como educamos nossas crianças e entendemos a nós mesmos".[3]

O cenário descrito – que parece uma cena de ficção científica – se opõe aos princípios epistemológicos que sustentam a filosofia da ciência clássica e moderna. Apesar disto, são projetos cada vez mais próximos da realidade e para os quais é necessária a reflexão, tendo em vista a emergência de um novo paradigma científico, a ser sustentado por uma filosofia da ciência com características próprias.

Essa (r)evolução foi preparada gradativamente pelos diversos estágios do conhecimento científico. Assim sendo, se mostra necessário (re)visitar o passado, a fim de compreender o presente e iluminar as perspectivas do futuro no qual já estamos inseridos e se mostra como condição de possibilidade para a mobilidade do conhecimento: "A mobilidade histórica da existência humana apóia-se precisamente em que não há uma vinculação absoluta a uma determinada posição, e nesse sentido tampouco existe um horizonte fechado. O horizonte é, antes, algo no qual trilhamos nosso caminho e que conosco faz o caminho. Os horizontes se deslocam ao passo de quem se move".[4] O ser humano está inserido num horizonte histórico onde o passado, o presente e o futuro se fundem e exigem uma nova filosofia para a ciência. Esta fusão de horizontes que se move e renova gradativamente exige uma nova concepção para a ciência, notadamente a partir da emergência da chamada "nanotecnociência".

Quais serão os seus pressupostos e como se dará a necessária valorização do ser humano neste contexto ultra avançado de tecnociência? Os Direitos Humanos poderão ser um espaço historicamente delineado para o diálogo de todos os atores envolvidos? Em torno deste questionamento, desdobrado em dois itens, o artigo pretende levantar e alinhavar algumas respostas ainda muito provisórias.

2. Do clássico ao moderno: a (des)construção do paradigma científico

O exame do segundo livro da Física de Aristóteles evidencia que a ciência (*téchne*) deveria estar subordinada à natureza (*phýsis*). Este modelo biomórfico

---

[3] GEDDES, Linda. Os Supersoldados: avanços na neurociência ajudam os militares a projetar os guerreiros do futuro, op. cit., p. 58-9.

[4] GADAMER, Hans-Georg. *Verdade e Método:* Traços fundamentais de uma hermenêutica filosófica. Tradução de Flávio Paulo Meurer. 4. ed. Petrópolis: Vozes, 2002, vol. I, p. 454-5, § 309.

foi substituído, a partir do século XVII – dentro das "conquistas" da revolução científica – pelo modelo mecânico. A partir daí, quando o homem descobre as relações causais da natureza, passa a imitá-la, além de recriar com seu conhecimento novas técnicas e máquinas que foram capazes de suprir e controlar os seus efeitos.[5] Nesta guinada científica destaca-se o modo como o homem concebe a si mesmo frente à natureza: não há mais nenhum constrangimento diante das forças da natureza, que são desafiadas com pretensão de dominação integral. O homem e o seu conhecimento investem nesses aspectos em escalas nunca antes imaginadas.

As Ciências Naturais já não se contentam mais com a seguinte tarefa: "mostrar que o maravilhoso não é incompreensível, indicar como pode ser compreendido – sem destruir a maravilha. Porque uma vez explicado o maravilhoso, revelado o padrão escondido, [importa] saber como a complexidade foi tecida a partir da simplicidade".[6] O conhecimento científico perpassa esta simplicidade, a fim de conhecê-la em toda a sua extensão, visando a reproduzi-la em laboratório, provocando uma verdadeira *artificialização do natural*.

As relações – de convergência ou divergência – entre as Ciências Naturais e as Ciências Sociais (Culturais) são abordadas por Boaventura de Sousa Santos a partir da perspectiva metodológica, destacando que a distinção é progressivamente menos importante do que a especificação das suas semelhanças: "deve-se ter presente que essa tradição sempre reconheceu, de Comte a Nagel, que o objeto das ciências sociais tem características específicas que criam problemas e suscitam soluções diferentes daqueles que são comuns nas ciências da natureza".[7]

A distinção entre natureza e sociedade inaugurada pelos gregos tende a ser superada pela chamada "emancipação" da ciência operada na modernidade. Destarte, "a ciência moderna rompe com essa cumplicidade, desantropomorfiza a natureza, e sobre o objeto inerte e passivo assim constituído constrói um edifício intelectual sem precedentes na história da humanidade".[8] A maioria intelectual e científica do humano acaba invertendo a ordem entre natureza e cultura; esta passa a dominar aquela, determinando o rumo das pesquisas, sem receio ou temor a qualquer obstáculo.

Com esta ruptura, a fase da razão clássica, representada pela clara prevalência da racionalidade ética voltada ao aspecto predominantemente teleológico – que, em Aristóteles, é explicitado pela obtenção da felicidade[9] – acaba sen-

---

[5] BECCHI, Paolo. La Ética en la Era de la Técnica. Elementos para una crítica a Karl-Otto Apel y Hans Jonas. Tradução de Alberto M. Damiani. IN: *DOXA – Cuadernos de Filosofia del Derecho,*Biblioteca Virtual Miguel de Cervantes, n. 25, 2002, p. 117. Disponível em: http://cervantesvirtual.com/portal/DOXA/cuadernos.shtml. Acesso em: 11.08.2009.

[6] SIMON, Herbert A. *As Ciências do Artificial*. Tradução de Luís Moniz Pereira. Coimbra: Armênio Amado – Editor, Sucessor, 1981, p. 22-3.

[7] SOUSA SANTOS, Boaventura de. *Introdução a uma Ciência Pós-Moderna*. 3. ed. Porto: Afrontamento, 1993, p. 58.

[8] Idem, ibidem, p. 66.

[9] Na Introdução à *Ética a Nicômaco*, Mário da Gama Kury oberva: "O objetivo da ética seria então determinar qual é o bem supremo para as criaturas humanas (a felicidade) e qual é a finalidade da vida humana (fruir esta

do fragilizada. A caminhada do desenvolvimento humano vai gradativamente se afastando da razão clássica e da concepção aristotélica de felicidade, a fim de dar vasão à construção dos caracteres da chamada razão moderna.

O método não é visto mais, segundo Aristóteles, como um roteiro que conduza à essência das coisas, mas como um conjunto de "regras que permite a construção do modelo matemático mais adequado para a explicação dos fenômenos da natureza pela descoberta das leis do seu funcionamento".[10] A ideia é aplicar aos diversos campos do conhecimento o mesmo método de trabalho das Ciências da Natureza.

Um paradigma desse novo sujeito da razão moderna é a proposta kantiana do "Eu transcendental", marcado pela "atividade de conhecimento essencialmente construtora".[11] A objetividade da perspectiva aristotélica é substituída pelo olhar subjetivo de Kant. Esse movimento pode também ser assim caracterizado: "A saída do homem do estado de menoridade e a afirmação de sua supremacia sobre a terra".[12] A maioridade do homem levanta vários perigos, os quais estão diretamente relacionados ao modo como o elemento humano interfere nas coisas da natureza.

A racionalidade que preside este contexto moderno da ciência olha a natureza com pretensão de dominar todos os acontecimentos por ela produzidos. E mais. A distinção entre natureza e cultura deixa de fazer sentido, a partir do momento em que se funda num

> [...] modelo global de racionalidade científica que admite variedade interna mas que se distingue e defende, por via de fronteiras ostensivas e ostensivamente policiadas, de duas formas de conhecimento não científico (e, portanto, irracional) potencialmente perturbadoras e intrusas: o senso comum e as chamadas humanidades.[13]

---

felicidade da maneira mais elevada – a contemplação)" (p. 11). Tal característica é assim retratada por Aristóteles: "Toda arte e toda indagação, assim como toda ação e todo propósito, visam a algum bem; por isto foi dito acertadamente que o bem é aquilo a que todas as coisas visam" (1094a). Mais adiante, Aristóteles enfatiza: "[...] Em palavras, o acordo quanto a este ponto é quase geral; tanto a maioria dos homens quanto as pessoas mais qualificadas dizem que este bem supremo é a felicidade, e consideram que viver bem e ir bem equivale a ser feliz; [...]" (1095a). Dentro do contexto da ética clássica, onde Aristóteles formula este conceito, deve ser sublinhado que a felicidade não é um estado de espírito ou contentamento. Pelo contrário, trata-se da tradução de *eudaimonia*, que representa "o gênero de vida mais desejável (no sentido de uma escolha racional) e satisfatório" (Introdução, p. 13). ARISTÓTELES. *Ética a Nicômaco*. Tradução do grego, introdução e notas de Mário da Gama Kury. 4. ed. Brasília: UnB, 2001. John Finnis ao destacar os requisitos do *phrónimos* de Aristóteles, que tem a *prudentia* de Tomás de Aquino, ao utilizar os requisitos da razoabilidade prática ou da sabedoria prática, enfatiza: "[...] alguém que viva de acordo com esses requisitos também é o *spoudaios* (homem maduro) de Aristóteles, sua vida é *eu zen* (viver bem) e, a menos que as circunstâncias estejam contra ele, nós podemos dizer que tem *eudaimonia* (o bem-estar ou florescimento inclusivo ilimitado – traduzido incorretamente como 'felicidade') de Aristóteles. [...]". FINNIS, John Mitchell. *Lei natural e direitos naturais.* Tradução de Leila Mendes. São Leopoldo: Unisinos, 2007, p. 107.

[10] LIMA VAZ, Henrique Cláudio de. Ética e razão moderna. IN: *Síntese Nova Fase,* Belo Horizonte: Centro de Estudos Superiores-SJ, v. 22, n. 68, jan.-mar. 1995, p. 61.

[11] Idem, Ibidem, p. 62.

[12] BECCHI, Paolo. La Ética en la era de la Técnica. Elementos para una crítica a Karl-Otto Apel y Hans Jonas, op. cit., p. 118.

[13] SOUSA SANTOS, Boaventura de. *Um Discurso sobre as Ciências.* 2. ed. São Paulo: Cortez, 2004, p. 20-1.

Embora não se defenda a distinção rígida entre as Ciências da Natureza e as Ciências da Cultura, pois ambas se relacionam e apresentam características próprias que devem ser respeitadas. Neste modelo racional restaria apenas uma verdadeira ciência – aquela que pudesse ser estudada pelo modelo matemático e mecânico. Destarte, as humanidades, ou seja, aquelas áreas do conhecimento que não se debruçam sobre os fenômenos naturais, acabam sendo esquecidas. O grande problema desta forma de conceber o modelo científico é o predomínio da técnica, com o esquecimento do humano, o verdadeiro destinatário de todas as pesquisas e investidas na natureza, sejam positivas ou negativas.

Portanto, a marca característica deste paradigma científico é negar o caráter racional a todo e qualquer modo de conhecimento que não se enquadre na metodologia mecânica de estudo. Ocorre uma cisão entre natureza e ser humano; aquela se mostra passiva e sempre disponível para ser desbravada: "não tem qualquer outra qualidade ou dignidade que nos impeça de desvendar os seus mistérios, desvendamento que não é contemplativo, mas antes ativo, já que visa conhecer a natureza para a dominar e controlar".[14]

Dentro deste contexto, existem três grandes domínios do conhecimento: a ciência, a filosofia e a tecnologia (ou a técnica). O papel da filosofia se encontra reservado para a formulação de problemas, de levantar os questionamentos; já à ciência cabia resolver os problemas e à tecnologia mostrava-se como "a forma não discursiva e sim instrumental como a ciência atuava ou operava no mundo e na natureza".[15]

No Século XXI estes três domínios já não se apresentam mais com estas características originais: a ciência, por meio da investigação, aprendeu a formular e identificar problemas; a filosofia busca respostas para enigmas que são apresentados e a tecnologia é a forma como tudo isto é desenvolvido. Resta evidenciado que não se trata de um problema puramente semântico, pois o certo é que as inovações são processadas em ritmo cada vez mais acelerado graças a uma ferramenta chamada de "cienciometria". Ela é responsável pela elaboração de indicadores de ciência e tecnologia, originando a "tecnociência".[16]

Estes movimentos assimétricos colocam em cheque o paradigma científico da modernidade, o qual, pretendendo ser antidogmático, acabou forjando um novo dogmatismo, ao consagrar o modelo da ciência da natureza como o único a ser utilizado a fim de ser atingida a cientificidade, apesar das críticas que foi recebendo, especialmente ao longo do século XX. A dificuldade em realizar a revisão provocou a crise deste paradigma dominante gerado a partir da consolidação da tecnociência. Ela foi gestada na plenitude do paradigma científico da modernidade. No entanto, ao lado do progresso, revelou as fragilidades dos pi-

---

[14] SOUSA SANTOS, Boaventura de. *Um Discurso sobre as Ciências*, op. cit., p. 25.

[15] MALDONADO, Carlos Eduardo. Filosofia de la Ciencia y Nanotecnociencia. IN: GALLO, Jairo Giraldo; GONZÁLEZ, Edgar; BAQUERO-GÓMEZ, Fernando (Edit.). *Nanotecnociencia: nociones preliminares sobre el universo nanoscópico*. Bogotá: Ediciones Buinaima, 2007, p. 70.

[16] Idem, Ibidem, p. 71.

lares que sustentavam-no. No seio dos avanços foi construída a separação entre o sujeito e o objeto, como se aquele pudesse estudar este sem estar implicado no seu acontecer.

O horizonte histórico onde se projetam as características de uma nova filosofia da ciência deixará de lado os dualismos, procurando superar as distinções, "tais como natureza/cultura, natural/artificial, vivo/inanimado, mente/matéria, observador/observado, subjetivo/objetivo, coletivo/individual, animal/pessoa".[17] O paradigma que se forma deve ter presente a relação circular que se estabelece entre o todo e as partes e vice-versa. Aí o ponto central de distinção com o paradigma da modernidade: "[...] nos encontramos ante um raciocínio circular, já que o todo, a partir do qual se deve entender o individual, não pode ser dado antes do individual, [...]".[18] Esta circularidade é a marca característica significativa de um modo de conceber a ciência na pós-modernidade, como um espaço temporal onde se promoverá a reconciliação entre a parte e o todo. Nela os olhares científico, filosófico e técnico deverão valorizar uma construção transdisciplinar para sujeito e objeto, concebidos como um todo indissociável, caracterizando os horizontes que uma nova filosofia da ciência precisa respeitar e consolidar. Talvez fosse mais acertado mencionar filosofia *na* ciência, como se verá mais adiante, ampliando as possibilidades de análise e de enriquecimento recíprocos.

3. A nanotecnociência como uma "ciência de fronteira": construindo a epistemologia de convergência da filosofia da ciência e a filosofia da tecnologia

A tecnociência se apresenta como uma ferramenta que mostra uma união entre ciência e tecnologia, as quais, durante muito tempo – como se verificou – permaneceram separadas. Esta consolidação ganha força, a partir do desenvolvimento de propriedades derivadas da mecânica quântica. Ela se tem mostrado como a teoria mais bem sucedida nas Ciências Naturais, pois "o comportamento das moléculas, dos átomos e das partículas elementares que compõem nosso universo, a ciência dos materiais, a supercondutividade, o funcionamento dos dispositivos eletrônicos, a predição do valor da carga do elétron com uma precisão extrema, são todos assuntos descritos pela mecânica quântica".[19] Ao longo do último século, especialmente, a mecânica quântica tem adquirido um alto grau de sofisticação e de miniaturização, por meio da nanoescala.

---

[17] SOUSA SANTOS, Boaventura de. *Um Discurso sobre as Ciências,* op. cit., p. 59 *et seq.*

[18] GADAMER, Hans-Georg. *Verdade e Método:* Traços fundamentais de uma hermenêutica filosófica. Tradução de Flávio Paulo Meurer. 4. ed. Petrópolis: Vozes, 2002, vol. I, p. 296, § 194.

[19] HAAS, Fernando. Computação Quântica: desafios para o Século XXI. IN: *Cadernos IHU Ideias.* São Leopoldo: Unisinos, 2006, n. 53, p. 5.

Ao se examinar uma célula humana, verifica-se que ela tem cerca de 20 micrômetros de diâmetro. Isto quer dizer: "um micrômetro é um milionésimo de um metro; logo, a célula é aproximadamente quatro ordens de grandeza menor do que uma formiga".[20] Esta era a escala que o conhecimento científico dominava, especialmente por meio do microscópio.

No entanto, com a sofisticação da mecânica quântica as possibilidades científicas aumentaram, ou seja, tornou-se possível descer a um nível de investigação menor. Trata-se da nanoescala: "um nanômetro é um bilionésimo de um metro, assim a nanoescala é cerca de três ordens de grandeza menor do que a própria célula".[21] O precursor desse processo foi Richard Phillips Feynman, a partir de seu pronunciamento, referindo a existência de "espaço suficiente lá em baixo".[22] Essa palestra ocorreu em 1959 e marcou o início das pesquisas em nanotecnologia, ou seja,

[...] esta nova ciência diz respeito às propriedades e comportamento de agregados de moléculas ou átomos, numa escala não ainda grande o bastante para ser considerada macroscópica, mas muito além do que pode ser chamado de microscópico.[23]

Portanto, em meados do Século XX surgia uma nova ciência – a nanotecnociência – a partir da nanotecnologia, que se refere somente à escala (a nanoescala),[24] que exigirá uma nova filosofia, pois seus pressupostos são distintos daqueles conhecidos até aquele momento. Um detalhe desta nova ciência pode ser assim caracterizado: "não simplesmente descreve os processos da natureza na escala nano, mas transforma ativamente a natureza sobre a qual trabalha".[25] Este delineamento científico deverá merecer a atenção na estruturação epistemológica da nova ciência, eis que se distingue de tudo o que o humano desenvolveu até este momento histórico: "cada tipo de máquina molecular utilizada pela natureza se copiará, modificará, melhorará, reinventará. [...] A indústria material do futuro

---

[20] LAMPTON, Christopher. *Divertindo-se com Nanotecnologia*. Tradução de Amir Kurban. Rio de Janeiro: Berkeley, 1994, p. 9.

[21] Idem, Ibidem.

[22] FEYNMAN, Richard Phillips. *Plenty of Room at the Bottom*. Disponível em http://www.its.caltech.edu/ ~feynman/plenty.html. Acessado em 10.08.2009

[23] ROUKES, Michael. Espaço suficiente lá embaixo. IN: *Scientific American* Brasil (Edição Especial 'Nanotecnologia'). n. 22, São Paulo: Ediouro, Segmento-Duetto Editorial Ltda., p. 7.

[24] O interessante é que a escala desta tecnologia do diminuto gerará efeitos gigantescos sobre a economia mundial, como por exemplo: 1. *mudanças quânticas*: "na nanoescala, onde reinam as leis da física quântica, substâncias comuns podem exibir novas propriedades, como resistência extraordinária, mudanças de cor, aumento de reatividade química ou de condutividade elétrica – características que essas substâncias não têm quando em escalas maiores; 2. *mudanças quantitativas*: "a nanotecnologia torna possível a fabricação 'de baixo para cima' (começando com átomos que se combinam para formar moléculas e todas as estruturas maiores); 3. *mudanças qualitativas*: "a fusão da matéria animada com a inanimada na escala nano, juntamente com a montagem de baixo para cima, significa novas plataformas para a indústria manufatureira, que podem tornar irrelevantes a geografia, as matérias-primas, bem como o trabalho". GRUPO ETC. *Nanotecnologia: os riscos da tecnologia do futuro:* saiba sobre produtos invisíveis que já estão no nosso dia-a-dia e o seu impacto na alimentação e na agricultura. Tradução de José F. Pedrozo e Flávio Borghetti. Porto Alegre: L&PM, 2005, p. 16.

[25] MALDONADO, Carlos Eduardo. Filosofía de la Ciencia y Nanotecnociencia, op. cit., p. 72.

[hoje] está começando a nascer por meio da fusão de quatro setores: as biotecnologias, a vida artificial (ou neobiologia), a eletrônica molecular (com a biótica) e as nanotecnologias".[26]

Na medida em que descoberta e transformação da natureza andarem juntas, a cisão entre o sujeito e o objeto, própria do paradigma científico da modernidade, torna-se cada vez mais impertinente. De certa forma, abre-se espaço, a partir deste ponto, para a percepção do "método" fenomenológico-hermenêutico desenhado por Martin Heidegger[27] e para o terreno da transdisciplinaridade.

Cada vez mais a análise não será uma mera investigação externa, como se o sujeito e o objeto estivessem cindidos; como se aquele pudesse manipular este sem estar envolvido diretamente. O sujeito (o pesquisador) está diretamente implicado, pois relacionado, com o objeto de estudo (os avanços da nanotecnociência), o qual interage com ele e sofre as consequências dos seus resultados (suas descobertas e potencialidades).[28] Assim, não se trata de uma investigação alheia ao pesquisador, ele está no mundo onde a pesquisa será desenvolvida. Aí o significado do fenômeno. Já essa constatação fenomênica receberá a atribuição de sentido, a partir do círculo hermenêutico, especialmente no cenário das contribuições de Martin Heidegger e Hans-Georg Gadamer.

É por isso que se concorda com o Professor Lenio Luiz Streck quando afirma: "o verdadeiro caráter do método fenomenológico não pode ser explicitado fora do movimento e da dinâmica da própria análise do objeto". [...] Em decorrência disso, "a introdução ao método fenomenológico somente é possível, portanto, na medida em que, de sua aplicação, forem obtidos os primeiros resultados. Isto constitui sua ambiguidade e sua intrínseca circularidade". Ao se aplicar esse movimento, constata-se que a "sua explicitação somente terá lugar no momento em que tiver sido atingida a situação hermenêutica necessária. Atingida esta, descobre-se que o método se determina a partir da coisa mesma".[29]

No movimento do círculo hermenêutico, onde a pré-compreensão antecede a compreensão/interpretação/aplicação que se dará sentido às descobertas nanotecnológicas, onde o investigador estará diretamente implicado. Esse mesmo movimento deverá perspectivar as investigações nanoescalares, a partir da experiência do pesquisador, mediante sua pré-compreensão de mundo, da vida e dos resultados que as investidas humanas na natureza já provocaram. A proposta metodológica que interrelaciona a parte e o todo se valerá da perspectiva

---

[26] ROSNAY, Joel de. *El Hombre Simbiótico:* miradas sobre el tercer milenio. Tradução de Alicia Martorell. Madrid: Cátedra, 1996, p. 225-6.

[27] HEIDEGGER, Martin. *Ser e Tempo.* Tradução de Marcia Sá Cavalcante Schuback. 12. ed. Petrópolis: Vozes, 2002, vol. I, p. 56 *et seq*, § 7.

[28] STEIN, Ernildo. Introdução ao Método Fenomenológico Heideggeriano. IN: *Sobre a Essência do Fundamento. Conferências e Escritos Filosóficos de Martin Heidegger.* Tradução de Ernildo Stein. São Paulo: Abril Cultural (Coleção Os Pensadores), 1979.

[29] STRECK, Lenio Luiz. *Jurisdição Constitucional e Hermenêutica:* Uma Nova Crítica do Direito. 2. ed. rev. e ampl. Rio de Janeiro: Forense, 2004, p. 4.

transdisciplinar, que inicia a partir da mecânica quântica e depois com física quântica, mostra "com o prefixo 'trans' indica, diz respeito àquilo que está ao mesmo tempo 'entre' as disciplinas, 'através' das diferentes disciplinas e 'além' de qualquer disciplina. Seu objeto é a compreensão do mundo presente [...] e se interessa pela dinâmica gerada pela ação de vários níveis de Realidade ao mesmo tempo".[30]

Dentro deste pressuposto metodológico-transciplinar, torna-se necessário, igualmente, uma profunda transformação da filosofia da ciência, onde ingressa a proposta da 'filosofia *na* ciência'.

Até então, primeira se desenvolvia a investigação tecnocientífica para que, num segundo momento, se fizesse a reflexão filosófica. A partir da nanotecnociência, "a nova filosofia da ciência prossegue em paralelo e em diálogo rigoroso e aprofundado com o próprio progresso da ciência; não há anterioridade nem posterioridade de nenhuma das duas, como se sucedeu na história da ciência e na história da filosofia".[31] Para tanto, o diálogo e a linguagem entre cientistas e filósofos assume um papel fundamental, a fim de assegurar um efetivo progresso científico, calcado em pressupostos humanos de legitimidade.

É a linguagem que processa a fusão do horizonte histórico onde o projeto da nanotecnociência será desenvolvido. Vale dizer, "o que se exige é simplesmente a abertura à opinião do outro ou à do texto. Mas essa abertura já inclui sempre que se ponha a opinião do outro em alguma relação com o conjunto das opiniões próprias, ou que a gente se ponha em certa relação com elas".[32] A fenomenologia-hermenêutica exigirá dos cientistas essa aproximação e abertura para escutar as opiniões de todos os envolvidos, seja da área técnica, seja da área humana. Esse se abrir à opinião do outro será a alavanca para que a nova filosofia da/*na* ciência efetivamente caminhe para uma ciência preocupada em fazer frente às necessidades dos humanos.

De certo modo, a nanotecnociência deverá focar-se, também, num compromisso antropocêntrico, pois "os fenômenos nanoescalares não são objeto de representação nem de percepção natural. São fenômenos essencialmente de interpretação, conjuntamente e graças à construção, manipulação e seu controle. [...] Por isto, nunca como agora a união entre ciência – aqui, nanotecnociência – e filosofia se mostra tão estreita".[33] Este também é um grande desafio que deverá ser enfrentado imediatamente. Durante muito tempo, a ciência e a filosofia não conversavam. Por isto, daqui para frente, a importância do diálogo e da abertura de todos os lados envolvidos com a nova ciência. Este também é o principal aspecto que a nova filosofia da ciência precisará dar conta.

---

[30] NICOLESCU, Basarab. Um Novo Tipo de Conhecimento – Transdisciplinaridade. IN: *Educação e Transdisciplinaridade*. Tradução de Judite Vera, Maria F. de Mello e Américo Sommerman. Brasília: UNESCO, 2000, p. 15-6.

[31] MALDONADO, Carlos Eduardo. Filosofía de la Ciencia y Nanotecnociencia, op. cit., p. 75.

[32] GADAMER, Hans-Georg. *Verdade e Método*, vol. I, op. cit., p. 404, § 273.

[33] MALDONADO, Carlos Eduardo. Filosofía de la Ciencia y Nanotecnociencia, op. cit., p. 76.

4. Como equacionar o humano no mundo nanoescalar? Os Direitos Humanos como um espaço (hermenêutico) para o desenvolvimento epistemológico pós-moderno

O supersoldado descrito inicialmente alerta para um questionamento: as pessoas – homens e mulheres – serão assim daqui para frente, já que o futuro inicia conjuntamente com os enlaçamentos do passado e do presente? Apesar dos grandes avanços tecnocientíficos, parece que o humano, ou o pós-humano, não será "biônico, formado por peças eletrônicas e informáticas substituíveis, órgãos, sentidos, sistemas de visão e audição ampliados". O homem do futuro será um "homem simbiótico", ou seja, um homem que se mostra num conjunto coevolutivo entre ele, a sociedade e a tecnosfera: "progressiva coevolução do homem com a biosfera (principalmente mediante a agricultura e as biotecnologias); com a tecnosfera (graças às máquinas, à indústria, ao comércio e à economia); com a noosfera, através dos ordenadores e às grandes redes de comunicação".[34] Este será o homem que utilizará e se beneficiará do mundo nanoescalar. Ainda um humano, talvez diferente, mas um humano. Este é o desafio que a nanotecnociência não poderá esquecer.

Os avanços do conhecimento científico responsável pelo "homem simbiótico" são provocados por dois fatores: a) um deles, tem natureza prática: "o homem não somente pretende sobreviver no mundo, senão também melhorar sua posição estratégica dentro dele";[35] b) o outro, é a "curiosidade intelectual" própria do homem ancorado "em seu profundo e persistente desejo de conhecer e de compreender-se a si mesmo e a seu mundo".[36] Estes dois aspectos motivam o homem ao desenvolvimento do conhecimento e se mostram atuais e sempre presentes. Aquela prática aliada à curiosidade humana geram a chamada "prática científica", que busca produzir e explicar generalizações sobre a natureza, apropriada pelos humanos por meio da linguagem.

Neste contexto, é gerada a investigação científica, que vai aprofundando os caminhos para a construção do conhecimento científico. Entretanto, em alguns momentos da história do conhecimento científico são geradas verdadeiras mudanças revolucionárias. São descobrimentos que não permitem a acomodação dos conceitos até então aceitos: "não se pode passar do velho ao novo mediante uma simples adição ao que já era conhecido".[37] Este é momento vivido a partir das nanotecnologias. São conceitos e possibilidades que não se acomodam na perspectiva microscópica conhecida. A distinção é muito grande. Por isto, trata--se, na verdade, de uma verdadeira Revolução Científica.

---

[34] ROSNAY, Joel de. *El Hombre Simbiótico:* miradas sobre el tercer milenio. Tradução de Alicia Martorell. Madrid: Cátedra, 1996, p. 111-2.

[35] HEMPEL, Carl G. *La Explicacion Científica:* Estudios sobre la filosofía de la ciencia. Tradução de M. Frassineti de Gallo; Nestor Miguez; Irma Ruiz Aused e C.S. Seibert de Yujnovsky. Buenos Aires: Paidós, 1979, p. 329.

[36] Idem, Ibidem.

[37] KUHN, Thomas S. *Qué son las revoluciones científicas? y otros ensayos.* Tradução de José Romo Feito. Barcelona: Paidós Ibérica, 1989, p. 59 e 91.

Dito de outra forma, a revolução científica "é um episódio de desenvolvimento não cumulativo, no qual um paradigma mais antigo é total ou parcialmente substituído por um novo, incompatível com o anterior".[38] Estes momentos revolucionários precisam ser percebidos e colocados ao dispor do progresso humano em diversos níveis, expresso na seguinte capacidade humana: "se pudermos aprender a substituir a evolução-a-partir-do-que-sabemos pela evolução-em-direção-ao--que-queremos-saber".[39] Dar-se conta do saber e do aprender, será fundamental para que a revolução científica possa ter seus resultados focados nas necessidades do ser humano.

É a partir disto que paradigmas vão sendo substituídos e a comunidade científica vai abrindo os seus muros para o ingresso de outras áreas do conhecimento, que poderão auxiliar a fortalecer o edifício do conhecimento científico objeto de construção coletiva. A nanotecnociência deverá ser perspectivada nesta direção, para que os seus propósitos efetivamente possam servir para melhorar a vida e o mundo de cada homem e mulher.

Por isto, uma filosofia *na* ciência deverá olhar para a prática dos cientistas, sem pretender buscar apenas uma filosofia do conhecimento científico. Isto também significa uma mudança de paradigma, inaugurada a partir da constatação das nanotecnologias. Quer dizer, uma nova ciência "a nanotecnociência" exigirá uma nova filosofia, e desta vez, uma "filosofia *na* ciência".

A nova filosofia *na* ciência deverá ocupar-se de temas até então descuidados: "as relações entre a ciência, tecnologia e a sociedade, a contraposição entre paradigmas rivais, o progresso científico e sua influência sobre o entorno, as comunidades e as instituições científicas, a construções dos fatos e das representações científicas, entre outros".[40] Desta forma, fica evidenciado "que a filosofia da ciência deixou de ser unicamente uma filosofia pura (ou filosofia do conhecimento científico) passando a ser uma filosofia prática, no sentido de uma filosofia da atividade científica".[41] Verifica-se a abertura para que a filosofia da ciência converta-se em filosofia *na* ciência, especialmente a partir da perspectiva transdisciplinar de trabalho operada pela nova ciência. A transgressão das barreiras disciplinares possibilita este salto qualitativo, onde a ciência se abre para receber os reflexos de diversos valores, humanamente peculiares, e oriundos de diversos saberes humanos.

No contexto científico assim caracterizado, restará cada vez mais evidenciada a complexidade da civilização humana dadas as conexões que se estabelecem por meio da nanotecnociência com a economia global, a comunicação global e a interdependência global.[42] As conexões apresentadas serão perpassadas e consolidadas pelos resultados da nanotecnociência com a utilização da linguagem,

---

[38] KUHN, Thomas S. *A Estrutura das Revoluções Científicas*. Tradução de Beatriz Vianna Boeira e Nelson Boeira. 6. ed. São Paulo: Perspectiva, 2001, p. 125.

[39] Idem, ibidem, p. 214.

[40] ECHEVERRÍA, Javier. *Filosofía de la Ciencia*. Madrid: Akal, 1995, p. 7.

[41] Idem, Ibidem, p. 41.

[42] BAR-YAM, Yaneer. *Dynamics of Complex Systems*. Massachusetts: Perseus Books, 1997, p. 796.

que é o seu condutor universal. Ela (a linguagem) também será útil para enfrentar uma situação inevitável que acompanha qualquer avanço científico: "a tecnologia científica provoca uma multiplicidade de problemas novos e profundamente inquietantes".[43] Além de todos os desafios que a nova ciência produzirá, a humanidade deverá estar preparada para remediar problemas que ela produzirá, como uma espécie de seu efeito colateral.

É por tudo isto que será necessário considerar determinados valores fora de qualquer negociação, alicerçados no ser humano:

> [...] a escolha de quando se deve encerrar um experimento não é guiada por convenções arbitrárias não-racionais ou por interesses oportunísticos em acumular capital simbólico. [...] Que a decisão, a certeza de um procedimento experimental, a confiança em uma peça de aparelhagem ou o comprometimento com uma estratégia de modelização não possam ser formalizados ou dispostos em um esquema de um sistema dedutivo rígido, isto não diminui a sua importância na conclusão de experimentos e na produção de conhecimento. Chegar a uma decisão é um processo coletivo de consenso para a ação, mas ele não é por isso reduzido a uma negociação oportunística.[44]

A chave da filosofia *na* ciência aponta para a precaução nas decisões que envolvem a nanotecnociência. Não se poderá avançar apenas para atender aos reclamos econômicos, que são muito atraentes. É necessário avaliar, no mesmo nível de interesse, todas as prováveis situações desastrosas e de perigo para o gênero humano. Para isso, não se poderá trabalhar dentro de um processo silogístico oriundo da lógica dedutiva. A verificação deverá ser mais aberta (transdisciplinar), pois se trata de experimentação nova e desconhecida na sua integralidade. É necessária a construção de uma fórmula que integre obrigatoriamente uma premissa ética, alicerçada nos Direitos Humanos, aqui entendidos como um espaço de diálogo – onde deságuam as convergências e as divergências – para o cálculo, a avaliação e a projeção das consequências. O consenso provavelmente será muito difícil. No entanto, se espera, responsabilidade na avaliação dos efeitos positivos e negativos, pois cada cientista integra o mundo onde os efeitos serão sentidos e suportados.

O campo que se abre com tais aspectos sublinha que as "novas tecnologias não geram discussões ligadas apenas a questões técnicas singulares, mas também a debates e disputas ligadas à legislação, questões éticas e novos interesses [...]". Pelos contornos já examinados, verifica-se que "os significados epistemológicos e ontológicos das descobertas na área das nanotecnologias envolvem mudanças importantes nas questões ligadas a procedimentos de segurança, patenteamento e responsabilidades por eventuais impactos negativos se algo der errado".[45]

É justamente neste quadro inusitado e de muitas possibilidades que se exigirá o cuidado (*Sorge*) com o ser humano e o Planeta Terra. Para, além disso, dado o desconhecimento das efetivas potencialidades, o desenvolvimento de um plano de

---

[43] HEMPEL, Carl G. *La Explicacion Cientifica:* Estudios sobre la filosofía de la ciencia. Op. cit., p. 89.

[44] LENOIR, Timothy. *Instituindo a Ciência:* a produção cultural das disciplinas científicas. Tradução de Alessandro Zir. São Leopoldo: Unisinos, 2004, p. 54.

[45] PREMEBIDA, Adriano. Uma leitura das inovações bio(nano)tecnológicas a partir da sociologia da ciência. IN: *Cadernos IHU Idéias.* Unisinos, ano 6, n. 102, 2008, p. 26.

emergência – para avaliar e agir, quando necessário – se apresenta como condição de possibilidade para o prosseguimento das pesquisas com o emprego da nanoescala.

O contexto em que se projeta a deliberação pode ser desenvolvido a partir de Aristóteles, na parte relativa à classificação das coisas racionais: uma, não permite que haja qualquer modificação, pois elas são invariáveis; a outra, permite modificar as coisas.[46] Dados os contornos práticos da filosofia *na* ciência, a preferência será dada à segunda forma, pois ligada à prática. A deliberação sempre está relacionada com o presente em direção ao futuro incerto; nunca em relação ao passado, pois "o que passou não pode deixar de ter acontecido".[47] O passado, no entanto, representa a voz da tradição formada pela aprendizagem obtida na caminhada humana já realizada. A valorização da sabedoria na geração da aprendizagem poderá ser mediada pela *phrónesis* aristotélica. Antes de dizer o seu significado, Aristóteles caracterizou o *phrónimos:*

> [...] pensa-se que é característico de uma pessoa que tenha *phrónesis* ser capaz de deliberar bem acerca do que é bom e conveniente para si mesma, não em relação a um aspecto particular – por exemplo, quando se quer saber quais as espécies de coisas que concorrem para a saúde e para o vigor físico –, e sim acerca das espécies de coisas que nos levam a viver bem de um modo geral.[48]

A partir do *phrónimos*, evidencia-se que a *phrónesis* está vinculada ao saber ordenado para o bem humano, que é contingente e variável de acordo com as características do caso concreto. Não se trata de uma concepção individualista de bem, mas de uma contextualização projetada para a integralidade das pessoas. É esta percepção sobre a nova filosofia na ciência que a nanotecnociência exigirá.

A *phrónesis* pode ser comparada a um resumo da velha sabedoria grega dos limites, na medida que abrange o "pensamento humano",[49] destacando que o agir humano é limitado, caracterizado pelo seu ser-no-mundo. Essa noção de limite é o elemento constitutivo da nova filosofia na ciência, especialmente no trato com os avanços científicos na escala nano.

O saber da *phrónesis* surge no contexto da ética clássica, onde os fins já estavam dados pelo cosmos, cabendo aos humanos escolher os meios para atingi-los. Aí ingressava a *phrónesis* como um saber preocupado na eleição dos meios para descobrir os fins. A partir da modernidade, quando o homem proclama a sua independência em relação àquele modo de percepção do mundo, a concepção da phrónesis apenas preocupada apenas com os meios não se justifica mais de modo satisfatório. Portanto, se propõe colocá-la tanto para a escolha dos meios como para a eleição dos fins humanamente planejados.[50]

---

[46] ARISTÓTELES. *Ética a Nicômaco*. Tradução do grego, introdução e notas de Mário da Gama Kury. 4. ed. Brasília: UnB, 2001, 1139a.

[47] Idem, Ibidem, 1139b.

[48] Idem, Ibidem, 1140a.

[49] AUBENQUE, Pierre. *A Prudência em Aristóteles*. Traduzido por Marisa Lopes. São Paulo: Discurso Editorial, 2003, p. 244.

[50] Para aprofundar essa leitura atual da *phrónesis* aristotélica, sugere-se: ENGELMANN, Wilson. *Direito Natural, Ética e Hermenêutica*. Porto Alegre: Livraria do Advogado, 2007.

É justamente o saber prático da *phrónesis* – na dupla projeção nos meios e fins – que poderá ser uma alternativa para as decisões com relação à nanotecnologia e aos contornos da nova filosofia na ciência, pois ela consiste num "ainda buscar, ainda aconselhar-se consigo mesmo, ainda procurar descobrir como se deve fazer". Vale dizer, ela corresponde a uma "capacidade de refletir sensatamente sobre o que é útil para a gente – a saber, útil para o próprio existir [...]. A capacidade de refletir é, neste caso, a única capacidade, porque não existe saber previamente disponível a respeito do que é bom para a própria existência".[51] Essa é a preocupação no atual contexto: a phrónesis será o fio condutor das pesquisas científicas, no caso, a utilização da tecnologia em escala nano (os meios). Além disso, também dará suporte para a eleição dos fins, isto é, até onde poderão chegar as investidas nano na natureza, especialmente na mensuração dos benefícios e a avaliação dos riscos.

Não se pensa em propor respostas acabadas, posto que a contingência da vida e dos resultados com o emprego da escala nano sempre apontam para algo a descobrir, ou algo que ainda precisa ser feito. A experiência mostra-se como um modo de perceber a *phrónesis*, pois

> [...] o conhecimento do bom sempre novo nesse horizonte é, ele próprio, eminentemente histórico. [...], a capacidade de avaliar corretamente o particular e respectivo em termos de sua utilidade e de encontrar os caminhos certos cresce com a e a partir da experiência de vida. Ora, isso quer dizer: a partir de um conhecimento prévio incrementado.[52]

O conhecimento assim caracterizado fará uso da experiência da tradição e a pré-compreensão oriunda dos fatos da vida já experimentados. Esse contexto deverá valorizar-se para equacionar meios e fins na caminhada da nanotecnologia. A *phrónesis* é o elemento ético humanamente forjado a partir da vivência das pessoas. Ela será o elo que unirá suavemente o homem e as descobertas científicas projetadas pela ciência, que representa a "potência intelectual humana que se desprende da própria humanidade para transformar o mundo numa espécie de mera correlação entre objetos conhecidos e aqueles que conhecem os objetos".[53] Portanto, a nanotecnociência deverá inspirar-se nos limites humanamente construídos a partir da experiência, para avaliar os benefícios e os riscos dos resultados produzidos. Sem isso, estará ingressando num caminho totalmente desfocado e perigoso, pois os humanos sempre serão os destinatários das suas descobertas e resultados, sejam positivos ou negativos.

Os direitos humanos – como a expressão histórica dos direitos naturais[54] – representam um espaço constantemente aberto à discussão e desenvolvimento

---

[51] GADAMER, Hans-Georg. Praktisches Wissen. IN: *Gesammelte Werke*. Tübingen: J.C.Mohr (Paul Siebeck), 1985, Band 5, p. 241.

[52] Ibidem, p. 242.

[53] SOUZA, Ricardo Timm de. Ética e (tecno) ciência: algumas questões fundamentais. IN: MARTINS, Paulo Roberto (Org.). *Nanotecnologia, Sociedade e Meio Ambiente*. São Paulo: Xamã, 2006, p. 283.

[54] ENGELMANN, Wilson. A origem jusnaturalista dos Direitos Humanos: o horizonte histórico da Declaração Universal dos Direitos Humanos de 1948. Texto ainda inédito e apresentado no XVIII Encontro Nacional do

de um conjunto de condições humanamente necessárias ao pleno desenvolvimento de homens e mulheres.

Nos termos propostos por John Mitchell Finnis, os direitos humanos são sinônimos de direitos naturais e representam os direitos morais fundamentais e gerais ou direitos morais particulares ou concretos.[55] É o resgate da velha sabedoria grega, norteada pela razão prática na construção da resposta mais razoável para a satisfação dos requisitos peculiares de cada caso concreto.

A partir do princípio de que "todos têm direito à igualdade de consideração e respeito", Finnis apresenta os bens humanos básicos[56] e os requisitos da razoabilidade prática[57] como a expressão dos direitos naturais-humanos. Tomando como ponto de partida estes dois conjuntos, torna-se possível a formulação de padrões morais gerais que representam os direitos humanos ou direitos naturais. Não se pensa em direitos humanos absolutos, mas em "aspectos do real bem-estar de indivíduos de carne e osso".[58] Assim, as deliberações da nanotecnociência deverão levar em consideração a razoabilidade prática, a fim de apontar decisões adequadas e outras que não deverão ser praticadas, posto contrárias ao pleno florescimento humano, dentro do espaço privilegiado formado pelos Direitos Humanos.

5. Conclusão

O avanço científico iniciado na metade do Século XX, que pode ser caracterizado como uma "revolução científica", é protagonizado pelas investigações em escala nano. O modo como estas pesquisas invadem a natureza, não somente para descrever os processos dos fenômenos a fim de reproduzi-los em laboratório, mas, especialmente, para transformá-los, exigirá uma nova concepção epistemológica: "a nanotecnociência é a conjunção de dois aspectos que podem distinguir-se epistemologicamente, porém constitui, na realidade, somente uma unidade: a nanociência e a nanotecnologia".[59] Este é o conhecimento científico que começa a ser desenhado e para o qual se exigirá uma nova filosofia da ciência.

Pelo contorno prático que as investigações científicas se caracterizam, pela aproximação e cruzamento da ciência e da filosofia, pela necessidade de se su-

---

Conselho Nacional de Pesquisa e Pós-Graduação em Direito – CONPEDI, realizado entre os dias 02 e 04 de julho de 2009, na cidade de Maringá/PR.

[55] FINNIS, John Mitchell. *Lei natural e direitos naturais*. Tradução de Leila Mendes. São Leopoldo: Unisinos, 2007, p. 195-6.

[56] A vida, o conhecimento, o jogo, a experiência estética, a amizade, a razoabilidade prática e a religião.

[57] Um plano coerente de vida, não dar preferência a valores e pessoas, eficiência dentro dos limites do bom senso, o bem comum.

[58] FINNIS, John Mitchell, op. cit., p. 219-20.

[59] MALDONADO, Carlos Eduardo. Filosofía de la Ciencia y Nanotecnociencia, op. cit., p. 78.

perar a concepção de uma filosofia da ciência pura, desconectada da sociedade e das pessoas na sua individualidade, verifica-se a necessidade de uma filosofia *na* ciência. Vale dizer, a ciência propriamente dita, se apropria e enriquece das contribuições da filosofia, refletindo sobre os seus procedimentos e avaliando os seus resultados. Assim, com o surgimento da nanotecnociência a participação das ciências humanas será cada vez mais necessária, como um modo de verificar, paralelamente à construção dos resultados científicos, a adequação ao humano e ao meio ambiente.

A perspectiva prática é inspirada na *phrónesis* aristotélica, onde se enlaçam os meios e os fins nas deliberações que vão sendo tomadas ao longo do processo científico. A perspectiva transdisciplinar, aliada ao contexto metodológico desenvolvido por meio da fenomenologia-hermenêutica e a mediação do diálogo serão os ingredientes aceitáveis e canalizados para o espaço dialógico dos Direitos Humanos, buscando construir, desenvolver e avaliar as incursões da nanotecnociência. Este é o ponto de partida desta caminhada humana que está dando os primeiros passos.

Portanto, uma efetiva filosofia *na* ciência, que é muito mais ampla e fértil do que simplesmente "filosofia da ciência", precisará abrir-se para problemas éticos, mapeamento dos riscos da nova tecnologia, o endereçamento coletivo dos resultados positivos, a partilha dos prejuízos, a perspectivação de marcos regulatórios suficientes e adequados para dar conta da nova ciência e uma real preocupação com a memória trazida pelos Direitos Humanos, a fim de não se repetir determinados desvios praticados em tempos passados em nome dos avanços tecnológicos que também se anunciavam como uma revolução científica.

6. Referências

ARISTÓTELES. *Ética a Nicômaco*. Tradução do grego, introdução e notas de Mário da Gama Kury. 4. ed. Brasília: UnB, 2001.

AUBENQUE, Pierre. *A Prudência em Aristóteles*. Traduzido por Marisa Lopes. São Paulo: Discurso Editorial, 2003.

BAR-YAM, Yaneer. *Dynamics of Complex Systems*. Massachusetts: Perseus Books, 1997.

BECCHI, Paolo. La Ética en la Era de la Técnica. Elementos para una crítica a Karl-Otto Apel y Hans Jonas. Tradução de Alberto M. Damiani. IN: *DOXA – Cuadernos de Filosofia del Derecho*, Biblioteca Virtual Miguel de Cervantes, n. 25, 2002. Disponível em: http://cervantesvirtual.com/portal/DOXA/cuadernos.shtml. Acesso em: 11.08.2009.

ECHEVERRÍA, Javier. *Filosofía de la Ciencia*. Madrid: Akal, 1995.

ENGELMANN, Wilson. *Direito Natural, Ética e Hermenêutica*. Porto Alegre: Livraria do Advogado, 2007.

———. A origem jusnaturalista dos Direitos Humanos: o horizonte histórico da Declaração Universal dos Direitos Humanos de 1948. Texto ainda inédito e apresentado no XVIII Encontro Nacional do Conselho Nacional de Pesquisa e Pós-Graduação em Direito – CONPEDI, realizado entre os dias 02 e 04 de julho de 2009, na cidade de Maringá/PR.

FINNIS, John Mitchell. *Lei natural e direitos naturais*. Tradução de Leila Mendes. São Leopoldo: Unisinos, 2007.

FEYNMAN, Richard Phillips. *Plenty of Room at the Bottom*. Disponível em http://www.its.caltech.edu/~feynman/plenty.html. Acessado em 10.08.2009.

GADAMER, Hans-Georg. *Verdade e Método:* Traços fundamentais de uma hermenêutica filosófica. Tradução de Flávio Paulo Meurer. 4. ed. Petrópolis: Vozes, 2002, vol. I.

———. *Praktisches Wissen*. IN: *Gesammelte Werke*. Tübingen: J.C.Mohr (Paul Siebeck), 1985, Band 5.

GEDDES, Linda. Os Supersoldados: avanços na neurociência ajudam os militares a projetar os guerreiros do futuro. *Info Exame*, São Paulo, julho 2009.

GRUPO ETC. *Nanotecnologia: os riscos da tecnologia do futuro:* saiba sobre produtos invisíveis que já estão no nosso dia-a-dia e o seu impacto na alimentação e na agricultura. Tradução de José F. Pedrozo e Flávio Borghetti. Porto Alegre: L&PM, 2005.

HAAS, Fernando. Computação Quântica: desafios para o Século XXI. IN: *Cadernos IHU Ideias*. São Leopoldo: Unisinos, 2006, n. 53, 30p.

HEIDEGGER, Martin. *Ser e Tempo*. Tradução de Marcia Sá Cavalcante Schuback. 12. ed. Petrópolis: Vozes, 2002, vol. I.

HEMPEL, Carl G. *La Explicacion Científica:* Estudios sobre la filosofía de la ciencia. Tradução de M. Frassineti de Gallo; Nestor Miguez; Irma Ruiz Aused e C.S. Seibert de Yujnovsky. Buenos Aires: Paidós, 1979.

KUHN, Thomas S. *Qué son las revoluciones científicas? y otros ensayos*. Tradução de José Romo Feito. Barcelona: Paidós Ibérica, 1989.

———. *A Estrutura das Revoluções Científicas*. Tradução de Beatriz Vianna Boeira e Nelson Boeira. 6. ed. São Paulo: Perspectiva, 2001.

LENOIR, Timothy. *Instituindo a Ciência:* a produção cultural das disciplinas científicas. Tradução de Alessandro Zir. São Leopoldo: Unisinos, 2004.

LIMA VAZ, Henrique Cláudio de. Ética e razão moderna. IN: *Síntese Nova Fase,* Belo Horizonte: Centro de Estudos Superiores-SJ, v. 22, n. 68, jan.-mar. 1995.

MALDONADO, Carlos Eduardo. Filosofia de la Ciencia y Nanotecnociencia. IN: GALLO, Jairo Giraldo; GONZÁLEZ, Edgar; BAQUERO-GÓMEZ, Fernando (Edit.). *Nanotecnociencia:* nociones preliminares sobre el universo nanoscópico. Bogotá: Ediciones Buinaima, 2007.

NICOLESCU, Basarab. Um Novo Tipo de Conhecimento – Transdisciplinaridade. IN: *Educação e Transdisciplinaridade*. Tradução de Judite Vera, Maria F. de Mello e Américo Sommerman. Brasília: UNESCO, 2000.

PREMEBIDA, Adriano. Uma leitura das inovações bio(nano)tecnológicas a partir da sociologia da ciência. IN: *Cadernos IHU Idéias*. Unisinos, ano 6, n. 102, 2008.

ROSNAY, Joel de. *El Hombre Simbiótico:* miradas sobre el tercer milenio. Tradução de Alicia Martorell. Madrid: Cátedra, 1996.

ROUKES, Michael. Espaço suficiente lá embaixo. IN: *Scientific American* Brasil (Edição Especial 'Nanotecnologia'). n. 22, São Paulo: Ediouro, Segmento-Duetto Editorial Ltda.

SIMON, Herbert A. *As Ciências do Artificial*. Tradução de Luís Moniz Pereira. Coimbra: Armênio Amado – Editor, Sucessor, 1981.

SOUZA, Ricardo Timm de. Ética e (tecno) ciência: algumas questões fundamentais. IN: MARTINS, Paulo Roberto (Org.). *Nanotecnologia, Sociedade e Meio Ambiente*. São Paulo: Xamã, 2006.

SOUSA SANTOS, Boaventura de. *Introdução a uma Ciência Pós-Moderna*. 3. ed. Porto: Afrontamento, 1993.

———. *Um Discurso sobre as Ciências*. 2. ed. São Paulo: Cortez, 2004.

STEIN, Ernildo. Introdução ao Método Fenomenológico Heideggeriano. IN: *Sobre a Essência do Fundamento. Conferências e Escritos Filosóficos de Martin Heidegger*. Tradução de Ernildo Stein. São Paulo: Abril Cultural (Coleção "Os Pensadores"), 1979.

— XVI —

A nova sofística de Chaïm Perelman

WLADIMIR BARRETO LISBOA[1]

Sumário: Introdução; 1. A Nova Retórica de Chaïm Perelman; 2. Caracterização do Sofista; 3. A Nova Retórica como Nova Sofística.

Introdução

Esse artigo procurará apresentar as teorias acerca da retórica em Aristóteles e Perelman como dois empreendimentos distintos e antagônicos. O propósito final, como indica o título do artigo, consiste em mostrar de que modo a *Nova Retórica* de Perelman aproxima-se das teses sofistas desenvolvidas por Platão, no diálogo *Fedro*.[2] Para tanto, são primeiramente apresentados os argumentos que caracterizam a retórica em Chaïm Perelman. Em seguida, exibiremos sumariamente a caracterização do projeto sofista feita por Aristóteles. Concluiremos esse artigo procurando mostrar o distanciamento teórico existente entre ambos.

1. A Nova Retórica de Chaïm Perelman

O debate acerca do papel desempenhado pela retórica e pela tópica na argumentação jurídica foi relançado há aproximadamente cinquenta anos por Chaïm Perelman (1912-1984) e Theodor Viehweg (1907-1988). Na medida em que para Viehweg sua teoria acerca da tópica insere-se dentro do âmbito da retórica,[3] tomaremos aqui o caso particular da teoria de Perelman como alvo central de nossa crítica e análise.

---

[1] Doutor em Filosofia Política pela Université de Paris – I, Panthéon/Sorbonne. Professor da disciplina "Ética e Fundamentação dos Direitos" no PPG em Direito – Unisinos. Advogado

[2] Esse argumento é também desenvolvido por Cassin, B. *L'effet sophistique*, Gallimard, 1995.

[3] Cf. Viehweg , T. *Tópica y filosofia del derecho*. Barcelona: Gedisa, 1997, p. 163.

Tendo-se dedicado à questão dos raciocínios no domínio dos juízos de valor, Perelman verificou neles a possibilidade da existência de uma lógica expressa nas técnicas argumentativas e persuasivas já presentes em Aristóteles, na *Retórica* e nas *Refutações Sofísticas*. No que segue, analisaremos alguns aspectos da recuperação da retórica por Perelman, especialmente no que diz respeito a sua suposta compatibilidade e filiação à *Retórica* aristotélica. Quanto a tal ascendência, o jurista belga é explícito:

> Tendo empreendido essa análise da argumentação em um certo número de obras, especialmente filosóficas, e em alguns discursos de nossos contemporâneos, apercebemo-nos, durante o trabalho, que os procedimentos que encontrávamos eram, em grande parte, os da *Retórica* de Aristóteles. Em todo caso, suas preocupações aproximavam-se estranhamente das nossas.[4]

Perelman tem, portanto, o projeto de constituição de uma "nova retórica", continuação e ampliação da retórica de Aristóteles, entendida como a lógica da argumentação, por oposição à lógica formal, que se constitui, segundo ele, em uma lógica da demonstração. Ela terá por objeto "as técnicas discursivas permitindo provocar ou aumentar a adesão dos espíritos às teses que se lhes apresentam ao assentimento".[5]

O objeto de estudo da nova retórica seria idêntico ao da dialética aristotélica, ainda que Perelman evite esse vocabulário pela excessiva homonímia do termo e pelo fato de a dialética não ser tratada por Aristóteles na perspectiva da adesão dos espíritos. A retórica de Perelman, ao contrário, "diz respeito mais à adesão do que à verdade",[6] procurando atingir a persuasão por meio do discurso.

Segundo Perelman, ainda que ninguém negue que o poder de deliberar e de argumentar seja um sinal distintivo do ser racional, os lógicos e teóricos do conhecimento desprezaram os raciocínios utilizados dentro do processo de argumentação. Diz ele:

> Esse fato deveu-se ao que há de não coercitivo nos argumentos que vêm em apoio a uma tese. A própria natureza da deliberação e da argumentação opõe-se à necessidade e à evidência, pois não se delibera quando a solução é necessária e não se argumenta contra a evidência. O campo da argumentação é o do verossímil, do plausível, do provável, na medida em que esse último escapa às certezas do cálculo.[7]

Para Perelman, valorizaram-se as demonstrações que são necessárias, esquecendo-se dos raciocínios dialéticos que se desenvolvem na argumentação e que são apenas verossímeis. Seria preciso, portanto, centrar novamente o estudo da prova no domínio do provável. Os argumentos não tratarão mais de fundar verdades evidentes, mas de mostrar o caráter razoável, plausível, de uma determinada decisão ou opinião.

---

[4] Perelman, C. *Rhétoriques, Logique et Rhétorique*. Bruxelles: Editions de l'Université de Bruxelles, 1989, p. 71.

[5] Idem; Tyteca, O. *La nouvelle rhétorique. Traité de l'argumentation*. Paris: Presses Universitaires de France, 1958, p.5.

[6] Idem. *Lógica Jurídica*. São Paulo: Martins Fontes, 2000, p. 143.

[7] Idem; Tyteca, O. *La nouvelle rhétorique. Traité de l'argumentation. Op. cit.*, p. 1.

Para desenvolver sua teoria, Perelman explicita um de seus conceitos fundamentais, a saber, o de auditório universal. Auditório universal é definido como o "conjunto daqueles que são considerados homens razoáveis e competentes no assunto".[8] Ele é considerado como a norma da argumentação objetiva: "O auditório universal é constituído por cada um a partir do que sabe de seus semelhantes, de modo a transcender as poucas oposições que tem consciência. Assim, cada cultura, cada indivíduo tem sua própria concepção do auditório universal".[9] O acordo obtido não será, para Perelman, uma questão de fato, mas de direito. Isso é, acredita-se que todo ser racional deveria aderir aos argumentos, ainda que não o faça. Toda argumentação visaria aumentar a adesão do auditório. A persuasão seria a ação de argumentar que pretende obter a adesão de um auditório particular. Convencer, entretanto, é a ação de argumentar que pretende obter a adesão do auditório universal. Para tanto, exige-se do orador a qualidade da imparcialidade: "Ser imparcial não é ser objetivo, é formar parte do mesmo grupo que aqueles aos quais se julga, sem ter tomado partido por nenhum deles".[10] O orador deve se comportar como se fosse um juiz cuja *ratio decidendi* devesse proporcionar um princípio válido para todos os homens. Uma boa argumentação deve, segundo Perelman, tomar pontos de partida comuns ao orador e ao auditório, relativos ao real (fatos, verdades ou presunções) ou ao preferível (valores, hierarquias e lugares). Para hierarquizar os valores, recorre-se aos *topoi*, tornando assim, a tópica um ramo da retórica.

Também em uma perspectiva retórica, a lógica jurídica, segundo Perelman, pretende apresentar-se não como lógica formal, mas como uma argumentação que busca alcançar uma decisão não somente em conformidade com a lei, mas ser equitativa, razoável e aceitável. Para tanto, deve tomar como ponto de partida os lugares-comuns/princípios gerais do direito:

> Uma noção característica de todas as teorias da argumentação, já analisada por Aristóteles, é a do *lugar-comum*. O lugar-comum é, antes de tudo, um ponto de vista, um valor que é preciso levar em conta em qualquer discussão e cuja elaboração apropriada redundará numa regra, numa máxima, que o orador utilizará em seu esforço de persuasão.[11]

O lugar-comum cumpre o papel que o axioma possui em um sistema formal, ou seja, servir de ponto de partida para um raciocínio. O direito positivo, por sua vez, sem ser a expressão de uma razão abstrata, deve ser razoável, expressando uma síntese entre segurança jurídica e equidade, bem comum e eficácia na realização dos fins. Caberá ao juiz, finalmente, mais que ao legislador, realizar tal síntese, aceita porque razoável.[12]

Feita essa sumária exposição do projeto de Perelman de construir, no domínio do razoável, uma teoria capaz de obter a adesão dos espíritos acerca dos

---

[8] Perelman, C. *Lógica Jurídica*. São Paulo: Martins Fontes, 2000, p. 166.

[9] Idem; Tyteca, O. *La nouvelle rhétorique. Traité de l'argumentation. Op. cit.*, p. 37.

[10] Idem, ibidem, p. 113.

[11] Idem. *Lógica Jurídica. Op. cit.*, p. 159.

[12] Cf. Perelman, C. *Ética e direito*. São Paulo: Martins Fontes, 2000, p. 463.

princípios primeiros que versam sobre o ser, o conhecimento e a ação (teoria por ele denominada de *filosofia regressiva*),[13] passemos agora à análise de sua compatibilidade com a teoria retórica de Aristóteles.

2. Caracterização do Sofista

Para compreendermos as razões que nos fazem atribuir a Perlman o título de sofista, devemos, previamente, determinar com mais clareza a crítica aristotélica àqueles que se movem exclusivamente no domínio da eficácia do *logos*, isso é, os sofistas.

Para Aristóteles, a sofística apresenta-se como filosofia, ela é uma aparência de filosofia porque se move no mesmo gênero de realidade. Ela indaga, como o filósofo, acerca do justo, do belo, do verdadeiro, etc. Todavia, o sofista privilegia a eficácia do logos, isso é, sua função de persuasão dos interlocutores através da linguagem, sendo-lhe indiferente o domínio das coisas. É o que diz Sócrates a Fedro: "Eles [Tisisas e Górgias] viram que o verossímil merecia mais honras que o verdadeiro; pela força de suas palavras eles deram às pequenas coisas a aparência de grandes, às grandes, a aparência de pequenas".[14] Falar, portanto, não consiste em falar de algo, o real, mas para alguém (a persuasão). O projeto do sofista, como mostra Platão em seu diálogo *O Sofista*, consiste em mostrar a impossibilidade de dizer-se o que são as coisas mesmas, o que elas são realmente. O sofista, diz Platão no referido diálogo, é um "mercador de conhecimentos para a alma" (231c), um "fabricante dos conhecimentos que ele próprio vende" (232a). O conhecimento que ele apresenta é uma ilusão, pois não consiste senão em opiniões, aparências do ser que ele vende como sendo o próprio ser. Para Aristóteles, entretanto, uma coisa é produzir um acordo, através de um auditório, sobre a verdade, outra coisa é revelar, exibir a verdade. É necessário, segundo Aristóteles, diferenciar claramente argumentos que são capazes de produzir convicção e argumentos que produzem a aceitação da verdade por meio de sua apresentação através de um nexo necessário entre premissas e conclusão.

Entretanto, é justamente a distinção entre o não ser e o ser que o sofista nega. Como seria possível, afirma ele, sustentar que o discurso sofístico apresenta apenas um simulacro, uma ilusão do ser, daquilo que efetivamente existe? Como poderíamos, afirma o sofista, apresentar o não ser, pois justamente do não ser nada pode ser dito? Eliminada assim a distinção entre o verdadeiro e o falso, dado que o falso, o verdadeiramente falso, não pode ser dito, exitingue-se simultaneamente a possibilidade de distinguir o simulacro daquilo que ele simula, o real.

---

[13] Perelman, C. *Rhétoriques*, Philosophies premières et philosophie regressive. *Op. cit.*, p. 157-158.

[14] Platão, *Fedro*. 267b. Paris, Gallimard, 1985.

Vê-se, assim, que a tarefa aristotélica de restituição da capacidade de distinguir o discurso aceitável do inaceitável, o discurso verdadeiro do discurso falso, passa pela afirmação da possibilidade de dizer o falso.[15]

Ocorre que o acordo universal proposto por Perelman parece justamente trazer uma instabilidade que se enraiza no cerne de sua teoria. Nas palavras de Perelman:

> [A filosofia regressiva] apenas admite um conhecimento imperfeito e sempre perfectível, compra-se, não em um ideal de perfeição, mas em um idel de progresso, entendendo com isso não o fato de aproximar-se de alguma perfeição utópica, mas o fato de solucionar as dicfuldades que se apresentam com a ajuda de uma arbitragem constante, efetuada por uma sociedade de espíritos livres, em interação uns com os outros (...). Se ele [o homem livre] admite a existência de leis lógicas no interior de um sistema dado, sua escolha de semelhante sistema é guiada pelas regras bem mais flexíveis da retórica, isso é, da lógica não coercitiva do preferível.[16]

Veremos, a seguir, de que modo a nova retórica de Perelman, ao criar um abismo intranponível entre o verdadeiro e o verossímil dissolve o vínculo existente em Aristóteles entre ética, retórica e política, ao mesmo tempo em que absolutiza o provável para o inteiro âmbito da racionalidade, realizando assim plenamente o projeto sofista.

3. A Nova Retórica como Nova Sofística

Como vimos, se não há possibilidade de distinguir-se o ser do não ser, o simulacro do não simulacro, então a retórica é o único domínio a partir do qual os seres humanos poderão alcançar a concórdia.

Justamente, em Perelman, a retórica possui uma reivindicação totalizante em virtude da qual ela ambiciona igualar-se à filosofia. Nele, a retórica absorve o inteiro domínio da racionalidade humana, aí incluídas a interlocução e as paixões, chegando mesmo a substituir à racionalidade o razoável. Sob seu magistério encontra-se a filosofia inteira, em especial os primeiros princípios apenas demonstráveis dialeticamente. É o que afirma Perelman:

> Apenas a retórica, e não a lógica, permite compreender a aplicação do princípio de responsabilidade. Na lógica formal, uma demonstração é probatória ou não o é, e a liberdade do pensador está fora de questão. Ao contrário os argumentos dos quais nos servimos em retórica influenciam o pensamento, mas não necessitam jamais sua adesão. O pensador compromete-se ao decidir. Sua competência, sua sinceridade, sua integralidade, em uma palavra, sua responsabilidade, estão fora de questão. Quando se trata de problemas referentes aos fundamentos (e todos os problemas filosóficos estão a eles ligados), o pesquisador é como um juiz que deve julgar segundo a equidade. Poderíamos perguntar, ademais, se após haver durante séculos procurado o modelo do pensamento filosófico nas matemáticas e nas ciências exatas, não estaríamos melhor inspirados comparando-o com o

---

[15] Não cabe aqui a análise da resposta aristotélica ao lema parmenídico "o ser é, o não ser não é". A resposta de Aristóteles consitirá, dentre outras coisas, em distinguir o ser em ato e o ser em potência.

[16] Perelman, C. *Rhétoriques*, Philosophies premières et philosophie regressive. *Op. cit.*, p. 174-175.

A nova sofística de Chaïm Perelman

dos juristas que devem tanto elaborar um novo direito quanto aplicar o direito existente a situações concretas.[17]

Quanto ao âmbito universal dessa retórica, Perelman é explícito:

A nova retórica, por considerar que a argumentação pode dirigir-se a auditórios diversos, não se limitará, como a retórica clássica, ao exame das técnicas do discurso público, dirigido a uma multidão não especializada, mas se interessará igualmente pelo diálogo socrático, pela dialética, tal como foi concebida por Platão e Aristóteles, pela arte de defender uma tese e de atacar a do adversário, numa controvérsia. Englobará, portanto, todo o campo da argumentação, complementar da demonstração, da prova pela inferência estudada pela lógica formal.[18]

Se para Platão, em *Fedro*, a boa retórica, transformada em dialética, e a filosofia correta (a dialética), são equivalentes, isso é, se o verdadeiro retórico é um filósofo, para Perelman, ao contrário, o verdadeiro filósofo é um retórico. Com *Górgias*, Perelman afirma: "tudo é retórico":

Se a filosofia permite clarificar e precisar as noções de base da retórica e da dialética, a perspectiva retórica permite melhor compreender o empreendimento filosófico ele próprio, definindo-o em função de uma racionalidade que ultrapassa a ideia de verdade, o apelo à razão sendo compreendido como um discurso endereçado a um auditório universal.[19]

A introdução, aqui, da ideia de um auditório universal apenas reforça a ideia de que, tendo a retórica por função a ação eficaz sobre os espíritos, será a qualidade desses espíritos que distinguirá uma retórica desprezível de uma retórica digna de elogios isso é, uma retórica cujos argumentos conveçam os próprios deuses.[20] Eis, a seguir, a passagem de *Fedro* parafraseada por Perelman na referência aos deuses:

Sócrates: Se pois, tu tens algo mais a dizer sobre a arte oratória, estamos dispostos a escutá-lo; senão, confiaremos nos princípios que acabamos de expor: se não avaliamos os caráteres dos que escutarão, se não somos capazes de distinguir as coisas segundo sua espécie e de reuni-las em uma única forma para cada espécie, jamais possuiremos o domínio da arte oratória, na medida em que um homem pode alcançá-la. Mas não poderemos adquirir esse resultado sem um imenso esforço. E não é para falar e tratar com os homens que o sábio terá todo esse esforço, mas para tornar-se capaz de uma língua que *agrade aos deuses*, e de uma conduta que em tudo lhes agrade na medida em que dele depede. Pois, Tísias, o homem de discernimento não deve, senão de modo acessório, – e são aqueles que são mais sábios que no-lo afirmam – exercitar-se a porporcionar prazer a seus companheiros de escravidão, mas aos mestres que são bons e de boa raça.[21]

Os sujeitos persuadidos, a qualidade do auditório persuadido, e não o objeto acerca do qual exerce-se a persuasão constituirá, então, o domínio da retórica. O histórico desprezo pela retórica justifica-se, segundo Perelman, por haver ela dirigido-se a um auditório de ignorantes: "A retórica teria, segundo Aristóteles, uma razão de ser, seja por causa de nossa ignorância dos modos técnicos de tratar um

---

[17] Perelman, C. *Rhétoriques*, Philosophies premières et philosophie regressive. *Op. cit.*, p. 168.

[18] Idem. *Lógica Jurídica. Op. cit.*, p. 144.

[19] Idem. *Rhétoriques*, Philosophies premières et philosophie regressive. *Op. cit.*, p. 168.

[20] Cf. Perelman, C. *Rhétoriques*, De la preuve en philosophie. *Op. cit.*, p. 318.

[21] Platão. *Fedro, op. cit.*, 273e. Itálico nosso.

assunto, seja por causa da incapacidade dos auditórios de seguir um raciocínio complicado".[22] Mas o auditório universal de Perelman recuperaria a dignidade perdida. Ele teria um valor por ser universal. Além disso, o que asseguraria o sucesso argumentativo, à diferença da eficácia alcançada por um charlatão, seria o fato de o orador endereçar-se ao auditório com um espírito *honesto*. Os argumentos utilizados pelo orador seriam os de um espírito reto. O auditório universal realiza, desse modo, o amálgama entre retórica, filosofia e ética.

Para justificar a existência desse auditório universal, Perelman evoca uma passagem da *Retórica* de Aristóteles em que o Estagirita caracteriza a natureza do público com o qual o orador está concernido. A retórica está concernida com um tipo de auditório que não pode apanhar simultaneamente uma série de considerações, nem concluir a partir de premissas muito distantes. Eis a passagem de Aristóteles: "A atividade da retórica diz respeito a questões sobre as quais somos levados a deliberar e para as quais não possuímos uma arte; ela se dirige a ouvintes que não tem a capacidade de alcançar uma visão de conjunto através de numerosas etapas e de raciocinar desde um ponto de vista distante". [23]

No entanto, ao contrário do que supõe Perelman, não está sendo dito aqui que o auditório é composto por ignorantes que não dominam a arte da retórica, mas sim que, em virtude de uma matéria que comporta pontos de vista antagônicos e para a qual não há uma outra arte além da retórica, somos levados, se buscamos a adesão a nosso ponto de vista, a abreviar e exemplificar raciocínios. Portanto, é a contingência de uma deliberação pública que exige uma arte capaz de fazer ver, de um ponto de vista prático, a melhor decisão a ser tomada. Ao contrário, no domínio do necessário, por exemplo, pode-se, através de silogismos demonstrativos, exibir a prova daquilo que se quer demonstrar através de silogismos, a extensão ou complexidade do argumento não estando aqui em questão. Não se trata, portanto, no âmbito retórico, de uma audiência despreparada, vulgar, congenitamente incapaz de acompanhar a complexidade da discussão. Ocorre apenas que, para Aristóteles, no âmbito retórico, isso é, naquelas ocasiões em que um público que deve decidir se algo ocorreu (retórica judicial) ou ocorrerá (retórica deliberativa), não se está apenas concernido com a racionalidade do discurso, com o *logos*, mas igualmente com o caráter (*ethos*) do orador e com as emoções do público (*pathos*). Reduzir a persuasão[24] apenas a argumentos significa restringir a retórica à lógica.

---

[22] Perelman, C. *Rhétoriques*, Logique et Rhétorique. *Op. cit.*, p.73.

[23] Aristóteles, *On Rhetoric*. Newly translated, with introduction, notes, and Appendices by George A . Kennedy. Oxford: Oxford University Press, 1991, 1357 a 1-4.

[24] A expressão grega *pistis* (pl. *pisteis*), significa o modo de produzir a confiança, a crença (*fides*) naqueles para quem se dirige o discurso. Kennedy, em sua tradução da *Retórica* de Aristóteles, afirma que *pistis* pode ser traduzida por prova, meios de persuasão, crença, etc. Cf. Kennedy, G. A. *On Rethoric. Op. cit.*, p. 30, n.9. A tradução de *pistis* por *prova* pode induzir a erro (ao pensarmos exclusivamente na prova segundo o *logos*), pois nela está incluída igualmente a persuasão pelo *ethos* e pelo *pathos*. Quintiliano afirma que "a todas essas formas de argumento [logos, ethos, pathos] os gregos deram o nome de *pistis*, um termo que, embora literalmente signifique *fides*, 'uma garantia de credibilidade', é melhor traduzido por *probatio*, 'prova'. Quintiliano, *De Institutio Oratoria*. Londres: Loeb Classical Library, 2002, 5.10.8.

O próprio Aristóteles lembra, no início do livro II da *Retórica*, que os argumentos retóricos requerem *ethos, pathos* e *logos*. O caráter, lembra Aristóteles, é uma das maiores causas de produção de confiança naqueles que devem julgar. Ao mesmo tempo em que se afirma ser o entimema (o silogismo abreviado) o centro da arte da retórica, mantém-se uma estrita ligação entre tal atividade (encontrar os argumentos adequados à produção de credibilidade no orador) com a exigência de que tal atividade seja ética e convincente.

Para os propósitos desse artigo, é suficiente dizer que tal exigência ética vincula-se ao bem deliberar. Para o prudente, bem deliberar envolve igualmente a virtude do caráter. Sua ausência implica não apenas, para o orador, falhar em produzir a persuasão, mas também encontrar os meios adequados de produzi-la. Como diz Aristóteles: "A inteligência, esse olho da alma, não pode encontrar seu completo desenvolvimento sem virtude. (...) É impossível ser prudente se não somos bons".[25] Para encontrar argumentos práticos bons, o orador necessita caráter, pois quando uma audiência está persuadida, ela atribui *ethos* ao orador por reconhecê-lo necessário à produção de tais argumentos.

Outro ponto de discórdia entre o filósofo de Estagira e Perelman repousa no papel atribuído por ambos às boas opiniões (*endoxa*)[26] no domínio da retórica em particular e no do estabelecimento dos primeiros princípios do conhecimento em geral. Em Perelman, o apelo à *endoxa* parece ser suficiente para contrapor, de um lado, a esfera do discurso, da interpretação, da persusão e do conhecimento prático, considerados conjuntamente a partir de supostos princípios comuns e, de outro, o domínio das ciências da natureza em que a opinião não ocuparia um papel principal. Isso serve, em Perelman, para destacar os defeitos e limites da racionalidade científica e seu respectivo método. Mas isso não encontra absolutamente qualquer eco no pensamento de Aristóteles, para quem a *endoxa* constitui um ponto de partida legitimamente adequado da investigação não apenas no domínio retórico e prático, mas também nas ciências demonstrativas.[27]

Para Aristóteles, ao contrário, do ponto de vista da *endoxa*, conhecimento científico e retórica comportam-se exatamente do mesmo modo, diferenciando-se sobretudo por outros critérios: o fim (conhecimento, no primeiro caso, a ação, no segundo) e o objeto (o universal no primeiro, o particular, no segundo).

Além disso, é preciso diferenciar o uso que é feito da *endoxa* no domínio da ética e da física, de um lado, e sua utilização no âmbito retórico. Enquanto naquele, a *endoxa* constitui o ponto de partida para uma interrogação, uma discussão e aprofundamento teórico daquilo que estava dado no ponto de partida, na *Retórica*, seu escopo serve ao desenvolvimento da argumetação enquanto parte

---

[25] Aristóteles, *L'Ethique à Nicomaque*, 1144 a 29-34. Trad. Gauthier e Jolif, Paris: Béatrice-Nauwelaerts, 1958.

[26] Para uma breve discussão acerca do papel das endoxa em Aristóteles ver Kraut, R. Como justificar proposições éticas: o método de Aritóteles. In Kraut, R. (org.). *Aristóteles. A Ética a Nicômaco*. Porto Alegre: Artmed, 2009, p. 77-94.

[27] Cf. Aristote, *Physics*, 206a12-14; 211a 7-11. Barnes, J. (ed.), Princeton: Princeton University Press, 1984, v. I. ; *De Caelo*, 279b9-12, Barnes J. (ed.); Metaf. 993a31-b5 e *L'Ethique à Nicomaque*, 1098b 9-29.

de uma estratégia de confronto diante de duas possibilidades: vitória ou derrrota (1355a23). Ademais, ao contrário do domínio teórico, na *Retórica* não constitui boa estratégia argumentativa aprofundar e criticar as boas opiniões ou a opinião da maioria, pois isso colocaria entraves dispensáveis à tarefa da produção da persuasão.

Vemos, assim, que uma das características da retomada da retórica por Perelman consiste em ampliar seu domínio de modo a envolver, sob um só título, dialética, ética, política, etc. Desse modo, sob o título de *Retórica*, engloba-se um amplo espectro de teorias cuja assimilação a princípios comuns está longe de ser evidente. Tal ampliação envolve o estabelecimento de duas áreas excludentes de *episteme*: de um lado a esfera da ação humana (*lato sensu*) e, de outro, o âmbito da dita racionalidade científica ou discurso demonstrativo em geral.

Além disso, parece haver uma domesticação da retórica, destinada agora a promover a concórdia entre os homens diante de um tribunal beato onde as paixões de ódio, vãglória, inveja, medo, amor, etc, não estão mais no horizonte de preocupações com as quais deve se preocupar o orador. Ao contrário, a retórica deixa de encarnar o elemento intrínsico de combate (*agonia*) e competição necessariamente presentes no exercício da arte.[28] Tanto é assim que a retórica era considerada como uma arma potencialmente perigosa capaz de ensinar a arte da palavra na defesa do justo e do injusto, a tornar forte um discurso fraco. Em Perelman, a retórica transforma-se em uma ética acerca do razoável e do justo.

A retórica estuda os métodos de persuadir acerca da oportunidade de adoção de um ponto de vista que se encontra já no ponto de partida da argumentação do orador (e.g., um muro deve ser construído para defender Atenas). A prudência e deliberação do homem prudente, ao contrário, situam-se em um ponto anterior, pois deve, caso a caso, encontrar os modos de determinar o bem viver. O propósito da retórica consiste em determinar os meios de persuasão, e não os meios para a ação. Ela não é, portanto, um método a ser utilizado pelo prudente.

Mas é justamente essa aproximação entre retórica e deliberação prática que promove Perelman, citando Isócrates, já nas primeiras páginas de seu *Traité de L'argumentation*: "Os argumentos pelos quais convecemos os outros falando são os mesmos que utilizamos quando refletimos. Chamamos oradores os que são capazes de falar perante a multidão e consideramos de bom conselho aqueles que, nos diversos assuntos, podem conversar consigo mesmos da forma mais judiciosa".[29]

Portanto, desse ponto de vista, não parece possível a aproximação entre retórica e saber prático proposta por Perelman. Ao contrário, o que Perelman propõe é uma aproximação confusa de formas distintas de raciocínio. Para Aristóteles, entretanto, a retórica é uma disciplina distinta cuja singularidade não pode ser confundida com a todalidade da filosofia.

---

[28] cf. Platão. *Gorgias*, 456c7-457b7. Paris: Flammarion, 1987, e Aristóteles. *On Rhetoric*. I, 1, 1355a38-b2

[29] Perelman, C. *Traité de l'Argumentation. Op. cit.*, p. 54,

Impressão:

Evangraf

Rua Waldomiro Schapke, 77 - P. Alegre, RS
Fone: (51) 3336.2466 - Fax: (51) 3336.0422
E-mail: evangraf.adm@terra.com.br